少年世界（一）

復刻本說明

＊本書依《少年世界》第一卷第一期到第一卷第十二期全套復刻，為使閱讀方便，復刻本的尺寸由原書的12×18公分，擴大至19×26公分。

＊本期刊因尺寸放大，但每期封面無法符合放大尺寸，故每期封面皆對齊開口，使裝訂邊的留白較多。

＊本期刊為復刻本，內文頁面或有少數污損、模糊、畫線，為原書原始狀況，不另註；唯範圍較大者，則另加「原書原樣」圖示 原書原樣 ，少數原稿缺頁，則另加 原稿缺頁 ，以作說明。

「五四」百年：從復刻《少年世界》月刊談起

陳正茂

今年（二〇一九）是「五四」百年，海峽兩岸三地諒必會有一些紀念活動，台灣這邊因著「去中國化」的氣氛，國人普遍對中國史不感興趣，甚至某種程度還懷有敵意和偏見，所以猜想紀念活動不會太熱絡。大陸彼岸可能會有些大型的追思紀念活動，但應該議題會有選擇性的。基本上，中共對「五四」的定調是局部的，中國共產黨的成立，是受「五四」新文化運動影響而催生的，這點中共不否認且常刻意大肆宣揚；但問題重點是，「五四」精神的核心價值——德先生（民主）與賽先生（科學），中共就避重就輕了，尤其對「民主」這塊更是噤聲，這不能不說是對「五四」絕大的反諷。

平情說來，兩岸三地直面「五四」的態度，台灣的冷漠與大陸的偏頗，都非正常的做法。台灣的沈寂，不願多談「五四」，固然有其目前兩岸政治氛圍所致，當然與台灣過去並無「五四」那段歷史記憶也有關；至於中共對「五四」的矛盾情結，主因在於中共自己背離了「五四」精神，一個脆弱的強權，在一九四九年前，為對抗推翻國民黨，將民主當利器，喊得瞞天價響，一旦掌權執政，瞬間華麗轉身，把自己置於民主的對立面，這是何其弔詭與諷刺啊！

所以說，任何儀式的紀念追思「五四」，都僅是表象的，「五四」雖已百年，但「五四」的幽魂未曾離去，中國還需要再經一次「五四」的洗禮，台灣也仍需要深化「五四」的價值。為「五四」招魂，具體的是，讓我們再回望「五四」時代的那批知識份子，透過報章雜誌，他們如何去大聲疾呼、聲嘶力竭地提出其救國主張與訴求，百年後，當我們閱讀其充滿熱情鏗鏘有力之文時，仍被那一代的知識青英所深深撼動。是以，個人認為，重溫「五四」時期的書籍，復刻「五四」前後的期刊雜誌，仍有其價值和歷史意義之所在，此為復刻「五四」時期，最具影響力的「少年中國學會」（以下簡稱「少中」）之《少年世界》月刊之緣由。

《少年世界》月刊，是「少中」繼發行《少年中國》月刊後，另一份影響深遠的刊物，而提到「少中」，則需從近代中國學會的演變談起。清末民初，是中國新思想、新文化孕育、啟蒙、發芽的重要時期，由於受到西方列強的欺凌，晚清以降，自「強學會」始，民間學術團體，有如雨後春筍般的蓬勃發展，其數目不在千百之下。此種思圖以組織學會、團體力量以達救國目的之結社方式，迄於「五四」時代幾臻於高峰。在這千百個學會中，「少中」無疑是其中最具特色與影響力的一個，因為它不僅是「五四」時期歷史最久、會員最多、分布最廣的一個學會；且是象徵「五四」悲劇精神，分化意識最明顯的一個社團。

「少中」發起於一九一八年六月三十日，經過一年的醞釀與籌備，於一九一九年七月一日正式成立。從發起至一九二五年底的無疾而終，總共存在了七年餘，時間雖然不長，但所經過的卻是中國一個新政治孕育的時期，同時也是一個大變動的時期。如所周知，「五四」的前後數年，可說是中國新舊社會嬗遞中，思想最分歧、衝突最為劇烈尖銳的時代，在外來各種思潮的猛烈衝擊下，傳統的一切文化制度逐漸解體，取而代之的是經由文學革命所帶來的一連串改革運動。在此改革的風潮中，一群懷抱崇高理想，純潔有為的青年，提出了「本科學之精神，為社會之活動，以創造少年中國」的宗旨，對當時暮氣沈沈的中國社會，灌注了一股新生的力量，它就是「少中」。

而與此同時，中國近代青年運動史上，最具石破天驚壯舉的「五四」運動也適時爆發了，它的起因，導源於抵抗列強的欺凌，尤以日本的侵略為最；它的影響，造成了國人真正的覺醒。至於它真正的催生者，我們不得不提「留日學生救國團」以及「少中」。一九一八年，留日學生為反對「中日軍事協定」，紛紛罷學歸國以示抗議。他們回國後，雖聲嘶力竭的奔走呼號，遊行請願，可是在言者諄諄，聽者藐藐的情況下，反而遭到政府解散的命運。儘管如此，一些留日歸國的學生，仍矢志不渝的致力於反帝救國的運動。他們經過此次解散的教訓後，深感必須組織堅固的團體，始能發揮力量。

一九一八年六月間，由曾琦、陳淯、張尚齡、雷寶菁、王光祈、周無等六人發起了「少中」。這個學會的影響，不僅促成了是年十月「學生救國會」的召開；且引發了次年「五四」反日愛國運動的導火線。所以說其與「五四」運動的關係是相當密切的，因為它不但是「五四」以後的一個新興團體，也是當時青年運動的中心。它的會員不少來自「五四」的重心「北大」，而所編輯出版的《少年中國》與《少年世界》，亦是「五四」時代的主要刊物之一，在當時的影響也很大。

「少中」與「五四」的關係，誠如張葆恩所言：「五四運動雖發生於民國八年，但事前的確經過一度潛伏醞釀的時期，而『少中』之成立於民七，展開活動於民八，也正與五四運動有相因相成的關係。也可以說因有少年中國學會若干會員之潛力的推動，始展開五四運動；因五四運動的刺激和影響，更促成了『少中』的積極活動，蓋『少中』和五四運動之所由來，在當時正有著共同的政治因素與社會背景也。」而這也就是左舜生所說的「相因相成，淵源有自」。

「少中」正式成立後，所積極從事的活動計有兩方面：一為出版書刊、輿論宣傳，介紹並研討新思潮；二為倡導社會活動，主要的是辦理「工讀互助團」和推展「新村運動」。在出版書刊方面，「少中」先後編印的書刊頗多，除籌備期間的《會務報告》外，最主要的是《少年中國》月刊、《少年世界》月刊、《少年社會》和《星期日》週刊，其中尤以前二者的影響最大。由於「五四」時代知識份子強烈的「學問飢渴」，使得「少中」出版物甫一問世，立即洛陽紙貴，引起全國有志青年熱烈的反響，當時北大校長蔡元培即讚美「少中」道：「現在各種集會中，我覺得最有希望的是少年中國學會。因為他的言論、他的舉動、都質實得很，沒有一點浮動與誇張的態度。」由此可見，秉持「奮鬥、實踐、堅忍、簡樸」為信條的「少中」，一出道即受到如此高的稱許與期望。

「少中」所發行的刊物中，最有名的除《少年中國》月刊外，另一姐妹刊物《少年世界》月刊，其知名度與影響力也不遑多讓。「少中」之所以要另行創辦《少年世界》，原因在於《少年中國》月刊體例的限制，僅側重理論性的探討，只刊登有關於哲學、文學、純粹科學的文章。而會員中不少專習工農、應用科學者，則以體裁不宜，而苦無門徑在月刊中發表；且平情言之，《少年中國》月刊專載理論文字而無實際調查之記錄，亦為一大缺點，所以由會員提議通過，決定再發行第二種月刊，此即《少年世界》月刊，這份刊物是由「少中」南京分會負責編輯的。

《少年世界》月刊創刊於一九二〇年一月一日，終刊於同年十二月，共一卷十二期。一九二一年四月，又增刊〈日本號〉一期，於日本之政治、經濟、教育、軍事、社會現況及民族性格和思想等，均有詳實的介紹，對國人了解此侵略我之近鄰強敵深有裨益。《少年世界》為一份注重實際調查，敘述事實和應用科學的月刊，其內容闢有〈學生世界〉、〈教育世界〉、〈兒童世界〉、〈婦女世界〉、〈學術世界〉、〈勞動世界〉、〈學校調查〉、〈工廠調查〉、〈地方調查〉、〈森林調查〉、〈農村生活〉、〈華僑消息〉、〈社會批評〉、〈世界大勢〉、〈讀書錄〉、〈出版界〉、〈遊記〉、〈雜錄〉等欄。

內容統計分析除〈發刊詞〉和另增〈日本號〉一期外，計有：學術思想動態（十九篇）、學校調查（十七篇）、報導「國內外學生動態」（十篇）、文教述評（十六篇）、婦女問題（十四篇）、蘇俄介紹（八篇）、國際工人運動與社會主義運動（十一篇）、工廠企業調查與工人生活（八篇）、留法勤工儉學（四篇）、農林問題（八篇）、地方調查與遊記（十四篇）、南洋介紹與華僑動態（九篇）、科學技術（五篇）、其他（九篇），合計一五三篇文章。

對於這種編排方式，於〈發刊詞〉中，該刊曾有清楚的說明：「我們以為改造中國——即是改造世界的一部份——應有三種的步驟：第一步，本科學的精神，研究現代思潮，使中國人對於現代思潮的趨勢有一個明確的觀念。第二步，詳細記載由現代思潮演成的事實，給中國人一種更深的刺激。第三步，根據思潮和事實的趨勢，草一個具體的改造中國的方案。少年中國月刊是做的第一步工夫。少年世界月刊便是要做這第二步工夫。這第三步工夫要讓中國全體青年去做。我們學會的宗旨是：本科學的精神，為社會的活動，以創造『少年中國』。值此，這本月刊所記載的，便是各種『社會的活動』，而且他的範圍永遠限於『社會的活動』，決不會談政治。我們學會的第一個朋友便是學生，所以我們對於學生的消息特別注意。其中尤注重國內外各學校的詳細調查，給現在的中學生一個『入學指南』。我們學會的第二個朋友便是勞動家，所以我們對於華工消息、工廠調查、農村生活特別注意。我們學會第三個朋友便是華僑，所以我們對於華僑消息特闢一欄。其餘各欄的記載，或是社會上的黎明運動，或是關於各種科學的專論，可以使我們青年的參考資料。」

從上述引文所標舉的旨趣來看，《少年世界》似是比《少年中國》，在精神上更富於本土化與通俗化的一個「社會運動」的刊物。惜因人力財力所限，此一刊物未能持久編印，然對「少中」其後思潮取向的發展，還是有影響的。最明顯的一點是，倡導的社會活動，從此因缺乏實際材料的印證，於是逐漸走上理論化的道路，拋棄了本土化的社會活動之目標，而開始以接受與整理外來文化為方向。其後，並表現了強烈的干政慾，這不能不說是一種不幸的轉變。

歷史是流動的，每一件歷史大事的發生，都可能帶來深遠的影響和發展，「五四」運動有如一支火種，它點燃了民族的火燄，繼續不斷地向國家示警，中國要免於滅亡的命運，只有在經濟上、社會上、政治上做徹底的改革，國家才有希望，而此種改革的基本架構，唯一之道，則只有從思想根本做起。一般而言，「五四」時代的知識份子領袖們，他們在意識的改革上，多半具有一種不妥協的態度，也因如此，他們在試圖藉思想文化以解決問題的方法上，亦顯得混淆不清。雖然大家要求創造新中國，渴求以新思想代替舊傳統的目的同一，但這種表面的一致，旋即被思想的分歧所搗碎。換言之，在知識份子間興起的聯合精神是短暫的、不鞏固的，其所以能暫時的一致，是因為他們在面對一個共同的敵人下才如此，除了同心協力於重估傳統和提倡新學外，他們之間的見解顯然從頭就不一致，且那時傳入中國的種種西方觀念都非常分歧，當傳統的中國思想制度呈現出動搖的時候，各式各樣的西方思潮，如民主主義、科學主義、自由主義、實驗主義、人道主義、無政府主義、社會主義等，都在思想的自由市場中競賽，蔚為一股百家爭鳴、百花齊放的壯觀景象。

不僅如此，那時的中國問題也非常複雜，知識份子為了要解決這些問題，非關心實驗政治和爭端不可，但當他們把注意力由對傳統制度的共同敵視，轉移到尋求積極解答的時候，他們就面臨了如何選擇各式各樣的社會哲學或社會型式的困擾。因此，在一九一九年後，知識份子之間的不和日增，先是思想上的分歧，後來成為行動上的分裂，隨後整個運動的方向就四分五裂分崩離析了。作為「五四」時代社團會員最多、分布最廣、名聲最著的「少中」，便是此一悲劇的歷史圖像之最佳註腳。「少中」的離合多少反映了「五四」的盛衰；「少中」的動向多少透示了「五四」的功過；而「少中」在理想與現實的衝突下掙扎追求，乃至分裂解體的情形，更可以呈現出「五四」時代知識份子共同遭遇的悲劇命運。這個命運象徵著中國一代知識份子為探求救國救民之真理，所走過的艱難曲折的路程，也是作為一個中國秀異份子，處在國家與人民間之悲劇地位。所以誠如宗白華所說的：「研究少年中國學會這一段歷史，可以具體地、生動地見到五四以來青年思想及活動方面的一個側影，見到它們的複雜性與矛盾性，反映著這一時期中國社會的複雜性和內在的矛盾。」

「少中」雖然風流雲散了，然其會員間彼此對救國路線的歧異，理想與現實衝突的結果，最終演變成社會運動與政治運動之爭，而政治運動又分化成極左的中國共產黨，如李大釗、毛澤東、張聞天等；與極右之中國青年黨，如曾琦、左舜生、李璜等之兩條路線的分道揚鑣。爾後這兩黨，在現代中國政治史上，都發揮舉足輕重的影響力，尤其中國共產黨更是取代國民黨執政至今。至於主張社會運動者，如王光祈、方東美、田漢、康白情等，他們在學術、教育、文化各領域，亦獨領風騷，貢獻至大。

基本上，「少中」和「五四」的關係，可說是桴鼓相應的，說它是「五四」的先驅未嘗不可，說它是受「五四」的衝擊而催生亦合乎史實。總之，它與「五四」是分不開的，它的發展和分裂過程，清楚地說明了「五四」時期，中國知識份子所受各種新思想、新潮流的衝擊和反應，而它的分化與寂滅，也構成了一幅悲劇性的歷史圖像，象徵著「五四」時代的趨近結束。撫今追昔，這個距今正值百年的學會雖已寂滅，且漸為世人所遺忘，但這個虎虎生風的學會，確曾是「五四」時代最輝煌燦爛的社團，它本是一個偏重友誼與學術的團體，只因為時代政治的衝擊而解體，這實在是件頗為無奈之事。今值「五四」與「少中」百年，復刻《少年世界》月刊，一則紀念「五四」；再則追思那已消逝的知識份子之典範。

陳正茂序於士林
二〇一九年

少年世界第一卷全卷（九年份十二期）總目錄

（一）

（二）

（三）

（四）

（五）

（六）

（七）

少年世界

THE JOURNAL OF THE YOUNG CHINA ASSOCIATION

第一卷第一期

中華民國九年一月一日發行

少年中國學會出版

為什麼發行這本月刊？

（本社同人）

我們出了一本少年中國現在再出一本少年世界

少年世界這四個字在這裏並不含着什麼別的意義。

(一)這本月刊是一本注重紀載事實的月刊。所紀的事實，不是以中國為範圍是以世界為範圍要把中國人村落的眼光改變方向直射到世界上去。

(二)自從歐戰的和約成立，我們不僅曉得中國的老年不可靠，同時證明世界的老年都不可靠。全世界的事業和一切待解決的問題，應由全世界的少年採『包辦主義』。我們既是世界少年團體的一個，所以把他標出來，以表明中國青年要與各國青年共同負改造世界的責任。

我們以為改造中國——即是改造世界的一部分——應有三種的步驟：

第一步，本科學的精神，研究現代思潮。使中國人對於現代思潮的趨勢有一個明確觀念。

第二步，詳細紀載由現代思潮演成的事實，給中國人一種更深的刺激。

第三步，根據思潮和事實的趨勢，草一個具體的改造中國的方案。

少年中國月刊是做的第一步工夫。

少年世界月刊便是要做這第二步工夫。

這第三步工夫要讓中國全體青年去做。

我們學會的宗旨是：

本科學的精神，為社會的活動，以創造『少年中國』。

這本月刊裏所紀載的，便是各種『社會的活動』。而且他的範圍，永遠限於『社會的活動』，決不會談政治。

我們學會的第一個朋友，便是學生，所以我們對於學生消息，特別注意。其中尤注重國內外各學校的詳細調查，給現在的中學生一個『入學指南』。

我們學會的第二個朋友，便是勞動家，所以我們對於華工消息，工廠調查，農村生活，特別注意。

我們學會的第三個朋友便是華僑所以我們對於華僑消息，特關一欄。

其餘各欄的紀載，或是社會上的黎明運動或是關於各種科學的專論，可以供我們青年的參考資料。

話講完了，我們同時要附兩種希望；

(一)這種調查事業，不是少數人一兩個學會辦得了的。我們出了這本月刊，同時希望有多數同性質的雜誌發生，以便互相參証。

(二)我們沒有統計調查的素養，在這頭幾次出版的時候，我們自己都是不滿意的。但是希望一期比一期的精密。並且極歡迎各處同志的投稿。

學術世界

亞理斯多德學會不列顛心理學會和心社的聯會

張崧年

今年討論學問的會議，最可注意的當算七月十一至十四日在倫敦開的亞理斯多德學會 (The Aristotalism Society) 不列顛心理學會 (The British Psychological Society) 與心社 (The Mind Association) 的聯席會。這三學會本是英倫最著名最重要的哲學方面的學會。英國的哲學者心理學者差不多全在裏邊，各有重要的出版物。他們的聯會自從一九〇八年以來是年年有的。今年這次的成績更屬分外的好。到會的三會會員有二百餘人。在裏邊披露的新學說，有兩個吾們認為與哲學和科學的根本有狠緊要的關係。現在且記出他的程叙、罷後當接述他的幾點詳細情形。

地方　倫敦大學貝德佛書院。

時候　一九一九，七月十一至十四。

程叙

第一日七月十一日，午後四時：心社年會。會長嘉爾 (H. Wildon Corr)

午後六時半，宴會。

午後八時，羅素 (Bertrand Russell) 讀論文，"What Propsitions are and How they mean"

主席：穆爾 (G. E. Moore)

第二日、七月十二午後二時：

會論："Instinct and the Unconscious" 來威斯（W. H. R. Rivers）榮（C. G. Jung）麥爾斯（C. S. Myers）德來威（J. Drever）沃拉斯（Graham Wallas）馬克獨孤（W. Mc Dougall）

主席：馬艮西（Leslie Mackenzie）

午後八時。會論：（Time, space E Material; are they, and if so, in what sense, the ultimate data of science?" 懷惕黑（A. N. whitehead）．海德（Hendy Head）勞智（Oliver Lodge）尼古孫（J. W. Nicholson）斯泰芬夫人（Adrian steshuen）森爾。

主席：拉謨（Joseph Larmor）

第三日、七月十三、午後二時：

會論："Can Individuol Minds be included in the Mind of God?" 拉什達爾（Hastings Rashdall）米爾黑（J. H. Muirhead）失勒（F. C. S. Schiller）德阿西（C. F. D'arcy）

主席：海爾敦（R. B. Haldane二Lord Haldane）

第四日、七月十四、午後四時：亞理斯多德學會年會。

午後八時。會論：Is there Knowledge by Aeguaintance?" 席克斯（G. Dawes Hicks）穆爾，愛哲爾女士、（Beatrice Edgell）布柔德（C. D, Rroad）

主席：梭雷（W. R. Sotley）

（除上以外尚有爲繼續討論與短的通信而設的非正式的聚會。）

照這個程敍、單這會的表面情形大略曉得了。今進述他的內容。

第一晚的會、主席穆爾就是亞理斯多德學會的會長。羅素的論文乃是他一個新研究。他說他近來很爲行動主義（Behaviourism）的學說所引動、己把美國鼓吹這種學說的心理學者的議論子細的同情的研究了一番。他己自己獨立的得到與行動主義相同的結論、就是心的與物的之分別不是基於個實質的差異的、只是所從的因果律的等級的不同。不過他還有與行動派不同的地方、就是論到『影像』（"Images"）上。照他現在見到的、影像之有、之爲事實、是不錯的。但是若把這種心的事實、照物的解釋出來、他還未找出那種方法。又羅素以前本主張經驗上有主體與客體對立的、他現在也把這經驗的主體存在的意見棄掉了、以爲主體不過是一個邏輯的構作。這實是哲學上、心理學上很可注意的學說。由這個地方，也可看出羅素的確是活的學者、日日進的學者。他的學說的形式是時常變的、他的精神是永久不變的。精神是什麼？就是切實、求眞、是所謂科學的態度便在於此。

第二日會會論本能的性質、界說、與智力的關係、與無意識的關係等。全文當登在不列顛心理學雜誌上。本能與無意識都是心理學的新題目、此會聽衆最多。

第二晚會會論『空、時、物質是不是科學之終極的根柢；若是、照什麼意思？』所集中的是一個物理問題、一個生理問題。但其中最可注意的是懷惕黒與海德、由不同的路術、研究不同的東西、竟關於人對於自然的智識和關於科學之起首的根柢二事得出相同的結論。這個結論便是：作我們的智識之原素的事實、並爲經驗所解釋的事實、都不是靜的、在究竟上、都不是空間的；就是他們並不是物件、只是事情。再換樣說、凡會能表現於人心之前、當作一個物的事實的、過程是同他必不能分離的。科學開宗明義第一章必要論的是一個事情過程、是要解說的基本事實經驗中的原素必沒有先於事情或比他更簡單的。這個結論實與認識論、科學哲理根本上有很緊要的關係。懷惕黒研究的是數理邏輯與數理物理、海德研究的是神經學、不相謀而得到這種相同的結論、更非偶然。

第三日的會論討論有窮與無窮的關係、一個元學上的老問題。

末次的會論是討論『認識知之有無』的。認識知的名字本起於羅素、東西也是指出來的、以前他在他的『哲學的些問題』一本通俗小書裏、嘗把智識分爲認識知與敘述知兩類。這個分別是關涉認識論的一個根本問題的、所以至今討論不輟。

這個聯會所作的事宜、內容大致如此。但是還有一件事應紀的就是他收到的論文都豫先印出來散給赴會者所以到開會時便可一直討論大省時光。由討論的學說看除去羅素的新研究與懷惕黑和海德所得的相同結論外這次會中更可看出的便是哲學與物理學心理學生理學關係的密切。

這個聯席會雖是三個學會合開的但是要數亞理斯多德學會佔最重要的地位。他是一八八〇年在倫敦成立的。目的是『哲學之統系的研究；第一關於他的歷史的發展，第二關于他的方法與問題。』創立這個會的人初不過幾個共同在一化學實驗室裏工作的人他們成立這個會只為的由討論哲學問題和聚讀哲學古典以研究哲學。接着便有許多有名的哲學教授。到了現在因為他所作的事業在各種學會中已居一種獨擅的地位。他是兼容幷包的會中持什麼相反的學說的都有。他定是一個各派哲學的聚會點許多新學理新方法的起源地。出版物有紀錄 (Praceedings) 會刊在會裏讀過的論文與會論哲學中的活動沒有一種不見反射於此中的。這個紀錄第一集由一八八八出至一八九六年出一號。新集始於一九〇〇——一九〇一年分年出一卷今年已出到十九卷。此次這個聯會中凡亞理斯多德學會供獻的論文已刊成單行本。題是：

Problems of Science and Philosophy. (London; Williems and Norgate. 1919, Pp 220 價12s, 6d)

此是該學會的補卷第二卷。第一卷是包有去年(一九一八)夏會兩個會論的

Life and Finite Individuality

又據報告亞理斯多德學會下屆的會長已舉瓦德博士(James Ward)劍橋大學老教授近公刊書有"Psychological Principles"明年的聯會在牛津舉行并請法蘭西哲學會加入。

美國學術界現在的趨勢　楊賢江

這篇所要說的學術，是單就哲學倫理學和教育學說的。因為這三種的學術總算是占學術界重要的位置的，明白了這三種學術的趨勢，也可以見得他們學術界注重點的所在了。

現在先講哲學。從嚴密的意義說來，美國近來可說是沒有主張理想主義 Idealism 的人。自從哈佛大學羅易斯 Royce 教授去世後，雖則有霍金格教授稍為近於理想主義，但他不過對

於宗教用心理學的研究，有點興味，說到眞的是羅易斯教授的後繼的人，就有點難說。現在哲學界最通行的終要算是實驗主義Pragmatism了。像支加哥大學的哲學科主任塔福支Tufts教授和摩亞教授，神學科之斯密司教授，佛斯泰教授，哥論比亞大學哲學科之杜威教授，都是主張實驗主義的。原來這個主義自從哈佛大學的哲姆斯教授唱導以後，已經惹起世界哲學界的注意。可惜他這個學說設有大成而身已死，現在負大成的責任的就是杜威教授。但杜威教授的實驗主義不是抄襲哲姆斯的，這個要請讀者不要誤會。哥倫比亞大學除掉這個學派以外，還有主張別的學派的，像華特勃里臣Woodbridge教授，就有點理想主義的傾向。阿達拉 Felix Adler 教授也是主張理想主義的，不過他的學說，狠帶宗教的色彩，他要把倫理和宗教調和起來，所以創立一個倫理修養會來宣傳他的教理。他對於實驗主義就是不滿意。同校哲學科裏還有個新進學者，就是蒙泰 Mont 助教。他對於理想主義實驗主義都不贊成，獨獨主張新實在主義 New Realism 這個雖是未完的學說，但是他很有心思要完成起來。所以哥倫比亞一個大學却有上面所說的三種學派，現在最占優勢的自然是實驗主義。這裏我們就可以曉得哲學和國民生活有密切的關係，因爲有美國國民的實際生活，所以就有解釋這種生活的哲學。我們要觀察美國的文明，只要把實驗主義放在心裏就覺得容易着手了。

現在講到美國的倫理學，在他們大學裏似乎不大注重。在支加哥大學摩阿教授擔任的倫理學概論，只用塔福支和杜威兩教授合著的「倫理學」作爲初學的教科書。塔福支教授講「社會及政治哲學」的講義，又用康德的「實踐理性批判」和「判斷力批判」作爲哲學科上級生演習的書。在哥倫比亞大學裏也沒有倫理學的講義。而杜威教授所講演的，却和支加哥大學塔福支相同，也是講「社會及政治哲學」。這個雖是偶然，但就可見得美國哲學科教師的注意所在。因爲美國社會要求于「社會哲學」或「政治哲學」的，比起倫理學的智識，更覺必要。他們社會上複雜的社會問題和政治問題陸續發生，所以大學裏對於學生也就要給他一種解決實際社會問題的才識，這正是他們活用教材的好例呵！

最後講到教育，大概現在美國的教育思潮，可分作三派：第一派是心理學的見地，以為教育問題應該要由發生的機能的個人的來研究，像斯坦來郝爾 Stanley Holl 桑戴克 Thorndike 這輩人就是屬於這派的；第二派是實用主義的見地，以為教育問題應該為社會的處置，他們雖不是輕視個人主觀的發展，但終主張從環境客觀的方面來接近教育問題；杜威，佩玆 Betts 背格客佩來 Cubberley 斯密司 Smith Sachs 溫舍特，撒克司 Colvin 這輩人就是屬於這派的，至于第三派是一種折衷派，就是兼顧心理的見地和社會的見地的，像哥爾文 (Colvin 巴格來 Bagley 漢達申 Henderson 阿西耶 O'soea 等就是，他們當中雖也有不同的意見，但是以社會的見地為教育的目的，以生物學的心理學的見地研究教育，終可說是一致的。

我們看了上面三種學術的趨勢，就可以得到一種結論，就是美國現在學術界的注重點，是在於實際的社會的方面了。

勞動世界

日英美的罷工風潮

C. L. 生

一九一九年是罷工的年；一九一九年的世界，是罷工的世界。

我們先把日本和英美罷工的情形，略記一記。

(一)日本

據日本內務省警保局的最近調查，自大正三年至大正七年，罷工事件，逐年增加，茲將這五年中罷工件數和人數的統計表，錄左以備參攷。

日本自大正三年至七年同盟罷工統計表(一)

件數表

	大正三年	大正四年	大正五年	大正六年	大正七年	計
月	一	三	一〇	一〇	一九	四三

二月	—	五	十一	一四	二五	五五
三月	二	五	六	十三	三九	六五
四月	八	十二	五	一六	二八	六九
五月	四	七	六	十三	二九	五九
六月	八	四	十二	三八	二五	八七
七月	八	八	十一	七六	四二	一四五
八月	二	八	十三	八二	一〇八	二一三
九月	四	六	十一	五六	四七	一二四
十月	八	一	五	三八	三四	八六
十一月	四	三	十三	二〇	十二	五一
十二月	一	二	五	二三	九	四〇
合計	五〇	六四	一〇八	三九八	四一七	一、〇三七

日本自大正三年至七年同盟罷工統計表(二)

、員數表

大正三年	
大正四年	
大正五年	
大正六年	
大正七年	
計	

一月	十一	三七二	六四四	一、五二〇	八〇二	三、三四九
二月	——	六三二	九四五	一、六〇三	一〇、八八九	一四、〇六九
三月	五五	二九六	六七七	二、七八六	三、八五七	七、六七一
四月	一〇五九	一、一五四	三二四	一、五四一	二、六九四	六、七七二
五月	一、三〇一	七八一	一八一	一、〇八三	四、〇五六	七、四一一
六月	三、三〇八	一三九	九四六	一、八〇九	二、三二五	一八、五二七
七月	四一二	一、九六七	六二六	一六、六〇〇	二、五二九	二二、一三四
八月	四九	一、四八八	一、八二六	九、〇六八	二六、四五八	三八、八八九
九月	六七三	四五五	七六九	五、〇四九	八、四七八	一五、四二四
十月	五三二	一二〇	二七〇	二、八一二	三、〇一七	六、七五一
十一月	三二三	一三七	九二七	一、四三六	八五二	三、六七五
十二月	一八一	三一一	二七八	二、〇〇二	四九一	三、二六三
合計	七、九〇四	七、八五二	八、四一三	五七、三〇九	六六、四七五	一四七、九三五

據右表看來、同盟罷工的激增、已爲顯著的事實。同盟罷工激增的原因、固然是因爲歐戰的影響物價騰貴生活困難、而階級競爭、日烈一日有以促勞動階級的自覺、也是一個重要原因。到了今年、日本的罷工風潮、尤其猛烈、數目益

見增多、規模益形擴大、而且秩序整然、他們的行動都是有組織的行動、但看七八月中發生的博文館、新聞社、以及砲兵工廠的大罷工、就可以看出日本勞動階級的精神

今年日本罷工的情形、我今不能一一詳述、但據日本報上揭載的八九兩月的各處罷工統計表錄在左邊

大正八年八月中同盟罷工統計表

府縣	會社名		人員	目的		結果	日數
兵庫縣	姬路市內製材職工	製材工	五〇	賃銀値上	三割	半成功	一日—二日
同	鳴尾リバーブラザ	職工	五〇〇	手工增給 賞與支給	一割 三割	全部貫徹	一日—一日
岡山縣	三井玉造船工場	造船工	一、二〇〇	賃銀値上	三割	一割增給	一日—四日
長崎縣	長崎市重誠社印刷所	印刷工	四〇	同	三割	（不明）	一日—不明
福岡縣	小倉東京製鋼所	職工	五〇〇	同	三割	（不明）	一日—不明
德島縣	德島一般製靴業者	靴工	全部	同	三割	（不明）	一日—不明
東京市	十六新聞社	印刷工	一、〇〇〇	賃銀値上 時間短縮	（最低七十割 一日八時間）	無條件降伏	一日—五日
東京府	隅田川驛石炭小賣組合	運搬夫	二〇〇	賃銀値上	五割	二割增給	一日—八日
佐賀縣	唐津貯炭場	同	六〇〇	同	三割乃至五割	（不明）	二日—不明
神奈川縣	淺野製鐵所	職工	四〇〇	同	四割	（不明）	三日—不明
同	鶴見埋築會社	船員 人夫	二五〇 三六〇	同	四割	半成功	三日—五日
東京府	日本鑄鋼所	職工	三〇〇	同	（日給四十錢値上）	一元以下三割 一元以上二割	三日—十二日
同	大森日本特殊鋼	同	一〇〇	同	不明	要求撤回	三日—四日
東京市	日本電氣會社	電氣工	七〇〇	同	三割	一割五分	三日—十二日
兵庫縣	明石町印刷職工	印刷工	二一	同	七割	半成功	四日—五日

東京府、	大崎諸機械製作會社	職工	五五	同	四割	(不明)	四日—不明
兵庫縣	三菱倉庫神戸支店	仲仕	二〇〇	同	廿割	失敗	五日—六日
大阪市	藤田組、八幡屋製材所	製材工	全部	同	三割	(不明)	五日—不明
神奈川縣	横濱市内ペンキ職人	塗工	三〇〇	同	全五錢增	(不明)	五日—不明
東京府	隅田川天野木工部	木工	四四	同	三割	(不明)	五日—不明
東京市	水崎機械工場	機械工	四〇	同	不明	(不明)	五日—不明
東京府	大崎、山本鐵工所	鐵工	七〇	同	六割	(不明)	六日—不明
兵庫縣	兵庫、土砂運搬人夫	運搬夫	五〇	同	四割	半成功	六日—六日
同	生野鑛山	坑夫	一、一〇〇	同	不明	以米廉賣解決	七日—九日
東京市	沖電氣會社	職工	七〇〇	同	三割	一割乃至三割	七日—十三日
京都市	京都石材工	石工	二〇〇	同	五割	二割五分	七日—十日
福岡縣	福岡市大濱木材仲仕	仲仕	(不明)	同	二割	(不明)	七日—不明
東京市	印刷局	印刷工	二、五〇〇	同	五割	三割	八日—九日
兵庫縣	鐵道管理局鷹取工場	職工	三五〇	同	不明	(不明)	九日—不明
愛知縣	名古屋郵便局	集配人	全部	同	不明	(不明)	十七日—不明
秋田縣	小阪鑛、山	坑夫	一、三〇〇	同	不明	慰撫鎮靜	十九日—十九日
東京市	日本機械製造會社	機械工	二〇〇	同	(日給三十錢 其他七個條)	不明	廿二日—不明
同	小石川炮兵工廠	職工	大部分	賃銀値上 時間短縮	(男工廿五錢 女工二十錢)	條件附屈伏	廿二日—卅一日
同	池貝鐵工所	同	七二〇	組合承認 賃銀値上	(五十錢 退職手當給)	以罷工時間賃銀支拂解決	廿三日—九月八日
東京府	十條火藥製造所	同					
同	炮兵工廠板橋支廠	同	六、五〇〇	賃銀値上 時間短縮	(男工廿五錢 女工廿錢)	條件附屈伏	廿四日—卅一日
同	同 王子支廠	同					

大正八年九月中同盟（罷工怠業）統計表（標×記號的係指怠業）

府縣	會社名	名	人員	目的	的	結果	日數
大阪市	大阪製鐵所	職工	三五〇	賃銀値上	十五割	（不明）	一日—不明
岡山縣	三菱礦山三原礦山	坑夫	一〇〇	同	五割	二割	不明—六日
栃木縣	足尾銅山	同	九三〇	同	三割	全部貫徹	四日—八日
神奈川縣	浦賀船渠川間分工場	職工	全部	同	三割	（不明）	五日—不明
福岡縣	三池炭坑	男女人夫 與論島人	六二〇	與內地人同等待遇	五割實上	慰撫沈靜	八日—十一日
北海道	小樽艀人夫	艀人夫	全部	賃銀値上	五割	全部貫徹	九日—十一日
京城	活動寫眞有美館	活辯技師	全員	同	不明	（不明）	十日—不明
福岡縣	煙草專福岡支局	刻工	九六	同	一割五分	失敗	十一日—十八日
東京市	青山原宿豆腐商組合	賣子	全部	分合値上	不明	裏切者失敗	十一日—十一日
岡山縣	岡山青物市場問屋組合	小賣商人	一五〇	無鑑札排斥	截目改正	半成功	十一日—廿二日
福島縣	入山炭坑	坑夫	三〇〇	賃銀値上	不明	適當時機値上	十二日—十四日
大阪市	久保田鐵工所	機關工	三八〇	手當五割本給繰上	手當三割增	手當七割支給	十六日—廿二日
福島縣	盤城平炭礦	坑夫	五、〇〇〇	賃銀値上	五割	二割	十七日—十九日
神奈川縣	京濱電鐵會社	保線工夫	三六	課長排斥	……	（不明）	十七日—不明
兵庫縣	神戶、川崎造船所	職工	一六、〇〇〇	手當七割本給繰上	分合五割增 特別利益金配當要求	八時間制實施	十八日—廿九日
同	同　兵庫分工場	同	二、〇〇〇	手當七割本給繰上	協議機關設置	八時間制實施	十九日—廿六日
神奈川縣	橫濱更紗染工	製造工	一、五〇〇	賃銀値上	疾病手當三割	（不明）	廿一日—不明
香川縣	讚岐自動車會社	運轉手	一五	同	不明	（不明）	廿一日—不明
高知縣	土陽新聞	記者	全部	同	五割	無條件復職	廿一日—廿四日
長崎縣	三菱造船ファネス工場	職工	六二	同	五割	無條件復職	廿四日—廿九日

（二）英吉利

（一）罷工的原因　據本年九月二十六日倫敦電報，本日午前二時，全英鐵路辦事員百萬人開始總同盟罷工。這個問題，起於年三月間，當時英國鐵路辦事員組合以戰前每週工銀在二十先令以下，戰時增至二十三先令，要求即以此數爲平時工銀之額。政府與組合協商，訂立維持戰時工銀至十二月之約。最近政府提出新案，將此約期滿後對於戰前平均工銀率二十先零增加十成，以此定標準工銀率。組合聞知，遂起而反對。至九月二十四日，組合遂發最後通牒於政府，聲明至二十五日午後若不提出別種新提案，將實行同盟罷工。政府僅送到無誠意的辦明書，希望與組合方面再行商議。組合不滿意政府的答覆，乃實行最後的手段。全英鐵路，殆全部停止，而出賃的馬車及自動車地下鐵路，亦均受影響。

（二）政府的措置　英政府對此罷工事件，一方用離間中傷手段，謀組合內部的破裂，他方更煽動國民反感，期得其援助。是時勞動團體與政府殆成生死的大爭鬬。政府爲對抗罷工預防人心陷於險惡起見，付與海陸軍無限權力，徵發食糧，隨時分配軍用自動車，到處奔馳，多數在鄉軍人與青年，自進而從事鐵路運輸事業，其中有名的貴族及上流社會的士紳，均充義勇勞動者。罷工者乃變更危險信號燈，橫石路上，作種種防礙運動，政府乃派武裝護衛兵，分配各列車，又發布命令，使全國知事市長等組織義勇軍，更布告全國，求國民極力援助。

（三）勞動組合的聲援　鐵路人員罷工實行之際，他勞動組合亦躍躍欲動。炭坑夫組合宣言政府若以軍隊直接辦理鐵路運輸，亦將同盟罷工，以爲鐵路組合的聲援。又運輸業組合向會員聲明禁止從事關於火路一切勞動。更與造船職工，汽罐製造職工，機關手，印刷職工，電氣職工，鐵路事務員，郵局辦事員各組合相會，謀爲鐵路組合的援助。又勞動組合協議會開會議決，此次罷工要求增加工銀改良條件，乃合於勞動組合主義的同盟罷工。吾人依英國憲治的保障，合法的行爲，確保勞動工銀以擁護勞動組合主義之歷史的大原理，雖執如何手段亦所不辭云。

（四）政府的所依　組合與政府相持至一週之久，四圍形勢日趨重大。至十月一日運輸業組合與勞動組合聯合協議會與首相會晤，聞政府聲明鐵路人員若不就職則無磋商餘地語，乃謝絕調停而全國總同盟罷業已呈切迫之兆，政府不得已始有讓步之意。據十月五日電報，則英政府提出鐵路辦事員賃銀暫不改訂，至來年九月為期，以為和解條件，罷工亦自此終止，一場大爭鬥至是始告一段落。

（三）美國

最近數月間美國罷工事件層出不窮。鐵路大罷工前在嘖擾之中，而鋼鐵大罷工，炭坑大罷工，復接踵而起。此非單純勞動條件改善問題，乃基本的諸工業受社會主義化的第一步也。鋼鐵罷工自關茲巴古地方開始，職工一萬八千人退出工場，數日之間由二十八萬五千人增至三十二萬七千人。罷工之後暴行暴動，因之蜂起，更波及與鋼鐵工業有關係的他種勞動者。造船所職工要求一日七弗一週間四十四時間制，反抗一日六弗一週間五十時間制，亦起同盟罷工。就桑港一處計之，已有六萬人，又礦夫同盟會要求增加工資六成及一週三十時間勞動，若至十一月一日無滿足的協定宣言，亦同盟罷工。紐約之埠頭人夫十二萬人，於十月間實行罷工。據十月二十日英倫電報論及美國鋼鐵罷業，雖未有結果，而職工漸有復業之事，其他各種罷工則形勢殊為險惡。總而言之此罷工一切原因不外IWW的煽動。自波士頓暴動以來，失勢的孔拔士，其命令久已不行。據美國勞動協會報告，現在全美之罷工者計七十處，其中得孔拔士的許可而罷工者，不過八處，其他六十二處全與孔拔士無涉。如鋼鐵罷業計畫悉出於急進派俄斯他之手，其種種運動均以誘起美國社會革命為目的，希望建設共產主義的政治。目下美國產業爭鬥，雖去革命的形勢尚遠，而情形則日見其急迫了。

學生世界

『五四』以後的北京學生

周炳琳

北京學生對於舊社會舊制度舊勢力的懷疑不自『五四』起，但是『五四』是北京學生思想變遷的大關鍵。『五四』以前不要說那班讀死書不思索的學生絕不想到已成的勢力要學生去推翻，就是號稱自覺的學生也祗曉得『厭故喜新』，至於『除舊布新』他們絕不想是當學生的時候能夠做的。我還記得五月四日的前一天晚上北京大學學生議決爭外交的辦法和五月四日上午各校學生代表聯合議決的辦法都不出遊行這個舉動，遊行的目的是（一）喚醒市民，（二）使外交團注意中國民氣，各電本國政府主持公道，（三）行經曹汝霖住宅時罵曹—當時並沒有打曹的意思—使親日派稍稍斂迹。那天下午各校學生齊集於天安門後，便整隊向使館界進，意欲穿行東交民巷以達第二項目的，行至美使館附近被使館界的警察阻住了，辦半點多鐘的交涉仍舊不許過，當時就有辦交涉的代表—優秀分子—主張向後退出前門遊行大街，以免麻煩。因爲大家堅持罵曹的成議，纔整隊向趙家樓—曹汝霖住宅所在—出發。那時大家的心裏還是過曹汝霖的門時痛罵他一頓，直到了罵得怒氣勃發的時候纔破門入宅拖打章宗祥。依此看來，五月四日那種熱烈的舉動完全感情的衝動，說不上眞正有『除舊布新』的覺悟。這覺悟發生於什麼時候呢？他緊接五四運動而發生所以我說『五四』是北京學生思想變遷的大關鍵。

『除舊布新』的覺悟緊接五四運動而發生，他的理由很易明白。五四運動雖是感情的衝動，然而事後覓根據，覺得這種舉動很合於理性。理性的根據一到手，勇氣陡然增漲，不但消極方面任你政府用怎樣高壓的手段屈服我不了，而且積極方面謀舊的改造與新的創造。『抵抗強權』和『開闢新機』就是『五四』以後北京學生的生活本篇要說的是從『五四』到現在短期間內這生活的歷史。

這短期間的歷史拿活動的趨向做標準可以分作三個時期，（一）抵抗與救護的時期（二）宣傳的時期（三）布新的時期。現在依着次序記述。

（甲）抵抗與救護的時期

從『五四』到六月底是抵抗與救護的時期。五四運動被捕者三十二人，政府施高壓的手段無所不至。各校學生曉得不拚死爭不但被捕的救不出來，連教育基礎都要動搖於是團結一致爲種種示威的運動一種激昂慷慨奮不顧身的氣概引起國人援助的心，政府亦曉得衆怒難犯，暗中雖大施其伎倆，面子上不得不表示讓步。鬧得最熱烈，素來祇曉得讀書不問別事的學生出來幹事，素來在醉夢中的學生驀然醒悟，是在這個時期。這個時期內經歷的事實大要如下。

營救被捕的　以學生打擊勢赫赫的官僚是中國少有的事，

況且打的幸而沒有挨打的，是有金剛的稱號，政府倚他們借債，日本倚他們通奸的章曹陸當道的豺狼怎肯放鬆，若未被捕的同學不拚死力爭，那被捕的必有生命的危險。所以那時的北京學生飯可以不吃，睡眠可以不足，被捕的不可不營救，而且營救得愈快愈好。被捕的當天晚上各校學生就立誓同死生，第二天就成立各校聯合會，素來沒有組織的北京學生當這個時候有小的組織，有大的組織，一呼百應，恐怕辛亥那年南京臨時政府的組織還沒有這樣好。拚命搭救！拚命搭救！這種呼聲一天高似一天，直等到五月七日被捕的釋放回校纔改搭救的聲爲慰勞的聲。

擁護教育基礎　被捕的三十二人釋出的第二天北京大學蔡校長被迫出京，各專門學校校長宣言與蔡校長取一致的行動。那時北京立陷於無教育狀態，不久教育總長傅增湘亦棄職而走，北京學生本想專力爭外交，忽又有此波折，乃不得不急轉直下，先去擁護教育基礎。我記得有一次同幾個同學談話，說到外交這樣吃緊的時候忽又有教育基礎動搖的事發生，至於歔欷泣下，那時北京學生的痛苦就可想而知了。亦全靠奮鬭的精神擁護的熱忱纔把安福部破壞教育的陰謀和田應璜的教育總長夢打破。奮鬥之花！奮鬥之花！奮鬥的結果，被捕的竟救出來，教育基礎竟維護住，北京學生從此成爲曾經訓練的戰士，膽大氣豪，不怕死，謀進步的了。

『六三』運動　五四運動的背景是積極爭外交，因爲營救被捕的擁護教育基礎是當務之急，就暫時把『爭外交』擱下來。好像走一條路，路上有障礙物，須得把障礙物搬開纔可以走，祇好暫時不走，把障礙物搬開。不過搬開障礙物爲的是要直行無阻，搬開之後就應前進。北京學生營救被捕的擁護教育基礎爲的是爭外交的便利，被捕的救出來教育基礎擁護住之後就應急起直追的爭外交，所以『六三』的前幾天北京學生對於要求政府外交公開罷免曹章陸，挾他們的勇氣着着進行，一面對政府取干涉的態度，一面對國民取提醒的態度，遊行講演團販賣國貨隊布滿街市。不料冥頑不靈的政府竟敢違反衆意妄加干涉。北京學生爭外交間接的障礙剛去，直接的禁止橫加，於是又偏向『抵抗』。於是有六三運動。是役被拘去幽於北京大學法科者有千餘人，蠻橫的軍警肆他們的淫威，不給粒食，槍傷刀擊，無所不至。消息傳到各地後、人心激昂、於是有上海天津等處的罷市罷工。東罷西罷纔做到曹章陸辭職照准、北京學生祗做到『抵抗、』曹章陸去職全靠各地工商各界的力、然而也因為北京學生能奮鬬、各地人民纔肯出來援救。奮鬬！奮鬬！奮鬬之光照耀全國。本期北京學生的活動大概如此、還有『五七』日刊的隱現和女學生的覺悟留待篇末說。

(乙)宣傳的時期

宣傳兩個字在這個地方怎樣講呢？這個地方所謂宣傳意思就是把『五四』以來我所覺悟的所經歷的傳達於各地的學生、希望他們向同一方向活動、並助他們活動。從七月一日到九月十日—暑假期間—是北京學生回到鄉土宣傳學生活動的方法的時期。暑假散學以前北京學生相約除留京辦事者外、歸到本省本縣宣傳學生活動的方法、並助各該省各該縣學生活動。這種辦法暑假期內回去的學生大都實行、收效很大。現在各省各縣都有學生組織的講演團檢查日貨團、得北京和各大埠暑假回籍學生的提倡幫助的力確是不少。各地學生聯合會的成立亦很得北京學生暑假以前派出的代表鼓吹的力。全國學生聯合會由北京學生提倡成立後北京學生在內盡力者更是不少。

在這個時期內發生一件北京學生的羞亦是北京學生的榮的事、就是北京大學暑假留京的學生有少數敗類被安福俱樂部收買做歡迎胡仁源拒絕蔡元培的勾當、被同學偵覺、受了一番痛懲。這件事要求蔡元培回大學不但是北京大學學生的公意、而且是北京學生的公意、不但是北京學生的公意而且是國人的公意。北京學生苦心孤詣把教育基礎維護住、正幸有以對國人、忽有少數敗類與教育界公敵安福俱樂部聯絡、陰謀破壞大學、藉此動搖教育基礎、自是可羞之事。偵覺以後、北京大學學生毅然決然懲罰內奸、宣布他們的罪狀、以謝京中各校學生、以謝國人、涉訟之後、甘入牢獄、抱定『出了研究室便入監獄、出了監獄便入研究室』的宗旨、奮鬬和犧牲的精神何等豐富！有了這可羞的事纔現出這可欽的精神、所以我說是北京學生的羞亦是北京學生的榮。那些回籍的北京學生得到這消息、更是怒喜交集、一面頌讚在京的大學生的勇敢、一面口筆宣布安福俱樂部的罪狀。

（丙）布新的時期

這個時期從九月北京各校開學起、到現在不過兩個多月、這樣短的時期那裏說得上布新、但是我用布新兩個字是因爲北京學生近來很有這樣的趨向、不久一定在布新兩個字上用實地的功夫。我的觀察對不對此後北京學生的活動自能證明。

從前我們對於舊制度祇曉得致不滿意的詞、現在便不然、於不滿意外并想到用什麼替代他、怎麼改良、解放從那裏入手、改造用什麼方法。具體的辦法是什麼？具體的辦法是什麼？天天聽到這種聲音、我就斷定有布新的趨勢。

我說的布新也有見諸事實的。高等師範學生近實行學生自治、把校舍劃分做幾個自治區、區內一切設備管理衛生等等事項悉由學生自己規畫自己執行。北大學生會亦不久將實行參與校務。如這一類的事不但不滿意於舊制度或現制度、且進而謀改革舊制度、或竟推翻舊制度代以新制度。

以上說『五四』以後北京男學生的活動。女學生的活動得略述如下。

（甲）與男學生一致爭外交

北京男女學生素來不相聞問、所以五四運動男學生事前不通知女學生、女學生遂未加入。但是一聞到男學生被捕、風潮險要、便派代表向男學生表示援助的誠意。從此以後、男學生有所舉動、女學生一一贊助、男學生露天演講、女學生家庭講演、經費亦量力捐助、不過沒有加入北京學生聯合會罷了。至所以不加入的原因大概是舊的男女觀念還沒有破除。

（乙）女子師範學生赴新華門請願釋放男學生

六三運動軍警拘禁男學生於北京大學法科講舍、女子師範學生義憤塡膺、欲赴總統請願釋放、爲校長方還所阻、前後門封鎖、不得出、乃併力破後門而出、直往新華門、以遂他們的請願舉動。女學生的奮鬥精神很可以從這件事看出來。

（丙）女子師範學生要求更換腐舊的校長

女子師範校長方還腦筋腐舊、平日不准學生看報、新思潮的出版物輸不到女學生看更是不用說的了。去年該校開學生成績展覽會、我抽個空兒去觀覽、壁上懸的是字畫、桌上擺的是手製品、間有幾本課卷、關於作文修身歷史等科的卷翻開一看、無非是今人說古話、那個是賢母、那個是良妻、東死一人該[illegible]

麼好榜樣。文筆好的很不少、祇可惜思想太舊、是誰的過？聽說方還對於學生來往的信檢查得非常之嚴、簡直不當學生是人。五四運動發生之後、他雖也同各校的教職員維持教育基礎、然而對於本校學生用種種方法禁止他們的愛國運動、上節說的封鎖學校的前後門便學生不得往新華門請願不過是一端。自從學生不服破門而出那件事發生後、他就通知學生在京的家屬押學生回家。你道他的手段辣不辣？更有一件可笑的事、就是他有一次請美國杜威博士的夫人到校演說、他央人同杜威博士的夫人說、關於學生自動的話請不要說、杜夫人回答他、不能因爲他一句話把伊平日的主張犧牲了。『五四』以後、女子師範學生的思想天天改變、知道這樣的校長要不了、便大張旗鼓要方還走、方還就不得不走。方還走了之後、教育部派一位姓毛的做校長、聽說與方還相伯仲、果然恐怕女子師範學生又要幹一下。

（丁）女子師範學生鄧春蘭要求大學開女禁

男女教育不平等、求別的平等是不可能的事、所以有覺悟的男子應該提倡男女教育平等、有覺悟的女子應該運動與男子受同等的教育。今年暑假承『五四』之後、正苦沉悶、忽然闢靂一聲、有甘肅女士鄧春蘭繞道蒙古歷盡艱辛來京、要求大學開女禁。他在報上發表他給大學蔡校長請求開大學女禁的信、很引起北京教育界中人的注意。近來關於大學開放問題、也很有人討論。大學開放遲早必見諸事實、祇可怪鄧女士的信發表後沒有第二個女士發表同樣的文字、難道不敢主張嗎？我以爲大學應該開放已經不成問題、成問題的是怎樣準備入大學。現在鄧春蘭女士已入女子師範、他既爲大學開女禁問題遠道而來京、想來一定約集同志研究這個問題。不過我以爲關於怎樣增高女學生的程度——外國文程度增高尤其要緊——男子也應該討論、討論出的辦法男子可以幫助實行的也應該盡力幫助。（我在少年中國月刊第四期婦女號裏面發表一篇『開放大學與婦女解放』的文字、主張大學由婦女開放、至於婦女怎樣準備入大學沒有說到、現在說男子要幫女子忙增高他們的程度使他們可以入大學、與我從前的主張也不發生衝突。我以爲現在女子能夠入大學預科的一定不少、若把外國文程度提高一點、女子入大學儘可以說毫無阻礙。）

一九一九、十一、二八。

還有本學期開學以後很可以記載的學生的活動如雙十節分發神聖麵包學生新發刊的出版物等等容後再述北大學生林德揚君的自殺也是北京學生界一件重大的事亦留待下次說。

這篇記載剛記完聽說天津方面有三十幾個女學生要到北京請願大學開女禁這是一個可喜的消息附記於此。

天津學生最近之大活動　一民

『五四運動』以來各地學生聞風而應起來做學生當做的事，這種現象令人抱十分的樂觀。天津本是一個絕閉塞絕麻木的地方，但是受了這種潮流的激盪也漸漸有點驚醒了，有點覺悟了。我現在把天津學生最近的活動狀況略微寫一寫，想閱者必先睹爲快下面分爲兩大層說：

(I)平民教育

平民教育完全是天津中等以上學校學生會中的教育科辦的。該科的宗旨是普及人民教育，提倡註音字母叫一般平民有共和國民的資格，好做下次民衆運動的預備，該科定了一個大計畫，都是關於平民教育方面的事。我現在拿來作我這段記載的

引子，

(一)平民夜學校.

(二)國民半日學校.

這兩種學校的性質沒有什麼分別，不過一個是男校，一個是男女同校罷了。專收失學的幼年及成人，或每日有閒暇的人。

(甲)宗旨：　教育的宗旨有五：(1)發展個性的知能。(2)使成共業的習慣。(3)使知眞正的人生觀。(4)公民常識。(5)了解共和的眞義。

(乙)教材：　識字六百同註音字母重演講的教育而不尙書本的教育。重知識的教育，而不尙技能的教育。

(丙)教授同管理：　(1)講演時多用譬喻(2)用土話講解。(3)如同音的字「名」「明」及同形的字「治」「冶」寫在黑板上，將音義分別解釋。(4)注重反覆講解，將所講的教材，深印在學生腦筋中。(5)注重常識，時事，智德體三育，及往來酬酢的事。(6)對於年長同腦筋遲鈍者，當循循善導，俾不至失望。(7)課暇時與學生談話，以聯絡感情。(8)凡有遲到者，必問明理由而加以勸戒。

(丁)教員：　教員由「師範」「官中」「南開」「覺民」「高工」「水產」「成美」等校聘請。每校四人。

(戊)招生：　現在擬招兒童二百人，招成人五百人。成人在「平民夜學校」每日夜間講演四小時。兒童(男女)在「國民半日學校」每日下午講演四小時每次四人講演，每人擔任一小時。每人一星期僅教授一次，或數次。

(己)校址：　現在暫分九校每處人數，視學生距家的遠近而定。地點如下：

(子)平民夜學校：(1)新學書院。(2)東宜講所。(3)西宜講所。(4)北宜講所。

(丑)國民半日學校：(1)成美學校。(2)官立中學校。(3)東宜講所。(4)西宜講所。(5)北宜講所。

(三)工人新期日學校.

這種的學校，特爲一般的工人設立。因爲中國的工人程度太淺，多有不識字的，所以想把他們程度提高，不得不用這種的方法每天乘工人有暇的時候(就是工人休息的時候)教他們一點普通知識。

(甲)宗旨：　宗旨有五：(1)提高工人的程度。(2)共和國民的資格。(3)工人的地位同人格。(4)了解人生觀。(5)國民的權利同義務。

(乙)教材：　教授注音字母，注重工人應知的常識及衛生等

(丙)教授法：　教授的方法用啓發式講演式的教育，不尙書本式注入式的教育。

(丁)教育：　由各學校的學生輪擔任。

(戊)招生：　現在暫招數十人。將來再逐漸添招。

(己)校址：　暫假高等工業學校同水產學校。

(四)露天講演團.

這是一種絕大的團體，就是長久的講演團。

(甲)組織法：　每三人爲一小團，有團(長)一人，其餘二人爲團員。團長負全團的責任；三人都是講演員，每次的時間以一小時半爲限。每人半小時。

(乙)講演的材料：　(1)國家與國民的關係。(2)什麼叫做國民。(3)國恥。(4)亡國之痛苦。(5)平民主義。(6)共和國民的權利同義務。(7)法律是什麼。(8)官吏。(9)警察。(10)平等自由博愛等總而言之，叫一般人做成健全民國的國民爲宗旨。

(丙)講演的地址：　春秋二季在天津城各街市或宜講所宣講。冬夏二季到天津附近各鄉村去演講。

(戊)講演員：講演員由各學校聘請，有三人就組織一團。一人教授注音字母，一人教授常識等類，一人教授技能(如算學)等類。所以這種講演團的性質與平民學校差不多呢。

(五)學徒義務學校同各工廠補習學校。

這兩種學校就是商業義務學校同工業義務學校的別名，想叫一班的工人同商人得點普通應用的智識。詳細的辦法，現在還沒有定好。

(六)人力車夫休息處.

擇空曠的地方，蓋上竹蓬，叫一般人力車夫在這裏面休息。當這個時候，就有人來講演國民應知的常識，又教授注音字母。

(七)平民義塾.

這種的學校，是叫窮貧的幼童得有求學的機會，使將來成爲有用的人。

上面七種的教育計畫，同他們進行的步驟，都是詳詳細細寫出來了。閱者諸君看了，必定是很明白這件大事。教育科不過總其成罷了。可以說是全天津學生對於社會的活動，對於社會的服務同犧牲。現在他們正是在日日進步的時候，聽說已經成立了十幾個平民學校，這種毅力令人欽佩不已。

(二)文化運動。。。

天津的文化運動，還在萌芽的時期。文化運動的利器，就是出版物。現在把天津學生的出版物都寫出來，並且把內容稍爲一說。(取介紹的態度，不取批評的態度。)

(一)天津學生聯合會報.

天津學生辦的報有點價值的，自然要算這報了。這報現已經出到一百幾十期了，中間被楊以德的壓迫，曾經停了一回版，後來又復活了。到一百期那一號，出了一個『奮鬥號』，可以說日日在奮鬥中討生活。這報以革新的同革心的精神爲主旨！本民主主義發表一切主張。內容分主張，要聞，時評，評論，討論，來件，演說，外論等十餘欄。

(二)醒世週刊。

這報是直隸第一女子師範學生團出版的。也就是天津一部份女界諸君發表思潮的機關。是可以代表他們的程度到了什麼地步。現在已經出到二十六期了。內容分社論，要聞，新聞，文藝，演說，餘興，等門。關於婦女的問題，發表了許多意見。

(三)平民半月刊.

這報是天津學生聯合會同女界愛國同志會出版的。現在已經出了兩期，拿來通俗，總算是不錯的思想同文字，都很淺近明白，於將來平民教育方面必占很大的勢力。

(四)新生命.

這是天津眞學會出版物。現在也出了兩期。他們會中想把這種小册子傳到全國鄉鄉村村去，作文化運動的利器。這報的主張有兩條：

(1)破壞的批評一切不良的舊的風俗，習慣，制度，禮節，以至人物，行爲，言論。

(2)建設的貢獻一種新計畫，新理論，求組成一個以自由，平等，博愛，互助，爲基礎的新社會。

(五)導言半月刊.

這報天津『新心學會的出版物。主旨有五：(1)本人類的進化，促進社會的解放。(2)本意識的知力，研究今後的改造。(3)本合羣的正義，提高原性的道德。(4)本互助的精神，破除人羣的競爭。(5)本現代的潮流，喚醒國民的覺悟。

(六)此外尙有南開學校的『校風』同北洋大學的『週刊』都是學校裏的出版物，不在外面售賣，所以不必介紹。

天津學生近數個月以來活動的狀況，最要的可以說這篇中都包含有了。一個麻木不仁的天津，現在居然有這種新曙光，令人十分快樂。記者敢望把這種的光照遍了全中國，各處羣起效法。記者敢說將來的新中國，不是現在的中國了；還盼望天津學生努力前進！

一九一九年十一月二十七日夜

日本學生界的黎明運動

易家鉞

近幾年來日本一般國民的思想、忽然由沈靜變爲浮動、由陳舊變爲新穎。其中尤以學生變化最快。比如日本帝國大學學生、三年以前、都是一聲不敢做的。現在居然大唱其改革論了。三年前的學生、也是抱着『學生除讀書外不應再管他事主義』、如五四運動前之中國學生一樣。但是近年如普通選擧運動、勞働運動、都有學生參與其中。一個沒有學生、甚麼運動就無色彩。所以日本的學生、在日本的潛在勢力、現在已不小了。何況將來！

我嘗說、中國的前途、全靠着我們學生。而日本的前途、也靠着他們學生學生在東亞的勢力眞不小啊。我對於日本的學生、具有莫大希望。講到日本學生界消息使我不得不先將學生的新團體、寫在左邊、

(1)新人會 東京帝國大學、向來是處於政府威權之下。學生和教育的思想、言論、都是極爲不自由的。所以有人說：西京帝國、大學、勝於東京帝國大學、就在這一點、上但是自從吉野作造博士、擔任教授以後、學生的思想、受了一番最新的教訓。加以外界潮流之刺戟。自然而然的、與從前不同了。於是法科學生、麻生久宮崎龍介赤松克麿、問上守道一般人才組織一個『新人會』這是去年(七年)十二月間的事。這幾位學生今年春季都畢業了。宮崎赤松二君去做『解放』雜誌的編輯。麻生君、去做友愛會(日本勞働界最大之團結)的理事他們雖然、不在新人會、但還是該會的中心。新人會、現在雖純然是學生的團體將來一定會社會化的。至於講到該會的信條可以列爲二個：

(一)「我們力求解放同世界文化的大勢之人類、促進他們的新氣運、使其互相協調」

(二)「我們從事現代日本的合理的改造運動。」

他們是很能實行這兩個信條的。他們的主義、明明白白寫在他們的機關雜誌『DEMOCRACY』上面。就是：「打破軍閥和官僚、建設民治的國家。」論調在新進各雜誌中、算是最激烈的。他們有先知之明、豫料『DEMOCRACY』必遭禁止發賣的命運。第一期後面就刊有六個大字：『本誌將禁賣耶』隨後就封禁了。

上面說過、新人會的設立、是受了吉野先生的影響。吉野自去年夏季以來、鼓吹『DEMOCRACY』不遺餘力。因此日本的官僚和軍閥頓形恐慌、異常嫉妒、暗中[illegible]一羣無賴之徒、組織一個甚麼『皇國青年會』專門同吉野搗亂、日本輿論界知識界、多極力攻擊他們、罵他們是浪人集合。有一次他們故意要和吉野辯論、開了一個演說會。他們意思、以爲吉野演說的時候、如果有露出侵犯皇室尊嚴及背叛國體的議論、便可加以『大逆不道』之罪、結果吉野的性命。不料吉野看破了他們的鬼計。當時欣然應諾出席辯論、他們竟不得指摘之口實在這方面、帝大學生中、平素愛戴吉野的、目擊他的先生『孤掌難鳴』豈可『束手坐視』立刻糾集同志組織一個『新人會』同『皇國青

年會』對抗這是『新人會』組織的由來現在該會的勢力在學界中坐第一把交椅。因爲他們是有絕大的希望、徹底的主張。將來一定是大發達的本部在東京、各地方設分部、現在京都、仙台、岡山各分部已經成立了。

(2)民人同盟會　次於『新人會』的、就是『民人同盟會』了。這個學會、是今年二月二十一日早稻田大學之中抱自由思想的學生所組織的。原來早稻田大學慶應大學、稱爲日本私立大學之『雙璧』。照一般人說、私立大學勝於公立大學的地方、却有兩點：（一）是私立大學思想比較自由。（二）是不致因更換校長波及學校。早稻田慶應兩大學、所以勝過帝國大學的、也就在此二點。我在早稻田大學讀了三年書。天天上學、總見那學生控所（休息室）裏、上下左右、貼滿了紙條。甚麼同鄉會啊、甚麼研究會啊、甚麼同班會啊、眞是鬧個不淸。不過有大作用大意識的會、不常發現。像這個『民人同盟會』總算是鳳毛麟角了、他們發起這會的時候、我上在正課、親眼看見他們手寫的大黑字大紅圈、貼在壁上。我就狠留意。後來看見他們的宣言書說、是『……世界各國際此新舊文明過渡的時期、大家都要求改造世界。……我們要想盡這世界的大使命必然的前提我們非同已經解放的各階級協力不可。同時我們又非撲滅那些頑冥者流時代錯誤的思想不可。我們站在新時代的陣前、力求普及激底『Democracy』的思想。……我們在這個主張之下、情願犧牲一切、勇往直進。因爲那裏有個人類前途的希望、光亮亮的照着我們啊！』我讀了一遍、才明白他們的主義。外面的人、都說『民人同盟會』的背後人物、是新教授大山郁夫、然據當時我的日本友人的話、該會固然與大山郁夫、有點關係。而其原動力、還是安部磯雄。這位安部先生、眞是一位實行社會家啊。這『民人同盟會和『新人會』、又可稱爲最近日本學生團體之『雙璧』。因爲他們都是將來新日本的中心。我狠希望他們發達。趕早創造『新日本。』

(3)學生同盟會　『學生同盟會』、是今年四月纔成立的。他的性質、和我們北京上海學生聯合會一樣。純粹是青年學友的結合。但是該會會員、資格只限於大學校專門學校在學學生。這一點與我國的學生聯合會有點不同。至於他們的主張如何、我們看他們的宣言書。便明白了。宣言書的大要是：『……在這思想的大變動的漩渦之中、能夠積極的指導國民思想的趨向、對於眼前一切時局問題、下嚴正公平的批評、使輿論成歸一途、以求解決國家生活的根本問題的人、只有我們有新思想沒黨見的青年學生而已。我們對於現代發見許多缺陷、所以我們才有『革新』的運動……我們要適應國際的文化生活、非有大勢力不可。這就是我們學生奮起組織『學生同盟會』的緣故。』這個宣言書比『新人會』、『民人同盟會』的宣言、空泛得多。因為『新會』『民人同盟會』都有一種徹底的主張、而且是少數志同道合的青年所組織的。至於『學生同盟會』、前已說過、與我國各處的學生聯合會一樣、不過是一般抱新思想的學生所結合。所以說不出甚麼具體的主張。這是性質不同、精神亦隨之而異、本無足責。但是『學生同盟會』的奮鬥、也算是一絲不懈。他們自己所做的事業很多、如：(一)親睦會(每月一次)。(二)研究會(每月一次)(三)公開大演說會及假國會(春秋二次)。(四)地方遊說。(五)發行機關雜誌(每月一冊)。(六)凡遇着時局發生重要問題的時候、可以開臨時演說會、以嚴正公平底學生態度、去考察、批評、做輿論的指導。他們又辦了一個雜誌、叫做『革新運動』。The Mnouation Movement 從今年六月起、每月發行一冊。總算他們於改革舊思想上有點成功。

(4)青年改造聯盟會　最後我要介紹的、就是這個『青年改造聯盟會』、這個會是今年十月三十一日纔成立的。在各種學生團體中、總算是組織最晚的了。我們要問這個會為甚麼發生？這個疑問很容易答復。就是日本學生、受了外來潮流的影響、加以內部要求之迫切、都有一番澈底的覺悟了。因為有了覺悟、所以急思改造。但是怎樣的着手來實行改造呢？他們知道宇宙間有一種大力、就是合羣——聯合。所以[illegible]大學、全國各專門學校有志學生、及金澤、岡山、長崎、佐世保各處青年團體、東京所發行之『潮』『勞働世界』『革新運動』『雄辯』各雜誌社等五十六個團體、數月以來、密議聯盟方法、直到十月三十一日纔成功。十一月一日午後三時至五時、發起人一百二十名、盛裝分佈傳單於各重要電車火車站。又用摩托車在街上散佈宣言書三十餘萬張。宣言書的標語是：『我們現在已經站在改造世界的街頭了』又加印二萬餘張、分送全國二萬餘個青年團體、真是富有犧牲精神啊！聯盟會有五大綱領：(一)宣傳人類解放的大義。(二)改造國民經濟組織。(三)實行普通選舉。(四)承認勞働者團結權。(五)言論之絕對的自由。又發表一個決議書:(一)我們在第四十二次議會、要以民衆的力量、謀普通選舉法案的通過。(二)凡反對普通選舉的政黨政派、我們都看做民衆的仇敵。原來現在日本朝野最鬧得凶的問題、就是普通選舉。我最近做了一篇文章、登在北京晨報上面、說日本普通選舉問題。依我的推測、下屆議會(卽第四十二次議會)一定會通過普選法案的。因爲(一)各政黨皆有贊成普選之趨向。(國民黨最力)(二)各種民衆的團體主張、極爲激烈。大有非普選則……之勢。政黨固是要緊、這根本的勢力、還是在民衆的大聯合啊。所以我對於『青年改造聯盟會』有莫大之希望。敬祝他們的成功。

以上所寫學生的四個團體、在日本是比較有力的。比較有希望的。所以我提前介紹。深望我國青年學生諸君、睜開眼睛看看人家是怎麼樣?閉着眼睛想想我們又是怎麼樣?努力!改造、奮鬥!犧牲!這是我們的信條。

學校調查

徐彥之

北京大學

我們的少年世界特闢『學校調查』一欄。意在給一般青年學生狠明瞭的一個觀念:那個學校好,可以入;那個學校不好,不可以入。那麼我們介紹學校的方法,就有了標準。

第一:要注意他的學制和課程,其次設備。其次學校內部的組織,其次新生入學的手續;或再加教員學風等等。

第二:要說得明白,不能以爲平常應當知道的事情就從略了。因爲我們是介紹給不在那個學校的人看的,我們認爲他對於該校一點也不知道;原不是介紹給在該校的學生看的。在這個學校狠平常的事情,換到別個學校裏或者狠罕見呢。

第三:要扼要,却不能太瑣細了。凡是非在校學生沒有知道之必要的,或是於學校的價值上沒有什麼關係的,都可以不必說。這一點的經濟却是要講。

第四:學校的沿革,除非影響於現在甚大,都可以不講的。因爲講起來太長了。

這些是我們個人的意見。因爲『學校調查』欄的第一次第一篇是我擔任，我不能不先稍爲定個標準表明意思，不然便無從下筆。有不對的地方，自然要隨時修正。

還有兩層要聲明的：本欄介紹學校，不限定專介紹好的學校勸大家去入，有時也要揭破壞的學校的黑幕，警告大家不要上他的當。但是已經公認爲壞學校的，也不勞我們再費事了，對於各地中學以上各學校的實在情形，本會同人有不盡悉的，特別歡迎各地同學的投稿。但是無論贊成和反對的批評，都是主觀的，却非有客觀的根據不可。不然就失了我們調查的本旨了。這層要特別請投稿的同學注意的！

本欄學校介紹不分國界，但爲需要起見，先講本國的，以次及於東西洋的。第一個要說北京大學。

甲　學制及課程

(1)　學制大旨

(一)大學預科二年，自爲一級，須習滿五十單位。本科四年爲一級，須習滿八十單位。惟習完六年者，得畢業文憑；其修完預科者，得修業文憑。

(二)預科之課程，以語言文字及論理學大意哲學概論等爲共同必修科，全體同習之。此外爲分部必修科，分爲甲乙兩部。甲部稍偏重數學物理，乙部稍偏重歷史地理等科；隨學生性質所近，任擇一部習之。

(三)大學本科第一年之課程，以大學學生所不可少之基本學科及在預科所曾習之外國語爲共同必修科，全體同習之。此外爲選修科，分爲五組，每組各有所偏重，令學生隨性之所近於一組內選習八或十一單位以上，以爲一年後專習一系之預備。五組之目如下：

組一．數學，物理，天文等

組二．生物，地質，化學等

組三．哲學，心理學，教育學等

組四．中國文學，英文學，法文學，德文學等

組五．史學，（政治，經濟，法律）等

(四)大學本科第二三四年之課程，分數學，物理學，天文學，化學，地質學，生物學，哲學，中國文學，英國文學，法國文學，德國文學，史學，經濟學，政治學，法律學……等系。此三年之課程全用選科制，但須依下列條件，爲選科之通則：

(1)每人於此三年之內，須在某一系及其相關系內選修三

十至四十單位。

(2)此外尙須繼續所習之第一二種外國語，每種選修六單位，合計十二單位。合前三年所習外國語單位，共計每人至少須習第一種外國語二十三單位，第二種外國語十五單位。總期於畢業時，至少能用二種外國語讀書作文。其本系學科有用某種外國語爲課本或參攷書者，得免習或酌減此種外國語單位。

(3)在不相關之系內得選習六單位以上。

(4)第二年生亦可選本組第一年學科之未習過者，但不得過六單位。

(五)凡學生有某科功課不及格者，須補攷一次，補攷仍不及格者，須重習此科。惟不須留級重習己及格之諸科。

(六)凡學生一學年之中有九單位以上不及格，補攷又不及格者，令其退學。

(七)凡學生兩學年之中每年有六單位以上不及格者，令其退學。

附大學學科統系表

大學學科統系表

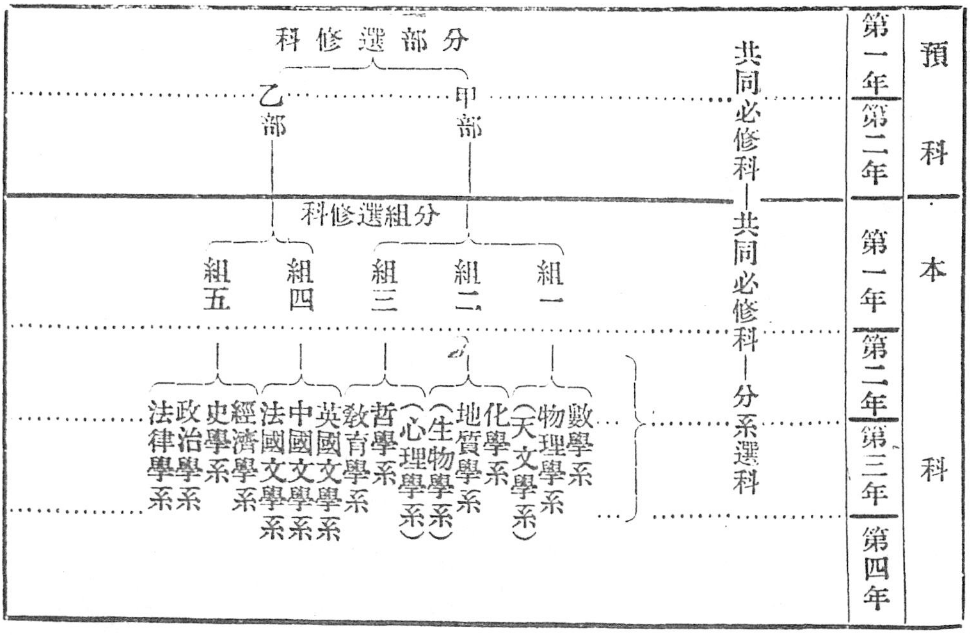

上文和附表裏頭有幾處要特別加以說明，免得看的誤解。

(一)單位制。 中國的學校向來用學年制，單位制是與學年制對待的。但二者也可以並用而不悖。學年制以修業年限為準，單位制以習滿若干課程為準。這可拿作工來譬喻。作工有論件制，作完幾件給價若干，(PIECEUORK)好像單位。制作工也有論天的，論月論年的，每天每月或每年工作若干，(TIMEUORK)好像學年制。有時兩制並用，例如作工雖是按月計薪，但每月限定至少非作幾件不可。學制也有以規定修業年限，但在此限內須習若干單位。現在北京大學就是採兩制並用的辦法。 那麼多少課程才算一個單位呢？這個各處規定頗不一致。大概以一學年中每週習一小時，或一學期中每週習三小時之科目為一單位。現在北京大學的規定：每一單位約計三十小時之課；實驗時間倍之，即六十小時之課。

(二)相關之系，不相關之系。 嚴格的講起來，學科還有不相關的嗎？那裏有獨立學科，不與其他相關的呢？這不過是比較的話，看的人不要誤會。相關之系，如數學，天文，物理等系，不相關之系，如天文與文學等系。

這個學制還有一種精神是他的優點。科分部，(預科)部又分組，(本科)組又分系；各部各組各系皆有所偏重，隨學生性質所近任擇一部一組一系選習之。在共同進步之下，仍不妨個性之發展。美國杜威博士講過『一切學問和訓練，必定要拿人類天然的生來的本能做根據，利用他自運的能力，發展他原有的天性，纔是新教育的宗旨』。選科制度就是本這宗旨發生的。因為科目繁多，學生的精力有限，而且性質不同，所以用選科制，這是合乎教育原理的了。但純任選擇，一點不加限制，也要發生流弊的，所以有種種的限制：

(一)必先習某科，然後可習某科。例如，研究天文者先習數學，研究憲法者先習法學之類。

(二)由學校指定必修科數種，其餘為選修科。

(三)由學校限制其選擇之範圍，以免所習科目之泛濫。

現在北京大學雖採用選科制，而仍有分部必修科共同必修科的規定，就是調劑極端選修之弊的。

表中文中用括弧(　)標記者，表明組織尚未完備，暫不能照規定實行。

11 本科第一年課程

共同必修科	教員	單位
哲學史大綱(習哲學者免習)	胡適	二
科學概論	王星拱	二
社會學大意	陶履恭	二
第一種外國語(習英法德文學者免習)		三
第二種外國語		三
共計十二或九單位		

分組選修科

於一組內選習八至十一單位以上

組一　數學天文物理等系	教員	單位
立體解析幾何	王仁輔	二
方程論	許光福	二
微積分	馮祖荀	四
實驗物理(A)(分兩年習完欲專習物理學者習之)	張大椿	四
實驗物理(B)(一年學完不欲專習物理學者習之)		四
無機化學		三
化學實驗(B)(二小時)		一
力學	羅惠僑	二
天文學	胡文耀	二

組二　化學地質學等系	教員	單位
無機化學		三
化學實驗(A)(六小時)		三
實驗物理(B)(參看組一)		四
數學	孫瑞林	三
地質學	何杰	三
礦物學	亞當士	二
礦物學實習(三小時)	亞當士	一·五
動植物學	龔安慶	二
圖畫(三小時)	衛梓松	一·五

組三　哲學系	教員	單位
中國哲學史大綱	胡適	二
西洋哲學史大綱	胡適	三

論理學	胡適	二
倫理學	楊昌濟	二
心理學	陳大齊	三
生物學大意	蔣右滄	二
地質學大意	王紹瀛	二
經濟學	李芳	三
數學		二
哲學概論（在預科未習者補習之）		一

組四　文學各系	教員	單位
中國文學史要略	朱希祖	二
中國文學史（一）（欲專習中國文學者習之）	朱希祖	二
中國詩文名著選	朱希祖	四
歐洲文學史大綱	周作人	三
英文梗概 1.文	楊蔭慶 三	六
2.詩	卜思 一	
3.戲劇	辜湯生 二	
英文作文	楊蔭慶	一
法文學梗概 1.詩	宋春舫 一	六
2 文	宋春舫 二	
3 戲劇	宋春舫 三	
法文修詞學及作文	李景忠	三
法文演說	基慕雅	二
法國文學史	白來士	三
法國近世史	德尼格	二
德國文學梗概 1 戲	顧兆熊 三	六
2 論文	二	
3 小小說	一	
德文修詞學與文體學	楊震文	二
德文作文	楊震文	一

組五　史學系	教員	單位
中國通史	陳漢章	四
東洋史		三
學術史（一）	葉瀚	三
史學研究法		二

法制史		三
交通史		
經濟學（與組三合）	李芳	三
心理學（與組三合）		三
論理學（與組三合）		二

III 大學預科課程

共同必修科

（科目）	（第一年）	（第二年）
模範文	三 ⎫	三 ⎫
學術文	一 ⎬ 五	一 ⎬ 五
文法	一 ⎭	一 ⎭
第一種外國語		
讀書	五 ⎫ 七	五 ⎫ 七
文法及作文	二 ⎭	二 ⎭
第二種外國語	三	三
論理學大意	一	〇
哲學概論	〇	一

分部必修科

甲部　凡將來欲入數學物理天文化學地質等系者入此部

哲學系甲乙兩部俱可入

數學（二）	五	二
物理（二）	五	二
化學（二）	二	二
博物	一	一

乙部　凡將來欲入哲學文學史學政治經濟法律等系者入此部

數學（一）	二	三
物理（一）	〇	二
化學（一）	二	〇
博物	一	一
本國通史	三	〇
西洋通史（用本國文教授）	〇	三
本國人文地理	二	〇

選修科

物理實驗(甲部擬習物理者習之)　○二
化學實驗(甲部擬習化學者習之)　○二
圖畫(甲部擬習地質者習之)　○二
法學通論(英法德文)(乙部擬習法律者習之)　○三
經濟通論(英文)(乙部擬習經濟者習之)　○三
文字學(乙部擬習文學哲學史學者習之)　○二

以上課程合計

甲部必修科第一二年每週各二十六小時;

乙部必修科第一年二十六小時,第二年二十五小時。

再加選修科,每週至多不過二十八小時。

我想看了上旁課程表的人,要發生兩個疑問:

一個是預科的修業期限是二年,現在有了二年的課程,自然對了。本科的修業期限是四年,何以止有第一年的課程?其餘的那三年呢?

一個是許多的科目底下註上了『一』『二』『三』的數目字,也有註上(A)(B)(C)的,那是怎麼一回事?

且待我說個明白。

我這篇調查起首的一段緒言,不是說不講沿革嗎?現在不得不講了。因爲他與現在的課程有關係,不從沿革上講不明白。大學本科修業四年,採選科制,這是北京大學才改的新制,民國八年的暑假才實行到本科。所以祇有第一年的課程。那第二三年級班現行的還是半舊不新的過渡制呢。北京大學蔡孑民先生沒來當校長的時候,本預科行的都是學年制,而且課程由學校規定,學生不能自由選擇。蔡先生來了之後,第一步把預科縮短爲二年,本科延長爲四年,而且把各科的預科隸屬於他的本科,不另外獨立。第二步把學年制改成單位制;第三步把文理法合併,改稱大學本科,實行選科制。但由舊變新,頗不容易,而且我們中國人的性情積習難反,所以當時實行,祇有從預科一年級作起,到現在才有了新制的本科一年級。以後舊制的班畢了業,慢慢兒都用新制,那便一律了。這過渡時代,新舊雜處,是無可奈何的。

以上答第一個問。答第二個問,我祇好把大學本科各系課程的凡例抄下來,請大家看。

(一)每一系之學科名目俱冠以數目字,以百遞進。凡一百以下爲稍普通之主要科目一百以上爲較高深之專門學科二百以上爲特別研究科目。

(二)每百數內又以十遞進，略示學科細目之類別。如中國文學系之(11)(12)(13)爲文；(21)(22)(23)爲詩；(31)(32)(33)爲詞之類。

(四)預科科目之爲本系預備科者，或本系所需要之副科，而爲他系所不設者，皆以A. B. C.等字母別之。

(三)(五)兩條，此地用不着，不錄。

乙. 學校內部的組織

要叙述北京大學內部的組織，自然不免要抄錄他的章程。但我既不是爲他做紀念册，又不是呈請教育部備案，又豈能把北京大學各部分的章程都彙錄來呢？而且那樣，『少年世界』的篇幅也不能夠。所以此地所介紹的不過兩端；不完備的地方，請閱者原諒。『一』關於北京大學全體的組織；(二)一部分的組織，而對於學生有直接密切之關係者。容次第叙述之。

要講北京大學全體的組織頗不容易，因爲我們中國人最不講組織的，無論什麼事都是漫無系統。北京大學雖是成立了二

十多年了，却仍是亂七八糟的沒有一定的頭緒，[illegible]才漸漸的整理，但是也不完備。平時所感痛苦比較還差；一到有事，就和『去了頭的蝗虫』一般亂跳起來了。民國八年的『五四』學潮起了之後，蔡校長南下，一時北京大學頗陷於無政府的現象；好在平時組織的還有個教授會評議會等，勉強支持下去；學生方面平時也有許多的自動團結，臨時組織了幹事會，各方面和衷共濟，沒大礙事。假使學潮推上三年去—三年以前的大學可也決不會發生學潮，這不過假定—不曉得要糟到什麼天地哩！

八年的下半季，大學恢復了原狀，大家『痛定思痛』，鑒於已往沒有組織的缺點，才有大學內部組織的預備。自今以後，可算是另開紀元。要說最近的大學內部組織，必要把一個機關先介紹來，就是『組織委員會』。

組織委員會簡章

一. 本委員會(以下簡稱本會)協助校長，調查策劃大學內部組織事務，

二. 本會額定九人，由校長指任，並徵求評議會同意。

三．由會員互舉委員長一人，書記一人。開會時校長主席，如校長不出席時委員長主席；主席不投票，惟兩方面票數相同時，主席得執行其取決權。

四．本會開會由委員長召集之。

五．本會得請校中職員出席陳述意見，或報告所擔任事務。

六．本會計畫成後，請校長提交評議會取決，並由會員出席評議會說明。

七．辦事細則及進行方法本會自定之。

八．本會於組織事務告竣後卽解散。

介紹過組織委員會就要講大學內部組織了，大學內部組織便是組織委員會的出產品。不過我還有一點須特別聲明：我作這篇東西的時候恰是八年十一月二十五日，當時這『大學內部組織』剛通過了組織委員會，還沒經評議會正式表決。預料着呢，評議會也不致有狠大的變更，大體總是如此了的。『少年世界』定在九年一月一日出版，那時或者就正式實行起來了。

國立北京大學內部組織試行章程

民國　年　月　日組織委員會草成

年　月　日評議會通過

國立北京大學本『教授管理』Faculty Control之宗旨，共和政體之精神，圖行政之便利，辦事之效能，定試行章程。本章程所採之要點如下：

一．承認國立北京大學（以下簡稱大學）爲中華民國國民所公有之大學，爲全國最高之學府，養成青年健全人格，增進青年智慧能力。

二．校長爲時代精神之代表，圖全校均等之進步與發展。

三．教務長爲學術之代表，圖學科合宜之配置，學術之進步與發展。

四．評議會代表全體教授之公意，輔助校長定全校大政之方針。

五．行政會議本全校之公意，輔助校長執行全校之大政。

六．總務處本上述之意思，執行其事務，而謀有充分之效能。

七．　委員會掌行政之一部。

八．學術方面，採歐洲制，行政及事務方面採美國制。

大學內部各部份如下

（一）評議會
（二）教務會
　教授會
（三）教務處
(1)組　(2)組
（四）教務長
(1)各系主任
（五）秘書處
（六）大學秘書
(1)文牘　(2)詢問　(3)介紹　(4)注册　(5)編誌
（七）委員會
(1)組織　(2)預算　(3)聘任　(4)考試　(5)圖書
(6)庶務　(7)儀器　(8)出版　(9)學生自治　(10)新生指導
(11)臨時委員會
（八）行政會議
（九）庶務主任
(1)雜務課　(2)齋務課　(3)校舍監

（十）圖書主任
（十一）儀器主任
（十二）出版主任
（十三）會計
（十四）事務會議

附國立北京大學試行內部組織系統圖表

圖見下

國立北京大學試行內部組織系統圖表

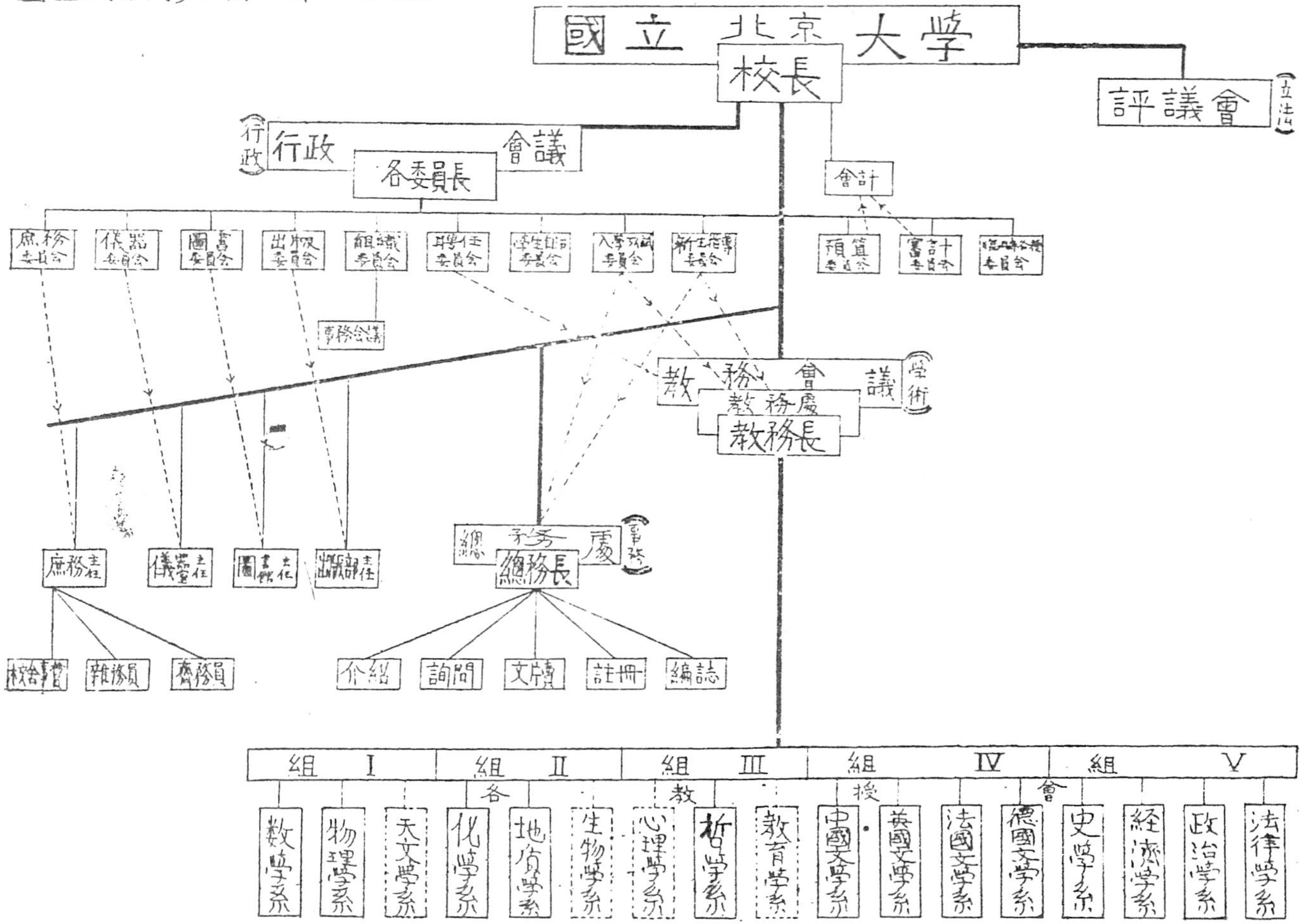

組織委員会製

按現在此表已稍有變更但已印就來不及改了有機會再更改正罷

大學內部全體的組織略如上所述。至於各部分的細則，那裏能說得了呢？無論校內校外的人，對於某一部分要想知道他的詳細，可以寫信來問。現在大學裏專設了詢問處管着答覆這類的問。讓我把詢問處的大概寫出來看。

詢問處簡章

一.本處爲備本校職教員學生及校外欲詢問本校各事件者而設。

二.本處承校長之命，掌管左列各項事件：

(一)答覆本校職教員學生及校外詢問本校規程及辦法等事。

(二)招待參觀人員；但遇言語不通之外國人員，得請校長臨時別派。

(三)編纂「學生須知」一類之印刷品。

三.本校各機關事件應擇要送於本處，以備答覆詢問之用。

四.本處設事務員一人，書記一人。

有了這個機關，我想大家一定不愁我說的不淸楚了。因爲隨時可以來問的。但是大學內部還有兩部，我以爲頗有關係的，不曉得爲什麼內部組織裏邊沒有把他列入。我且補在這裏，讓大家看便了。

一　北京大學研究所

一.大學各組中之各系俱得設研究所：例如哲學系研究所及中國文學系研究所之類。

二.研究所以各系之教員組織之，遇有特別需要，得加聘專門學者爲研究所教員。

六.本校畢業生以外，與本校畢業生有同等之程度，而志願入所研究者，經校長及本系研究所主任之認可，亦得入研究所。

七.本國及外國學者志願共同研究，而不能到所者，得爲研究所通信員。

十七.凡有入研究所之資格，而以特別事故不能直接爲通常研究員者，如得校長或教務長或本系主任之特許，可爲通信研究員。

十八. 通信研究員須將所欲研究之論題寄交本系主任由主任就所擇題之性質請本系教員若干人審定認可。論題擇定後由通信研究員自行研究隨時可與本系教員直接通信討論所業。

十九. 通信研究員以其研究所得作爲論文由本系教員公同閱看；其已收受之論文當交圖書館儲存，或摘要登在月刊。其未經收受者由各教員指出疵病發還著者，重行修正。

二　北京大學編譯處

一. 本處以擴充本大學學生參攷資料，及對一般社會灌輸知識爲宗旨。

四. 本處出版書籍，分爲編譯兩種。

五. 凡與本處宗旨相合及經本處評議員三人以上之介紹者，無論現居何處，均得爲本處編譯員。

六. 本處集稿約分三類而版權一律歸編譯者自有。

一完全爲本人自行編譯之稿。

二本處聘人編譯之稿；對於此項編譯員，可酌送月費，惟須限定月成若干字。

三本處特約編譯之稿；對於此項編譯員，可酌贈稿費，但須於將來版權稅內扣還或非特約而有稿欲原本項之例亦可。

十一. 第六條二三項由本處延聘或特約之編譯員須經評議會到會之全體評議員認可。

看上邊兩處章程有共同的一個特點：就是「公開」，給人人一個均平的機會。祇是你有了相當的程度，都可以報名入大學的研究所，不管你是不是在大學卒過業；祇是你能著作而有價值，都可以送到大學的編譯會去印，不問你是不是現在大學當教授。這都是表示『學術爲公』的意思。諸君不記得上邊所舉大學內部組織試行章程所採的第一個要點的第一段嗎？那裏說：『承認國立北京大學爲中華民國國民所公有之大學』。

對於上列兩處的章程，我爲什麼漏掉了好多呢？因爲那些都是內部細則，對於不在裏邊的沒有大關係。你入進之後，自然要知道的。此處爲簡便起見，所以從略。你一定要問，可以寫信到各該處直接去問或寫信到北京大學詢問處也可以得滿意的答覆。

總上所舉，對於北京大學的組織，我祇能夠說這樣多了。

丙　新生入學的手續

上邊敘述了北京大學的學制和課程，以及他的內部組織，這大學的本身就可推測個大概了。嚴格的說起來，實在不能滿我們的意，去我們理想中的大學遠甚。但是在中國比較稍微有點生機，稍微有些希望的，還祇有這一個大學哩！學問沒有根底，出洋不大合算，然而在國內要想找一個地方去求比較的高深學問，還祇有這一個大學，說起來，我們中國眞可憐哪！

那麼，諸君或者就不免有些要入北京大學的了。要如何的一番手續呢？向來的章程是：

『每年於九月開學時收入新生一次。』

但是這條章程要分析開來解釋。大學學生不是分本預科一級嗎？所謂『收入新生』指兩級而言呢，還是專指預科一級而言呢？招攷插班生呢，還是祇收一年級的新生呢？北京大學向不招插班生——私立中華大學合併來的時候，那是特別例外，不可以常論——這項無用疑惑。預科以下沒有再低班次可以繼續，當然要招新生。單問大學本科每年招生與否罷。

就現在看起來，大學本科漸有不招生的趨向。有兩個原因：

(一)積極的，和正面的原因。　本校預科卒業升學的漸漸多了，用不着額外招生，本科已經有學生了。不特如此，有時光是本校預科卒業的就有容不下之勢。大學規程對於這樣情形，定了有三條規定。

七．大學預科畢業生依其志願收入本科第一年級。

八．前條入學志願人之數超過本科各門預定收入額時，得行選拔試驗。

九．依第八條規定之入學志願人入學後尚有缺額時，凡與大學預科畢業生有同等資格試驗及格者，亦許入學。

從這三次，可以反證明：

大學本科由本校預科畢業生升入後，沒有空額，就不招新生了。

(二)消極的和反面的原因。　自從民國二年，教育部的新規定祇設大學預科於大學，各省立的高等學校都歸併，取消，停辦。以後各地幾乎沒有與大學預科同等的學校。間或有幾個教會辦的大學，一名是高等，其實是中學；再就各省有幾處專門學校但又不是爲攷升大學而設的。除此幾種以外，能夠供給大學本科學生的，那裏還有社會上既無相當的供給，所以大學也漸漸不招攷本科生了。

有以上兩種原因一方面本校預科卒業生夠了本科的需要；一方面校外沒有相當的供給，所以說——

大學本科，漸有不招生的趨勢。

然而這裏却有兩個缺點，須得調劑的。

(一)有許多人，雖不入什麼高等專門和大學預科，而他自修甚勤，確有入大學的程度。大學如不招外生，對於此等人豈不就不公允了嗎？大學的宣言說承認大學爲全國國民所公有之大學，豈不就相背了嗎？

(二)現在的大學並不完備，正在盡力擴張和添備，有許多科目剛有而預科也才添沒有卒業生可以供給，如不招外生，豈不要停頓了嗎？這豈不阻礙大學發展的計劃嗎？

對於第一個缺點，大學規定有『選科生』『旁聽生』的辦法，以調劑之。等下旁介紹出來。對於第二個缺點，臨時祇有通融辦理，不限資格，祇攷程度。現在把八年招生的簡章擇要的抄出來，就明白了。

北京大學招攷簡章(民國八年)

(一)本校今年招攷預科一年級生，及本科法文學德文學門一年級生。

(三)投攷預科者必須中學校畢業，但其所認考之外國語爲德文法文或俄文，則有中學畢業同等學力者亦得報考。投考本科法文學德文學門者，必須高等或專門學校畢業。

(四)投考預科者其入學試驗科目，及程度如下。其試題除外國語外，均用國文。

第一場

國文解釋文義　作文及句讀(讀用點•句用圈。)

外國語(英文或法文德文俄文)—文法　繙譯

數學算術　代數　平面幾何

第二場

中外歷史　理化

中外地理　博物

(五)第一場若不及格，即不錄取，毋庸再考第二場。

(六)投考本科法文學德文學門者試驗科目及程度如下：

一國文—應試程度須略通中國學術及文章之流變可參考文史通義國故論衡及本校預科所用之課本。

二法文德文

(一)曾讀過數種文學書，能列舉其內容，評其得失。

(二)曾讀過一種修詞學。

(三)能作文無文法上之謬誤。

三數學—代數　平面幾何　平面三角

四論理學—須習過一種論理學：如陳文名學教科書或張子和新論理學之類。

五歷史—須習過中國通史及西洋通史，其西洋史亦可用西文本。

六地理—本國人文地理

(七)預科各試驗科目均以六十分或六十分以上者爲及格本科法文學門及德文學門試驗科目，均以六十分或六十分以上者爲及格。

(八)每科目試驗時間以二小時爲限但本科法文學德文學門試驗法文或德文得延長至三小時。

(九)學費：本科每年三十元，預科每年二十五元，分三期，於開學前繳納如左：

		本科	預科
第一期	自九月至十二月	十二元	九元
第二期	自正月至三月	九元	八元
第三期	自四月至六月	九元	八元

(十二)試驗費：現洋二元。既繳之費，概不退還。

(十三)入學時，須塡具願書，並邀同保證人來校塡具保證書，

(十四)報考時，須繳最近四寸半身相片一張，塡寫詳細履歷，並呈驗中學校高等或專門學校文憑。既繳之相片概不退還。

(十五)考取各生，統限於九月初十日以前到校，逾期取消入學資格。

(十六)報名時所塡之姓名及年齡，以後在校不得再請更改，

(十七)報名及試驗地點：北京在景山東街本校；上海在西門外江蘇省教育會。

(十八)報名自六月十五日起，至七月十日止。試驗自七月二十

日起至七月三十日北京滬二處同時。試驗之結果，北京登北京大學日刊上海登時報宣布。

這是民國八年招考的簡章以後亦或稍有變更，但大體總是於此，就小有不同的地方差不多也可推想而知的。

這個簡章裏面也沒有什麼不清楚要解釋的地方。我想大家最注意急於要明白的，一定是：怎麼樣到什麼程度才算是滿六十分算是及格？要來投考的，須得如何的預備，方不致失望？這個問題到很難得答。一則因爲學術上的程度本不可以拿尺寸來定，那裏有固定的標準呢？二則因爲大家的程度——無論試驗者和被試驗者——一年比一年增高，也是沒一定的標準可以立的。所以對於這個問題簡直是沒有答法。現在我把最近上一次的（八年的）試題介紹在這裏，或者可以給大家一個預備的幫助。

甲　本科之部

國文

儒家崇古，法家尊今，試略徵事實以論其得失。（須自加句讀符號，讀用『、』句用『。』）

法文（作文）

德文（作文）

數學

1. 求解 $\sqrt[6]{2x^2-6x^2+3-2x^2+5x-8}=0$

2. 某人以銀一宗分給貧民，能每人得五元則不足十元，每人得四元則多五元，問人數與元數各若干？

3. 求證平分三角形各邊之垂綫必相交於一點。

4. 證明 $\cot A-\tan A=2\cot 2A$

論理學

一　試述內包 (intension) 外延 (extension)。

二　問演譯推理與歸納推理孰爲重要？

歷史

一　班田之制北朝行之，至唐尤備，其制度若何？

二　明設西廠東廠，置緹騎，屢興大獄，試略述之。

外國歷史

一　希臘羅馬有何貢獻於歐洲文化？

二　維也納會議以後的神聖同盟(Holy Alliance)與巴黎和

會所組織的國際聯盟(League of Nations)有何區別

三法國革命與俄國革命有何異同之處?

四意大利統一的略史。

地理

一詳言英法日俄諸國在我國所劃之勢力範圍地。

二最近之地方制度與清代有無異同?

三我國各族文化與山川氣候之關係如何?

乙 預科之部

國文

A作文

學問當以實驗爲基礎說。(篇幅不得過長,須自加句讀符號:讀用『、』句用『。』)

B解釋文義

(1)無偏無黨(尚書)則國非其國而民無其民。(管子)無寧使人謂子『子實生我』(左傳)

(2)天下惡乎定(孟子)惡是何言也!(孟子)(上列諸句中凡有。印之字須加簡確之解釋。)

(3)人稱代名詞之第一身通用者有『我』『吾』『余』『予』四字,其第二身有六字,能悉數舉之否?(但如『君』與『足下』等含有尊稱性質者,不得認爲普通代詞。)

(4)『誰』『何』二字同爲詢問代詞,而所代不同,試舉例證明之。

(注意)

做文章的第一要件是要明白。爲什麼呢?因爲做文章是要使人懂得我所要說的話。做文章不要人懂得,又何必做文章呢?

做文章的第二要件是要有力。這就是說不但要使人懂得,還要使他讀了不能不受我的文章的影響。

做文章的第三要件是美。我所說的『美』不是一種獨立的東西,文章又明白又有力那就是美。花言巧語算不得美。

法文

(1) (II)文法

(III)法譯漢

(IV)漢譯法

德文

1 文法 2 繙譯(譯文言或普通白話)

數學

1.有一數;其八分之一與其十三分之一之差為二十,問其數若干?

2.求解 $x-y=4$　$x^2+y^2=106$

3.有一人年長於其子五倍,但知父子二人年歲平方之和為2106,問二人各幾歲?

4.求作一平面與兩已知直線相切。

物理

(一)『比重』之界說?

(二)物體下墜時其運動如何?

(三)氣體之壓力與其體積有何關係?

(四)鐵針置於水面而能不下沈,試言其故。

(五)三稜鏡何以能分光?

化理

(一)何謂倍數比例之定理?

(二)述乾輕氣之製法。

(三)書下列各物之化學公式:(甲)水,(乙)石灰,(丙)軍用之硝

博物

一略述『草履虫』Paramecium之形狀及生活。

二『水螅』Hydra之『射刺胞』Nematocyst有何功用?

三『淡水蚌』Fresh Water mussel去殼後之形狀何似?試繪其大致,並將各器官註明。

四兔之脊椎共分幾段?略述其大致。

五褐色藻類產於何地?略述其生殖法之大致。

六植物全體所含物質,炭質佔大部分,略述植物吸取炭質之法。

七根之形狀約可分若干種?

八葉以緯式剖面何似?試繪其大致,並註明各細胞之功用。

歷史

(一)唐德宗聽杜黃裳之言,裁制藩鎮,一時悉遵約束,試驗其方略。

(二)中國與日本爭琉球因美總統格蘭脫之調停,卒以琉球與日本試略述其始末。

外國歷史

(一)歐洲近世史可分作幾期?試述每期的特性。

(二)法國革命的原因。

(三)十字軍東征與歐洲文化有何關係?

(四)意大利統一的歷史。

地理

(一)我與日俄英法四國相共之河流有幾?

(二)南滿膠濟兩路與直魯奉吉各省軍事商業利害之關係如何?

外國地理

(一)述菲力賓羣島在太平洋之位置,及其形勢。

(二)記地中海最重要之海峽。

附選科生及旁聽生

一文法本科各門有缺額時,均得收選科生及旁聽生。

二選科生及旁聽生得依其志願於各門功課中選聽一種以上。

三選科生入學時須有相當學力,所選科目須經該教員面試許可。(本校各分科自請退學之學生,及有高等專門學校畢業證書者免。)

四旁聽生入學無試驗,但須有介紹函,及履歷書,經校長或教務長之許可然後赴教務處報名繳費領取旁聽證(每次聽講必攜此證以備檢查。)

五選科生修文科在三學年以上,法科在四年以上,所選功課試驗均能及格者,得由本校給與修業證書。旁聽生不得與各種試驗,不得請給修業證書。

六選科生入學一年後,凡正科生所必修之功課均能偕同試驗及格,再隨新生補行本科入學試驗及格者,次學年得改爲正科生。

七選科生及旁聽生所選定之科目聽講單位未了時,不得中途選修他種科目。

八選科生應納學費與正科生同,旁聽生聽一種功課者每學期應納學費三元,二種者五元,三種以上者十元。

九選科生須於每學期開始前報名,不得中途插入。

十選科生所選科目須得教務長之認可。

十一所有本校應守之規則選科生與正科生同。

以上把新生的入學手續算介紹完了。有大家要知道而我此地沒留意到的,請隨時寫信到北京大學詢問處問便了。

我做這篇東西—北京大學的調查—本來預備分作五項的：學制與課程，內部組織，新生入學手續，設備，教員學風等。後來因為朋友康白情君分擔了末一部分，我祇剩了四項。那曉得十二月一日的夜裏白情說第二天早晨要到上海去，要拿我的稿子去作參考，免得衝突；並且順便在上海就付印了。當時我剛寫完了三項，閃下了設備一層還沒提及。沒有法子，祇好暫時從略，後日有機會再補。而且我還預備有段批評北京大學的話，現在也來不及說了。也改天再談罷。預期和實現眞難得一致呵！（彥云附識）

北京大學的學生

康白情

北京大學用不着她的學生替她吹，不然，也就失了她的價值了。所以我一個大學的學生，敘述這篇，並不是要替她吹，是要把她的校風介給給這『少年世界』。

北京大學的校風是本能的。你看她的學術，些行為些，都各本時代的精神，自由的發展。但他又是社會化的。你看她的學生，羣性這樣的發達，組織力這樣的豐富，而其中自由集合的團體又這樣的不可勝數。惟其是本能的，所以其中沒有一個中心思想；雖以她的校長蔡元培而不免讓她的校裏終有新舊之爭。因為照她最近本『敎救管理』的宗旨，共和政體的精神所定的試行章程，她的校長本是時代精神的代表，圖全校均的進步和發展的。惟其是社會化的，所以其中很少『閉戶造車』的人材，大抵都習於社會的知識和技能，以所學的用諸社會；如五四運動，就是他結的小小的一個果。那麼不用說要說北京大學的校風，就是要的說她學生，各應個性的要求，在學術上和行為上，自動的所經營的種種團體了。

最好是把這些團體，依他們的屬性，分類的寫出來。

一　德育的

或以經營事業為指歸，或以陶鎔品性為宗旨，都是以團體的活動作行為的馴練的。

（一）事業的

（一）北京大學學生會由北京大學學生幹事會蟬生而出，為五四以來的新產物，也為五四運動的中堅勢力。當五四運動正劇烈時候，事機緊迫，不及為精密的組織，所以由他們中間習於做事的出來自由擔任職務，組織北京大學學生幹事會分股辦事，代表大學全體學生處理一切，——實際這種「任士」之風，兩年以來就已逐漸養成，固不是從五四才有的。當時沒有甚麼立法機關，——平日雖有一個班長會議，但處變就已完全失其效力了，——所有一切應行事宜，小的由總務股獨裁；稍大的開各股主任會議處決；更大的開幹事會議處決；最大的開學生全體大會處決。但這種辦法，易致流於專斷；所以八年秋季開學之後，五四運動既告結束，便本德謨克拉西的精神，改組為北京大學學生會。

北京大學學生會是以大學全體學組織的，以本互助的精神，謀學術的發展和社會的改造為宗旨。其中設評議部和幹事部。評議部為立法機關，全校八十四班，每班各選出評議員一人組織的；對於學校和學生負完全責任。幹事部為行政機關，分庶事，教育，出版，實業，體育五股，每股設正副主任二人，各股主任，是由評議部選出的，而各股幹事，却是由學生自由認定擔任的；對於評議部負完全責任。至於對內對外的關係，却完全用北京大學學生會的名義。

德謨克拉西的精神，瀰漫於北京大學。因此她的學生有所組織，大抵都注重絕端的自動，而不容有專斷的制度存乎其間。因此一切首長的名義，也在所弗尚：如庶事股之名，沿革於總務股，就是要避綜攬的意義；各股主任，不名之曰正董，就是要去首長的莊嚴。北京大學學生會不設會長，也就是這個意思。評議部不設部長，由評議員互選出一個主席和一個預備主席。我們顧名思義，知道他是沒有固定性的。幹事部也不設部長，由各股主任組織一個幹事主任會，設一個主席和一個預備主席，以庶事股正副主任兼任，——一方面各股分權，一方面幹事部仍不失統一之效。我們顧名思義，又知道他沒有權利可以操縱一切的，而遇重大的事端，仍還得由評議部召集學生全體大會。

評議部是立法機關，大抵一個國家的國會所有的權利和義務，都是他應有盡有的，用不着細說的了。幹事部是行政機關，還是幹些甚麼事，行些甚麼政呢？分析的說起來，庶事股又分五科：參事科參與樞要；文書科草擬函電，並保管一切文件；會計科出納款項；交際科辦理對內對外一切交涉；庶務科管理種種零碎事務。教育股司理各種講演，及各種義務學校事宜；但舊有的北京大學平民教育講演團和北京大學校役夜班，依歷史的關係，仍聽其保持其獨立的生命。出版股辦理種種印刷物，並負編輯的責任。實業股辦理關於提倡國貨的事，如發刊國貨調查錄，設備國貨展覽會等；但舊有的北京大學消費公社仍不屬其範圍。體育股由合併舊有的北京大學體育會而成，辦理全校關於體育的事。惟其各股分權，所以各股都自分若干科，而各科又自分若干組，而綜合的說起來，這分立的五股，又共以股事主任會為他們的樞紐。

北京大學學生會，對於學校和學生，都有相當的信用和權力。北京大學從前沒有校旗。五四運動後，由他們自製一種如國旗式的校旗，附竿監掛，掛白色一長方，中綴一圓形黑紋的徽識，文曰『北大』外邊橫拖紅黃藍三長方，取『自由平等博愛』之義，現已被大學採用了。最近大學所頒給學生的徽章，也就是採用這校旗上所標徽識的圖式。最近胡適博士，為現行班長選舉法不良，特以教務長的身分，致函給他們，自定一種較好的班長選舉法。就是表示北京大學正式承認北京大學學生會。這是從形式上去觀察他的。實際呢，大學有許多事都和他們商量，或讓他們自己處決；而他們有所要求，她也未嘗不許。現所擬定的大學試行內部組織法的規定，有學生自治委員會委員四人至八人中得加入學生三人。而如由教授五人選一人所組織，對於學校和學生，有絕對的信用和權力的北京大學評議會，將來也有加入學生為評議員的希望。這些都是要讓北京大學學生會自動的去做出來的，更可見他們的信用和權力了。但他們也能善用他們的信用和權力。

從前的，北京大學勿庸諱言的也是施[illegible]一種機械的教育。如管理制，以尸位素餐的學監舍監等名目，陽以管理學生，陰以位置庸材；如缺席制，用缺席扣分的方法，強制學生受課，名是規勉他們，實不外使窳劣教授得以有恃而無恐；如試驗制，藉紙上的問答考學生的成績，好的用這個裝點學校的門面，壞的使學生都趨於不用功的一道。這些都是腴削學生自動的本能的利器。北京大學學生會鑑到這裏，頗有對於這三種制度，從事離心運動的傾向。如今北京大學的管理制，已是期在必廢的事。試驗制己有一部分廢除。只是缺席制關係學校的安寧秩序，恐怕一時還難去掉呢。

(二)北京大學平民教育講演團是一個永久的講演團體平日分爲四組按週於星期日借北京四城的通俗講演所輪流講演，灌輸常識給普通市民；若逢『廟會』或其他集會便隨時在人衆的地方搭台講演。今年春天開始講演於蟠桃宮的『廟會』北京警察總廳特派大隊巡警前來圍繞講台，藉資保護，又派書記七八人前來記錄講演詞料。但因保護的和記錄的過多，而聽的倒少；他們見聽的既少，後來也就不來保護，不來記錄了。但無論有沒有保護的和記錄的，當前而台上的講演始終總是不受拘束的。

(三)北京大學校役夜班教授會是應校役教育的需要而設立的。大學的校役共計有二百五十幾人，分爲二組五級，八班，分科教授。按週一三五日上課的爲甲組，二四六日的爲乙組。其程度由國民學校一年級至高等小學校三年級，其間分爲甲乙丙丁四級，是爲『正班』都用課本教授；其有年在四十歲以上而程度又太低的，另成一級，是爲『別班，』只用講演教授。甲乙兩級和別班，都只各有一班，而丙級卻有兩班，丁級卻有三班。各班所授學科爲國文，算術，理科，外國語。而國文又分讀本文法兩目；外國語又分英語，法語，世界語等種。每夜授課兩時，每班每週授課六時。

教授校役的，最大多數都是大學的學生，也有兩三個是她的教職員。關於教職的事務，由各科教授會處決；關於管理的，由大學雜務課特派一事務員專司；而關於設備上所需要的，都全由大學供給。

(四)北京大學學生銀行是由大學的教職員和學生共同投資組織的，而在經濟上，並且和大學有直接的關係。所有的規模，都是按着普通銀行的步趨，可以說他是一個普通銀行的縮影。他所經理的事，是對內的放款，存款，和代理取款，和對外的各項營業。而她的效性，都是供大學學生的實習，讓他們取得銀行的知識和技能。

(五)北京大學消費公社是由大學的教職員和學生共同投資，由投資的學生共同經理而組織的。資本總額二千元，分爲四百股，每人投資至多不得過十股，以免壟斷。所賣的有服飾，食物，文具等，專備日常生活的需用。最近並包辦向各國書店購買圖書。

在初這社裏也有些日本貨。五四運動中，經全體股東的決議，把所有價值百餘元的日本貨完全焚燬。如今久已不見日本貨的影子出沒於這社裏」。

北京大學消費公社還附設了一個商業夜班，考取大學附近的學童，按乙種商業學校的程度，授以商業的知識，並令其就在這社裏實習，以養成其商業的技能。作他們的教授和管理的，就是這些投資的學生。

(六)北京大學生分畢業同學會踴躍辦事的很少，而會員留北京的也不多，所以會務沒有起色。聽說其中有最少數—或者沒有—要想藉此活動於中央學會的，也不會見諸事實。

(七)北京大學預科畢業同學會沒有甚麼大作用，其會在若有若無之間。

(八)北京大學各省同鄉會，其數甚多，總計大小總在百個以上；大概以地域爲結合的標準，有以省的，有以道的，有以府廳州縣的。其宗旨不外乎『敦睦鄉誼，砥礪學行。』有些地方，對於留學大學的，有資助的規定，便用這種會去領款。但偶然也有用去干與地方上的政治的。至於組織這種會的，其熱心和毅力，以地域分之，大抵以廣東浙江福建湖南等處的學生爲最強，而以江蘇山東雲南四川等處的爲最弱。

(九)北京大學各校同學會，是以未入大學以前所從出的學校爲標準而結合的，大要也可認爲一種同鄉會，只是圍範越狹；取材越隘；團體的意識越發展；越認人而越不認事。阻礙社會的進步，或者就是這些組織了！

(二)品性的—

(一)北京大學進德會，是蔡元培校長發起，由大學教職員和學生自動的加入而組織的；但其後也許大學以外的人士加入。會中揭櫫『八不，』以消極的成已爲進德之基。所謂『八不』就是不嫖，不賭，不娶妾，不作官，不作議員，不吸烟，不飲酒，不吃肉，當這會成立之初，會員分爲三種：守不嫖，不賭，不娶妾的，爲『甲種會員，』此外加守不作官，不作議員的，爲『乙種會員，』此外更加守不吸烟，不飲酒，不吃肉的，爲『丙種會員。』後來他們開評議會，多數以爲德雖有種類，卻不能強分差等，並且有爲甲種會員而能錯綜的加守其他戒約的幾種的，但以格於分種的規定，不能公式的許其加守，殊爲缺限，於是廢除舊立的階級制度，只以『甲種會員』所應守的『三不』爲入會的基本單位，此外隨會員之意，於其他『五』不中自量其力所能守的擇其一部或全部爲加守條件。——無加守的不爲不足；全部加守的也不爲有餘。

元來進德是要旅自己惺惺的去做，用不着組織團體來標榜的。但一代的風氣，總恃一代的『清流』爲他提倡，然後有『草上之風』的效驗。如漢明節義之風，不能不歸功當時的黨人，可以作他的明證。近世士風窳敗，以嫖賭，娶妾，等自喪人格而侵蔑他人人格的爲風流韻事，而北京更爲他處的表率。所以操守不堅的，每每流於邪僻而不自知；或者於社交的際會，偶遇幾個濫友，務必以濫相嬲誘，便雖欲不濫而不可得。有了這麼一個團體，便積極的可以轉移末世的風氣，消極的可以却濫友些不正當的嬲誘，這倒是他不滅的功果。

不過，無論怎麼樣，形式上的東西總不能盡美盡善的。所以北京大學進德會雖在社會上已有了很大的影響，而在校內，其持巳過高而不屑入這個會的也正還不少。

（二）北京大學儉學會在兩年前是有完備的組織的，如今巳消滅了。他的宗旨是尚勤尚儉，自動的養成自動的能力。他的方法是聚會員於一所，自出其力營公共的生活。但現在大學的學生，沒有這種會的形式而具這種會的精神所經營的生活團體，實在很多。所以我述一個巳死的有形的會的行狀，作許多未死的，無形的會的影子。

二　智育的

北京大學是一個研求精深學術的機關：所以關於智育的組織，比別的甚麼還要緊。所幸兩三年來，切實研究學術的風氣，巳經逐漸養成。我們取北京大學圖書館按日按月閱書人數的統計表來對較，可以看出閱書的人數日漸加多，就是切實研究學術的人數日漸加多。這是很可樂觀的。

他們各集志同道合的，成爲有組織的團體，互相攻錯，共同研究，這是很經濟的。並且他們隨時以研究所得的，發爲著作，刊行書報，除他們自巳交換知識以外，還得對於社會收文化運動之效。

但我以前說過的，北京大學在學術上沒有一個中心的思想。所以他的學生全取自由研究的態度，勿論甚麼學術，只須他本身有存在的價值都有均等發展的機會。所以其中關於智育的團體，有偏於研闡新知的，有偏於發揚舊貫的，也有主張獨闢創說的。

(一)北京大學新潮雜誌社是大學一部分的學生，用知識的接觸做根本而組織的。他們發刊一種雜誌，叫做『新潮』英文是The Renaissanee。這個雜誌的元素是——

(1)批評的精神，

(2)科學的主義，

(3)革新的文詞。

那麼他的概念，也就可想而知了。

他們的雜誌是八年一月一日出版的：每年出兩卷，每卷出五號，暑假中的兩月停刊。出版之後，頗受社會上的歡迎；但同時也不免受守舊黨的反對。北京有幾家報紙，對於他日肆攻擊。而幾個無賴的守舊黨，並且慫恿北京政府來處治北京大學和他們。並且新參議院裏有要提查辦蔡元培校長彈劾傅增湘教育總長的議案的。於是北京大學新舊之爭的謠言大起，成了各地報紙的批評材料。但既經這番波折，新潮的銷路反而加暢；如今他的第一卷已付三版了。

自從五四運動以後，他們的雜誌停頓了；因為這幾個月裏，大學的事故很多，他們多在校裏服務，也有往上海的，就無暇及此了。後來大學恢復原狀，他們又重聚在一處，重理舊業，如今已補出了第二卷第一號，內容比以前的更加精采。他們還擬更有一個大大的新擴張呢。

新潮雜誌社的組織，極為簡單，只是隨便推出幾個人來分任編輯和經理的事；因為他們是重實際而不重形式的。向來社裏的經費，完全由大學擔負；但他們現在有儲備基金的計畫，預備終久和大學脫離。他們還擬於此後一年內，發刊二十種以上的新潮叢書，更擬於將來把新潮雜誌社擴張為新潮社。

(二)北京大學國故月刊社是踵新潮而起，作他的反應的。但我們對於『國故』顧名思義，以為是一切守舊黨的表率，那就錯了。其實他們富於研究的精神，很有學者的態度的。他們文師漢魏六朝，學重訓詁考據，可以說是浙江派的結晶。至於不讀書，不識字，不通文理，而自等桐城派嫡裔的古文大家些，他們元來無舊可守，而以守舊黨自豪，實是主持『國故』的所痛絕而不齒的。

(三)國民雜誌社是最大多數北京大學的學生，和最少幾個校外的人士所組織的他們所發刊的『國民』現已出到第七期，是用淺近的文章鼓吹一種廣義的國家主義的；對於『新潮』和『國故』取居間的態度而兼收並蓄因此他們有兼主『新潮』的，也有兼主『國故』的這次五四運動他們的大部分算是其中的中堅人物。

(四)北京大學哲學會是由大學的教職員和學生，和少數校外的人士對於哲學有興趣的組織的。他們的會務，按月開講演會一次以上由會員各以研究所得的自擬題目輪次講演，到適當的機會，更擇講演材料的精粹的彙刊叢集，他們也隨時請會外的哲學家講演最近杜威博士在這會裏講演『思想之派別』，分爲八課現在還沒有講完呢。

(五)北京大學數理學會是大學的學生專爲研究數學和物理學而組織的。他們出了一種季刊，——數理雜誌。

(六)新聞學研究會是北京大學的學生和少數校外的人士對於新聞學有興趣的組織的。他們延請導師，按週講授新聞學，而以北京大學日刊爲供他們實習的工具。

(七)佛學講演會按週延請富於佛學研究的，分門講授佛學。

(八)新知編譯社是最近由少數北京大學的學生自由組織的。他們所擬的規模頗宏大；但現在還沒有出產品貢獻給社會。

(九)『書報輪閱社』北京大學的學生自由組織這種團體的很不少。他們大抵按人醵貲多少作公共購備書報之用於是一人能以少數的貲力閱多數的書報。

(十)實社是一個研究無政府主義的機關；出了一種不定期的印刷物，——實社自由錄。本來據思想自由的原則，自由研究甚麼學術，是犯不着受束縛的。不過當兩年前實社自由錄剛出版的時候，曾遭上海時事新報的抨擊，因而北京大學受過北京政府的檢查。其實實社只是藉大學爲他的通信機關，究竟他和大學的學生有不有關係，還在虛無縹渺之間。我所以寫他，不過表示大學在時代精神的軌道上，對於這種主義也有——『莫須有』——這麼一點媒孽罷了。

三　體育的

北京大學的體育，可以說是最不普通的了。因爲預科體操的功課既少，而本科且沒有這樣功課。至於游戲呢，在未入大學以前便嗜好的便嗜好，其不嗜好的仍然是不嗜好。所以大學裏關於體育的設備雖有種種，而以這麼多的人數去比例他，簡直可以以零爲極限，——但還幸究竟不至於零。

(一)北京大學體育會如我以前說過的，已經併入北京大學學生會幹事部的體育股了。但由她的歷史所遺留的成績還在，所以我爽性追說他一說。

這個會是大學的學生全體都爲會員的。其中也有一個很完密的組織。只是不留意體育的太多，所以比在大學裏沒有聲響。

他們所已經設備了的，大略有檯球室，乒乓球室，游泳池，游藝室，野操場等。檯球室和游泳池都以廉價賣券。野操場按時開放，乒乓球室和遊藝室隨時開放，都任人自由享用。遊藝室的設備，有圍棋，象棋，戰棋，和各式的西洋棋，有擲圈，有各式的連環，有乞巧圖板，有各種關於拳術，技擊和野外運動的書籍等。野操場的設備有足球，籃球，網球，棒球等。他們也常和清華學校燕京大學或北京高等師範學校的學生賽球，但勝負決不介意。

(二)北京大學健身會延聘專門教師，教授內功，其課程分立功坐功兩種；從開學起，限期畢業，並限其身體健到甚麼程度。但每日有一定的課程，如有荒蕪過了限度的，便須盡棄前功，從新開學，另定畢業期限。

(三)北京大學技擊會是延聘專門教師，教授拳術和武藝的。——勿論一切文打，武打，刀，槍，劍，戟，流星，鎲爬，一十八般武藝，件件俱全。有時校內或校外有甚麼游藝會，他們也常應招請，前去殺幾槍，打幾手。

(四)北京大學靜坐會是正當兩年前的時候有的。當時著因是子靜坐法的蔣維喬君正來北京，他們有些圖養心祛病的，所以請他來作導師，組織了這個團體。元來靜坐在攝生上的功效，可以用科學的原則說明的，本沒有甚麼神秘。但後來講授長壽哲學的時候，就不免有些流於荒誕，而到會所去練習的也就不免日漸的減少起來。後來這會沒聽說解散，也沒看見存在，彷彿是已經『披髮入山，不知所終』了。

四　美育的

美育在北京大學雖被重視，但尋常中國的學者，都偏重『智慧的美』而忽視『物理的美』。所以大學裏雖有些關於感官上的美育的組織，而平均並不能得各個人都入了一種美育的團體。那麼他們生活的乾燥，也就可想而知了。其所以他們還有活潑的精神而不至於凋萎大概全恃有適當的社交和他們自巳的『智慧的美』呵！

以詩文而結社『秀才』得可憐！所幸大學裏還沒有——年前本會有徵友結詩社的但響應的太少終久沒成。至於現有的呢？

（一）北京大學樂理研究會由大學專聘音樂家爲導師，教授音樂的知識和技能而這個團體卻是大學的學生自由組織的。學習的門類，分中樂部和西樂部。中樂部又分古琴，琵琶，簫笛，崑曲，笙，瑟等組西樂部又分『瓦阿林』『阿爾干』『比安儺』等組。各習一組以求其精。每逢大學開遊藝會或會中自開同樂會，他們都要各盡所能，出場奏技；還要邀請中西女士，舞踏歌詩；還有唱崑曲的，裝腔做勢，如在其上；還有奏廣東絲竹的，靡靡之音，誘人於太虛幻境務使知道的都來，來的都歡喜，歡喜的流連而不忍去。

（二）北京大學畫法研究會也有專門的導師。其學習的門類，分中國畫和西洋畫。習中國畫的，又分人物，山水，翎毛，花草等組，習西洋畫的，又分墨畫，油畫，鉛筆畫，鋼筆畫，水彩畫等組。會中每年開成績展覽會一次，邀請來賓品評，年前曾爲籌集基金，串請大學中各學生團體舉行遊藝會一次，售劵所得，巳足一千元，存備購置畫本之用。

（三）北京大學書法研究會，備置字帖多種，供學習的臨摹。而康有爲的字風行一時。

（四）北京大學辯論會分中文的，和英文的，以練習演說和辯論爲宗旨。每月開演說會或辯論會一次，請人評定優劣。

（五）北京大學英文演說會，是由大學裏英文學系的學生爲主體組織的；但他系的學生也得加入。每年開英文演說比賽會一次，作十五分鐘演說的比賽，豫備獎金一百元，得頭標的獨得其一半，得二三標的分得其他一半。

（六）北京大學新劇團是大學一部分的學生，臨需用時，集烏合之衆而組織的，但她在北京社會上頗有聲譽。前爲北京中等以上學校學生聯合會募捐，在第一舞臺演新村正一本，售劵三千餘元，我們可以大略知道她的藝術了。

（七）文要莊諧雜出，人要正邪相襯。北京大學人數既衆，自不免品類不齊，所以其中以道義相尙的團體固多，而以物欲相引的團體也不能不有。如捧角的，打牌的，冶遊的，酒肉徵逐的，甚至也都集會結社。三年前的鮮靈芝和梅蘭芳名傾一時，於是有營鮮團，有梅黨。最近捧韓世昌的有韓社，捧白牡丹的有白社。今日兩篇文明日兩首詩，他們都各爲其主，不恤『吠堯』以盡其所謂『護花』之責，都以大學的學生爲中堅。三年前更有所謂獵艷團的，專以逐逐於鬧市之中乘間引逗良家子爲事。近來這種團體雖已消滅，而無賴之士還是往往而有。我想這種情形，社會上缺乏正當的娛樂固然是他的重要原因，而如名士風流也未嘗不是中國五千年文明的結晶呵！

好，我記得的已經說完了。我還要一一的歸納起來，總括的下他一個斷案，——北京大學的校風究竟是怎麼的？——

「北京大學的校風，在乎她的學生，在種種標準之下，各以積極的精神，於時代的軌道上，自動的爲種種組織，依社交的手段，作學術上和行爲上的種種修養。」

八年十二月十六日，在南京。

地方調查

本月刊特設『地方調查』一欄，專載各省各縣的各種調查。如教育，農業，工業，商業，人口，風俗，自治，組織，報紙種類，美術建築，天然風景等項的詳細調查，愈詳愈好。若蒙各處同志賜稿，一經登載，即以本報奉酬。倘有委託敝學會之處，敝學會亦當盡力代辦一切，以酬厚意。

南通

閔叔敬

一．教育

南通因小學校爲教育根本，須要平均發達，所以他們第一次計畫，決定每十六方里中點設一國民學校，以全縣面積計算，應設三百三十二處。設校的標準，所以依方里算，因爲通縣戶口，疏密大都均勻。原定分七年辦完，後因財力，教師，有所不能，所以配量延期，儘民國十一年一律成功。無論如何，不再延展。現在小學成立，已有三百處。高等小學每區一處，或二處。小學以上，有中學一所，師範一所，甲種商校一所，甲種農校一所，女子師範，女工傳習所各一所。中等學校以上有紡織專門學校一所，醫學專門學校一所，教職員皆歐美留學富有經驗者。並有教會所立化學專門學校，與中學校各一。

二.實業

南通是產棉最盛地方，所以棉業最發達。南通近海地方，前此未曾耕種，現有十幾鹽墾公司，在海濱墾田，並造鹽。所以農產很富，原料很多，工廠有大生紡織公司，廣生榨油公司，復新麵粉公司，大達碾米公司，阜生蠶桑染織公司，資生冶鐵公司，資生製鍋大司，大生織物公司，通明電氣公司，通耀肥皂公司，大山礫石公司，通燧火柴公司，繡織局，與各小工場。總商會成績頗好。商品大宗是棉花，機器沙布，棉油，棉餅，麵粉，通繡。此外有零星大布，每年出貨五百萬疋，價值銀九百餘萬元。附屬於商業的，有大達內河小輪公司，大達輪船公司，達通航業公司，惠大堆棧，大儲堆棧，翰墨林書局，通新印刷公司，大聰電話公司，通明電燈公司，澤生水利公司。銀行三家，淮海實業銀行，中國銀行分行，江蘇銀行分行。

三.物產

棉花每年產出一百七十餘萬石，價值銀三百六十餘萬元。黃豆歲產十七萬石，值八十餘萬元。蠶豆三十餘萬石，價值銀一百二十餘萬元。豌豆，玉蜀黍每年產出三萬餘石，值十餘萬元。蠶繭每年出五萬餘石，值二百餘萬元。棉花除唐閘大生紗廠和崇明公廠設莊收買之外，運銷上海和日本的很多。麥，稻，黃豆，蠶豆等類，供給境內人民食料，兼銷鄰縣。蠶繭除由唐閘阜生廠收買，餘皆運銷上海。

四.慈善

南通慈善事業也發達。有養老院，殘廢院，盲啞學校，貧兒學校，育嬰堂，等。還有貧民工廠，遊民工廠，也含有慈善性質。殘廢院內的人，或到學校上課，或做他們所能做的事。——現在南通幾乎沒有乞丐。

五.自治

南通自治很好。各地多有公園。戶口門牌，編造完全。有圖書館，有博物院，有體育場，有游泳池，有農事試驗場和棉作試驗場；有夜學校，半日學校，少年宣講團。馬路寬闊，港口平安，有蓖船碼頭。電報，電燈，電話，電車，馬車，人力車，無所不有。城南有模範街，有五公園。並新建更俗劇場，所演戲劇，多有益風俗；並請專門家編譯了許多有價值的劇本以爲改良中國戲劇的預備。南通出口輪舶，每日啟椗之前，皆上貨四五小時，因爲出品甚多。

六.風景

南通風景極好。在江邊和海邊，迎着水上新鮮空氣，最是愉快。寬闊的馬路，兩旁栽的做火柴的白楊同電竿。在唐家閘一帶，純粹是工業繁盛的景象，鐘樓烟囪，很多很多。模範街一帶，具有西子湖濱風景。五公園好像在西子湖中，對面是隱隱青山。師範一帶，湖光正如一鏡，水禽游泳，極其清幽。琅山軍山，現在整理得極好，新鮮非常。其餘博物苑，圖書館，農場，風景無不令人喜愛。

七.文化運動

南通有三種報紙，極力實行文化運動。還有幾種雜志，性質較爲專門，也是介紹最新學理。但是南通一已力量還弱，他處要能互相帮助。總是總之南通是一最有希望地方，只在人力改造，建設。

八.南通八年以來大事表

中華民國元年

設紡織專門學校，設醫學專門學校，設甲種農業學校，師範學校改稱江蘇省代用師範學校；女子師範歸縣立；設甲種師範講習所；設清丈傳習所；設高等小學四所，初等小學二十九所；設閱報社二十所；設五山苗圃；設醫院；設清丈局；修建西吊橋，三里安橋，橫河橋；設修志局。

中華民國二年

中學校改省立；設鍍鎳傳習所；設手工傳習所；設保姆傳習所；設第一幼稚園；設高等小學校四所；初等小學校四十七所；設江蘇分銀行；設惠通棧；設大有晉鹽墾公司；設大聰電話公司；設勸工場；設養老院；設遊民工場；築南西二路；築天生港至任港江堤一千八百十八丈；設保坍會；開駛唐閘至掘港輪船。

中華民國三年

設圖書館；設通俗教育社；設教育款產經理處；設乙種小學教員講習所；設女工傳習所；設第二幼雅園；第三幼稚園；設高等小學校三所，初等小學校三十三所；添置大生紡織公司紗椗及布機；設貧民工場；設濟良所；設有斐館；淮海客舍；設義塋；建縣署鐘樓；築廬涇港江岸石牆八十八丈。

中華民國四年

設甲種商業學校；設高等小學校一所，國民學校四十一所；設

中華民國五年

設盲啞師範傳習所；設軍山氣象台；設國民學校十五所；設大豫鹽墾公司；測量七場水道；修建支堤；堵建築城內公園，唐閘公園；設大達公電機碾米公司。

中華民國六年

設盲啞學校；設國民校十六所；設大賚大綱等鹽墾公司；設菜市場；設棲流所；測量全縣水道；築蘆涇港江岸石楗十座；修建狼山，觀音院，設五山森林事務所，

中華民國七年

設公共體育場；設勸學所；設國民學校十四所；設大豐，大祐，華成，通遂，通濟，通新，阜通，新通，新南，遂濟等鹽墾公司；修孔廟；築龍潭壩一孔閘，小洋港一孔閘，呂四東總雙孔涵洞；開濬洋岸港歸海幹河，王通港河，五山河；設大儲棧。

中華民國八年

設國民學校八所；設工商補習學校；設伶工學社；設交通警察養成所；設淮海實業銀行；添置大生紡織第二公司紗棧；設大生紡織第三公司；設通燈[illegible]公司；測量縣路幹線；築通城至狼山，天生港，唐閘石路四道；修唐家閘，築洋岸港九孔閘，呂四廿九總一孔閘；築蘆涇港護岸石梗一千一百三十六丈；建更俗劇場。

專論

教科書革命

余家菊

達到教育目的，有許多工具，教科書就是一種，而且是其中的重要的一種。現時喜歡研究新教育的人，多喜歡高談的抽象的目的和方法，對於具體的問題，倒很少留心研究。雖說在提倡鼓吹的初期，不得不用概括的方法，從根本的處所着手；但是單用如是工夫，做如是事，在教育建設的價值上畢竟總嫌薄弱。有志革新教育的人，應該改變態度，萬不可單談抽象的主義，要朝實行的方面去尋具體的策略！有人說「中國人缺乏實行的能力，」這種單研究主義的態度，可不是這話的一個證明嗎！

若是稍微留心具體的問題，我們在教授上，首先要覺悟的，

一定是教科書的不合用。我們對於教科書問題，應不應該籌劃解決呢？現在有許多人提倡「實物教授，」「實地教授，」反對書本教育。但是他們祇能反對用書本做教育的唯一工具，他們祇能反對把教書當做教育的目的，決不能從根本上將書本推翻。書本是傳播文明的利器。書本和教育有密切的關係。我敢鄭重的說：我們對於教科書問題，不敢放棄。

現行的教科書，多半是純粹商品。編輯和發行，多半是純粹的商業行爲。他們不配負促進文化的担子，不配做教育人類的工具。聽說他們的內幕，有許多醜態，我們犯不着一一的揭穿。我且用不激不偏的態度，將現行教科書的弱點指出：

一.在教材方面

1 不合教育宗旨，　取材太無主義。

2 不合人生需要，　太重學術的體制。

3 不合時代需要，　又多廢話，又多罣漏。

4 不合地方需要，　多抄襲日本的。

5 不合科學的新趨勢，　太陳舊腐敗。

6 不合科學的精神，　太支離，太抽象。

二.在形式方面

1 文體無生氣，　板滯的。

3 前後無結構，　破碎的。

3 不合教授法，　注入的。

4 忽略審美性，　像插圖的粗糙。

5 忽略衛生，　像字的大小，紙的太光。

上述兩項十一條，是他們的罪案。可惜此處不能爲具體的說明！希望讀者諸君按條思量一番！拙作有現今通用的教科書一文，登在教育句刊的教科書研究欄內，諸君如有改革教科書的眞心，希望取來參觀一下！

有良心的教育家，對於這等不値一文的教科書，還應該讓他流行嗎？不應該打破他的信用，斷絕他的生命嗎？你們若是還要高談教育革新，那麼，對於這件事總要不輕輕放過，才合道理。

教科書革命的必要，巳經明白了。我們眼前的問題，就是怎樣進行？我想其中有兩件最要的事：(一)打破現行教科書的勢力，(二)用新教科書來代替。怎樣去打破呢？怎樣來代替呢？我的意見如下：

一怎樣打破現行教科書的勢力

1我們要多做文字批評各種各科的教科書。要利用機會，向與教育有關係的人，指出現行教科書的破綻。

2請求各著名的教育雜誌和報紙，注意教科書問題。

3各學校各種學科會議，應該研究教科書問題。

4徵集各種學校各科教員，對於所用教科書的意見。能得着有價值的報告更好。即令了無所得，也能引起他的批評，打破他的迷信，—這是我們的眞目的。

5各師範學校，應該教將近畢業的學生，留心研究教科書。這件事有益於教科書革命的進行，而且有益於師範生的就業。

6向教育部請求廢除教科書審定制，各學校可以自由編纂講義，可以自由採用教科書。

二怎樣用新教書來代替呢？

1有思想有經驗的教育者，可以自已編輯教本，先行試用。試用有了成效，就可公布，請求各界批評。若能得着各方面的同情，就可以出版行世。有人想道：這種試編教本的辦法，是用學生做試驗品。若是編輯人的見解不高，尙不周到，學生不免要受些犧牲，好像有幾分危險性質。其實不然。編輯人的見解怎樣，是個未決的問題。至若現行教科書，犧牲了許多學生，已經是鐵案無移。即令自由編輯教本，有時犧牲學生，我想犧牲的分量，總不至比現行教科書所犧牲的分量還要多些。再且從社會的幸福上說，因爲試驗的原故，犧牲了學生，總比犧牲在迷信和盲從中的，好得多了。若是照我前面所說的，編輯人是有思想有經驗的，那麼，他們的成績，決不至比現行的教科書還壞。

2專門以上各校，應該負擔編輯中小學教科書的責任。（特別應該的是高等師範。）聽說北京大學已經有了編輯中小學教科書的計畫，可算是一種「福音」！不過我希望編輯的人，不是單有學識的教授，是要有學識又有經驗的教育者。

3各種眞的學會，（除開志在選舉的法政學會等）對於新出的教科書，應該多加批評，多加介紹。

4各種健全的學會，應該懸賞徵集各級學校應用的各種教科書我想此事的重要，決不少於徵集名著，—徵集名著，是許多學會正在熱心做的。

5各省教育廳，或者各地教育會或者各科教員聯合會，應該設教材研究會，調查合於本地方需用的特別教材。一方面可以供給本地教員臨時應付教育上地方化的需要，一方面可以預備全國教育界的採擇。

6勸告各書局留意於改進文化的責任，對於編輯教科書的人，加以審慎的選擇，不可抱着純粹營業的見解。

我談完了教科書革命的進行方法，我對於各方面有無限的希望，我對於現任教育者更有極盛的熱情，請對於教育者再講幾句話；

教科書的事業，就是你們的事業。教科書不改良，你們的事業總是「吃力不討好」。你們想想，你們教授的痛苦，學生聽講的滋味，和教授的成績，你們的總結果，除了「失敗」兩個字，下餘些什麼？你們要知道教科書的不良，是失敗原因中的一種。你們不想免掉失敗嗎？你們不應該除掉這個原因嗎？我希望大家起來，合力做成教科書革命的事業！

鐵筋土與近代建築世界

沈怡

世界上人類的知識，一天一天有進化，建築事業，是和他成着正比例。我人試一考察二十世紀以前種種世紀的建築物，就可斷定那時代人民思想意識和一切狀態。所以建築事業狹義的把一國來說，是代表一國的文明；廣義的把全世界來說，是代表人類的進化狀態。六千年前埃及的金字塔(Cheopspyramide)二千餘年前的我國萬里長城，不多是數千年前人類能力的表示麼？次論到近代建築世界的變遷，要以鐵筋土的發明，為一個新紀元。此篇所以專論他和建築世界的關係，且分別提論如下說：(鐵筋土德名 Eisenleton 英名 Reinfonce

(一)鐵筋土發明略史

溯鐵筋土未發明以前，當一千八百五十六年的時候，有了德人 Bessemer 一個大發明，就是能將生鐵 (Roheisen, Pig iron)鎔化鍊成軔鋼 (Flusseisen, mild steel) 從此鐵的需用天天增多，一概若鑄鐵鍛鐵以及其外材料如木石等，在很多地方失去效用。當時英國 Firth of Forth 大橋，亦於此際告成，所以世人稱十九世紀為鐵之最盛時代。過此以後，鐵筋土的發明漸漸有了動機。也可以說變着 Bessemer 發明的音響而生的就如法人 Coignet 與 Lambot 在當時曾應用鐵筋土造牆證明水泥中和入鐵條能把受壓的應力增高。但是其時知者極少還沒有引起世人注意所以未曾有何等大變化。

依照上述結果。那現在世人所推爲鐵筋土發明家爲什麼又是法人蒙尼爾呢？(Joseph Monier) 因爲他在一千八百六十七年得着第一次發明鐵筋土的專利權並且從他的發明出現以後鐵筋土一切功效纔大顯著。蒙尼爾本是法國南部一個園主。其時花盆製造極劣遭擊即碎。蒙氏乃專心立意想法子改革。先用淨質西門土 (Cement) 製成一盆但是極形笨重並且耗費材料亦多過後經歷次試驗。想到用鐵絲範型外面敷着西門土固得佳果。由此理想遂成爲今日鐵筋土的根據。

(二)鐵筋土的混合物

鐵筋土第一重要分子就是混凝土 (Beton) 混凝土是由西門土(俗名洋灰亦名水泥) 細沙石子三種混合成的。和了水分就成一種帶濕似軟的土質過了幾個鐘頭。便漸漸凝結堅硬起來。若在幾天以後。他的堅度幾能與天然石相上下。(據 Technische Monatsohrift, 1914.) 謂混凝土凝合後一月所有的堅度。經一年後當增至一倍三分之一及一倍半。三年後能有二倍從前的堅度) 他既較天然石省去了許多磨礪擊鑿工作且又具有此種特性。所以能凌駕一切物料的地方。即在此。

第二種重要分子除了混凝土那當然就是鐵了。大半所用的都是輾鋼製成的圓鐵條。(近時也有用鑄鐵製成的) 鐵條圓徑最大至五十米里米突。有時候也把各式匚工乚型鐵代替鐵條用。前節對於混凝土的特性談了一些。現在對於鐵的特性也不妨趁此略述因爲都是建築世界有極大關係的分子。鐵最重要的持質就是有很大堅度能經受扯 (Zug) 壓 (Druck) 彎 (Biegung) 推 (Schub) 各種應力 (Spannung) 缺點所在有不能抵抗火力和養工費很貴的幾種 (平常新工程過幾年後。當須預備着修補費用。簡稱養工費。)

三發明鐵筋土的根本理想

混凝土的持性據上所述有往後加堅的作用。但是有一層缺憾。就是混凝土和天然石一樣不能受扯力與彎力所以鐵筋土未發明以前。混凝土祇用於築牆築拱等工程。今試以圖解表明混凝土不能受扯力與祇堪受壓力的原因如左。

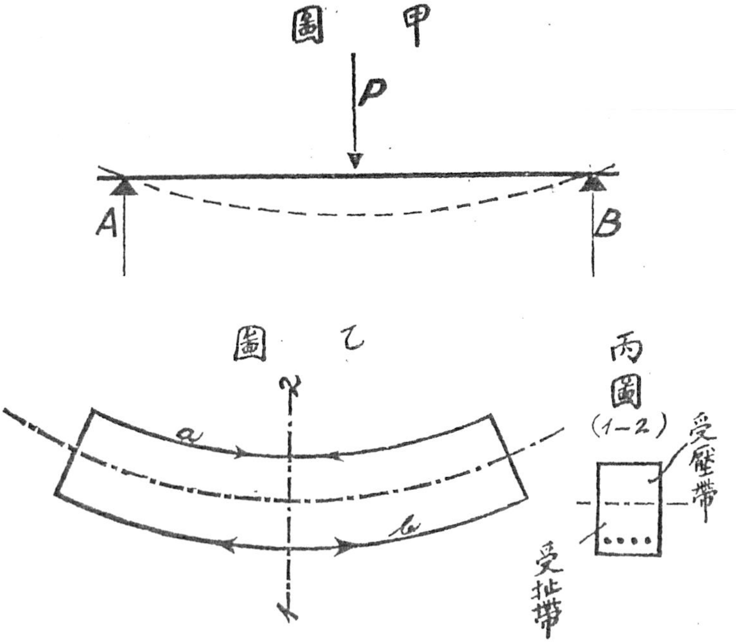

觀甲圖爲一樑。有支點A與B。P爲壓力。此樑經P力壓後。卽彎曲如點線所示形狀。乙圖所以表示此樑受壓後實狀。今試以樑上邊線名A。樑下邊線名B。受壓以後。樑旣彎曲。那A線自較原有之長度爲短。（經相對壓而短。參觀乙圖B綿上所示之矢。）B綫較原有增長。（經相扯而長。參觀乙圖B綫所示之矢。）其外貫樑一綫曰零綫（Nullinie）在此綫位置上。樑雖經彎曲時。長度仍舊與原來一樣。所以從此綫分起。上層可曰受壓帶（Druckzone）下層可曰受扯帶（Zugzone）因爲靜力學上的關係和實驗。證明混凝土能受壓。不能受驗。就有鐵筋土的代生。試在1—2將樑斬截。得剖面如丙圖。圖中樑下部數小點。表明按設鐵條處。在鐵筋土工程中安設鐵條。完全根據上述種種情形。觀丙圖可見鐵條所在。爲受扯帶。由此受扯的作用因爲有了鐵條。失去能力。至於壓力本來他能承受的。這二種應力旣能一概承受。那樑就無折斷的危險了。要使樑下部未設鐵條受壓時。我們很容易得到一種觀察。就是從樑下部起發生裂縫。雖所受壓之力不大。已可使樑折斷有餘。要補救這個弊病。——並不在樑內敷設鐵條。——就祇有把樑加高加厚。如使敷設了鐵

條。免去了扯力樑身既不用加大尺寸。也並無折斷的危險。所以一般建築家都說鐵筋土樑和混凝土樑比較較有抵抗彎曲的能力。（有抵抗彎曲的能力。換言說。就是有抵抗扯與壓的能力。這二種應力是在彎曲後發生的。）

（四）鐵。筋。土。的。性質

由土和鐵所合成的鐵筋土——以鐵為筋。以混凝土為肉。——能在建築世界裏佔極重要的位置有極大的發展這是什麼原故呢？

惟一的原因。就是鐵筋土具有極好性質。他所承襲鐵與混凝土的。可以說祗承襲了好的沒有壞的性質並且另外由歷來的證實加了好多新性質。為原來鐵與混凝土所沒有的。諸如下說：

（甲）鐵筋土有抵抗火的能力　此項性的。在鐵筋土諸項性質中直為最重要的一種若單講鉄呢？那簡直可以說。毫無抵抗火的。能力他一經熱。就漸漸鎔化。在火力到六百至八百度的光景。能受極重壓力的鐵工建築物都會失掉能力毀壞無遺在鐵筋土工程。卽不然因為鐵條外面有混凝土迴護着所以毫無毀壞的危險。卽便遇火時候。救火既容易。並且火後恢復原狀。又最簡捷不過的。（按鞦鋼 Flusseieeu 在攝氏五百度時。能失掉他原有一半的，——在六百度三分之二的堅度。迨抵一千四百度。就會完全鎔化。）平時因為對於鐵工建築防火的關係。也有用混凝土包護在外面這樣說鐵外面塗了混凝土也可以算鐵筋土了麼？——不然——從靜力學的觀察看去完全是死的不自然的。——因為他並不擔負另外抵抗應力的職務。祗充抵禦火災而用。——鐵筋土分子中的混凝土纔可以算眞正的自然的。——因為他本有擔負抵抗應力的職務。並且兼可抵禦火災——（抵抗火的能力有很多試驗來證明他。據 Kersten, Eisenbetonbau. 有三同樣大小的立方體一為花崗石一為沙石一為混鐵土。經八百度的火力所得結果。花崗石和沙石都已破碎。祗有混凝土仍舊完好的存在。

（乙）鐵筋土內的鐵條無起銹作用　初時未曾證明此性質以前。人多以為鐵條攙入帶濕未乾的鐵筋土內。必至於起銹。現在經了很多證實。已毫無疑義可言。據陸朗特博士 (Dr. Rohland) 試驗生銹的鐵條。（鐵條生銹就是起了養化作用成為養化鐵 Eisenoxyd Fe O2 與西門土經長久之凝合後能完全去銹。陸朗特更斷定去銹的原因。由於 chohlenhydrat, 和 Eisenoxyd 相互起的作用。於此更推測鐵在鐵筋土中決不致發生養化作用。因爲所用的水。(調和西門土所用的水。) 本已含收養氣 absorbierter Sauerstoff 未曾與鐵成養化。加之外界空氣的滲入更是難能的。(參觀 Rohland, Die Entrostung des Eisens Im Eisenbeton.)

(丙)鐵筋土有抵抗震動的能力 從前有人疑問鐵筋土中鐵條經震動或至全部鬆解。自經鐵路橋樑用鐵筋土橋拱後。已證明鐵筋土有極大彈性力 (Elastizitaet) 能抵抗震動。更如近世紀 San-Francisco 與 Messina 二處地震。唯有鐵筋土建築物。不受損壞。

(丁)衛生上的關係 鐵筋土極宜於建築學校病院。因不若木村及他材料。經久後發生腐爛生菌等弊。且其構造又適單。譬如爲一鐵筋土樓頂。斷不至若一木造樓頂結構之複雜。即是塵垢可少。故極合乎衛生上的關係。

戊美術上的關係 施工時所須注意者。工程堅實而外美觀也是很重要的。平常施之於天然石塊。欲取一定式。非經鑿擊之功不可。在鐵筋土建築就不然了。無論各種形式。都可施行。因爲鐵筋土完全由人工造成。造時任取一定形態。那本來是一樁很容易的事。並且更因爲鐵筋土較他種材料。能受壓力持大。所以一概尺寸大小。都能比他種爲弱。(譬如二個同樣受壓的樑。一爲鐵筋土樑一爲木樑。那樑高與樑寬的尺寸。木樑一定比鐵筋土樑大得多。) 就這一節。形式上早以比他種好看許多了。論美觀常有不同。近世紀歐美建築界有廣庭大廈。仿埃及巴比倫宮殿的形式。更有所謂 klassisch 與 dorisch 及 gottisch 各種建築式。用鐵筋土仿築之極便。

(己)其他的特性 鐵樑土不透水。可用以造水塔,盛水器,築堤岸等。不爲烟氣所侵蝕。可用以造踰越鐵道的橋樑。其外能經久。工價比較也可便宜。許多施工極易成功極速。(施工極易指籌備材料等而言。因爲鐵條西門土多是現成。可以採購。)

(庚)鐵筋土的缺點

一.更改工程。極不容易。爲更改工程。指工程範圍改大或內部變動。

二.重量極大。小規模的建築。不適用。(若住宅等類)

三．傳聲極易。

四．施作此種工程非極有工業經驗者不可因須費甚煩的計算更加施工時須規定極嚴（在歐美各國都設有工程警察專視察建築法合規定與否）不然稍有苟且祇因一鐵之微設置不當就能釀成大禍。

五、結論。

就所述鐵筋土缺點與美點相較缺點幾乎毫無存在價值的可言此所以鐵筋土用途日以較廣諸若橋樑，房頂，支柱，基板，圓管，堤岸，水塔，圓拱，等更有意大利創作的鐵筋土軌道與近來美國新造的鐵筋土郵船凡百建築工程可謂無一不與鐵筋土相關連。我國建築事業還沒有發達但是祇就新近傾向而論也都隨着趨勢注重於此若所有鐵路上有很多工程是用鐵筋土建設。（例如津浦路濟南府車站橋以及滬杭路各站的月台，水塔等。）在上海可見到的鐵筋土工程比較爲最多也多是近年來纔出現的以後國內建築事業一天發展一天鐵筋土就能佔重要位置了。我今述大概既竟將再爲讀者告曰：建築事業的進化人類知識進化的表徵也是鐵筋土能與建築世界生極大關係。又安可不爲進化的程序前途賀。

注意！

第一號創刊號已售罄

現再版出書日再通告

新羣

本誌是由中國公學編譯社編譯以研究現時中國社會問題及灌輸新學說爲主旨

第一卷第二號目次

定價	
每冊	二角
半年六冊	一元一角
全年十二冊	二元

郵費	
中國	每冊三分
日本	每冊三分
其他各國	每冊六分

上海 五馬路棋盤街西首 亞東圖書館發行

少年世界

THE JOURNAL OF THE YOUNG CHINA ASSOCIATION

第一卷第二期

中華民國九年二月一日發行

少年中國學會出版

『光明』運動

赤

這個運動開始於去春巴比塞(Barbusse 法地)小說家聯合世界的著作家藝術家發出的一個宣言。他的團體組織就叫『光明』("Clarte")。他的定期出版物借以發宣意見謀一個眞實世界的道義之成立的也叫『光明』。由巴比塞發出的那個宣言開頭便是說這個團體所以應當有以為組織他是今日著作家、藝術家和學者的本分。這個組織，這個運動，實為的是傳布巴比塞一九一八年九月作成叫作『光明』的那本小說裏的主張。這種主張汎言之是建設一種新社會生活，把世界完全改造，實現普遍的友愛之誼——民衆的大同。把這個運動的目的條舉出來便是銷除藩籬，毀掉一切把人分隔的人造界限，通通的去兵，把威爾遜說而不行的種種原理都完全實行出來，社會的平等，僅為活的羣合之需要所限的個人之自由發展，廢除一切遺傳的特權——經濟的，社會的，和政治的，——勞動，商業，工業之世界的規劃。這個團體實想要完全獨立超然於各黨派之外的，舉行一種社會的活動，作社會的引路人，並促進且指導使正義公道得勢必須的精神上的革命；又以為只有一個這樣的眞正世界的高尚團體乃能抵抗強大的不公道，乃能速一個較好的將來之來臨。就實際看來『光明』的意指就是要成一個智識界的世界同盟(Intellectual International)與無產齊民的世界同盟(International of the proletariat)協力並進以求創造個便於組織合乎理性律的社會生活，宜於建設一個世界聯約的社會共和(An international federative social Republic)的精神。近來加入這個團體的已有幾千許多世界的著作家，學者，藝術家，都在其中。最著的法地除巴比塞以外，有羅曼羅蘭，佛郎士，杜阿美，斯坦郎等；英地有羅素，伯訥邵，衞爾士，哈德，威爾等；德奧方面有剌外西亨利門，奧道拉剌古等；意大利有塞樓(女)克樓池等；西班牙有伊本諾等；瑞士有布洛赫，佛瑞等；比利時有皮嘉汪德威爾等；荷蘭有布爾威，萬愛丹等；瑞典有愛倫開(女)等；丹麥有布蘭德等；印度的詩人哲學家達臯爾亦既在其中。這個團體的本部是設在法新近比利時，荷蘭，瑞士，盧森堡，捷克斯拉夫，英倫，德意志，意大利，美利堅，都已設有分部(或在籌設中)。我們自覺還是能感痛苦的很曉得許多作惡的是因迷了路，確信世界一天有國，財產，戰爭，教會，婚嫁，一類把人束縛，把人障隔，把人等差的事情，東西人便一天不得自由發展，不得優游自在。我們對這個運動自然不肯自外。我們也不肯立在旁觀的地位徒祝他健康。我們生的地方的人本來是極厭惡戰爭的，本來是不大懂得甚麼是國的。我們又相信世界的好，非合世界的同志聯在一起去創造是不會確實造出來的。所以我們很盼望聯合起來去與他們作一致的活動。

學術世界

中國現有的學術團體

楊賢江

學術二字在我們中國是很不注重的，因爲中國大部分的人向來的觀念：不讀書的只要有飯吃，讀書的只求有官做。學術和吃飯做官，不是有直接關係的東西，那麼學術不能振興，自屬當然之理。但是現在我們曉得學術是人類文化的利器，人生幸福的根源；我們要增高人類的價值，必須要竭力的發達學術。所以看一國學術團體的多少，就可以作一國文野的標準。現在試看我們中國的學術團體有幾多，據我們所曉得，可以認爲確是研究學術的有價值的團體，只有二個；一個是中國科學社，一個是中國學藝社。所以特地把他們介紹起來，希望讀者對於學術二字要有特別注意，並望他們兩會努力的研究，切實的進行。這是記者一點的微意。

一，中國科學社

(1)成立略史　中國科學社的創設，是在民國三年的夏天，發起的人是幾個留美學生。他們本意：原在發行科學雜誌，以輸入科學新知，提倡實業。贊成的人，得入股爲社友。不到數月，居然得國內外同志幾十人，熱心從事，草文輸金，不遺餘力。民國四年一月，遂有科學雜誌產生。後來有人覺得以雜誌爲主，科學社爲輔，不免本末倒置，因此提議改組科學社爲學會，而以發行雜誌爲社中進行事業的一種。民國四年四月遂由董事會以改組之事通告社員，徵求意見，得大多數贊成，由董事會推胡明復，鄒秉文，任鴻雋三人爲科學社總章起草員，起草了後，由社員討論斟酌，以成最後之草案，定社名爲中國科學社。那年十月十日再由起草員以新章寄社員表決，十月二十五日全體贊成通過，於是中

國科學社正式成立民國六年三月，復呈請教育部立案，於三月九日得批允准，認爲法人團體，

(2)宗旨　據中國科學社總章第二條說：「本社以聯絡同志共圖中國科學之發達爲宗旨」可見這個社純粹是個學會又據他們立案原呈有「……方今西方諸國，雄飛崛起，富强之效，卓越前古，揆厥所由，惟學之賜而其探討所及，直接爲近世實業交通物質文明之母，除天然之售而與無窮之利者，尤唯科學是賴……當十八世紀之末，英之學術未興也，則有鄙依爾諸賢起而建設皇家學會而英之科學於是萌芽，法之學術未興也，則有哥白爾等起而組織法國學社而法之學術於是丕誕……降及近世，學術愈盛，學社愈增……則學社與科學之關係亦大可見矣……」這幾句話可見他們目的，是要振與我中國的學術，將與英之皇家學會，法之法國學社，互相比美，這種宗旨可說是狠遠大狠有價值的了.

(3)組織　他們的組織，看總章第六章辦事機關第二十一條就可明白，第二十一條說：「本社辦事機關爲董事會，分股委員會，期刊編輯部，經理部，圖書部，」現在把董事會及分股委員會之職務，特別說一說.（因爲董事會是他們的意思機關，分股委員會是他們研究學術的大本營關係更其重要的緣故）第二十二條說「董事會之職務：(一)決定進行方法，但與各機關有關係時，須與該機關協議；(二)增設及組織辦事機關；(三)監督各部事務；(四)管理本社財產及銀錢出入；(五)選決入社社員，提出特社員贊助社員，名譽社員；(六)報告本社情形及銀錢帳目於常年會；(七)推任經理部長圖書部長，及各特別委員」第五章分段第十四條說：「本社社員得依其所學之科目分爲若干股，以便專門研究，且收切磋之益.其分股章程另定之」第十九條說「分股委員會之職務：(一)提議決議及推行各股應辦事件；(二)議行本機關託辦事件；(三)管理譯著事務；(四)審查不屬於期刊編輯部之文件；(五)管理常年會宣讀論文事件；(六)與董事會協議決定進行方針.」第二十條說：「各分股長之職務；(一)推行本股應辦事件；(二)協同股員辦理譯著事務，並審查屬於本股之譯著；(三)協同股員隨時相察情形討論本股應研究及應辦事件並其進行方法，於分股委員會提議行之；(四)協同股員豫備常年會論文.」按現在他們所有分股，共有

十二種.就是(一)普通股(二)算理股(三)化學股(四)化工股(五)土木股(六)機工股(七)電工股(八)礦冶股(九)生物股(十)農林股(十一)醫藥股(十二)生計股.

(4)事業　據該社立案原呈所載有下列各種事業:

(一)發行月刊,學理與實用並重使學者得用為參考,實業家亦有所取法.

(二)擇譯他國科學書籍,或請專家著述,使吾國學子不須假徑西文,卽能研究高深學術.

(三)編訂專門名詞,以期畫一而便學者.

(四)設立圖書館,搜集科學及他種書籍以便學者參攷.

(五)設立研究所,施行科學上之實驗,以期發明而謀學術之進步.

(六)設立特別研究所,作實業上之研究,公布其結果,以助實業之發展.

(七)設立博物館,搜集學術上工業上歷史上以及自然界草木禽獸昆虫礦石諸標本陳列之以供衆覽而增常識.

(八)組織科學講演團以普及科學知識.

(九)受政府之委託,或社會之諮詢,解決關於實業及科學上之疑難問題.

以上是他們立案原呈中所定進行的計畫.現在更就已經實行和正擬舉辦的寫在下面:

(一)發行科學月刊,已經出到第四卷第十二期,共四十八冊.(這是算到八年十二月為止)聽說現在每期銷數約有一千五百份.

(二)印行科學通論一種.是把科學雜誌中論科學的文字編輯而成的,可以使讀者曉得科學的意義和科學的精神.這種書籍現在該社尚有餘本出賣.

(三)編訂專門名詞,現在已經着手.八年七月在北京舉行之科學名詞審查會,其中物理名詞草案,就是該社主持起草的,

(四)設立圖書館,正在進行中,想募集款項五萬元為基本金,以基本金的息金作每年購書之用.現在已經募到的約有三萬元,不久可望足額.館地現向財政部領得南京成賢街官產洋房一所.那所官產房間很多,屋也寬大,儘夠作藏書

閱書之用，書籍一層，除該社現有的欵數千元，可充初次購書費用外，美國各學會幷允捐贈各種書籍．聽說此次該社社長任鴻雋以事赴美，也就爲接洽這事．

(5)社員　該社社員分五種；(一)社員，是研究科學或從事科學事業，贊同該社宗旨的；(二)特社員，是社員有科學上特別成績的．(三)仲社員，是在中學三年以上或其他相當程度之學生，意欲將來從事科學的．(四)贊助社員，是捐助經費在二百元以上，或於他方面贊助該社的，(五)名譽社員，是於科學學問上著有特別成績的．以上五種社員，都要經過社員之介紹，董事會之選決，或經董事會之提出，得常年會到會社員過半數之選決，才能決定．現在社員統計約有六百多人，大半是留學畢業歸國從事實業及教育兩界的人．

北京上海南京武昌南通成都等地，因社員人數較多，各設有社友會，主持各社友會事務的，都是各地教育界重要人物．(按社友會的職務有三種，(一)辦理該地社員交際事務，(二)辦理與該地各團體社員交際事務，(三)辦理本社各機關委託事務．)

中國科學社重要的內容，看了上述幾項，大致可以明白．如其要曉得詳細的情形，可以寫信到該社去問．現在在國內的科學社事務所有二，(一)在南京太倉園一號(但現在因領得官産房屋，不日即須遷移)(二)在上海大同學院內，

(6)科學社的精神和前途　現在中國比較有力量有價值的學術團體，不能不推中國科學社，因爲據記者所曉得，他們有兩種可以欽佩的精神：(一)當初發行科學雜誌的時候，許多社員能就各人所得的官費節省出來維持這雜誌．後來雖則屢遇經濟上的困難，幾有不能繼續的情形，但是他們終是竭力設法維持下去．現在科學雜誌是有雄厚的經濟補助，基礎狠是鞏固，能不能出版，早已不成問題了．這都是他們肯犧牲有毅力的結果，也就是第一點可以欽佩的地方．(二)科學社的成立，完全是出於研究學術發達科學的動機，這是狠合學會根本的精神的．從前讀書人的目的，終不外「升官」「發財」，就是留學生當中，也儘多這樣的人．但是科學社的發起人，能夠「顧名思義」，把他們的心思，用在研究學問一方面，抱「以學問報國」(這句話是立案原呈中說的)的志願，這不能不說是留學生極大的覺悟，極有價值的事業．這又是第二點可以欽佩的地方．他們既有這兩種

精神，所以我看他們的前途也是狠有希望，現在我要貢獻幾句話，促他們的注意：

(一)科學社的社員，應該專心於學問的研究，保持學會的精神．

(二)科學社發行的雜誌，最好分爲兩種：一種是通俗的，注重小工藝的製造方法和淺近的科學知識，使識字的人都能看，都能做．一種是專門的，注重高深的學理，便高等專門學生和從事專門職業者的參考，這個就可由分股委員會担任，

(三)多編譯專門書籍．因爲現在國內關於各種科學的參考書，狠少狠少．在高等程度的學生，外國文程度較高，或可直接參考外國書．最苦的就是中等程度的學生，他們外國文的程度，還不彀看外國書，要想研究參考，就無從着手，所以我希望科學社趕快多編譯點科學書籍，用廉價發賣，來救濟一般學生「學問上的飢荒」

(四)設法成立研究所．因爲現在我國學術界的地位，不但不能和西洋諸國並駕齊驅，就是比起日本來，也還覺不及．倘要振興學術，發明學術，那就不能不設各科研究所，一方面圖中國科學的發達．一方面和歐美學會通消息．這樣於我國學術界的地位，才有增高的希望．我以爲科學社對於這件事，似乎應該多擔負一點責任．

總之科學社在今日中國學界裏頭，不能不「首屈一指」，記者所希望的，就是要他們努力發揮學會的精神和事業，謀世界學術上的貢獻，來增高我國學問界的地位．

二.中國學羣

記者案中國學羣這個學會，國人還沒有十分曉得，因爲他們的機關在法國，同國的羣友極少，所以在國內很少活動．但是他們的宗旨和事業，都很合學會的精神，確有介紹的價值．不過這裏因爲缺少參考品，不能作詳細的介紹，這是記者先要聲明的．

(1)成立年限　中國學羣成立的時候，在民國五年，組織的人，是一部分留法的學生．機關設在法國里庸，羣友約有六十人．

(2)宗旨　中國學羣的宗旨有四：(一)敦勵品德．(二)交換知識．(三)傳導文明．(四)發展學術．

(3)組織　分各科研究會，雜誌部，編譯部，講演會等．不過因經費太少，印刷不易，擬出的中國學羣月刊，年刊，及算學叢書等，都沒有實行．現在所辦到的，只有聯絡學者，組織講演會，和該羣農科的農學雜誌，（由商務印書館發行）

(4)以後的進行方法　這是中國學羣羣長何魯君本年歸國時在巴黎開大會商決進行方法時所報告的．現在寫在下面，可以曉得他們的趨向．

（一）本羣羣員宜各趨實學．
（二）演講注重通俗及學術現狀（刊行演講錄）
（三）調查國內外教育實業情形．
（四）調查各國文化精神．
（五）討訂名詞．
（六）編譯書籍．
（七）組織印書局．
（八）攷察土業研究改良方法．
（九）創興學校．
（十）聯絡國內外學者及學團．
（十一）紹介教員及專門人才．
（十二）紹介留學（另有詳章）

(5)對於學羣的希望　學羣是法國留學生所組織．我們曉得法國的學術，是在世界學術上占狠高的地位的．近來我國赴法留學的學生，一天多一天，將來法國和我國的關係，自然也要一天深一天．單就學問上言，更是要互相傳播，互相介紹，來謀兩國間精神文化的溝通．學羣的羣員，就在這個地方，有狠大的責任，羣長何君曾對記者說起他們學羣的羣員都要研究切實的學問，並要改良中國的土業．他自己受羣員的委託，負發展學羣的責任，以後就要在國內竭力進行．這樣看來，中國學羣的前途，正是有無限的希望咧！

美國和智利之交換教授

楊賢江

一　世界學術溝通之捷徑

美國和南美共和國交換大學教授講師一事，現在已經由智利政府及智利大學批准，由教育部長 Pablo Ramirez 正式公布，並由智利總統 Sanfuentes 簽字，準備經費一萬二千元專作交換教授一事之用.第一次交換的教授是美國加利福尼亞大學的 Charles E. Chapman 教授.這事已經由智利大學校長和教育部長通告預備歡迎.

這個交換教授的計劃,是由已故教授 Morse Stephens 發起的.現在智利國的批准可算是這個計劃第一次的成功.因爲有他的這種計劃,所以加利福尼亞大學就成爲美國和世界西班牙人的國交換教授及學生之中心點,也是爲研究西班牙葡萄牙兩國及南北美洲西班牙人的共和國歷史及現代問題之中心點.

交換教授及講師之資格,已經由加利福尼亞大學的西班牙問題委員會宣布.大概做交換教授的人,一定要能說交換國的話,這是第一條件.還有一個條件就是交換教授的薪水用費由他自己的學校支出,不是由那邊交換國的學校支出.

這事是由 School and Society, August 16, 1919 譯出.我譯這篇記事,是有用意的.就是大戰以後,美總統威爾遜在巴黎和會中提出國際聯盟,這是一件最好最大的事業.因爲這種思想根源於人類希望永久的和平,實現幸福的生活的要求,自然是人類心中所醞藏所歡迎的.不過他們對於這種要求,僅僅想由幾個大國來主持,並且僅由政治法律經濟軍事方面來謀解決,這是狠不能令人滿意.因這種要求是世界共通的,是世界全人類生活需求的.所以不可僅從法律經濟軍事等方面來解決.因爲人生生活不限於法律經濟,其餘智德意的精神方面,一定也要設法來接觸來親和,那嗎才能有眞的聯盟發生.所以關於科學藝術宗教道德文學以及人類生活各方面也須要謀親善融洽的方法.而這種事業,却是要靠知識階級的人來盡力.英國教育部長福希耶氏提議英美兩國大學間互助學生研究,開交換之道.這種學術上的國際聯盟,實在是最不可少.我對於大學交換教授一事,也有同樣之感.所以特地把這事譯了出來.他們的辦法雖則還有許多限制,但終是世界人類思想界共鳴的一法.前幾個月中國教育界郭秉文蔣夢麟等幾位先生,曾有中美兩國間交換教授之說.我聽了之後,覺得非常快活,極希望他能夠早點成爲事實.並希望大學的學生也能互相交換.因爲這不但是兩國國民間的事，也是世界全人類的事呵！

美國哥倫比亞大學之新課程

楊賢江

添設近代文明科

哥倫比亞大學從一九一九年秋季起，大學初級生的課程要有大大的改變，就是把向來認為必修科之歷史和哲學停止教授；另外設一種近代文明科 A Course on Contemporary Civilization 每星期五點鐘，教授一年，凡是新生都要學習，現代道德上政治上工業上教育上各種問題，及其他可以解決這種問題的事情，都要在這種新課程裏來研究。停止哲學和歷史功課的這件事，是去年七月由大學教員會議議定的，另外有個委員會由Tones 博士Chandler, Kendrick, Mcbain 和 Mitchell 幾位教授所組成。近代文明科的計劃，就由他們去討論一種大綱，已經由委員會和 Coss. Kendrick, Carman. Edman. Gnaper, Schoreider 這幾位教授議定。這種大綱是要引起學生注意現在各項重要的社會問題。

這種功課的教員，是由歷史科政治科英文科哲學科及社會學科的教員擔任，每個講師都要擔任這科全部的材料。這事在講師一方面，固然要很費研究的工夫，但這種傾向可以消滅從前各科分離的弊病，也是狠有利益的一件事。新課程的教室要添設，經費已經由贊助設立這課的人所捐助，因為他們認定這種革新是大學教育上最有關係最有意義的。

近代文明科的設立，是跟了去年採用心理檢查 Psychological tests 來的。現在大學布告，體育一課也要強迫，凡是大學新生及二年級生都要學習。他們還要設一個法文院，在這裏的學生是專門說法語的。這種實際教授言語的方法，將來還要推廣起來，如西班牙語俄羅斯語及其他各國言語，也都要有特別的地方來教授。

我們看了他們的改變課程，可以曉得學校教育的設施，要和時代的趨勢相適應。那麼學問的研究，才可以算為解決問題的利器。像我們中國的學校課程，一成不易，到了現在，小學中學裏還認許多不關痛癢的功課為必脩科，真是莫名其妙了。至於各科教法的呆板，材料的陳腐，更是不消說得讀者諸君試想想這種教育究竟有什麼用處！

勞動世界

國際勞工會議

郃爽秋

國際勞工會議，是巴黎和會對德和約所規定的。他的目的是「要使勞働者得到相當的生活，去完成其為神所創造的人類」這一次在一千九百十九年十月二十九日，在美國華盛頓全美會館開第一次大會，到會的會員規定有三種：一種是政府委任的；一種是資本家選擧的；一種是勞工選擧的。這次到會的，共有三十五國，委員總數共九十五名，勞働者，資本家，政府，三方面委員全部出席的，有英法意日比荷挪威瑞士瑞典希臘秘魯波蘭阿根廷坎拿大捷克斯洛伐克丹麥印度南斯拉夫南阿聯邦等國。僅有政府委員出席的有中國（顧維鈞氏）巴西塞爾維亞哥倫比亞挨克窪海爾海奇克亞特厤拉尼加拉亞巴拿馬巴拉牙伊羅馬尼亞沙爾巴特爾等國。美國因那時還沒有批准和約，所以他的代表是非正式的參預的。德國同奧國加入的事，法國資本家倍拉很為反對，但是別國委員以為將來兩國也要加入國際聯盟，他們又聲明願加入國際勞働團體一同進行，所以應該許他們加入。於是一致通過。這是與會各國的大略，現在且把這會的主要人員寫在下面：

議長　美國勞働部長韋爾森

副議長　英國政府委員班士

　　比國資本家代表喀利愛爾

　　法國勞工委員周納

秘書長　英巴特拉

委員資格審查員　英國的爾斯數諾

　　比國喀利愛爾

　　荷國翁代格利斯特

審察委員　一.政府委員十二名——英法比阿根廷丹麥日本意大利西班牙坎拿大捷克斯洛伐克瑞士（其他一人由德國選出）

二.資本委員　捷克斯洛伐克法英意日本斯班牙

三、勞工委員　比法英荷西班牙瑞典

這一次議決的議案很多，最重要的有三條：（甲）八時間制案（乙）婦人勞働案（丙）幼童勞働案

（甲）八時間制案

一、討論經過

一日八時間或一週四十八時間勞働案，是根據準備委員會所起草的條約案，在十一月四日開第五次會的時候，由英國委員班士提出來的。他說：『每週四十八時，是普通的情形，如遇着印度日本有特別情形的國家，可設一個特別委員會來審查他的範圍程度』。大家都很贊成，獨坎拿大委員以爲一週四十八時間勞働制，實在要擾亂一日八時間的制度。因此反對的議論很多，所以那天沒有決定。到了五日，英國使用者方面委員提出動議，以爲依事業的性質，遇必要時，可以把作工時間延長；但一年裏不能超過三百點鐘；遇要回復生產狀態或供給食糧水陸運輸所必要的義務底時候，得由國際協定設除外例；又如遇兵燹的地方有恢復的必要時，得於五年內猶豫勞働時間的適用；若有特別情形的國家，如印度日本等，關於輸出工業，也不妨設除外例。法國勞働委員周奧駁他道：『勞働會議所應討論的基礎案，非以一日八時間或一週四十八時間爲最大限度不可。至於有特別情形的國家，固可承認除外例，不過要列舉受除外例的國家則不可。』當日各種修正案很多，議場中議論百出，所以也沒有結果。到了六日，義大利勞働代表說：『採用八時間制，已經成爲既定之事實，問題只要在「一日八時間」同「每週四十八時間」這兩句話上斟酌規定罷了。至於勞働者每週當然有休息的必要，所有要繼續工作的事業，應當增加交代人員來替代更番，所以各種工業，都應該適用這一週四十八時間的制度。』捷克斯洛伐克政府代表說他國裏的農業，也有適用八時間制的必要，因此希望世界各國一律採用。瑞典同那威政府的代表，又極端贊成。這議案似乎可以通過，那知到了七日開會的時候，坎拿大資本代表忽然提出抗議說道：『目前急務，在增加生產，工業方面若制限勞働時間，則坎拿大農業林業之類，皆是季節的產業，所受的影響很大；而且同坎拿大有密切關係的美國，還沒有批準和約，所以坎拿大很不能贊成條約案。』法國勞働代表駁他道：『勞働時間長，未必就可以增加生產。』於是同英國

勞働代表共同提出左列修正案：

一.勞働時間一日八時間或一週四十八時間，應把「或」字改作「及」字.

二.適用範圍應該擴張到商業上的勞働.

三.應該增加及列舉所可適用的產業種類而且他的超過時間，應該從嚴規定.

四.勞働時間的變更除得政府承認外，絕對不許資本家同勞働者自由商議.

五.關於特殊情形及國家條約中，應該删去「在產業不完全的發達」云云字句.

六.條約實行時期縮短一年.

七.廢止戰時關於制限勞働者權利的立法.

八.船員及農業勞働者，應該同商業的勞働者，處同一的地步.

九.應該設立勞働監督局，由政府及勞働者共同組織.

但是法國資本家代表終是反對，不得已把條約案同修正案一同交委員會審查，到了十九日，才得大家的同意，決定採用每日八時間及每週四十八時間制.但是日本還是不能同意，並且他們政府，資本，勞動，三方面代表的意見很是分歧.後經英國政府代表班斯氏提出妥協案，才得解決.中間經過的大概，當在特殊國情形中補述.現在且把二十一日議決的成案重要的幾條，寫在下面：

一.採一日八時間一週四十八時間的制度.

二.時間之超過，只有業務有緊急之例外時，才可承認.

三.超過時間的時候，加給工銀十之二五.

四.關於超過時間的規定，有使用人同勞働者的團體時，依他們的協議去定，而他們的同意，必定是法律上有效力的才行.如沒有團體，則由政府代訂.

上面幾條原則，議定海上運輸也是一體適用.不過適用這時間制度的工廠，只得規定下舉的幾條：

一.礦山業，石工，及其餘礦物的採取.

二.關於物品之製造，加工，修理，裝飾，及原料變形等工業.例如電氣工業，洗濯工業等.

三.建築鐵路，軌道，海港，船渠，電信，電話，及排水開隧各工業.

四.關於陸海運送旅客及貨物各工業.

上舉幾種以外，絕對不能適用，又家內工業，也不在其內．此外關於每週四十八時的例外，又有幾項：

一．從事於機密事務的．

三．因法律習慣，或勞働者同雇主兩方面的合意，工作時間，得隨意變更，不過一星期內，不能超過四十八時間．

三．勞働者交代休息時，在一週之內，每星期工作不妨超過四十八時間．

四．遇意外意事發生，如工廠機械破壞時，得延長工作時間，但不得超過必要程度．

五．在特種工業，必須交代工作時．得延長工作時間．惟一週至多不得過五十六時間．

二．特殊國的規定．

子．日本．

此次勞働會議，各國都同意於一週四十八時間及一日八時間的制度．獨是日本不能同意，英國政府代表委員班斯氏，忠告日本，採用九時間制．日本政府顧問，又不容納．在特殊國委員會開第一次會的時候，日本從十時間說，改用八．九．十．時間之三段主義．並且要求保留到三年之後實行．這樣辦法在資本家方面，可無異議．不過在委員當中，則發生很大的紛擾．日本勞働顧問武藤七郎在會議事務局提出的聲明書裏，有幾條是：

一．日本既加入八大工業國，不能再要求除外例．

二．日本產業照大正六年統計看來，很有進步．

三．日本之家族工業，比工場工業多，如認除外例，反使彼等不知無制限時間的觀念，而破壞產業的基礎．

四．日本女工有七十多萬人，於國民生產，很有關係，所以綿絲同生絲的工業，絕不能有除外例，

日本勞働代表桝本氏，又於委員會提出抗議，他的理由是：

一．除外之例，於勞働者決無利益．

二．除外之例，足妨日本國民之自信同覺悟．

三．長時間之勞働，如果於白人的身體有害，日本人也是一樣．

四．日本並不是熱帶國，得與列強遵同一的程度．

但是日本政府代表也在東洋委員會提出陳述書．他的理由是

一．日本的產業，從農業時代到工業時代，是最近的事。
二．一切工場規模很小．
三．雇主同勞働者還沒有知道團體組織經營的狀態．
四．分業的發達還很幼稚．
五．機器的應用，及其他設備，尚未完全．
六．職工的訓練還沒有純熟．
七．生產方法殊少組織
八．勞働組合還沒有組織．
九．職業教育還沒有發達．

日本政府提案大概是：

一．勞働時間之制限，適用於（A）礦山及石工業（B）依鐵道而充旅客及貨物之運輸業（C）使用十八以上的職工底一切工業的企業（D）妨害衛生且有危險的工業
二，未及十六歲的兒童同礦山地下作業的礦夫，用一日八日間制，且每週有二十四時之繼續休息．
三，十六歲以上之勞働者，同地上作業的礦夫，每週六十時間．
四．對於殖民地及準於保護國的地方，必須一定的除外例。
五．以一千九百二十三年七月一日為實行期．

照上看來，日本政府資本及勞働者三方面的意見很為分歧，後來英國政府代表班斯氏提出妥協案，大要是：

一．勞働時間一日九時，一年內許三百時間之例外勞働，但五年之後，減為二百時間．
二．生絲工業一日十時間，例外的勞働一年一百五十時間，但五年之後，減為一百時間．

其他的幾點，同日本政府的提案差不多，政府代表很為贊成．其後資本代表武藤氏又同勞働顧問武藤七郎氏爭執了許久，最後的結果是：

一．日本工業受勞働時間限制的有三種：
A．有十八以上勞働者之工廠．
B．依日本國內法認為工廠者．
C．道路上運輸旅客及貨物者（馬車牛車也包在內）．
二．凡日本官憲認為危險或不健康的業務，都適用時間制．
三．十五歲以下的勞働者，同坑內作工的坑夫，應適用四十

八時間的原則.但是到千九百二十五年七月十四日以後，十五歲可以照十六歲計算.其餘普通的工廠每週工作，至多不得過五十七時間.但生絲工業，每週可延長六十時間.

四.時間外的工作，適用一般規約.

五.每週應繼續休息二十四時間.

丑.中國.

二十日東洋委員會開會討論勞働法規差別的時候，日本政府代表主張中國同日本可以適用同一法規.他說：『中國的產業，與日本屬於同一性質，發達的程度，也差不多.』我國代表說：『中國的產業規模，還沒有擴充，用的機器也很少，並且沒有保護關稅的制度，所以中國除租界之外，不能與日本用同樣的法規.』日本代表反駁我國代表道：『中國的產業，日進月累，發達的速度很是可怕，如不在勞動法規上加點限制，於日本很爲不利.』印度代表反對日本的主張，以爲致中國同日本用同一的法規，很不公平，並且很爲困難，其後英國勞働代表主張調查中國勞働的狀態，再爲決定，最後所議的結果是：

一.勞働時間以每日十小時每週六十小時爲原則.未滿十五歲的勞働時間，以每日八小時每週四十八小時爲原則.

二.每週得休息一日.

三.凡是百人以上的工場，皆適用工場法.

四.外國租界上所有的工場，也適用這同樣的時間制，

五.速行制定工場法.

我國委員，對於上面的決議，雖然拿中國自身之事，由中國自行決定的意思，提出抗議，但是多數的主張是這樣，所以就如此通過了。

寅.印度.

對於印度決定的時間制有三條：

一.一般工業，以每週六十時間制爲規約而採用之.

二.地下勞働時間，應當較爲縮短，大約每週在五十四時間左右.

三.以現在職工定員，減到五十名.雖是小工場，也應該獎勵適用工場法.

卯．希臘

二十四日的特殊委員會，協議希臘問題，由該國的政府同資本家委員報告工業的狀態．比之其他歐美諸國，還很幼稚，而且受的戰禍，也很利害，所以時間的原則，雖可承認，但是必定要有猶豫期間．其後的結果決定：礦坑內作業的礦工，同用砒素或爆發物的工業，現在就採用八時間制；此外如不健康及危險的工業，則猶豫到二年之後；其他工業，則猶豫到三年之後，再遵守一般的規約．至於受有戰爭慘害的地方，更可猶豫三年．

(乙)婦人勞動案

這案可分兩部分說：一是產婦案主要條項；二是婦人夜業的規定．現在可分述在下面．

產婦案重要的事項有三條．

A. 所謂婦人，是指的一切女性之人而言．什麼年齡，國籍，既婚，未婚，都是不問的．

B. 除被數名家族使用屬於家內工業之外，一切官營私營的產業，對於婦人照下面三條辦理．

a. 產前產後六週之內，應當免除職業，照給工資．

b. 如該婦人在產前六週之內，提出醫師分娩期証明書，就有休業的權利．

c. 根據前二條之理由，該婦人在休業期間之內，因維持婦人同小兒健康的關係，有受政府指定特別給金的權利，其金額則由專門家去決定．至於特別加給，必定要由醫師或免許產婆始終証明才行．如果當決定分娩期之內，因匡正醫師同產婆的注意，與事實不符．那麼就從醫師証明書日期到實際分娩期，停止他的特別給金．

d. 在就業時間內，如該婦人乳哺小兒，應該許他每日二次半時間的休息，

C. 婦人因B條C項D項休息的時候，或則因產期中生病，經醫師証明更須延長休業的時候，如果雇主在這休業期限當中，辭退他的職業，就為不法，

夜業的規定有三條：

A. 除僅屬於家族所使用的工業之外，一切工業，都禁止婦人夜作．

B. 黑倫協約第八條禁止婦人夜業規定的實施，以二年猶豫

期間縮短爲一年.

C.關於工業企業的話,須下詳細的定義.

(丙)幼年勞働案

勞働會議提出工業的業務,傭使幼者的年齡,限定十四歲以上.決定的協約是:

(A)除屬於家族使用之外,凡是生產的企業,都不得用未滿十四歲的幼童.(不問正當生的,或是私生的.)

生產事業包括的是:

a.礦山業同石工業.

b.因物品的製造加工修理裝飾,或因改作及變化原料的各種工業.(包含發電變壓事業,造船業,洗濯業等.)

c.建物、鐵道、軌道、海港、船渠、棧橋、運河、內地水路、道路、隧道、橋梁、陸橋、通水道、排水渠、鑿井、電信、電話裝置的建設改造維持修理變更破壞、電氣事業、煤氣事業、水道事業,及其他之工作事業.

d.因道路及軌道運送旅客並貨物.(包含船渠埠頭同倉庫中貨物的運輸,至於僅藉人力運送的,則不包含在內.)

工業、商業、農業區別的標準,照國內法規定.

(B.)十三歲以上十四歲以下的幼童,依各該國內法的教育,合着技術的練習底時候,得在教育當局的指導同管理之下,使用於生產的企業.

C.因要使本協約之規定實施起來有效,生產企業的各雇主,應當備有統計的記錄,詳載幼童的姓名和生年月日.

D.依氣候狀態或工業團體還沒有完全發展,或有其他特別事情時,關於勞働者的作業能率顯有不同的各國,得變更本協約的規定.

E.因戰爭或因戰爭有勃發的危迫時,依政府的命令,在本國可以停止本協約的適用.

F.本協約規定之實施,極遲到一千九百二十二年一月一日.對於A條附有修正案三條.

一.幼童年在十二歲以上,曾畢業於初等小學的,不在此例.

二.幼童在十二歲與十四歲之間,已經執役的,可以照過渡條例辦理.

三.廢止准十二歲以下的幼童,擔任輕易工作的法律.

上面三大案是這次會議的結果但是對德和約不得三大國的批准，國際聯盟不能成立因而國際勞働會議的決議也不能發生法律上的效果。如果竟有這事發生，怎樣好呢？所以各國政府代表，對於此事，特別開會議決『對於國際勞働局執行委員會，當與以實施勞働會議議決事項的權限，以備國際聯盟不成立時救濟的辦法。即雖國際聯盟已經成立，該委員會也有相當的執行權』案執行委員會的組織是：

歐羅巴　政府代表八名，資本代表四名，勞働代表五名，代表英意比德瑞士西班牙捷克斯洛伐克瑞典．

亞美利加　政府代表三名，資本代表一名，勞動代表一名，代表美國加拿大及南美諸國．

東洋　政府代表一名，資本代表一名，代表日本．

這是委員會組織，此外關於第二次會議的議題，共議決八條，就是：

一，關於各國制度的比較方法，準備方法，形式及災害預防裝置之蒐集，工場礦山及工業災害等之提議．

二，採用婦人工場監督官制度的條件，同監督的範圍，

三，衛生工場監督官制度．

四，關於就業時間同休業時間的提議．

五，除業賃金之監督．

六，犯罪之預防，同訴追的方法，警察監督之共同．

七，男女工場監督官之共同。

八，傭主與勞働者間爭議的調停及監督關係．

上面這些議題議決之後，國際勞働會議，也就在十一月二十九日閉會了．我這篇記事，是從報紙上匯湊起來的，缺漏忽略的地方，一定很多．海內留心這件事的，如能賜教，把這篇補足完成起來，我就感激不盡了．

附國際聯盟關於各國遵守勞働條件的原則

一，以不認勞働爲貨物，或商品，爲基本原則．

二，關於雇主及勞働者，爲適法之目的而結合的權利．

三，於其時代其國家，確保勞働者的生活關於支取工銀事件．

四，採用一日八時間一週四十八時間爲勞働的時間，

五，每週給以一次二十四時以上連續的休假(星期日在內)

六，禁止幼年勞働，許青年勞働者繼續教育．確保他的身體適

當的發育.

七.男女勞働有同一價值受同一報酬.

八.各國關於勞働條件拿法律所定的做標準.對於居住各該國之一切勞働者付與經濟上公正的待遇.

九.確保「以保護勞働者爲目的」的律法及規則的實施.設監督官制度即雖婦人也可任命. (完)

日本之勞働運動

黃日葵

(一) 勞働運動團體

日本的勞働運動團體先後成立的非常之多,就是他本國的報紙也不能詳詳細細的列舉出來所以現在祇能把他最著的寫出來告我們關心這事的閱者,往後還要隨時調查報告呢。

友愛會 這會是日本最大的勞働團體,差不多凡是留心此事的人沒有不知道的,自從去年七月大加革新之後,越發可注目了。他的本部設在東京芝三田四國町,其餘在深川及附近他的郊外各支部格外組織一個城東聯合會,會長是平澤計七友愛會的會員遍於全國,他們自已號稱五萬,實際調查起來,不過二萬三四千左右。

信友會 這會是活板印刷工的組合,他已經有二十年的歷史了,在日本算得一個最進步的勞働組合,會員千五百人,會長叫做杉崎國太郎,他的事務所在小石川富坂町。

大進會 組織這會的動機,是因爲博文館同盟罷工,所以這會的中心,就是博文館的活版印刷工和秀英社的一部分,後來日本書籍東京書籍等的製書工人也加入了。在去年九月開成立大會,會員有千五百人,會長叫中尾新三郞,事務所在小石川久堅町。

勞働運動本部 自去年四月起,每月在青年會開勞働者演說會,後來得東京每日新聞的藤田勇,茅原華山兩君的努力,在去年五月就集合了六十多個演說者來組織成功這個團體了。但是沒有多久兩君携手之後,就沒什麼消息了,事務所在神田神保町,他的會員分開創立了下列四個團體。

日本勞働聯合會 這會是電氣局濱松工場木工新井京太君所發起,去年六月成立,事務所在芝三田豐岡町,一時會員號稱三千。

交通勞働組合　這個團體是由日本勞働聯合會分裂出來的青山車庫的車掌遠山健吾佐佐木專治兩君所發起。去年八月成立聯合會。因爲他分裂出來之後，失掉大部分的會員，加之十月間濱松町工塲的問題，組長和新井氏妥協之後，該工塲內的會員全部脫會，現在似已陷於分崩離析的狀態云。

日本勞働組合本部　本團體得篠澤工業株式會社社長工學博士法學士篠澤勇作君一萬元三萬元的捐欵，和同會社機械工井上倭太郎主之，時事新報警視廳諸記者中西伊之助助之，遂於去年七月成立，同時並集合東京市內各處的鐵工三千人，事務所在芝公園內。

自由勞働者組合　以車夫野口一雄人夫吉川芳郎竹內良片桐爲次郎等爲主，並集合本所深川一帶沒有一定僱主的人夫；鳶土工；車夫脚夫助手等約五百人，去年七月成立，事務所在本所林町。

勞働同盟會　去年上半年日本的勞働團體紛紛出現，然而先驅者却要讓這會了。他的發起人是一個社會主義者黑瀨春吉，常任幹事是一個時計工叫中村還一。發起的時候是在去年三月，同年五月十五日在神田青年會開勞働大會，組織時計工組合，圖謀精工舍的同盟罷工。不幸失敗，這會遂陷於若有若無的狀態了。會員號稱三千人，實際約在一千左右。該會發起人黑瀨君，其後奔走於勞働會館之建設。

勞資親善會　當上述同盟會若有若無的時候，同時——六月——其幹事時計工小池宗四郎平江廣悅修理工高花房吉，明治大學生森直繼等所組織的。不久小池平江高花三君被逐了。一個日蓮宗的什麽管長大僧正兼內務省囑托國民思想統一係本多日生做後援，森直繼主之云。會員約八九十人。

日本共働會　去年九月小池宗四郎山崎元次郎高花房吉等所創立。

北風會　數年前社會主義者故渡邊政太郎所發起，會員五十人，大部分是別的勞働團體的活動家，幷有少數的社會主義者。他素來本以研究爲主的，自去年九月才改作東京勞働運動同盟會，變爲實際運動的團體了。事務所在小石川指個谷町。

小石川勞働會　由砲兵工廠職工一萬二千人而成，去年七月成立。會長是機械工芳川哲，副會長是安達和，理事長是清水信一，理事是新井文章這四人在去年十月均被捕下獄事務所在小石川久堅町。

十條會　橫由晃一氏主持去年九月創立集合王子板橋十條的砲兵工廠支廠的勞働者六七千人而成。

全國塞爾雷特工組合　這是很有歷史的一個團體。聽說是集合全國的塞爾雷特工而成的。

新人塞爾雷特組合　在帝國大學學生所組織的新人會之下。永峯塞爾雷特工塲職工渡邊政之輔主之。集同工場的職工而成。去年七月該工塲同盟罷工時，被全國塞爾雷特組合拒絕其應援的請求，所以另行組織這組合云。

新人勞働會　永峯工塲職工出井紀作所組織，亦在新人會支配之下。

日本紡織工組合　勞友會改稱今名，去年七月成立，集有王子的東京毛織職工四千人。事務所在王子岸町。

洋服工業組合　由洋服店的半職半商的主人和職工而成。組合員二百五十。事務所在神田仲猿樂町。

石工組合　數年前所組織，組合員二千人。

立憲勞働議會　去年八月成立，事務所在芝公園內。

立憲勞働黨　活板工厚田正二為衆議院議員候補者的時候和山口正憲氏所組織。後厚田氏脫黨，遂歸山口氏所主持。事務所在巢鴨庚申塚。

勞働者保護會　大概是勞働者所組織。

S.M.U.協會　腰辨組合杉原正夫發起，會長河津暹博士。

日本勞働同盟　中村五六氏所組，去年八月成立，事務所在巢鴨。

大日本勞働聯盟　選舉國際勞働會議勞働者代表協議員的官選五團體（友愛會、信友會、日本勞働聯合會、日本勞働組合本部、大阪鐵工組合）及全國十八團體，（自由勞働者組合、小石川勞働會、十條會、洋服工業組合、新人塞爾雷特組合、新人勞働會、日本共働會、勞資親善會、日本勞働同盟會、日本紡織工組合、立憲勞働黨、勞働者保護會、日本勞働協會）因為運動選舉代表候補者的原故才成了聯盟的。

日本聯合坑夫組合本部　元夕張炭山鑛工南助松氏所發起，去年八月成立。南氏又另外組織。

鑛夫至誠團　事務所俱在府下淀橋町角。

革新會　東京朝日新聞社職工加藤義直報知新聞社職工稻生益太郎朝報社職工吉田重吉等所發起集合十五大新聞社活板印刷工千餘人，於去年七月成立會長議員橫山勝太郎顧問勞働世界社主筆加藤勘十。創立已經好久，後來總同盟罷工失敗就解散了。

東京市電氣局從業員組合　這是去年十一月間新起的團體，因為電氣局從業員不願擁戴新聞記者中西伊之助做理事長，才由交通勞働者組合分裂出來另組這個的支部狠多，事務所在西巢鴨町庚申塚。

向上會　東西兩兵工廠鑑於東京砲兵工廠大同盟罷工，想組織床次內相所謂縱斷的勞働組合，包含工廠從業員全體，並有網羅廠外軍需兵器品製造諸會社的從業員一同組織大組合的計劃。

工人會　集合築地海軍造兵廠的職工所組織，去年十月十九日成立。

大日本鑛山勞働同盟會　去年八月底足尾通洞驛鑛工三千餘人歡迎辯護士綱島正興法學士福田秀一二氏時所組織。當時提出要求三十條于古河鑛業所，並參加杵本代表反對運動。事務所在東京市外巢鴨町。有機關誌勞働社會月刊發行。

日本勞友會　北九州勞働界的中心八幡製鐵所及三菱安川等的職工所組織，去年十月成立，並有糾合全九州勞働界的大計劃，事務所在八幡市。

此外如玻璃工土木工，都有組合，後起者更不少，這裏不及詳載。

（二）勞働者大會

勞働聯合會大會　去年七月十五日在神田青年會開第一次大會。演說者有資本主義經濟學者田尻稻次郎，特種部落研究者舊自由黨員大江天也及大隈候澀澤男大岡衆議院議長等。當時提出的『主張勞働者與資本的協調』的議案，會員大起反對，有大叫『通過資本家的欺瞞政策的，就是資本家的狗』的。一時秩序大亂，遂被警察解散。到八月十六日又開第二次大會。會員之外，新聞記者也拒絕入場。

友愛會大會　八月三十日開七週年紀念會，及國際勞働會議代表委員的選舉，出席者有婦人勞働者五人，及代表二百餘，分為關東關西兩派。其最重要的議題如『關於選舉國際勞働會議代表委員事件』『宣言及主張審議事件』『婦人部獨立事件』而選舉國際勞働會議代表之結果，東京鐵工組合推薦的松岡駒吉氏落選，而鈴木會長當選云。

信友會大會　九月八日開大會，決定關於國際勞働會議的態度。幹事岩谷氏緊急動議謂日本國情和歐美不同，所以沒有派代表出席國際勞働會議的必要。當時幹事宮川神保等反對，謂「該會議不過是國際的溫情主義，固然沒送代表的必要，但我們派代表去宣布我們的主張，也是應該的。」結果選定水沼辰夫氏為委員，其次一致主張治安警察法第十七條的撤廢，但至不陷入政治運動為止云。

日本勞働聯盟大會　九月七日也是因選舉國際勞働代表開十八團體聯合大會，各團體代表有狠熱烈的演說，又以自由勞働者組合野口一雄諸氏攻擊政府最烈云。

（三）各地過去的罷工運動

東京砲兵工廠的罷工運動　去年七月廿九日東京報載東京砲兵工廠小銑製作所輸削工場的職工五名，提出增加工價請願書後被拒絕，並且解雇。當時適值精器旋工部職工發起組織小石川勞働會，所以八月三日成立會中，就議決和工廠開交涉，並且得王子分工廠板橋目黑兩火藥製造所的職工二萬七千名的同意，遂提出三條要求于宮田提理。一．吾人應時勢的要求，感勞働組合的必要，由陸軍工廠的職工勞働者組織的小石川勞働會，請予承認。二．制定勞働時間，取八時間制，遇有須做殘工時，請規定在二時間以內。三．星期日休息，禁止一般勞働支給日給的全額，遇不得已不能休息時須一倍開支。這三項提出之後，東京憲兵隊就出頭了，當局除敷衍他們之外，無甚結果。後來他們凡兩次發表決議，第二次的第三項道：「我們連日熱心的要求，當局者毫不理會，對於我們職工，無絲毫誠意，我們當大家結束打破一切困苦缺乏，以最後的手段對付這頑迷的當局。」到了二十七日，各工廠相繼罷工，翌日派出三個中隊在要處戒備，罷工的風潮越發高了，到三十日田中陸相對代表說了肯負責任的話，他們才發表中止運動的決議。

川崎造船所的怠工增給運動　神戶川崎造船所職工一萬

六千人，九月初旬發生增給運動。提出四項要求於社長：一．現在日給七成之中，再增給五成；但其他諸名目的步增仍照從前。二．明示特別賞與的期日。（松方社長曾發表以三百七十五萬元分配各職工）三．對於做工六個月以上者，每年予以二回之賞與。四．完備食堂洗面所及其他之衞生設備。提出之後，大家同共怠工。然會社方面態度甚爲強硬，乃由怠工轉入罷工。後經過二十餘日，卒之貫徹他們最初的要求，這事也就解決了。

大坂砲兵工廠的罷工運動　大坂砲兵工廠的職兵．要求當局五成的增給。十月四日早，大砲部職工首先要求八時間勞働及手術增給。到正午，怠業者已達五千名。木工塲彈藥工塲應之，聲勢很大，村岡提理，立刻入京，與陸軍省商議。到六日全部答應了，始行復職。

神戶製鐵所　十一月十一日，該所職工要求八時間制及增加工錢。三日中機械製罐二工場，忽然怠工，同夜殘業職工應之，破壞玻璃窗，捕去爲首者三十一名。四日怠工者二千二百五十人。六日提出要求增加工錢四成，衞生設備及身體檢查法之改良請願書。到八日再提出第二次請願書。雙方妥洽的結果，到九日才恢復原狀。

大坂汽車會社　同會社職工十月七日起，要求實施八時間制，及增加六成工錢。罷工者二千人。四日會社方面答應每人增加三角，職工改而要求增給五成。六日再增給三角，全體方才滿意就職。

此外十一月中，又有東京瓦斯電氣，大坂市街電車，日本鋼管會社，室蘭製鋼所等，先後要求八時間制及增加工錢，同盟罷工，每次總在五百名以上。

（四）婦人勞働者之覺醒

日本的婦人勞働界，比之西洋還幼稚得狠。他們本國的識者，也常常引爲恨事。然而時勢進步如是之速，勞働運動又是當面的問題，就是頑石也會受到一點刺戟，何況『多事之秋』的日本？所以自從去年五六月之間，勞働問題喧騰得熱鬧的時候，日本婦人運動者，也禁不起純勞働者活動的刺戟，漸漸的覺醒起來了。

先是在友愛會日本橋支部成立日，東京莫士林的山內みね氏，在許多男女之前，大逞雄辯，狠惹世人的注意。因此友愛會的婦人部，頓時加了幾倍的勇氣，加以野村つちの大森サル及其他十幾個覺悟的婦人勞働者之熱心宣傳，所以不滿五百人的友愛會婦人部到現在會員竟增加到二千數百名了。去年九月，該會已經承認婦人部獨立的要求理事山內野村兩氏也出席同會幹事部呢。

同年七月博文館印刷所，東京書籍會社，日本書籍會社等同盟罷工之際，婦人勞働者也同他們取一致的行動，努力貫徹所要求的目的。當陸軍各工廠罷工的時候，職工協同組織的評議員中，也選出好些婦人評議員由此看來，日本婦人勞働界覺醒的機運，已經不遠了。

(五)婦人勞働者大會

去年十月五夜，友愛會婦人部在本所區業平小學校開婦人勞働者演說會在日本婦人勞働者所開的演說會，這個算是破天荒的了。剛巧送去華盛頓勞働會議代表桝本卯平氏的反對勞働大會，同夜也在明治座開演說會，招待政府方面的婦人顧問田中孝子氏，想得近日不平不滿的事來做參考，也是出於婦人勞働者所希望的呢。當日出席的婦人居其大半，會場幾滿，想不下五六百人。所提出的要求，就是勞働時間之縮短，及夜工廢止兩問題。他們演說最熱烈的道：『我們是一個人，我們是自己作工養活我們自己的一個很體面能夠獨立的人。』『承認我們的要求喲！』

農村生活

農村生活澈底的觀察

余家菊

農村生活，是低層社會的生活。現時從事文化運動的人，對於低層社會太忽略了。肯與農民為伍的人，恐怕還祗脫爾斯太一個呢？作者也是在都市的學校內生活，原來不配說這種話；不過我覺得社會的改造，要文化運動普徧到了低層社會，才有希望；所以我對於農村生活，很高興的研究。

我想一種研究，要是澈底的，才能供改造的參攷；所以我就大膽為這篇文章起了一個『農村生活澈底的觀察』的名字，也是表明這篇文字的趨向罷了！再者農村生活的狀況，是隨處不同的，要有完全的研究，除非各處都有人研究，所以做這類文字不能朝完全的方面做，祇能朝澈底的方面做。這也是作者命名的微意了！

(甲)各種農村的共同生活

農村可分為各種各類，現在試用族姓，產業，人口，職業，四個標準分別出來，而且逐類研究一下。

(一)用族姓做標準　我國死無進步的社會，依然還在宗法時代，是大家都知道的。所以農村的大數，是聚族而居的單姓村。同居不同姓的村是少極了！這類的農村，可給他一個名字叫做「雜姓的村」。雜姓的村比單姓的村要多些糾葛，多些盜竊，多些惡俗，多些淫風。異姓人的相待，無時不懷傾軋妒嫉的心。對於異姓的婦女，時常有無端的侮辱。對於異姓的牲畜，時常有故意的損害。總而言之，雜姓的村不及單姓的安寧。這種血統觀念弄得國人祇知道有家庭，不知道有社會國家，眞算是劣根性了！

(二)用產業做標準　有的農村，全村的人，都是無產階級。村內的田產，盡是別村富人的所有物。他們的終歲勤苦，無非是替田主做了牛馬。那些富人還要叫他們叫佃戶，還要說是他們的「衣食父母」。「公道」兩個字，畢竟是字典上的名詞喲！但是這種無產階級農村內的共同生活，却還有種特色，是別種農村趕不及的。他們都是靠勞働生活。彼此之間，沒有不平等的現象。彼此的嫉妬心，要比較的少得多了。他們的作業，需要大量的勞力時，彼此很情願互相幫助，像刈穀，插秧，打麥等，多半是輪流的互助。他們的需要，不能充分供給時，彼此都能按着公理，求得均平的分配。像天旱欠雨，車水潤田，他們總能顧及別人的需要，不像富的農村，容易為搶水的原故，發生械鬥的事情。他們有公共禁約時，彼此都能遵守。田的穀麥，園的瓜菜，很少被人偸竊的時候。他們知道彼此都是可憐的人，所以能夠互相扶助。卽令有什麼爭端，也不至成了不解之仇。這眞是『共患難易』喲！眞是無產階級的優點呵！

又有的農村，窮人富人，都有一些。村內的田地山池，大半是富人的。村內的高樓大廈，也是富人的。『伸手不拈香』的是富人。丰衣足食的，也是富人。可憐的窮人們，在村角兒架起幾間茅房；『白汗變成黑汗』的奔衣奔食；眼巴巴的望着這些富人又舒服又大些樣；雖說是「安分守命」，到底有些「敢怒而不敢言」喲！所以貧富兩邊，總免不了一些糾葛。富人藉勢欺貧是很多的，窮人恃窮橫闖也是有的。俗話說得好！「小狠不要臉，大狠不要命。」這兩句話，算得寫盡貧民的狠氣呵！所以在這種村內，富人要籠絡窮人，防備窮人，甚至於有嚇詐窮人；窮人要巴結富人，又有時想佔富人的便宜，又有時藉故訛詐富人。眞是無日不在戰爭狀態中。這種生活有什麼趣味哪！

（三）用人口做標準　農村人口，多少很無一定。大概的說來，可以分做百人以內的村，和數百人的村。百人以內的村，可叫做小村。數百人的村，可叫做大村。小村在社會上是孤弱的，見了大村的人，總要低頭三分。若是小村和大村有什麼交涉，小村總是「唯命是聽」。若在社會的公共關係上，小村事事仰大村的鼻息，好像是大村的「附庸」一樣。若是小村附近，同時有兩個以上的大村，那些大村又不和睦，那麼小村更有「事齊乎，事楚乎」的困難了！更有「左右做人難」的困難了！這種狀況是不是部落思想的遺傳？

大村的人口既多，德性上，氣質上，職業上，是種種色色，應有都有，好像是都市的縮影一樣。都市上的罪惡，大村內也差不多件件都有，不過是「具體而微」。所以我嘗說「大村」就是「小都市」。這種光景，是小村內沒有的。小村內，還有一種特點。對內是「休戚相關」的情意，對外是團結的精神。這種特色，我想是小組織的自然結果。

（四）用職業做標準　有的農村內，全體的人都是勞苦的農民，這可叫作單業的農村。又有些農村內面，不僅有農人，還有些讀書的相公們，和些做生意的先生們。這種農村，可叫作複業的農村。在複業的農村內，農人是讀書人和商人的犧牲品。單業農村的農人，又要受複業村內農人的欺凌。因為他們村裏的相公和商人，是他們誇談炫燿的招牌，也是他們仗威作勢的虎皮。這種「大魚吃細魚，細魚吃蝦子」的社會，眞是可憐又可笑！

（乙）各種農民的生活

上面說的各村內的共同生活，是說各種村的特色。現在要說各種農民的生活，是用個人做單位的觀察。比用村做單位的不同。這種觀察，也有各種不同的立足點。

（一）用農田的所有權做標準　有叫做傭農的，是由主人出工資請到家內耕田的。又有叫做佃戶的，是農民中把自己的田賣給主人，再由他們耕種，每年還一定的租穀給主人的。這兩種，都是種別人的田的。還有一種農民，他們用自己的力，耕自己的田。我沒有找着社會上對於這種農民的習用名詞，我權且叫他叫「自農」好了！他們是自食其力的，他們是我們理想的社會的農人！

這三種農民的生活，各有可以注意的處所。自農做事，是完全自主。耕種的結果，也都是自己享受。所以他們對於工作，很勤勉，很留心思慮。佃戶雖說是耕種別人的田，但是納租的剩餘，歸他自己享受。所以對於收獲，也抱着豐盛的希望。對於工作，也是比較的留心，比較的勤勉。祇有那些傭農，他們是論年（或者論月）取資。收獲加多，和他們沒有好處。收獲減少，也和他們沒有什麼壞處。所以他們工作，祇要敷衍得過去罷了！所以請人種田的人常常說，「於今的人不好請呵！要不是「聽叫」要人，誰情願請人種田呵！」

（二）用農民的能力做標準　農民的經驗和才力，有種種不同。多數農民在一處共事時，就分出種種階級。他們有個首領，叫得「作老」。作老有預定事務的權力，又可以支配和監督別的農人。他對於主人，可以說話，可以主張，像古大臣對於國君一樣。作老的工資，最大每年在三十串以外，四十串左右。次一等的叫作「幫作」。受作老的指揮去做事，或者幫助作老做成一件事。他作的事，作老可以批評。這類農民的工資，每年在三十串左右。最低一等的，就是農童，俗話叫做「放牛伢」。年紀稍大的，就叫做「半造子。」他的工資，每年是十串內外。他的重要職務，是料理耕牛。每個農家，總有一個放牛伢。因為一來可以料理耕牛，二來可以「跑堂」「聽叫」。放牛伢要受作老的管理。作老有敎他的責任，也有打罵他的權柄。他對於別的農人，是要小心扶事的。這種階級制度，可算是東方的一種特色吧！

（三）用職業做標準　農民中間，有的專營農業，可以叫作專業農夫。有的農夫，不單是耕田，而且兼做別的雜事的，可以叫做多業農夫。這類農夫，有的在農閒時候，在往來的大路上，抬轎送腳。有的在富家多事的時候，去幫忙的，俗話叫作「幫小工」。又有一些農民，他們有點小資本（幾十串上百串不等），他們在八九月間，農事完畢之後，於自己的資本以外，再借貸幾十串，拿到通都大邑，買些洋廣雜貨，販到甘肅陝西雲南貴州等交通不便的地方去賣。到來年正二月間，販些下貨回來。這件事，俗話叫做

「出門」。在往年交通不便的時候，出門的利益很大，現在就要差遠了。不過生意若是做得好，百串錢的資本一次也還能賺幾十上百串。這幾年來，販賣烟土的，很有許多發了財的！現在出門的人心目中有件同頭貨，就是烟土。烟土有許多暴發戶，眞是令他們羨慕不了！

這種出門人，在社會上的關係很大。他們所到的地方既多，他們看見許多不同的風俗，聽見許多奇異的傳說，眼見許多歷史上的名蹟。他們心理上受了許多刺激。回家後的行爲不知不覺的有許多改變。對於異地的風俗於無意中也能採用一些。他們將他們的見聞傳播到一般社會去。那些奇事奇談，在社會上很有支配人心的勢力。即如普通人的歷史的觀念，多半由看劇得來。劇曲所傳播的觀念，再經出門人用他的見聞來證實一番，那麼支配人心的力量就更大了。

農民中除了有老父老母的繫累的人，或者不能耐苦的人以外，大半希望自己能夠出門。其中的原因，固然是有幾分發財的想頭，或者更有幾分好奇的心思；但是耕田的生計太難，要算其中的最大原因。

(丙)農村生活的危機

農民終歲勤苦所得的不能夠供養家的費用。假定一個農民，有父母中之一人，子女一人，又加一妻，每年的養活費最低額在六十串以上。傭農的收入，平均在三十串左右。佃戶除了納租和肥料費外，剩餘的最多不過値得四十串。每年自身以及家庭的費用，最少在七十串以上。兩種農民的入不敷出，都在三十串左右。即令婦女手工的收入，或者充當奴婢的工資，最多不出十串。所以農民中之生計稍裕者，祇有「單身漢」。能夠出入相敷的，也祇有一夫一妻的「兩口子」的人家。若是人口稍多，或有三病兩痛，就沒有不借貸的。借下債來，就更難了。

有這種經濟的壓迫在後面，又有都市的利誘在前面，難怪許多農民皆不安心農業。除了有錢的做小資本的生意以外，無錢的也多有到都市去覓生計的。他們到都市來，最易染受都市的惡習。善良的根性，一天消滅一天。較爲健全的國民，一天少似一天。再看留在鄉村的農民，除了有特別原因的外，多半是未成年的，或者不十分強健的，或者不大伶巧的。優秀的農民逐漸的減少，農事的成績逐漸的窳敗。中產人家都對於置備田產沒有趣味田產也就一天天的流入大資本家手內去了！其中的危險，很足喚起我們的注意呵！

作者是湖北黃陂縣人。所說的情形，都是就習見習聞的事情說的。在別處自然有許多不同的地方。讀者請勿誤會！

作者識

工廠調查

武漢的工廠調查

梁空

武漢的工廠很多，大大小小總有十幾處。我這篇調查，因為利便起見，先將那些小工廠寫出，然後將那些有名的大工廠過細研究一下，這不過是求作者和讀者節省時間的意思罷了。

武昌的工廠

(一)武昌造幣廠　(武昌城內)

原動力　蒸汽機十組，發電機兩組，煤油機一組，其他機器一百五十六組。

一年間所消煤炭額　八千六百二十四噸。

職工　全廠四百十四人。　雜役　三十五人。

工資　最多每日二元，最少一角六分。

做工日數　全年三百二十日。

做工時間　每日十小時。

(二)粵漢鐵路機器廠　(武昌徐家棚)

原動力　無

職工　全廠十八人。　雜役　七人。

工資　最多每日一元六角，最少六角。

工作日數　全年三百零五日。

工作時間　每日十小時。

武昌的工廠，本來不止這些，如織布局，漢口第一紗廠，和漢口的揚子廠，都因為有特別情形，須要另作一個題目，所以暫缺。

漢口的工廠

(一)蒸木廠　(漢口江岸)

原動力　蒸汽機一組，二十五匹馬力。

消煤額　每年消一百五十法磅。

職工　全廠九人。　雜役　六人。

工資　最多每日一元一角七分，最少二角。

工作日數　全年三百三十三日。

工作時間　每日十小時。

(二)工務廠　(漢口江岸)

原動力　蒸汽機一組七十五匹馬力。

消煤量　全年三百五十噸。

職工　全廠六十七人。　雜役　三十三人。

工資　最多每日一元一角七分，最少二角。

工作日數　全年三百三十日。

工作時間　每日十小時。

以上兩個工廠都是交通部直轄的。

(三)財政部造紙廠　(漢口諶家磯)

原動力　蒸汽機三組共八百三十四匹馬力；發電機兩組，四百八十四匹馬力。

消煤量　每年一萬噸。

職工　全廠一百三十三人。　雜役　二百十七人。

工資　最多每日三元，最少二角。

工作日數　全年三百日。

工作時間　每日十二小時。

(四)京漢鐵路機器廠，又名為京漢鐵路機務處　(漢口江岸)

(1)工廠的組織　此廠大別為二部分，(一)機器廠，(二)平車廠，機器廠中分車頭班，鍋爐班，打磨班，旋床班，銅匠班，傢具房，電燈房，打鐵房，翻砂房，汽機房等部分。　平車廠中分平車廠，模樣房油漆房等部。

發動機關有二：大者一百七十五匹馬力，小者五十匹馬力，均係蒸汽機關；發電機關有三：大者 750 Volt 其次 240 Volt 最小者 200 Volt，皆為比法出品。

全廠工人約六百人；辦事員二十餘人，另有會計處一所，專司工人及司員薪水與機車修理費，內亦有十餘人。

(2)工廠裏面的制度　廠中職員分廠長，副廠長，工程師，工務員，匠首，領班等，這都是機器廠平車廠兩處人員；除外還有事務員司事等均屬於會計處的職員。

職員有死亡的都給恤金；但滿十年者，給六個月的薪金；滿三年者給三個月其餘不及三年的給一二月不等工人亦是一樣。　每到年終另給一個月的薪水，表示優待的意思；其辭差和開除了的，一律不得享以上的權利。

(3)工人的生活及工作的情形　工人每日工食由六角至一元，所有請假星期疾病假期，均按日按時在薪工內扣除；其未經准假而曠工者則加倍處罰。

全年工作，不分寒暑；但暑天每月休息四日；其餘均休息兩日；每遇事繁則加夜工，每工作五小時，照六小時計算工價。

漢陽的工廠

(一)漢陽鐵廠　(漢陽大別山麓)

這間廠爲中國獨一無二的大工廠內容很多可注意的事，請分述如下：

(1)沿革　張之洞在前清光緒十六年卽經營此廠，當時中國還沒有鐵路，他以爲中國要富強，非從速築鐵路不可，非自已制造鐵軌不成功。　所以他擘畫了許久，廢了許多心血，纔把這間廠創設成功。　那時候，他在廣東做總督，本來打算在廣東布置；後來移任兩湖總督，這個廠基遂定在漢陽。　那時(光緒十七八年間)盛宣懷和幾個英國礦師，在長江上下游查察礦產，卽勘得大冶鐵山的礦苗很好；適值張之洞設廠在漢陽，天緣湊合，這個鐵山的寶藏從此始有人發掘。　後來這間廠因爲官力不繼，奏交盛宣懷招商承辦；他接辦之後，又勘出了萍鄉安源的煤礦，卽用全力去經營，成效大著，於是漢冶萍煤鐵廠礦公司的名稱出現於世界了。

(2)設備　廠中各項機器多用電氣蒸汽爲原動力，老化鐵罏旁附設的壓風機，是比利時製的橫具式二具，一分鐘能壓空氣至八百立方粎零六氣壓。　又和這壓風機相並的，有三支直立式的送風機三具，每一分鐘各能壓空氣至二百立方粎。此外並附有一百基羅瓦特的直流電機三台，專爲運轉電燈唧筒及起重機而設。

新化鐵爐附設的打風機，是英國多而博式，每分鐘能達二千八百迴轉，能壓空氣至二萬八千立方粎，其風壓爲十一磅四分之三；此種打風機，亦設了二具！一是現時要用的，一是預備而設的。

這座化鐵爐附設的唧筒室，在大別山的北麓；各以百十馬力的離心唧筒四具爲之運轉，內以二具作爲預備唧筒，此外並附有蒸汽唧筒一具。

(3)化鐵部現狀　化鐵工塲在廠的東部，現在有大小化鐵爐三座，內有二座，同形同體，係二十年前所建設，設廠名叫老化鐵爐，兩座爐的容積，各爲二百四十八立方邁當，各有進風門四座；並附有古巴式熱風爐八座，其熱度自攝氏五百度至六百八十度。　日出生鐵二百噸左右。　其大化鐵爐內部容積爲四百七十七立方邁當，　日出生鐵二百三十噸至二百五十噸。

現在又在該爐之東，加達一座第四號爐，和第三號大爐同式，都是向德國買來的。　所有容積大小形狀，及日出生鐵噸數，都是和大化鐵爐同，前幾年(民國元二年間)已經落成。　他的鎔化料是鐵礦，石灰，石燋炭三種。　每爐最高的熱度，約至千八百度之譜。　除燋炭生熱外，兼用熱風，使他生熱；將鐵爐內所散出的瓦斯，先經淸灰爐，再用管導入熱風爐合燃。　打風機的冷空氣就變熱，復打入化鐵爐。　因爲藉熱風的力量便可以減少燋煤。　每二十四小時鐵礦，石灰，石燋炭，三樣增加的數目，每爐約三十餘次：每次約加二十餘噸。　三樣平均配合的數目：每噸計燋炭約五分又四分之三，礦與石約居四分又四分之一。　小爐每四小時放鐵一次，(約十餘噸)。每晝夜放渣六次。　大爐每三小時放鐵一次(約三十噸左右，)每晝夜放渣八次。　三爐合計，可出生鐵四百噸，每噸價銀約二十七八兩不等，除供本廠煉鋼造軌外，兼銷本國內地各省，並美國，日本，澳洲，南洋各島等。

茲將新老化鐵爐的現象列表於次

	容積	高	生鐵噸數	每噸	生鐵	需用之
				鐵礦	錳礦	石灰石
老化鐵爐	二四八立方呎	一八·二二五呎	夏 九〇噸 冬 一〇〇噸	一·七噸	〇·八八噸	〇·四六噸
新化鐵爐	四七七五立方呎	二〇·四五〇呎	夏 二三〇噸 冬 二五〇噸	一·七噸	〇·八噸	〇·四六噸

材料	燃炭	一.一噸	一.噸
熱風温度	攝氏六八〇度		七〇〇度

化礦夫分工頭，工匠，長工等名稱。　每爐工頭二人，工匠三人，長工五十人。

班次　每爐分晝夜前後共四班。　三爐合計每班約需二百人左右。　內分放渣，放鐵，抬鐵，裝礦，選炭，起車，過磅，打鐵，爐前，爐後，爐頂各名稱。　前爐爲砂模，抬鐵，放渣三種工人。　後爐爲爐頂裝礦，選炭，打礦，起車四種工人。

工資　前爐長工月薪九千五百文。　後爐長工月薪八千八百文。

(4)製鋼廠現狀　製鋼廠有三十五噸西門士馬丁鍊鋼爐六座，調和鐵汁爐一座，煤氣爐十八座，電力打風機兩座，五十噸掛梁電力起重車兩架，又三十五噸起重車一架，水力機三座，打鋼樣汽錘兩座，爐前上料電車一部，鐵路弔車三部。　其鍊鋼之法，係用最新之馬丁法，生鐵入爐，卽用威爾盲式之電力起重車提入，每爐一次入生爐二十噸，更加生鐵塊及錳鐵十噸，

計三十餘噸。　那爐的兩旁有孔，預備吹煤氣入爐，將生鐵鎔鍊成鋼，左右交互，各吹二小時，歷四小時卽止。

其餘還有製造鋼軌，鋼板，鋼條，爲鐵路，船料，屋料，橋料等用。餘如鈎釘等小機件，都不能一一備載。

(5)組織　該廠分化鐵，製鋼，化驗，物料，稽核，總務，收支，商務，衛生，機器十股。　各股設有股長股員，都以留學東西洋的專門學生，或是很有經驗的人充當。　各股之上，有駐廠坐辦總其成。所有全廠用人，行政，工程，各事，都聽他的指揮。　玆將現任人員錄之如下！

職務	姓名	字	籍貫
坐辦	吳健	任之	江蘇
化鐵股長	嚴恩棫	冶之	江蘇
製鋼股長	盧成章	志學	浙江
化驗股長	坐辦兼充		
物料股長	羅國楨	佩衡	湖北
稽核股長	趙時驤	步郊	湖北
會計處長	顧宗林	介眉	浙江
總務股長	舒修太	楚生	湖南
收支股長	許恒	笠山	江蘇
商務股長	潘國英	毓初	廣東
衛生股長	舒厚仁	棣臣	浙江
機器股長	郭伯良		廣東
擴充工程監督處長	費向善		浙江

化鐵，製鋼，機器，各股，均聘有西人兼理其事。

漢陽全廠職員計二百餘人。 工人現已增至五六千人。 內分工頭，工匠，長工，小工四種。 外國機司，電機司，監工計二十人。 華人工値最廉，操作勤勞，都滿人意。 工頭每月薪工自十元至百元不等。 工匠則月給二十元左右。 長工一月錢九千文（不足九元）小工僅二百文一日。

(6)工人的生活及其待遇 廠內工人多是自由在外的生活，但因苦力小工，過多每日所得工資又很微，所以廠內特爲設兩個飯廳就叫做東飯廳西飯廳，伙食較廠外便宜些。 規定章程，每餐止收五十文。 無論甚麼工人，都可以往那裏吃飯。 又碼頭挑煤挑礦的苦工，是每擔給錢的，那些勤勞的苦工，每日可賺一二千文；工廠內見他們日中很辛苦，晚上沒有房子住的很多，所以特爲建了兩處新房子給他們住，他們亦很安心樂意的在那裏當苦工。

(7)工作的時間 大都爲十小時半． 早晨七點半鐘上工，十二點鐘放工食飯。 又從一點鐘上工至下午六點半鐘收工。 挑工苦力，不限定時刻。 廠內職員兩個禮拜放假一次。 工人沒有放假的權利。

(8)從前罷工的情形 前清光緒二十年左右，也曾罷過三日工。 罷工的原因；那年過端節有幾個工人在家內放鞭炮，適値他隔壁有兩個當差的（某股長的隨從）睡着還未起身，被這鞭炮的聲音吵醒了！ 於是就起身找着那幾個工人出悔氣，大家吵鬧起來，那兩個當差的便在某股長面前聳弄，打了那幾個工人幾十板屁鼓。 一班工人都不服，要替那幾個工人出氣。 於是聯盟罷工，要求撤換打工人的某股長，並懲罰那兩個當差的。 官廳方面慮爲應允，並多方壓迫工人。 工人抵抗力不堅，遂屈服。 自此以後，便無罷工的事發生。 値至今年四月間，僅化鐵股工人要求增加工食，罷工一次。 後因各方面調解，允各工人每日增加銅元六枚。 事遂寢。

學生世界

日本青年文化同盟之成立及其宣言

日葵譯

以較高的文化做目標，向着這個目標，就人類向上之途，這中間成功了一個社會組織．當完成這組織的時候．其間雖然經過一個平和的時代；可是到了發達爛熟，人類全體的生命力，日就消滅的時候，突變的進化之時期，卽接着發生；而活潑的精神，和生命的飛躍，亦於以表見，此事不必待馬克司史觀之說明，就是肯翻文明史的人，也都有這個感覺， 試徵之歷史。盧梭的自由平等精神喚起了法蘭西的大革命，卽封建制度．也隨之而顛覆．那時想維持這將歸淘汰的組織，而圍攻赤手空拳之民衆的神聖同盟諸國．往後反為法蘭西精神所風靡。 今由馬克司之殉敎的精神所激起的社會民主主義，也乘資本主義組織最後的卡他士托勞非的大戰的機會；掀翻了北歐的天地而攻擊他的資本主義國家至此也不能不讓普羅列大利亞 Proletairat 之國，去作冬期的休養了。這還不算什麼就是以資本主義祖國著稱的英美兩國也止有國內民衆運動的苦悶，此外在西伯利亞長驅數百里由渥木斯克撤回依爾霍克的哥爾提克政府，也是我們所看見的呀。當這個時候，擠東洋民族的運命於雙肩的我們日本應該取什麼態度？繁殖於東海各美島的我民族之將來，應該怎麼樣指導？

以愛國之心，純眞之精神，而立的青年學生各團體，不期而結這個靑年智識階級的大同盟，且將本發揮民族文化的精神，進而相互建設人類全體的同胞社會。

十月十日在東京牛込區矢來俱樂部，開靑年文化同盟創立大會，表決下列的宣言綱領和規約；

宣言

由虛僞和不正的束縛解放人類，建設自由平等的世界在地上，這就是理想精神之切實的要求。

人類解放的巨鐘今已響徹世界，蓋文明之殼將破新文化快誕生了！

我們奮起的時候來了！我們是有無垢的良心，透明的理智，純潔的熱情的青年。我們當依着眞理奮起，確信理想邁進。我們當驅逐阻害眞理實現的頑冥思想，對於乘大勢，肆野心的投機者，決不絲毫假借。我們在這當中發見我們應行的大道，相逢於這條大道的；就是我們的朋友！

青年文化同盟是痛慨人類生活的現狀，為革新的熱情所驅使，而奮起的青年學生所團結。我們之力量雖微，然而我們所宣傳的是眞理，我們所要求的是正義；我們確信眞理是不磨的，正義是最後的勝利者！

我們已經立起來了！與我們同志的青年喲！快快起來參加我們人類解放的義戰，大家謀新文化的建設呀！今特宣言於天下，我們不避危險，不怕迫害，爲理想實現而戰。不惜決最後之勝負，至死方休！

綱領

1本同盟依據眞理而成立

2本同盟期全人類之解放

3本同盟正當改造社會

規約

1加盟團結各爲自治

2本部以加盟團體之代表委員各二人組織之置本部於東京市外高田村三六〇〇番地

3代表委員會每月至少開會一次

組織這個同盟的團體，現在就是法政大學的扶信會；早稻田大學的民人同盟會；建設者同盟；一新會；和新人會。此外還有許多統一純潔精神的團體，在各大學呢。我們相信還有方興未艾的事，敢進而希望此等團體之加盟。我們確信青年智識階級大團結之後，再和勞働團體相呼應，將來必有完成新文化之一日。

過後十月二十五日午後六時，在本鄉追分帝大基督教青年會館，開創立演說會，出演者如下——

開會辭　新人會　門田武雄

國際平和主義　扶信會　三木幸造

天下蕭然之秋　建設者同盟　島田義文

去那裏？　新人會　河西太一郎

聽喲！美妙的琴調　民人同盟會　堀江賴廣

應當怎樣進行呢？　一新會　竹內正男

理想和現實之間　新人會　新明正道

現在青年文化同盟的使命，就是思想的團體，以徹底的精神，評判現實的諸問題；其目的在於指示正當歸趨之途。等到適當的時候到了，便當提起智識階級，促進社會改造的實行運動。蓋思想與實行，有不可分離的關係；所以加盟團體有依這個精神，盡自己的力量向各方面努力發展的自由。我們這個同盟，雖不過是智識階級團結的萌芽，然而吾們當以國中文化的中堅自期，求有所貢獻於將來，誠能如此則將來真實之成長一定會出我們意料之外。我們不惜反復宣言這同盟的成立，一方不失其謙抑，一方是基於自信。蓋彷徨紛亂的行動很容易錯過了真實的曙光。我們要記取明治維新的原動力，不過是集於松下村塾的白面書生所編的奇兵隊。現在從事創造新世界的人物，也是聞托爾斯泰和克魯巴金的呼聲而投入人羣裏的無數大學生。我們要知道，負我們民族將來文化使命的，就是我們精神純潔，情操熱烈的青年呀！倘若我們大家，都自覺自己是被選出來，負有以崇高的創造衝動和明徹的理性，建設飛躍的文化社會的使命，則應當努力奮鬥，必不辱使命，然後罷休。並且須切記希望和日重的要緊。

一九一九年秋季開學後的北京學生界

周炳琳

一　請願與北京學生

一九一九年秋季開學前後，北京發生請願事兩次，讀者當還記得。這兩次請願，各地各界都有代表參加，所請願的是德約不得補簽，撤換山東師長馬良，和集會言論自由等。北京學生以地主資格，招待各處來京代表，幷效奔走輸餽之勞，這是應該的。第一次請願的時候，散在各處的北京學生只有小部分已經回京，為壯聲援起見，也就加入各地代表請願。第二次請願在開學以後，醞釀的時間頗久，論理北京學生應全體參加，何以反取旁觀的態度，其中自有道理，待記者略述一番。請願的性質怎麼樣？請願是國民公意最堅決的表示。若所請願的不為政府所納，就該直接行動，這樣才有強制力，所以請願之前，要有若不見納，便直接行動的決心。請願應向那種機關行使？不消說，應向立法機關。請願中華民國的立法機關是舊國會，現在擱淺着，向新國會請願嗎，那裏配！其實這由新國會產生的北京政府，也不犯着同他說話，不過因為事實上他已掌權，但求於國有利，也顧不了合法不合法。可也要料量料量裏面是什麼人，吾們對他請願，他能容納不。那兩回來京請願的各地代表都不注意這兩層，北京學生看出不妥，也曾暗示各地來京的代表，無奈他們不聽，又想着自己等所見未必盡是，也就加入，壯壯聲換。豈知北京政府連面子都不敷衍，——其實要面子幹什麼！共和國的大總統接見國民算得什麼就命接見！肚子裏懷着鬼胎，面子上說得很好，有什麼用？——新華門外鵠立着想仰瞻大總統丰采的人，挨餓不夠還要挨打。北京學生見的不妥果然不妥。那知道各地代表回去之後，各地團體依舊堅持請願，以爲一而再再而三，那怕不遂願。不想一想直接行動是第二步，也不打量自己有直接行動的決心沒有，只一味要請願。北京學生在第二次請願醞釀的時期中也勸告過各地已經來京的代表，終究無效，沒法子，讓他們請願，自己等不再加入。那時候，北京學生着實遭了些毀罵，直到了被拘的請願代表出獄，才稍稍見白於國人。

寫到這裏，我有所感，與「少年世界」的青年說說。吾們所托命的教育，近來常被惡魔蹂躪。如湖南，如湖北，如安徽，如江西，如福建，最近還有北京；不是剋扣教育費，就是解散學校。吾們要恢復教育根基，穩固教育根基，並從此發揚光大，須得繼續奮鬥，不怕犧牲。他們所挾的是彈和刃，吾們有飲彈冒刃的決心，那怕他們不向吾們合十！不去飲彈冒刃，專在派代表請求政府撤換這個撤換那個上面做工夫，如近來湖南各校青年的做法，是不中用的。要知道在中央的和在各省的是一樣的。要賊夥懲賊，賊夥那肯幹，一不提防，便被暗算。請願的青年呀！叩閽的青年呀！請一回願，嘔一回氣，叩一回閽，傷一回心，既肯如此不憚煩，何不同那些惡魔拚個死活？況且在這昏天黑地裏面，沒有霹靂一聲，誰管吾們叫苦！「少年世界」的青年呀！奮鬥！犧牲！實地做去！別當作口頭禪！

二　雙十節與「神聖麪包」

雙十節是國慶日，慶什麼？慶武昌起義，推翻專制，建立共和。共和取其名？還是取其實？自然取其實。自武昌起義至民國八年十月十日，歷了八週，有共和的實在嗎？何嘗有！不過有這樣一塊招牌罷了！——也曾摘下兩次！虧得大家納喊，重新掛上。只這空名兒，已是可憐蟲，聽說又要鬧復辟，「少年世界」的青年防備着！——有名無實，那裏使得，須要求其着實。從那裏入手呢？從「分擔工作分取所獲」入手。「分擔工作」是大家分頭生產，有多少力盡多少力的意思。「分取所獲」是大家各自消費，要多少取多少的意思。這「分擔工作」和「分取所獲」是互相關聯的。必定先分擔工作，然後能夠分取所獲，猶如先有工作，有生產，然後有所獲，得消費，反過來說就是因爲要大家都有，所以要大家都作工。大家工作，大家消費，這是何種境地，還不是共和嗎？必入了這個境地，然後「平等」「自由」「博愛」有所附托，什麼階級都沒有，那裏還有軍閥官僚？所以「勞工」竟是解決一切問題的鎖鑰，怎能叫人不加上「神聖」兩個字！北京學生在雙十節那一天全體出發，一面講演，一面分散麪包，麪包的上面蓋着「勞工神聖」四字的紅印，數有十餘萬個，弄得全城熱鬧異常。一般苦力尤其眉飛色舞。吾們爲什麼要在雙十節分散麪包？就是想用「勞工神聖」這四個字引北京市民明白共和的意義——叫他們明白什麼叫作共和，共和國的國民應該怎樣。麪包是工作出來的，不工作，那裏有麪包？沒有麪包怎樣活得了？這是『勞工神聖』一個好例，所以就把『勞工神聖』這四個字印在麪包上，並且同一般市民說，這是『神聖麪包』。取這個名的用意是要把「由勞工得來的麪包是神聖的』和『我的神聖麪包不容不勞的人掠奪去』這兩層意思傳給市民。這兩層意思拿一句成語來表便是『己欲立而立人。』不勞有食，必不免勞反無食或缺食。若勞的果勞者不許不勞者享有，——老者少者不能勞，自當別論——那麼遊閒的人(Leisure class)不能存在。遊閒的人既不能存在，階級自然消滅。這才是眞共和！

三　北大林德揚自殺

自殺與國民性有關，國民性強烈的國家，自殺的人多，國民性怯弱的國家，自殺的人少。自殺的人性情類皆強烈，不堪環境壓迫時，寧自了此生，不肯見役于環境。他們的志行遠出流俗一般人之上，所以自殺雖不可獎勵，然也不容非難。人類想減少自殺，只宜在改良環境上面做工夫，什麼法律呀，道德呀，都是無用長物，不但制止不了自殺，反足增加苦悶，促成自殺。論中國現在的社會，凡性情強烈的人都有自殺的機會，這是最可怕的景象。恰好林德揚君自殺，以他一人的自殺，止住無數青年的自殺。記者景仰林君，特把林君爲什麼自殺，和他的自殺的影響介紹給讀者。林君四川人，年二十七，係北京大學法律學系三年級學生。五四運動起，雖嘔血力疾從公。暑假期間，與同志創辦北京第一國貨店，中經許多波折，全賴林君毅力堅持，終究辦成。然勞瘁太甚，病增劇，血幾乎嘔盡。林君見國貨店已成立，營業很發達，頗自慰，然轉念自己負七尺軀，所做事業止於此，又自愧，遂決意自殺，以爲留此病軀，無補于社會，反累及社會，不如自殺，遂于十一月十六日晨起，驅車至萬牲園，赤身投溪而死。這樣看來，林君責任心重，所以自殺。不但愧死一般行尸走肉，並令想自殺者自己振起，以爲林君求無累於社會，所以自殺，吾們無病，無所謂累，然宜以林君爲法，替社會謀幸福，不可辜負一生。以林君的剛振自分己矣的青年的氣，這是林君自殺的影響。

學校調查

天津南開中學校

章志

(1)史略

天津南開中學校已經成立了十五年，在這十五年以前，還有七年的胚胎時期，所以張伯苓先生常說，南開中學能夠發達到這種的地步，全靠先天的培養，然而先天到底是什麼東西呢？我就不能不用簡簡單單的話來敍述幾句，在前淸光緒二十四年的時候，嚴範孫先生聘請張伯岺先生敎他子姪的英文和各種科學，到了二十七年，王奎章先生也聘請張先生敎他的子姪，所以一箇叫做嚴館，一個叫做王館，共有二十多個學生，這就是南開中學胚胎時期的起始。

光緒三十年的夏天，張嚴兩先生，到日本去調查學務，秋天歸國後，就把嚴館和王館合併起來，成了一個中學，叫名「私立中學堂」，現在的南開中學校就在那時呱呱墮地。

光陰過得太快，忽忽十五年的工夫了，在這十五年中間，經過種種的事蹟，現在因爲限於篇幅，不能把他都寫出來，但是有一件最重要的事，不能不說一說，就是民國六年八月，張伯岺先生赴美國去研究敎育，（這時候校長一職，由張仲述先生代理。）七年十二月纔歸國，由此可以知道南開中學的趨向，是由日本式變到美國式的，這個學校在胚胎的時代，既受了一種嚴館王館的先天，等到產生以後，如同嚴範孫，王益孫，徐菊人，盧木齋，袁世凱……都是竭力的扶持，到了現在，究竟帶着一種什麼彩色，讀者諸君看下面的紀載，自然可以明白。

(II)校址

校址在天津城西南角南開的地方，所以學校也取名『南開』，起初祇有十畝多地，現在地基增到百畝，已建房屋的約六十畝，附近有電車，可以直達『津浦』『京奉』車站，交通到很利便。校舍前面有大操場，每天下午下班後學生來到場中運動，各擇所好，天機活潑，煞是可愛。

（III）課程

（一）說明

四年級行選科制，除國文，英文，近世史三門為必須科外，任學生自由選擇二科肄業，但必須合於個人將來升學或處世的目的，所以須經教務課認可後，方准入班。

三年級分文理兩科，文科物理，化學，都用國文教科書，一年完畢，理科物理用英文教科書，一年完畢，理科有手工，文科有演說，這就是文理科的分別。

修身一科，向來不用成本，每星期三第六時，全體學生會集禮堂，由校長演講，內容約分四項(1)修身大義(2)名人演說(3)中外大事(4)本校大事（從這個學期起，因為人數太多的緣故，分為兩回，就是星期三同星期四第六時。）

（二）表解

四年級（一學年分上下二學期，上學期秋季始業）

科目	教科用書	教授學期	每週時數
國文	選讀 每月作文一次劄記一次	上下	四
英文	Lamb's Tales from Shakespeare(4) Oral Composition and Practice (4)	上下	八
世界近世史	Hayes' A Political and Sccidl History of Mordem Europe	上下	四
化學	Browenlees First principle of Chemistry (4) Browenlee's Labratory Exercise Inchemistory, (2)	上 下	六
三角	Rothrock's Planeund Spherical Trig	上	四
大代數	Hawkes' Higher Algebra	下	四
國文學	經子書（講義）	上下	四
經濟	Burch and Nearing: Elements of Economics,	上	四
法制	英文本（書名不詳）	下	四
簿記	英文本（書名不詳）	上下	四
商學	Commercial Knowledge	下	四

每星期每生上課

必須科　十六小時　修身一小時　選科八小時

共二十五小時　講室自習九小時

三年級

科目	教科用書	教授學期	每週時數
國文	選讀 每月作文一次交劄記一次	上下	四
英文	Baldwin's Abraham Lincoln (3) Grammar Oral and written Composition (5)	上下	七
國語演說 文科	講義 練習	上下	三
算學	代數 Hall and Knight's Element Algebra 平面幾何 Stone and Millis' Plane Geometry	上	六
化學 文科實	中學化學教科書(4)(中華書局) 實驗(2)	上或下	六
物理 文科	實用教科書物理學(4)(商務印書館) 實驗(2)	上或下	六
物理 理科	Tower's Principles of Physics (4) 實驗 (2)	上下	六
譯英文	Translating English into Chinese	上下	一
立體幾何 理科	Stone and Millis' Solid Geometry	下	三
世界史	Renouf's Outlines of General History	下	五
手工 理科	木工	上下	三

每星期每生上課

上學期 必須科 十八小時 選科九小時

下學期 必須科 十七小時 選科十小時

修身 一小時

共二十八小時 自習室自習六小時

二年級 各科教授鐘點上下學期同

科目	教科用書	每週時數
國文	選讀 每月作文二次	六
英文	Baldwin's Thirty more Famous Stories Retold (4) Mother Tongue Book II (2) Science Reader Vol. V (2)	八
算學	Evans and Marsh's First Year Mathematics (3) Stone and Millis' Plane Geometry (3)	六
本國史	共和國教科書本國史二冊(商務印書館)	四
世界地理	共和國教科書外國地理二冊(商務印書館)	二

每星期每生上課二十六小時

修身一小時 共二十七小時

自習室自習七小時

一年級　各科教授鐘點上下學期同

科目	教科用書	每週時數
國文	選讀　每月作文二次	六
英文	Progressive English Readers for Middle Schools (First and Second Year) (上)	八
算學	共和國教科書算術(商務印書館) Evans and marsh's First Year Mathematics (下)	四
博物	植物　動物　生理衛生	五
本國地理	共和國教科書本國地理(商務印書館)	四
體操		三

每星期每生上課三十小時

修身一小時　共三十一小時

自習室自習三小時

補習班　各科教授鐘點上下學期同

科目	教科用書	每週時數
國文	選讀　每月作文二次	八
英文	Progressive English Reader (高等小學英文讀本) Language Lessons (初等英文軌範)	八
算學	共和國教科書算術(商務印書館中學校用)	六
珠算	共和國教科書新算術第三册(商務印書館) 高等小學校用	二
體操		三

每星期每生上課二十七小時

修身一小時共二十八小時

自習室自習六小時

(三)考試

(1)臨時考試　每月臨時考試一二次，時間的長短，視考題而定，考試的時間十五分鐘，或五十分鐘，都是由本科教員自行酌定。

每月由各科教員將臨時考試本科的分數，報告教務科一次，由教務科彙齊起來填寫分數單通告學生，每學期分四次報告。

(2)學期考試　每學期終舉行學期考試一次，各科所得的分數，就是本學期該科平均分數三分之一。

（學期考試及格的程度，）各科中祇許有兩門不及六成但在五成以上，其餘都須及六成。

（補考）不及上面所列的程度，可以補考一次，但科目必須在兩門以內。

如果在二門以上就留級。

補考各科以六成為及格。

（IV）訓育

（一）分課　訓育課同齋務課的職員，都有輔助訓練學生的責任，凡屬於宿舍和晚間自習的訓育，都歸齋務課，凡屬於講室和其他時間的訓育，都歸訓育課。

（二）自治　關於訓育方面學生自治的活動，略寫幾樣，(1)各班自行組織班風團，(2)晚間自習時，自行管理，舉有值日生，維持秩序同勤惰等，(3)各班有班長各寢室有室長，分別照料。

（三）個人的訓育同調查

(1)關於學生年齡住址，家長職業，已否娶親，曾否入會，同練習運動等項，製定格式單，每學期學生詳細填寫一次。

(2)每年填寫擇業調查表一次，表中要則，如畢業後能否供給升學，如不能升學，願就何那種職業，功課長於何門，短於何門，畢業後的志願等。

(3)學生遇有特別的事故，可以約家長到學校來同職員談話，

(4)宿舍考美　宿舍有特別整齊潔淨始終一致的，在每學期終分別獎勵。

(5)寫帳單　寄宿學生，二年級以下的，必須填寫學校所訂的帳單，由齋務課每月稽查核算一次，在每學期末寄給學生的家長。

(6)寫家信　寄宿學生，二年級以下的，每星期必須發家信一次。

（四）缺席　因病或事告假的，須到訓育課聲明理由，允許後纔可歸家，如不請假，自行離校者，即以曠課論，上課時每點鐘遲到過十分者，也以曠課論，每月告假過十二小時或曠課過六小時，扣月考各科平均分數一成，如久病或親喪事可要求特許不扣分，但須家長或保證人到校證明，方可斟酌允許。

（五）訓戒　學生有違校章者，由職員規勸，如果不聽，則分別儆課記過等，藉以使他自行悔改，為訓育的目的。

（V）體育

南開中學校，是素來提倡體育的學校，現在把學生對於體育方面的活動，一一寫出來，

（一）各班組織　各班每學期開學後，選舉體育幹事一人，擔任一班體育的責任，或各班自行組織足球隊，筐球隊，

（二）體育會　每年級有體育代表二人由每年級各班的體育幹事公推，合起各年級的代表組織體育會，全校體育事項，都歸會中討論執行。

（三）各項運動

（1）運動會　春秋兩季，各開運動會一次，分甲乙丙三組。

（2）網球　校內築網球場四處，球同球拍都是學生自備的，用球場每點鐘納銅元四枚。

（3）足球　每年各年級互相比賽足球一次，優者奬木牌錦標。

（4）筐球　每年級比賽與足球同。

（5）野跑　每年冬季舉行野跑比賽，路綫三英里，各年級只准八人入場，三次後平均總分，優者有奬。

（6）啞鈴團　願練習啞鈴者，每天晚九點半下自習班後，在食堂練習十五分鐘。

（四）柔軟體操　每天上午第二時下班後，全體學生舉行柔軟操十分鐘，計分二組，都是由各班的體育幹事輪流號令。

（VI）衛生

（一）檢驗疾病　每學期學生填寫格式紙一次，調查有無疾病，從前曾患過何病，並由校醫驗指甲牙齒氣色瘦弱等，

（二）校醫　校中專延校醫一人，每天午時來校在校醫室診治學生的疾病，醫藥費概免。

（三）養病室　學生中如患重症，可遷入養病室調養，

（四）食事　每桌有公共箸專用以取菜，不得隨便入口，以重衛生。

（五）吐痰　對於吐痰，別特禁止，各處都有痰盂，吐痰時必須吐入痰盂內。

（六）沐浴　學生洗臉，必須到洗臉室，洗澡有浴室，洗澡時須先向會計室購取憑籤，無籤者校役概不預備，

（七）理髮室　校內雇有理髮匠，學生到理髮室去理髮，必照章給費，不得任意賒欠。

（八）曬被　學校預備了曠地一塊，專爲學生曬被用的，寄宿生每星期輪流曬被一次。

（VII）組織

（一）職教員的組織

職教員方面，可以說沒有組織，因爲他們的組織，不是精神上的結合，乃是從職務上而分的，約分三種。

(1)分課　全校的職務共分四課，（甲）教務課（乙）訓育課（丙）齋務課（丁）庶務課每課設主任一人課員數人；

(2)分科　全校的教員分爲四科，以便研究討論各科的進行，（甲）國文科（乙）英文科（丙）科學（物理，化學，算學，博物，手工，圖畫等科）（丁）社會科學科（歷史，地理，法制，經濟，商業，簿記，等科）每科設主任一人

(3)委員會　委員會是臨時組織的團體，凡不屬於各課各科的事務，由校長在職教員中選定各種的委辦會，並指定某人做委辦長，如同教授法研究委辦會，招待委辦會，書報委辦，表冊改良委辦，體育衛生委辦……

近來職教員組織了一個「時事研究會」，這是職務員的進步，得聘請名人講演世界上的大事，如同「歐洲和平會議的內容」「蒙古問題，」「新銀行團問題，」「杜威的學說，」「俄國布爾札維克」……這種組織，到有點益處。

（二）學生的組織

南開學校，最提倡學校練習辦事，所以有各種的組織，現在把重要的介紹在下面。

(1)南開義塾　現在已經成立了兩處，每處有兒童三四十人，請一位教員教授，成績還算不錯，所有的經費，都是學生自由捐助的，每人每月至多納銀洋一角，藉此可以表明南開學生對於社會服務的精神。

(2)青年會　這會已經成立了八年，宗旨是發達德智體羣四育，養成健全的人，在南開各會中算是最有精神的組織，這種「昏天黑地」的社會，有這樣「純潔」的團體，就算是難得的。

(3)新劇團　南開新劇團，是南開師生合組的團體，在京津一帶，向來負有盛名，如同「一念差，」「一元錢，」「新村正」等劇，爲社會中一般人最歡迎的，也可以無形中改良社會的風化。

(4)軍樂會中國音樂會唱歌會，

音樂是陶養人的性情的工具，可以發出審美的觀念，所以這三會在南開學校各種組織中占重要的地位。

(5)童子軍　南開童子軍在今年暑假中成立，全軍分兩團，約七十餘人，這種團體大可以訓練少年人做個完全的「人」，成立雖然沒有很久，但一種進步的精神，令人佩服。

(6)書報販賣團　這團成立祇有兩個月，是南開學校最少數的學生組織的，內容多不完備，但對於南開學校的「文化運動」必能盡點力。

(7)出版部　南開學校的出版部出兩種定期出版物，一種是週刊叫名「校風」一種是半年刊叫名「思潮」，這兩種出版物在從前是糟到極點，—糟糕的緣故，現在暫不說—「校風報」從一百三十四期起大加改良，組織和內容都是煥然一新，同以前的「校風報」來比較，可以說是兩個生命；至於「思潮」本學期的還沒有出版，內容如何，不得而知，從前的「思潮」已經是過去的死物，沒有這多精力來批評。

(8)除了上面七種團體以外，還有許多的組織，都是「有名無實」，既沒有確定的宗旨，又沒有結合的精神，所以不介紹出來，免費了我許多筆墨，

(VIII)入學

(一)程度　投考的學生，以高等小學畢業的為合格，報名的時候，要將程度照程度表詳細填寫，由學校考驗合於某班，就插入某班肄業，程度稍差的，可在補習班補習半年或一年，再升入中學一年級。

(二)註冊　報名的時候，要到學校裏去拿履歷程度表一張，照表詳細填寫，隨同交註冊費一元和四寸最近半身相片一張。

(三)試驗　國文，英文，算學，同各種科學，

(四)願書　學生錄取後，要填寫願書，並要請一位在天津有職業的人做保證人，署名蓋章，繳校存查，

(五)考期　每年在暑假後招考新生一次（約在八月）第二學期又招考新生一次（約在二月）

(附告)今年這學期的考期在二月二十七八兩天，閱者諸君，打算要來南開中學校肄業，請在這日期以前到天津來報名投考。

(IX)用費

（一）學費　全年三十六元，分兩期交納，二月至七月是一期，交十八元。八月至一月是一期交十八元

（二）宿費　全年二十四元，也是分兩期隨同學費交納，每期十二元。

（三）印刷費　每半年半元。

（四　膳費　分三種，如下表，

膳費表

	甲飯廳 甲等	甲飯廳 乙等	乙飯廳
永在校中兩餐者	每月四元七角五分	每月三元四角	每月四元三角二角
除星期日及星期六晚每日在校兩餐者	每月四元一角四分	每月二元九角六分	每月三元七角
除星期及放假外每日一餐者	每月二元〇七分	每月一元四角八分	每月一元七角五分

（五）學生用費　每人每學期的用費普通一百元上下，一年約二百元，但學校也規定每人一學期的用費，詳細開好，寄與家長鑒核，不至毫無把握，至於能遵照實行的，不過少數的人，現在姑且錄下來。

學費　十八元　宿費　十二元　印刷費　五角　早點心費約五元　操衣費約四元（新生須備）

理髮費約一元　沐浴費約二元　洗衣費約一元　會費至多六角　膳費二十五元（乙等膳費約減八元）

筆墨紙張約一元五角　零用約一元　校役賞二角至六角

各班公費約八角　添書費各年級不同

醫藥川資衣服等費在外不計

（六）資助學生費

凡品學兼優貧寒的學生，在中學肄業滿了一年，學校可以資助，就約同保證人呈准學校借予學費，畢業後遵章繳還（另有詳章，茲不贅）。

章君這篇調查本分十段，除了上面九段紀事以外，還有一大段很重要的批評，把南開從前種種違反新趨向的事實，舉了不少。不料這篇稿子放在我這裏沒有半個月，『南開改組』的聲浪就一天高似一天，不久就要見之事實，章君這段批評，簡直沒有發表必要了。我很佩服南開同學改革的精神，也很歡迎南開辦事人的誠意，現在把他們改組的

宣言錄在下面做這篇文章的一個結論。（舜生）

天津南開學校改組宣言

南開學校成立已經十五年了。內部的組織。是由舊日的嚴王兩館脫化而成。所以很多的地方。像一種舊式的家庭學校。校中一切事體總是由校長一人裁決。大家有什麽意見。也是直接向校長交涉。於是一校的進行重責。全在校長一人身上。校長一人的進退。遂關係全校的進行。有人治。沒法治。所謂南開的精神在此處。而積久弊生也在此處。從前人少的時代。這種辦法沒有什麽不可。現在就中學一部分說。已有一千二百多人。大學又新添辦。要沒有一種合乎新趨向的組織。不但人多口雜。易生誤會。而做校長的一人精神。也屬有限。一方面對外忙着籌欵。一方面對內又要總理各事。能力實在是要有時而窮。並且也不能顧及周全。令人人滿意。當着這種時期。校中又經了幾次小變動。於學校進行頗有妨礙。大家的趨向。遂想應當產出一種新組織。去解決這種現象。這個意見。由校長提出。讓南開學校職教員同大學中學學生全體舉出代表來共同討論。校長的意旨是。

這次要改組的近因。確由於校中各種不如意的小問題集合而成。然向深處研究。則由於組織上的不合式。

以前的南開。是一種家族制。由家長一人負責。現在的南開長的這般大。人數這般多。要歸一人處理。實在不容易進行。所以必須向分工負責的方面去改造。

以前的南開。由一人負執行籌畫和受批評的責任。這種起因。是由嚴氏家塾漸漸養成的。現在南開應該變爲社會的「公司」制的學校了。

既要改革促進這個學校。就要請大家共同維持。現在可分兩項來說。

對內。 第一項。大家全知道學校的內情同困難的所在。能互相原諒互相了解。意見就可漸漸一致了。 第二。大家共同定一種組織。滙大家意思於一處。可以互相商榷互相决定。事情就容易進行多了。

對外。 精神物質兩方面的贊助。全要有人負責去做。這種人的限度。不僅是校長。凡是南開的人同南開的好友。全有這種責任。

我對於這次改組的辦法。實在毫無成見。但我自信必定要有這種脫化。（從舊制中產生出新的來）

我現在覺得個人是狠累。所以必定要我一個校長對他負責的地方。並且還要有匯大家意見的機關。我好容易向前進。也可以減輕我一點責任。

如大家有辦法。我不領着大家向前走。算我道德上軟弱。

大家應該知道浮在表面上的。是各種小變動。深在裏頭的。是舊的組織法不適用了。

如果南開在校出校的人。都認南開爲敎育上的機關。一定可以沉心爲南開想一想。謀些建設的方法。爲南開增無窮的進步。而將來的南開也可漸漸向進化方面走去。

就以這幾次小的變象說。大家也都是爲愛南開才這樣做。不過手段的施行。沒能夠找着正當發表意見的地方。我願大家共同設法。謀改組的道兒。努力去做。

大家對校長這種意旨。大體都是贊成。並且經過兩次會議。關於組織上有很多的討論。而京津一帶的出校同學。（爲嚴慈約卞俶成金仲藩梅月涵張信天陶孟和范蓮青等）亦都表示贊成。

現在共同的暫定意見。是我們應有以下的組織。

（一）校董部。（二）基金維持會。（三）名譽贊助員。（四）執行委員會。（五）敎職員評議部。（六）學生評議部。（七）出校同學所機關。

至於職權怎麼規定。章程怎樣產出。手續怎麼辦法。在這種短促的時間。當然不能十分確定。並且在校的意見是如此。校董同出校的南開份子南開的好友意見如何。尙須徵求。所以必須先審愼的考察討論。才能有個全局的規定。總起來說。南開這次改組。完全是一個謀進步的打算。在這種實行『公開』和『Democracy』的精神裏要產生有統系有秩序的新組織。努力向建設道上走。結果如何。現在很難卜定。不過我們希望校外的同人和南開的好友。快快對南開的改造給些建議。又恐怕大家不明眞相。就用南開學校的名義作了這個宣言。

原文見一月十二時事新報

社會批評

中等社會的聯合問題

李貴誠

今日世界中等社會的現狀

從十九世紀以來，物價一天貴似一天，生活程度愈高，人生感生活難的苦痛愈形迫切，想維持現狀很不容易，中等社會的情形更覺可憐，所謂中等社會，指一般有中等利益關係的說，如靠租金恃小資本得月薪年俸的，都在裏頭。

生活高昂，影響及於社會全體，何以中等社會的情形覺得更可憐呢？因為資本家勞働家有健全的聯合，利益和工資，隨物價平行，東西貴些，利益工資也高了不少。因此他們的生活苦痛，比較的少得多，獨有中等新會的經濟狀況，常不能隨物價俱進，租金如故，薪俸也不見添加，日用所需乃倍蓰於前，歐戰開始的時候，物價就貴一倍，戰禍延長五年，價格又漲一倍，譬如日常用的粗布一項，戰前八九十文一尺，目下非二三百文不辦，進款同數年前差不多，出款頓加倍數，想保持現狀，怎樣能做得到？不能保持現狀，自然不能安寧，所以中等社會的聯合運動，好像驚濤駭浪，湧現出來，東歐南美日本各處皆然，本年美國有書記會及大學教授會之成立，謀增加薪金，維持生活現狀，不過這些聯合，還是中等社會一部份的行動，不足招人注意，直到去年四月間，英國中等社會聯合會告成立，世人始不敢忽視。

英國中等社會運動，較別的地方更形緊急，去年四月，中等社會聯合會成立開幕時，會長宣言：我們組織的要素，在保護社會一般人的經濟上及政治上種種利益，……我們有組織，將來就可成國中最大勢力，一面不怕工黨及資本家的壓迫，一面還足以控制政府的專橫，謀社會正當公平的待遇，換言之，就是保障我們的生活權，叫他一點不受侵犯。聯合會正式宣言書中又申明：政治上經濟上有三大派別，第一是資本家，第二是勞働家，在這兩個中間，有中等社會，資本勞働兩界，組織很完美，只有中等社會缺乏組織，所受損失極大，中等社會裏有用腦的商人，事務家，以及恃積蓄度生的，他們間或有小團體，保障各個小範圍內的利益，但一旦涉及政治經濟問題，效力就伸不出去，我們有鑒於此，不得已組織中等社會聯合會，意在溶合各種缺乏組織的中等社會，為強有力的組合，保障我們的一切權利，我們深信此種組織的存在，能於政治上經濟上佔優越勢力，來調劑一切『不平』，他們的會綱載有四條具體的宗旨；

(I)增進社會各方面的互相了解，並求國稅之平均分配。

(2)掃除中等社會不公允的擔負，並取聯合行動，以抵制法律及工業的壓迫。

(3)監視立法行政，並冀修正關於中等社會的法律。

(4)會中份子的利益問題，影響中等社會全體的，當擁護之，並得於必要時，採合法行動。

我國中等社會應該怎樣？

我介紹右邊的新消息，含兩種用意，(1)顯明世界最近的潮流，於資本勞働二樣勢力之外，發現第三者的新勢力；必促進我國中等社會的覺悟，明白我們的責任，及其發展的可能。

我國工藝不發達，中等社會直接受資本家勞働家的影響，自然不很顯著，然而中等社會生活困難情形，已昭然若揭，無容諱言，我們各人試回想各地方的情形，那一處不覺生活困難，所以然的原因，勢力很複雜，不是短篇可以述得了的，但就我個人觀察；中國雖沒有資本家的把持，及壓迫，確有一種更利害的勢力存在，這個勢力，我無以名之，名之曰黑暗勢力。舉凡軍人政客及紳士等，都是這勢力範圍中的活動份子，近年來各項租稅日見增加，印花地契等等，數不勝數，那有一項不是政客的詭謀官僚的法術，人民對國家負納稅的義務，別應該怨懟，不過歐美各國租稅是用為人民謀福利安寧的，人民有形中納稅，無形中仍取償，我國就大不同，各項租稅太半供政客武人的揮霍，並殘害人民的；再者各縣有各縣的紳士把持一切，緊緊的剝奪人民財產權利，出租稅的中產家，被此輩剝削更深，一縣如此，一省也不相上下，例如湖南教育經費，開頭減成發放，漸至五折四折以至於一文不發，教育界人怎樣能過活？黑暗勢力活動到這般田地，何等可怕，又如日前北京教職員因薪金及其他問題，全行罷課，何嘗不是高壓力的反動，凡此種種，俱是證明中等社會受黑暗勢力壓迫已達極點，生活上呈現極苦痛的現象，我們想免除此種勢力，保全當享的權利，除採中等社會聯合運動，沒有別的法子，合則强，分則弱的道理，已經很明白，歐美各種組織勢力之偉大，諒必為吾人所洞鑒，我們脫離苦痛，就該這樣做去，聯合中等社會成一個大團體，同黑暗勢力宣戰，來擁衛吾人正當的權利，那就不怕了。

以上就保守着想，中等社會的聯合的必要，殆無疑義，以下再就進取上立論，用明中等社會聯合的價值。

(1)指導勞働社會　我國工業雖不甚發達，勞働者的人數却佔全國人民的大部份，他們的生活更苦不堪言，勞働界應得有組織，提倡的很不乏人，只是空論的多，實行的少，知識界—中等社會佔知識界的大部分—自身就缺乏組織，不勉己而欲勉人，怎樣能做得到？但若自己先有結合，那到容易辦了，一面給勞働界一個好榜樣，一面在能實地的幫助他們。

(2)協助羣衆運動　歷屢次經驗及觀察世界大勢，我們深信羣衆運動有好許勢力及價值，不過中國的羣衆運動，尚缺充分發展，五四運動，只學生一部份的活動，其餘如教職員新聞事業的及各項事務家等俱未加入，他們何嘗不想一致行動，徒以平時少結合，一旦有事，聯合頗不易，但若事前多聯絡，臨事定能指揮如意，如身之使臂，臂之使指，一點窒礙也沒有。

(3)監督政府　政府所以專橫，腐敗，賣國，政府自身當然負責任，但是人民放棄責任，讓他們賣國；就沒有責任嗎？我且舉個例說明，這次和平會議，我國完全失敗，失敗的原因很多，但其中最大原因之一；就在中國政府經軍事協定高徐濟順鐵路換文等等甘心斷送許多權利，我們的代表提起抗議，他們就說你們政府業已默認了，何必再爭執，如果代表申言政府斷送權利，人民並不贊成，他們一定要問，你們人民既不滿意現政府，爲什麼人民不操正當的行動，去對付政府呢？所以我們的代表就理屈辭窮，不敢再爭辯，照這樣看來，此次外交失敗，仍然是人民過失，人民當負完全責任，人民之所以缺乏正當的方法去對付政府的賣國行動，根本錯誤，就在缺乏實力，缺乏聯合，專在紙上做工夫，上請願書，打電報，試問麻木的政客武人，幾個電報就打得動心的嗎？要曉得世界上的事，沒實力做後盾，總不行的，有實力，無論政府壞到怎樣地步，總可以對付的，譬如日耳曼北部勞農政府專制横暴，中級社會聯合起來，一致罷工，不論教職員新聞記者書記工程師等，都聯成一氣，來反抗政府，政府就居然被他們推翻了，這不是我們的好模範嗎？我們中等社會合成一氣，難道不及他們嗎？難道再會踏以前失敗的覆轍嗎？

總結起來，我們中國的中等社會，要保守的擁護自身的權利，及安甯，進取的爲社會國家世界全體謀幸福，免蹈以前失敗的覆轍，當趕緊採強有力的手段，組織強有力的聯合，謀強有力的行動。

閱者諸君，這個問題是很複雜的，甚願大家討論，尋出最好的方法去做去。至於怎樣聯合的法子，我也沒如何的把握，我且把所有的一些意思再紀載在後面；

(1)中等社會聯合運動當先從小範圍下手，譬如新聞記者先團結一氣，教職員先行聯絡，事務家等等又各自結合，然後全國再總聯合起來，如此做去，方有實力，不至蹈全國各界聯合會那樣的空名，

(2)份子純正，萬不宜讓政客等冒名加入，方不至爲他們所利用，

讀書錄

洛士的羣衆心理

謝承訓

羣衆運動，是觸目驚心的現象，也是惹人興味的現象。就具體看，他不過是一羣打抱不平的人。就抽象看，他卻是無形無聲的社會力。具體的人可以用軍警壓倒，抽象的力什麼也阻擋不住。氣勢盛行的時候，好像虎列拉似的，不問智者愚者，賢者不肖者，都要被他轉到這個漩渦裏。所以現在羣衆呼聲，全球響應，罷工風

潮，這國未息，那國又起，世界沒有一年度一個平風靜浪的生活。就是東方最好靜的中國民族，也爲這潮流所掩，不能和他抵抗。由此可見羣衆是今日各國不可輕視的結合。要了解他的眞像，明白他的究竟，理會他的趨向，預測他的結果，不可不研究他的心理。

這篇是根據美國洛士 Ross 的社會心理學一書前五章。洛士是一位社會學家。他的立論，注重社會的觀察，少心理的解說。這也是他的長處。

羣衆與公衆的區別

羣衆與公衆，不特有量的區別，且有性的差異。感情超過智識的度數高，是羣衆的表示。感情超過智識的度數低，是公衆的表示。這是量的區別。羣衆的刺戟，賴語言姿勢傳達。公衆的衝動，靠報紙傳單鼓勵。換句說，羣衆是偏於形式的結合，公衆是偏於精神的結合。這是性的差異。用這一次學潮來講，五四對待曹張的北京學生，便是羣衆，後來取一致行動的全國平民，便是公衆。洛士說，

在一定時期內，個人只能爲一羣衆的社員，但可以爲數公

衆的分子若是數公衆的主張不是一致，分子的感情就可以冷淡些。羣衆的運命，全在一兩個首領掌握中。公衆的成敗，視各報館主筆爲轉移。總之，公衆心理雖與羣衆的相似，但比較的不失常態。

所以公衆比羣衆容易待遇，公衆心理比羣衆心理容易研究。

羣衆的特徵

（一）個性消失　談羣衆者，對於這一點，各有各的見解。法國呂邦 Le Bon 說，『組成了羣衆的時候，各個人的個性，通通消滅。他們要是孤單一個人所感所想，所行，是照着各別的態度方法，到成了羣衆，這種個性決不發生。』（從胡漢民譯）這樣看來，羣衆豈不是完全無意識？無意識的羣衆，終必釀成出軌的行爲，萬難計畫步步有秩序的舉動。拿這次各地罷學，罷工，罷市風潮來證，確不盡然如此。所以說各個人個性通通消滅，未免過火。到不如美國海士 Hayes 說的較爲妥當。海士說，『羣衆所發的思想，感情，足能吸引個人的注意，支配個人的語言行爲，縱與平日中和時 Balanced Moment 所持的態度絕對相反，也所不顧。所以羣衆裏個人的個性，不是完全的，至少也有一部分消滅。』

洛士也很贊成這一說，但他所描寫的，比較上精緻的多。他以爲羣衆精神上的主要原素，就是暗示 Suggestion。暗示是有重速積 Momentum 的力。凡腦經簡單的，意志萎靡的，一遇到他，便隨着他轉，好像草遇着風似的。至於智力強壯的，意志堅決的，雖可以和他一抗，也難保護完全有意識的『我』。所以個性消失到何度數爲止？視個人心的抵抗力強弱爲定。他說，

羣衆大概有兩種分子，一是發暗示的，一是受暗示的。抵抗力較強的，可以批評暗示，可以稱贊暗示，也可以對於不合己見的暗示發出反動。抵抗力較弱的，任聽他人指揮，所行所爲，有時與自己眞正的願望大相背馳。一般興高采烈的，激昂慷慨的，固執己見，少應外界的印象。別人對於他們所發的暗示，不受則已，一受便盡力代爲傳達。所以羣衆常有急進派勝過穩健派的趨向。

受暗示分子的個性消失，固不必說，卽發暗示分子的個性，也不能完全保持。因爲個人的智力，在羣衆裏總要減少一點，任你怎樣強悍，任你怎樣固執，決不能擯棄一切的暗示。所以洛士又說，『連我們平常做事的決心，也不是完全是我們自己的，却廦加

了許多別人的暗示』暗示是動力。暗示是社會的動力。能左右羣衆，能支配個人的個性。

（二）定性消失　羣衆的定性，是各個人定性的和數。各個人的定性，靠各個人的經驗來維持。所以羣衆的定性，也賴各個人的經驗來均衡。外界的刺戟，合起過去的經驗，才能產出合理的，有條不紊的行動來。但羣衆裏個人，大多數不問以前的事實，專應刺戟的要求，塡衝動的欲望，所行所爲，反射運動居多，沒有一定的趨向。時或勇敢百倍，時或畏首畏尾。喜便恭維首領，怒便詈罵黨魁。今日崇拜的偶像，明日就可以打破。朝秦暮楚，反復無常。這種情況，凡研究社會心理者，沒有不承認的。不過洛士對於爲什麼有這種情況的解說，與別人的有點不同。他說，

注意的度數愈強，意識集注的時期愈短。羣衆遇事發生，注意的度數非常之高。加之飢寒困倦，更足以渙散注意。注意散漫，羣衆就不能支持。對於後來的刺戟，也不能回應。

這是心理的解釋，與暗示常變的原因，並無衝突。可見得羣衆定性何以消失的道理，不是簡單的，却是複雜的。

（三）不道德的行爲　呂邦因爲法國革命時有許多羣衆的不法行爲，所以不贊成羣衆運動。而對於這一個特徵，反有異議。他說『一身利害，可算是單獨的個人行爲的唯一動機，移到羣衆上，却不能做有力的動機。……雖係有名的惡人，在羣衆中也能守嚴正的道德訓條。極放縱卑劣的人，在集會席上也有君子之風。』（從胡漢民譯）洛士雖承認這樣的美質，但他認定這不是道德。他說，

羣衆是感情用事。感情固然有些是道德的，但正當的行爲，定要經幾番思索。羣衆的頭腦，大概都上了點悶藥，不能精密的思索。那里有眞正的道德感情熱的時候，往往不能自制。

既然承認羣衆的美質，又說他是不道德，好像有點矛盾。其實不然。照人類道德的發達史看來，第一步是本能的道德，Instinctive Morality 第二步是風俗的道德，Customarity Morality 第三步是理性的道德。Rational Morality 所謂美質的，指本能的道德而言。所謂不道德的，指不是理性的道德而言。我們現在所需要的，不是本能的道德。所以認定羣衆是不道德的。洛士雖沒有這樣分出來，他的正當行爲的定義，卻含有這

個意思。

（四）破壞的傾向　羣衆的力偏於破壞。若是有人在羣衆中叫打賣國賊，個個都來磨拳擦掌。若要問打過以後怎樣？那就難解決了。所以洛士說，

要求羣衆否認一件事，比要求羣衆承認一件事，容易得多。羣衆可以推翻專制，而不能建設共和。可以打倒社會的惡魔，而不能謀公共的利益。

呂邦形容的頂妙了。他說『羣衆的動作，好像黴菌在屍首裏的動作一樣。』只能破壞，不能建設。

我們平常都以爲羣衆雖有點可怕，若是得人指導，未必不能建大功成大業。其實這句話並無把握。洛士說，

凡聲音宏亮的，說言激烈的，疾足先登的，出人頭地的人物，都是羣衆極表歡迎的，都是羣衆屬望的領首。

得人不得人總難改變羣衆破壞的傾向。那麼中國現在黑暗的社會，惡魔充滿的社會，要不要倚藏着破壞力的羣衆來給他一個快人心的打擊？洛士說『羣衆可以推翻專制。』請問中國的專制，眞正的推翻沒有？如其沒有，不妨用他來一試。洛士又說『羣衆可以打倒社會的惡魔。』請問中國社會的惡魔，容易不容易打倒？如其不易，不妨用他試一試。呂邦說『羣衆的動作，好像黴菌在屍首裏的動作一樣。』屍首腐爛，越快越妙，少讓他把清爽的空氣弄的人家不能呼吸。但是有人要問『破壞以後怎樣』？我以爲這不必多慮。因爲各種破壞，都帶着建設的可能，都能叫出建設，迫出建設。例如抵制日貨，是破壞的，但要供給生活的要求，國內不得不自設工廠。現在工廠繼續成立，就是破壞叫出來的，迫出來的。況且中國人有一種『平時不燒香，臨時抱佛脚，』的心理。病不到不能吃飯的時候，是不請醫生的。破壞就是不能吃飯的病，正可以促進建設，使建設早日實現。這雖是不經濟的方法，但在中國現在的時代，我以爲可以試試看。

羣衆心理的表示

洛士把羣衆心理的表示概分爲兩種，（一）狂，Craze（二）迷。Fad 這兩個名詞的意義，與通常用的不同。他曾下了一個界說。就是

許多能互通的個人，由暗示和模仿生出無理性一致的興趣，感情，意思，同事業。

這兩種心理表示的區別，是以奮興劑爲標準。奮興劑若是好新心，便是迷。若不是好新心，便是狂。外侮的刺戟，名人的暗殺，銀行的破產，地球的震動，都是狂的起點。新輸入的學術，新發明的用品，都是迷的起點。現分說於下。

狂　美歐各國的歷史，記載宗敎上的狂，不一而見，以軍子十字軍，婦女十字軍爲最盛。十歲左右的童子，往往毀窗破戶，捨身的要出來，把父母的話當作耳邊風似的。一般婦女，終日祈禱。有時亭立雨下，聲色不變。洛士考察以往的事實，注意當時的景况，作以下的定律。

(a)狂是慢慢的醞釀出來的，不是一時的現象。

(b)流傳越廣，智識階級加入的越多。

c)狂度越高，所信的命題，或所行的事業，越無道理——鋸屑製成可貴的木片，鉛裏頭化出銀質，發明永不息的車輪，都是十八世紀的狂。

(d)狂度越高，由狂本體發出的反動力越烈。——兩種宗敎勢力競爭的反動力，常常把宗敎的眞美失掉。

(e)常有不同性的狂，繼續起來。

(f)動的社會比因襲的社會容易發狂。——我們平常都以爲打破風俗的束縛，就可以發展我們個人的個性，就可以從風俗裏解放出來，其實不然。在動的社會裏，固然不受風俗的牢籠，但脫不了羣衆的傳染。智力減少，個性消失，仍不能完全的發展。但動的社會，實在有進步，或者這就是安慰我們染精神病的定心丸。

(g)無階級的社會，容易發狂，因爲各個人互表同情，不難取一致的行動。

迷　迷與改良不同，改良在意識上可以持久，而迷不能。今日風靡各地，明日雲散烟消，便是迷的現象。迷雖不能持久，但他的傳染力很大。當浪頭湧來的時候，連思想精密的，也難跳出圈外。所以世界上常有哲學的迷，文學的迷，發現出來。最好笑的，就是衞生的迷，醫藥的迷。今天有某名醫說雞子最富滋養料，於是大家早餐都吃雞子。明天有某名醫說開水最合衞生，於是大家都以爲茶阻消化。藥房標一塊新發明一種萬應如意油的招牌，於是大家都來買一瓶，頭痛也擦擦，脚癢也摩摩。現在中國革新的狀况，確免不掉這種『食新不化』的迷。

結論

洛士說『有組織的社會，不可以不預防羣衆。』中國現在的社會，我認爲無組織的，閒居無事的少爺乘肥馬衣輕裘過的不亦樂乎。手足胼胝的苦力食不飽衣不煖過的窮斯濫矣。這是什麼組織！所以我謂羣衆是打抱不平的結合，在現在的時候，很可以鼓吹。固不能讓他放縱，也不必預先防禦，只要普及高等教育，使個人的智、情、意，均衡的發展罷了。

地方調查

陝西

楊鐘健

陝西省近幾年的情形，若非是山東福建兩個大問題佔據了大家的注意，恐怕也是我們最關心的一個方面。朋友楊鐘健君陝西省人，他平素最留意社會狀況，他去年放假回籍，親眼看到許多事實，記出了一大本日記。這是實錄，很有價值的材料，所以我勸他整理出來，給我們的少年世界月刊裏地方調查欄中發表。

他的原稿很長，分作七節，曰教育，商務，實業，婦女界狀況，家庭狀況，勞動界狀況，社會雜識等。本刊篇幅有限，一期萬難全數登出，祇好陸續發表了。（彥之）

(1) 教育

陝西的教育，說來令人傷感！陝西地處西陲，交通不便，文化本來不甚發達。所以我國興學雖然幾十年了；陝西地面，却還是腐臭不堪的，教育莫有絲毫的發展。惟有辛亥革命後，六七個月，有個三秦公學和西北大學，雖然不算完善，還是一時的出類拔粹的。以後陸建章陳樹藩等佔據了陝西，就年年兵事，兩個學校都上了門；其他更無教育可言了。

兵事方殷的時候，說不上教育，還到罷了。何以陳樹藩做了二三年的督軍，也還是仍舊貫呢？非惟仍舊貫，且一天退步似一天呢？記得民國五六年時，陝西出外升學的學生，每年總有一二百人，近年來竟一年一年的少了。諸位莫說說陳是督軍，不管教育。須知他也兼了近二年的省長，就是未兼的時候，像那不得自由的李根源，一毛不拔的劉鎮華，省長權也在他掌握之內。教育不振，陳絕逃不了罪的。

我今年在省上只住了十多天，於教育上的詳細情形，未能知道。但就表面看去，差不多是無教育的狀態。省立第一師範學校，是劉鎮華的軍醫院住着。第一中學校，聽說也駐了一年多兵。一個小小第三中學校，做了第一中學，第三中學，公共的校場。而且內邊荒草滿地，閴無人跡。走進去不看招牌，如進了古廟一般。這第三中學校是我的母校，我這一感觸；想起從前在省情況，這學校雖不完善，尚不至此；眞是令人生了今昔之感了！

有教育上奇怪的事情；就是鳳翔設的第二中學和同州設的第二師範因兵匪關係，絕意停辦。但本年應畢業的學生，叫到省城教育廳內舉行畢業考試。眞是大笑話了！聽說郭教育廳長每天還給這般學生們講五經呢，眞熱心啊！

陝西現任的教育廳長，名叫「郭希仁」。辛亥革命時，很有功勞。陝人對他也很敬重。因他當時是張鳳翽的頭一個軍師。所以有人送他個綽號叫「郭丞相」。不知後來怎麼一天一天的委靡下去，簡直做了陳樹藩的部下了！我也不知當初推翻專制的雄心，發展民治的奢望；都跑到那兒去了！如今閑文不表，單說這位郭先生旣然做了教育廳長，就應該安着本分，用點精力，把這不堪過目的教育，慢慢的整理起來。誰知他一點也不管事。你道他幹甚麼呢？他原來身入宦海，心馳隱門了！一天談佛理，寫佛經，讀古文，講聖道；職務忙個不了，那裏有心及其他的俗事呢？某日我在教育廳，見他和僚屬叠理左傳唉！教育百端待理的時候，難得他這麼消閒自在！

這位郭先生所兼的事情很多，最重要的如；水利局局長，林務專員，督軍署諮議，省長署顧問，紅十字會陝西分會會長……。他雖然這麼多的事，他個人依然還是非常消閒。有人問他爲何這樣不負責任呢？他總是慢慢的回道「知幾……」。可惜「知幾」兩字把這位先生誤了！他給人寫字，總是寫杜工部的蜀丞相祠一首。所以有人套了這首詩送他，因他本有郭丞相的綽號。這首詩省城內外能誦的人很多，我且抄在下面．也可代表一般民意了！

丞相祠堂何處尋？教育廳中務森林。（因林務局設在教育廳內，他是局長。）田多水少本無利，（水利局也設在內邊，但都不作事情）會少人來強教音。（他又設了一個什麼字音會，學的人很少）三事一身難兼顧，（這是從前的話，其實現在不止三事了）兩員諸顧老臣心。（諸議員，顧問員）禁烟坐辦今安在？（他從前做過禁烟坐辦，禁烟最力，屈死寃魂淚滿襟！（他禁烟時殺了好些百姓，到也很有成效。不料陳氏今年大開烟禁，却不見他半個不字，故有此語。）

我把郭先生的私事，說來好多，似與題無關。但想陝西教育，固然被惡暴督軍摧殘不堪，又加了這個識大體而知幾，明哲保身的教育廳長，更是莫有一綫的希望了！所以今年省城的學校，除了法政專門和成德中學（陳氏私立的。）兩個學校以外，莫有一個招收新生的。若問他們的理由，都說是經費不足，只有維持現狀。唉！學校一不招生，好像機器停了機了，還想活動嗎？若說沒有錢辦教育，不知那裏來的錢打仗呢？收的烟稅，借的日欵，都用在那裏呢？

因省城各學校不招生的原故，便生了陝西教育界一個問題。原來今年北京武昌各地國立高等師範學校陝西學生畢業的，共有八位。這八位回陝以後，便向郭廳長呈一呈文，大意說：「陝西教育，非常幼稚，急待整頓。生等既為國家官費供給，又蒙省中年給津貼，自應來省投效，盡點義務。……」今年既不招生，又因上年各校教員薪水未發，郭曾聲明不更易位置。因此這八位很難安插！過了好多日子，他下了一個批文，文章很長，我不記得，惟末了有個「碍難照准」的字樣。當時莫不做笑話談。後聞許多畢業的，多有意到外省去。唉！教育還望起色嗎？

我到省時，正是放暑假的時候。各校學生十九回家；未能與他們常常接談，藉知教育的詳細和教授管理的眞象，眞是一個憾事。但當時有個助醫學校，還沒放假。內有一位學生，從前與我相識。我便想他告訴我一切的情況，誰知他竟和我一樣，什麼多不知道。最可笑的，他劈頭問我道；「聽說這次學生鬧了事，到底為些什麼？」我聽了好不奇怪，只得答道；「是為青島問題失敗的原故。」他又問：「這青島問題是怎的失敗？」我便把大略情形說給他聽。免不了提到歐戰。他又問；「歐洲幾時打仗？為些甚麼？」我當時對于這位，很是失望。這等話怕連京滬一帶的洋車夫，還說不出；難得他還問我。我一時忙得很，只得答他：「我一時說不了許多，請你常常看看報紙罷！」助醫學校學生入學的，差不多都是中學二三年級的程度。誰知他對於世界的大勢，中國的近事，竟一毫不知。照這樣辦教育，教育的目的在那裏呢？

以上說的，大半是中等敎育。說到通俗敎育，更可憐了！方方四十里一個大省城，沒有一個公共閱報所。惟有陝西圖書館內，有個閱報所，還充滿了貴族的意味。勞動的人，商人，工人……都不容易進去看的。我因此記得元二年間，省城有覺社，有平民生計會……都努力從事通俗敎育，設的通俗敎育機關很多。誰知後來先後都受了革命的嫌疑，被封禁了。因此陝西大部分人，不但沒有受通俗敎育的機會；就連社會上國家上一切事情，都不知道，如在夢中一般。若從此下去，不想法子，任你外省文化運動怎樣的急進，他們却一點也不知道。我很希望有心人想個法子，救濟這般爲時勢地位所迫，而在夢中的平民！

說到女子敎育，更是難言了！全省只有一個省立女子師範學校。預科以上的學生，不過數十人。其餘的都是小學學生。這個學校，在陝西到是老牌學校。光緒時候，就成立了。可是他的進步，實在配不上年齡。獨有呂調元長陝時，極力提倡整頓了一番。表面看來，到是很有起色。以後呂走了，陳就來了，於是起色的學校，忽然減色。後來省城做了幾次戰場，學生更是少了！近來又因經費不足的原故，只可維持現狀罷了！至關於女子方面的事，涉及敎育的很多，我留待後邊婦女方面章內表出。此刻只說那學校的大略。

除了這中等敎育的女子師範學校而外，省上無人不知的，就是「女子模範學校」。是高小國民合辦的，到很有起色。不過敎育方針，老點罷了！至於各縣的女學，辦過的本也不多。兼之年年兵匪，所以開張而又閉門的，又佔去了大半。此刻存在的，就我所知，只有華縣的女子學校。辦了差不多六七年了，很有進步。不過受了社會上種種不良環境的支配，也沒有多大的起色。真真可惜！

陝西女子敎育不進步的原因，我很可說說。大半陝西人辦女學，對於敎育管理的人，不問他的學問和經驗怎麼樣；先問他們的年紀。年齡大的，便可令辦女學了！換句話說，辦女學頂重要的資格，就是嘴上要有鬍子。唉！只這資格，能望女子敎育有進步嗎？

我把陝西敎育的現狀，說了差不多好幾千字，本想擱筆了！可是忘了說各縣的小學情形。但我所以沒說的原故，因我這次回陝過的地方，只從潼關到家，由家又到省城，不過三百里路的地方。其他我既未親見，何能提筆胡說。至我所過的地方，到可大略談談。不過能否代表陝西各地的小學教育近況，還是疑問。臨渭二華一帶的國民學校很是不少但於教授上都不甚講究。甚且許多地方，把五經當敎科書念，眞是奇聞了！高等小學的數目，他縣我不知道，就華縣說，共有三個，學生總數，不到三百人。華縣是陝西近年來受災最輕而一般人目為敎育發達的地，人口約十六七萬，僅僅二百多高小生。這小學敎育普通的程度，可以看見。而全省各地，更可想見了！這三個之中，一個在高原上，是私立的，學生只二三十人。一個是縣立的，在縣城外，有學生約百人。至城內的小學，是縣敎育會附設的，也是私立的，學生約百人。辦的人也很盡心，可惜敎育方法，總差點罷了！

陝西敎育，受軍匪和惡官吏的影響，不能進步，固然是一個大原因。可是熱心敎育的人，也很不少；可惜沒有受新文化的洗禮，就新的眼光看來，總有不滿人意的地方。所以我對陝西敎育的希望，不但望敎育發展，剷除他的阻力，並且敎育方針方法，都要改變的。否則就是敎育普及，也不過「山西式」的敎育罷了！我因此只有盼陝西先覺的人，和有心的人，快快謀陝西敎育的進步，快快求陝西敎育的改良！

陝西敎育不發達，最大的原因，是學生不用功嗎？不是。敎員不盡心嗎？不是。然則是甚麼呢？哼！這個極大的障碍物，也不是學生不用功，也不是敎員不盡心，偏偏出在那敎育最高機關的『復古敎育廳』。這話是怎麼說呢？

陝西敎育廳是去年成立的，廳長賈某因為督軍反對，沒有到任，由本省臨潼人郭希仁代理。郭氏在前清諮議局充過長，與民黨鉅子富平井勿幕相友善，組織同盟會，連絡秦中志士，推翻滿清。於民國亦甚有功。辛亥後供職都督府，『運籌帷幄』『屢操勝算』，當時有『郭丞相』的徽號，功績也就可知了。迨陸建章督陝，郭氏有歐洲之遊，中途遭母喪，未克遂其遠志。迨陳樹藩逐陸後，郭氏被任為禁烟督辦，當時在西路槍斃了許多人，惹起一般人的非難。後來兼敎育會長，旋又被推為什麼農務專員，什麼水利局長，去年又任敎育廳長，——去年代理，今年正式。水利局，農務專員辦公處，均附在敎育會內，敎育廳成立，也就在一塊兒。因此陝人把敎育廳叫『四合公』把郭氏叫四合公的掌櫃的。除此而外，尚有什麼國學會啦，體育會啦，英文夜學啦，一個敎育廳門口點綴的實在好看。郭氏一身兼了七八個會長，但兼職也不算什麽，北京各衙門的人那個不是兼職呢。教育會原先每禮拜郭氏請名人講演科學，或郭氏自講古學。現在因各種關係和困難早已『停止交易』了。體育會也照例辦理，但不過敷衍敷衍罷了。今年請了個北京高等師範體育專科畢業生作督辦，將來或可發達。英文夜學也還將就。這國學會也很有可以詳說的價值，請看下面；

郭氏是個理學先生，很關心古學的，常痛『斯道之將亡』，所以就發起了個國學會，專講『小學』『說文』『孝經』等書，學生頗不少。郭氏又著了一本說文—尚未付印。記者沒有研究過說文，對於他那本書實在不敢評判。古人常云『上有好者，下必有甚焉』，郭氏既有這種行爲，於是各縣的高等小學全加上『經書』，初等小學你就不用問了。諸位想想，這種事情是不是文化發達的障碍？是不是教育界的怪象呢？這種阻礙文化的罪，郭氏實尸其咎。所以我就叫他『復古教育廳』。諸位以爲如何呢？當去年各校停課的時候，郭氏『大興土木』，把那『道貫古今』的『孔公館』，大大的修理了一次，作他『尊孔』的表示。聽說也花了好幾千，這欵雖然不是公家的，—由各處募的，郭氏自捐兩月薪水。咳！何不一借來作教育經費呢？

右稿見北京晨報西安特約通信，裏邊所說，有和楊君所記互相發明的地方，做附錄於此，以爲印證。此稿並曾以質之楊君，亦與事實不差。　（彥之）

（II）商務

陝西商業自來不甚發達，這是地域的關係，原不關乎時局的。但自近年以來，商務上原有情況，竟大不如前了。我初由京回陝，進了潼關，直到華縣，沿途市鎮，無非幾家賣飯賣茶和賣雜貨的小店，除無商務可說，並且許多鋪號的房屋都經軍隊佔過，或仍駐的軍隊；商人逃走一空，貨物都被軍匪刼去。鋪內的木器門窗，都成了軍人的燃料。只有些破房殘牆存在，供過路人的嘆息罷了！這只可算過去商務的遺跡，那裏夠說商務呢？

西安是陝西商務中心，想來自然較別的地方強些。但據我進省觀察，所強的不過比外縣多幾家日本貨店照像館西藥店罷了！其一般困苦情形，甚或比他地更甚，只是啞子吃黃蓮，有苦自受罷了！

至於陝西商務凋殘的主因，可分三層，說明於後：

(一)運輸不便　陝西商務不能發達的主因，就是交通不便。但在從前交通雖然不便，尚有車騾運送，不至十分困難。及到軍與以後，車騾等都被軍隊強用武力奪去，貨物的運輸，更困難了！只有靠人力般運，脚價自然很貴。所以陝西商務不發達的原因，首由運輸不便，也是受了軍人之賜的！

(二)銷路不廣　這也是受了軍匪的影響！因為戎馬倉皇，百姓逃難還怕來不及，那有閑工夫和高興去買東西使用呢？

(三)負擔太重　貨物的運輸不便，銷路的不廣，商務就不堪言了！又加上官家的苛稅勒捐，商務能不凋殘嗎？所以許多商人看了這般情形，早已改業他圖了；可惜不可惜呢？

陝西商務不能發達，固然由於上說幾個原因，但平心想來，一般商人的常識，也太難了！他們的眼光，比老鼠還近，只知尋利；不知其他。毫沒有一點共同互助的精神，和國家社會的觀念。即如這次五四運動以後，各省商界於外交失敗無不異常憤慨，所以抵制日貨很得商界的贊同和援助。可是陝西商人，如同未聞一般。即有聽人說了，也都漠不相關似的，又有存有日貨的，聽他們論調，多說：「天保佑！老天保佑！……這樣事可莫到陝西來！」唉！這話還值得一笑嗎？

尤可笑的，別地的商舖，因抵制日貨而日貨非常便宜；甚且焚毀了，以示他們抵制的決心。陝西商人，竟因抵制日貨，日貨的價反抬高了！某天我見一商人便問他道：「近來抵制日貨很有成效；你們的日貨為何不燒反買，不便宜反大貴呢？」他說：「本錢已去，豈能毀棄？且若抵制成功，這貨便莫了來路，更希罕了；如何不抬高價錢呢？」這幾句話很可代表一般商人的心理。他們的生活思想，只怕還在前幾世紀呵！

省城內市面上的狀況，却很流通。這是由陳樹藩今年私種鴉片，收的烟款不下千萬。聽說種烟一畝，須納紋銀六兩六錢多，或且銀元十個。陳氏勢力到的地方，每村都不下數十畝，何況一縣一省呢？所以省內新發行的紙幣，很著信用。可是一出省城，便成廢紙。鄉下人受苛稅，城裏人享幸福；只苦了小百姓了！

說起紙幣，還有一事可記的，是省城新發行的紙幣，形式非常奇怪。最惹人注意的，就是背面印了方方二寸多大的一塊省長大印，在他們的意思，想是為昭信用。殊不知這樣鬧法，老實可笑。尤可證明陝西一切的事情，人民莫有本事，全靠官力武力的！

陳樹藩個人，在陝西省城金融上也很有勢力。他有個銀號名叫「通惠錢局」。發行的紙幣也很不少，幾乎與富秦錢局，秦豐銀行，並駕齊驅起來。總而言之這些錢局，實際上和陳氏個人的一樣；不過通惠錢局名義上是他的罷了！

省城的書業說來非常可嘆。南院門一帶雖有許多書鋪，門口擺的，不過幾付字帖，和幾部腐臭不堪有傷風化的小說罷了！惟有中華書局和商務印書館陝西分館，尚有可觀。但可閱的書也不多見，而且定的又很貴。說起他們的扣價法來，非常巧妙。如京滬一帶通用大洋一元，七扣時扣成七毛，在西安却扣成七錢銀子了！其實七錢銀子和一元的價值是二而一的。若再八扣九扣那更貴不堪言了！這是文化運動阻力的一種，很望有法子改良。

至他一切貨物的價格，外來的呢，當然因交通不便很貴的了！卽本地出產的，也不十分便宜。就照平常日用的東西說罷；一斤乾柴，也買二三十個銅錢。一束麥桿，也買十幾個銅錢。米麵調料，都非常的貴。我因居省不久，樣樣未曾調查。但就耳聽的幾層推測，陝西人民生計雖苦，生活程度總算很高的了。唉！怕不是一種好現象罷！

（未完）

建設

—第二卷第一號—

—要目請注意—

定價

—每月一冊三角郵費國內四分國外六分

半年六冊一元六角郵費國內二角四分國外七角二分

全年十二冊三元郵費國內四角八分國外一元四角四分

總發行處

上海法界環龍路四六號

建設社

總代派處

上海五馬路

亞東圖書館

各代派處

(上海)泰東圖書局、審美書館、羣益書社(北京)益世報、北京大學李大釗同學生區聲白、(廣州)青年會孫哲生(開封)心聲雜誌(成都)星期日報社(長沙)體育週報同育英學校胡博蘇、(廈門)江聲日報、(杭州)第一師範施存統、(保定)育德中學(濟南)齊魯通信社(武昌)中華大學梁紹文(香港)香江晨報(紹興)紹興教育館(雲南)金鳳花園包愼五

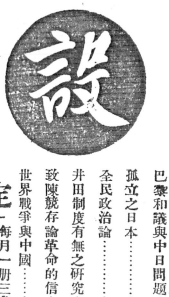

少年世界

THE JOURNAL OF THE YOUNG CHINA ASSOCIATION

第一卷第三期

中華民國九年三月一日發行

少年中國學會出版

學術世界

「科學裏的一革命」

張崧年

去年十一月初六開的英倫王家學會（Royal Society）和王家天文學會（Royal Astronomical Society）的聯會裏公布一個觀察天象的結果。這個結果證實了一種革命的物理新說，影響所及足可使科學的根本概念—空間、時間、物質、能力、質量、動等—破天荒的根本改變，自然知識的諸原理通盤再造，流行的科學的哲學完全毀壞。差不多可算安度巳二百五十年的奈端吸力律，既從此站不住脚，代嘉德（笛卡兒）以來假定爲瀰滿空間以釋萬象的「以太」（孔德既曾反對此）也自此不得不退去。

這個革命的物理新說就安斯坦（Albert Einstein 波希米的普拉哥城大學教授又曾在瑞士的楚里西德國的柏林兩地爲教授）的相對論（The Theory of Relativity 亦通釋相對原理The Principle of Relativity—Das Relativitatpringip 謹嚴言之兩名稍有廣狹之別。）柏林大學教授普蘭克（Planck 量子論成立者）嘗說『論他的大膽他是超過凡以前曾在懸想自然哲學以至在知識之種種哲學說裏提示過的東西的。他在世界之物理的概念裏引進的革命深廣只可比於引進歌白尼的宇宙系所引起的。』安斯坦公布這個學說是於一九〇五年在一個物理學雜志（"Annalen der Physik", 卷十七）裏。一九一一年，一九一五年他又推擴之，得出一個新的吸力律，雖很近似奈端的舊律，而實有不同。天文上有一個關於金星近日點移動的難問題，就是照觀察所見的移動比由奈端律算出來的大得多（行星的軌道以受別的行星的影響是時時變動的。）這件事曾累得很多推步家去解釋未解了。而照安斯坦律算得的移動率乃恰與天象相合。這一層巳是安斯坦新說的一個大驗證。又由這個新說可以推定光與吸力的關係。光也是有質量，有重的。光的路并非直的，也是因被吸而曲的；雖奈端也曾以此爲可能，嘉文狄什（Cavendish 也是物理名家）在一七九五年并曾算過這個曲差之數，但本奈端律去算這個數是很微的。照安斯坦新律所算便比他差不多大兩倍。但是要試驗這個，就地球上的現象是不行的。因爲光行的太速（每秒十八萬六千哩 $=3\times10^{10}$ 糎一秒 約中里四十七萬里八即一秒鐘可繞行世界七匝多）在地球上是不能期望發出他的曲差的。因爲太陽那兒可以有較長的光跡，亦且太陽吸力大，所以可以挪到那兒去試驗：就是觀察從打太陽近傍的星星發出來的光被太陽吸的與直線所差怎麼樣，借星星地位表面的移動測算出來。不過太陽光輝又太烈使人不能看見他左右的東西。爲此，這種試驗又須利用太陽光被月亮遮掩了—就是日蝕—的時候。恰好去年五月二十九的全日蝕時，太陽正走過十來個明亮的星星近邊。英國聯立永久測蝕委員會遂派出兩個觀象隊—一個到巴西北岸的 Sobral，一個到非洲西邊 Principe 島—去測，幷照下像來與太陽不在那兒時的照片裏星本來的地位比較。前邊所提觀察的天象就指這個。

果然，這個觀察的結果完全是安斯坦的凱歌。光路之曲差與由他的新說豫言的一又四分之三弧秒很相近，而比由奈端律算出來的大得多。安斯坦由擴通的相對論得出的相對性吸力說遂從此又得一種驗證。這種驗證關係的重大，王家學會長陶慕森（J. G. Thomsom 現代世界最大的實驗物理家）至謂爲是開新紀元的，幷言是自從奈端宣示吸力原理後，關於吸力最大的發見。又謂在電學學說也會有重要影響，因爲光在現今是以爲一種電磁現象的。（此說是四十五年前克洛克馬克威爾想出的，其後十五年由海次之電磁波的發見大定之。無線電報就是此說的許多實際應用之一。）吸力從來是與別的互相關聯的自然現象沒有什麼聯絡的，從此見出實與光有密切關係。光從此也可確知是有重的。（光有壓力，也、馬克威爾的光之電磁說的一含蘊。）但光的分量實在微的很。照美國尼高爾與胡爾兩教授（Profs. E. F. Nicols of Yale and G. F. Hull of Dartmouth.）所測算，一日間落在全地球上的日光不過一百六十噸。若向電燈公司按重量去買光，每磅至少要會索價一萬萬金磅。

但是近代的相對論演繹的結果還不止於此。相對論，如其名所示，本是說凡動都是相對的。在奈端力學也曉得沿着一條直線的等速動是發覺不出的。兩個東西的動不動都是彼此對待而說。譬如地球與太陽，究竟誰動誰靜，嚴格而言，實是說不出的。但後來假定了個爲傳光媒介充滿全空間的靜止的以太作參驗的格架，把動都作爲對他而說。因爲他是靜止的，所以對於他的動可以說是絕對動。近代相對論便是主張這種意思的絕對動也不能得。用光來試驗以求發出個絕對動是不能望的。（在地面上不論用電的試驗光的試驗都不能證明地之移動。）這便是現在所謂『相對性。』由此用作絕對的參驗格架的定止的以太是沒有的。就是尋常意思的物質也是沒有的。安斯坦本此假定遂成立一個很美麗更周博的新力學——『非奈端的力學』

代嘉德與來本之兩個大數學的哲學家均曾對於空間有所創說，科學本久已在名字上採取了哲學裏的空間相對說。但現在的相對論不但說空間相對，時間也是相對的。絕對的，普遍的時是沒有的，有的只是地方時私時，就是在這個系統裏與那個系統裏，時是不同的。異地的同時是不可得的。（「少年中國」一卷七期所載魏時珍君『空時釋時』中所舉撥同時的理由即相對論之說。原文 Eisenstein 爲 Einstein 之誤）量時與量空是相關的。物體的長短大小也是因時地而異。（代嘉德曾主張物質內的一切變異和其形狀的一切差歧都是依憑動的。）所以時間與空間是相關聯的。獨立的時或空是人的虛構。除去虛構求眞實，便只有空時之集合。

在相對論之下，不但以太須去，物質、空、時、的概念須改，就是能力的概念也須改照相對的觀念。能力必須也有惰性。所謂有分量可以稱的物質的質量能夠自變形爲能力的質量，能力的質量也能變形爲物質的質量。而且能力必有獨立的存在，不依坿一切物質的支持；又必能被物體吸收或發放，和自傳延於眞的空中。簡直說就是能力必有原子的構造。此說實與奧斯窪德的唯力論 (Ostwalds Energetik Energetics 正譯能力學。奧斯窪德的主張亦可叫能力一元論 Energiemonismus) 普蘭克的量子論 (Plancks Quantentheorie-Theory of quanta) 有參互密切的關係。

安斯坦的相對論更有一個結果很出人意料之外，就是說頂大的速率就是光的速率，再沒有追過他的，所以光的速是個極極之速。他的值是個極限值。按光的速誠屬很大，但想像一個比他更大的是很容易的事。這種結果關係的重大由此便可看出。而且由此說亦可見人的思想是常與實在差得很遠。

力學是要拿幾何敷說的。安斯坦所以敷說其新論的幾何也非平常的幾何，乃『非歐几里得幾何』。幾何為演繹科學，即從幾條假定演繹出來的。當然假定改了，演繹出來的便要不同。非歐几里得幾何便是由損掉歐几里得（Euclid 紀元前三百年時人，著有幾何原本行二千年。中國最初譯入西洋數學即譯此。）一條假定—平行公法—而成。他的一種特點就是三角形三角之和不是兩直角，三角形愈大，與兩直角差的也愈大。安斯坦說空間在離物質很遠的地方是歐几里得式的，但物質出現便使其微微成非歐几里得式的—物質越在左近空間便離歐几里得越甚。非歐几里得幾何本是由名理的和哲學的動機而起。成立他的人實沒幾個曾夢想到在物理裏會有這樣應用。

安斯坦因此又以重力為圍繞物質的空間之一種性質。物質周圍的空間是曲彎的，人愈近他便愈曲得很。在安斯坦的宇宙裏，直線是沒有的，都是巨大的曲線之一部分。人若順着一條線總走，走來走去總還回到原地方。不過照棣塞特（de Sitter）所算，以光那樣的速回到起點也須要三百萬年。本此足可想像宇宙的大。所以就令他不是絕對無窮，實際上對於覺官總是如此，因為天空中就是極遠的能見到的東西也比所設為宇宙半經的距離小得很。

但照懷惕黑教授（Prof. A. N. Whitehead）的意見，這些反抗常識的奇駭特性，實由革命論者未能充分徹底。如以空間之曲撓那種詭異性質解說吸力，對於數學家誠然是很有用的表示方式。但是在相對主義的學說上就是單一三度（三次元）空間的概念也是必須棄去的。假若承認相對性，無時的空間裏的一個點便不過只是一串，要在此種境況下觀察的理想的小事件。所以相對論者談論中的空間的意義必須為觀察之境況所定。若忽略此論這種結果，自然不可免的有忤俗的奇論出來。因此之故，又因物質主義的以太和尋常所懂的物質必須相偕而去，所以自然知識之諸原理需要一個全盤的改造。要圓滿的條件一方是許入這種新觀矚，一方是下一種為那些在表示自然事實上證出過有價值的很有試驗的概念保留一個意義的解釋。

由上所述，相對論在哲學上能有的影響，當已不難推知。英地柏格松學者嘉爾（Wildon Carr）曾極稱述此論，說其與柏格松學的關係（見'Proceedings of Aristotelian Society'與'Philosophical Review'所登論文於其小書"The Problem of Truth"也曾道過此論）。嘉爾嘗說近代相對論者的議論都能於代嘉德的哲學原理書內找着。蓋指其書第二分第十三第二十三至二十五諸條原理。等去年死去的一個住在美國的德國哲學者迦耳士（Paul Carus）也曾本哲學的見地對此著過幾篇論文（有單行本）。羅素也嘗提到此論，說是表示對於科學的哲學所志向去促進的那種在基本假設裏的新異的。懷惕黑去年出的研究科學知識的原理的新著（Whitehead's An Inquiry Concerning the Principles of Natural Knowledge"此書可算一九一九年出版的兩本最重要的書之一）便是講論相對論所發起的時空與知覺知識之終極達佗（data）的關係，爲之找一個物理的基礎。懷惕黑說知識的單位是事件不是物件，便根據於此。（參看本誌第一號記亞理斯多德學會等三學會的聯會）安斯坦的學說實具有極高的程度的美感上的優點：凡是愛美的必定願意他。眞奈端力學好處本在提宇宙現象加以統簡。其後電磁說更統簡的利害，便越覺得好，但吸力終在化外。現在安斯坦的新說，把吸力也與別的自然現象有了聯繫，他得統簡實屬更大。簡單說，安斯坦事業的總效就是使物理學更加成哲學的（照好意的）而恢復些久已失亡的知識上的一貫。

羅素說得好，『凡科學裏的律例因爲物象的知識增添和因爲解析的更加精細，一時時要新鮮表式』而且『新鮮的表式，只證明對於眞的表式，今能更近一步，雖然很不一定完全的眞理是可得的。』安斯坦的通相對論和其吸力說便很足表現這个意思。亞理斯多德是邏輯（名學）宗師，而今有非亞理斯多德邏輯（卽數理邏輯）。歐几里得是幾何鄧輪，而今有非歐几里得幾何。奈端是力學鉅匠，而今有非奈端力學。凡此都可使我們想爲『拾礫茫洋未發的眞理海岸的』人墒定態度，就是要勇往直前，精益求精。我們所求的眞理是在『無窮』地方的。

本篇於相對論內容未及詳說，當於「少年中國」第九期另爲一文述之。今先找幾種研究此論可先看的書列記於此：

一英文的

Conway: Relativity, 1915.

Cunninghan: Relativity and the Electren Theory, 1915.

Tolman: The Theory of Relativity of Motion, 1917.

二德文的

Brill: Das Relativitats prinzip, 1912.

Laue: Das Relativitats Prinzip 2. Verm. Aufl. 1913.

三法文的

Remeray: Le Principe de relativite, 1916.

Poincare: Dernieres Pensiees. 1913.

此外一九一三年前英文中對此論無專書時，以罕庭頓（Prof. E. U. Huntington）在一九一二年四月號的'Philosphical Magazine, 所登的一文爲最好，可看。又數學家閔古斯克（Minkowski, 1864-1909）對於本論的推展是很有功的，他那个在一九〇八年講演的名作「空間與時間」("Paum nnd Zeit,,) 也已譯成英文載在一九一八年四月號的"The Nonist,, 因爲相對論結果的奇驗普通日報雜志也時有所紀述。此次的驗證公布後，紀述的更多。以吾所見十來種英文普通週刊（特英倫出的）便無一種不有論載。專門自然科學的雜志更不須言。

美國羣學會的年會

方珣

美國羣學會 The American Sociological Society 創自一千九百零五年。那些會員全是淵博的社會學者。每年集會一次，討論他們研究的心得。去年十二月是第十四次的年會，到會的會員，多係美國著名大學校的教授；討論所及，都是關於「德謨克拉西」的問題，你們看這是何等重要何等有趣！開會的時候，先由一人宣讀論文，時間定二十分鐘至二十五分鐘；繼以二人討論。討論分兩種：第一是已經預備好的，限時七分鐘；第二是席間臨時的，限時五分鐘。此外會餐的時候，更有圍筵討論，這種辦法由本地的委員會會長支加哥大學教授柏德復爾德 Scott E. W. Bedford 斟酌辦理。我現在且把這學會的會長柏朗克瑪 Frank W. Blackmar 所宣布的程序列后。

地點　支加哥拉色爾大旅舍La Salle Hotel, Chicago.

日期　一九一九十二月二十九日至三十一日。

題旨　「德謨克拉西的問題」(The Problams of Democracy)

程序

第一日，十二月二十九日。

午後三時至五時　報到，報到處 Lobby of the Red Room, nineteenth floor.

晚八時　本學會與美國經濟協會 The American Economic Association 的聯席會。

主席　支加哥大學校長嘉德生 Harry Pratt Judson.

演說　經濟協會會長嘉敦納 Henry B. Gardener.

演說　羣學會會長柏朗克瑪

第二日，十二月三十日。

午前八時半　執行部會議。

午前九時半　會論；「政治裏的德謨克拉西」"Democracyin Politics"

主席　柏朗克瑪

讀論　「德謨克拉西與政治的組織」"Democracy and Our Political System" 印第安那大學魏造禮 U. G. Weatherly, University of Indiana.

討論　哥倫比亞大學革鼎斯 Franklin H. Giddings 伊利納耶大學赫斯 E. C. Hayes, University of Illinois.

讀論　「德謨克拉西與黨派政治」"Democracy and Partisan Politics" 北多可達大學格利特John M. Gillette, Universety of North Dakota.

討論　臬布拉司喀大學霍渥爾 George E. How

ard耶魯大學克樂 A. G. Keller, YaleUniversity.

午前十一時　會論「德謨克拉西與工業的生活」Democracy and Industrial Life"

主席　白朗大學戴雷 James Q Dealey, Brown University

讀論「德謨克拉西與勞工」"Democrcy and Labor"羅生維爾德 Julius Rosenwald. Sears Roebuck & Co, Chicago.

討論　支加哥大學司馬爾 A. W. Small. University of Chicago 康索斯大學柏敦赫復爾 W. B. Bodenhafer, University of Kansas.

讀論「工業改造之心理方面」"Some Psychological Aspects of Industrial Reconstruction'　邰克索斯大學吳爾甫 A. B. Wolfe, University of Texas.

討論　潘蘇維利亞大學臘桐柏格爾 John P. Lightenberger, Uinversity of Pennsylvania

鮑德 Jesse H. Bond, Washigton, D. C.

午後二時　會論「社會生活裏的德謨克拉西」"Democracy in Social Life"

主席　赫斯

讀　「德謨克拉西與社會之舉動」Democracy and Community Organization 康奈爾大學桑得生 Dwight Sanderson, Cornell University.

討論　支加哥特勞爾 Graham Taylar, Chicago 潘蘇維亞大學傅高德 Paul L. Vogt, 華盛頓美國紅十字會史德納 Jesse F. Steiner, American Red Cross, Washington D, C,

讀論「德謨克拉西與界別的關係」"Democracy and Class Relations　司密斯大學齊斌 F. Stuart Chapin, Smith Callege.

討論　米西根大學庫烈 Charles H. Cooley, University of Michigan 俄海鷗州立大學勞史 Cecil C. North, Ohio state University.

午後三時 會論「德謨克拉西與慈善事業」Democracy and Philanthropy

主席 司馬爾

讀論 「近世慈善事業與德謨克拉西的關係」"Modern Philanthropic Movements in Their Relation to Democracy" 維斯康生大學格林 J. L. Gillin, University of Wisconsin

討論 米利蘇達大學葉謨 M. C. Elmer, University of Minnesota 竹樓神學院歐模 E. L. Earp, Drew Theological Seminary 西方大學柯得樂 J. Elbert Culter Western Reserve University.

讀論 「宗教與德謨克拉西」"Reigion and Democracy" 密索利大學愛爾五德 Charles A. Ellwood, University of Missouri

討論 維斯康生大學羅史 E. A. Ross, 嘉禮敦大學霍本 Allan Hoben, Carleton College

晚八時

主席 柏朗克瑪

讀論 「德謨克拉西與歐洲改造」"Democracy and Reconstruction in Eaurope" 康索斯大學華逸德 Hon William Allen White, Emporia. Kansas

讀論 「勞工與國際的關係」"Labor and International Relations" 紐約安得霹 John B. Andrew, New York City.

第三日十二月三十一日

午前九時 會論「德謨克拉西與教育」"Democracy and Education"

主席 柯得樂 J. Elbert Cutler

讀論 「培植德謨克拉西的問題」"The Problem of Educating a Democracy" 康索斯大學

司密斯WalterR.Smith University of Kansas

討論　柏郎慕爾大學金世葆 Susan Kingsbury, Bryn Mawr College 白朗大學戴雷

讀論「德謨克拉西教育的職業要素」"Vocational Factors in Democratic Education" 哥倫比亞大學司雷登 David Snedden, Columbia University.

討論　新韓穆夏大學谷樂夫子 E. R.Groves, New Hampshire University. 米利蘇達大學柏納爾德 L. L. Bernard, University of Minnesota

午前十時半　委員常會報告

主席　白朗克瑪

調查美國高小及中學的社會學課程委員會報告。報告者，委員長米利蘇達大學佛禮Ross L. Finney.

討論研究的標準。委員會報告。報告者委員長格林。討論

十二時　議事會

午後二時　會論「德謨克拉西與種族問題」"Democracy and Race Rroblems"

主席　齊斌

讀論「德謨克拉西裏的種族要素」"Racial Factors in Democracy" 俄克拉和林大學杜達 Jerome Dowd, University of Oklahorma

討論　支加哥大學巴克 Robert E. Park 歐柏林大學密樂Herbert A. Miller, Obelin College

讀論「美國化」"Americanization" 亞當斯 James Addams, Hull-House, Chicago

支加哥外僑保護聯合會艾博德 Grace Aebott, Immigrants Roective League, Chicago

討論　康奈爾大學湯茂生Warren S. Thompson

支加哥大學柏烈啞利基 Sophonisba P. Breckinridge.

午後三時　會論「德謨克拉西與他種主義」"Democracy and the Jsms."

主席 勞史

讀論 「德謨克拉西與鮑爾雪維思」"Democracy and Bolshivism" 維斯康生大學婆羅門 Selig Perlman

討論 米利蘇達大學陶達 A. J. Todd 支加哥大學艾博德 Edith ablot.

講論 「德謨克拉西與社會主義」"Democracy and Socialisn" 俄海鷗大學哈過堤 James E. Hagerty

討論 哈佛大學嘉佛若 Thomas Caver, Harvard University 支加哥大學布格斯 E. W. Burgess.

上列的程序，是羣學會會長於去年十一月間擬定的，正式年會在十二月杪，現在已過去了，我想那些精彩的論文將要刊成專書，或在羣學雜誌上發表。只可惜一九二十年新年的豐富的美國雜誌還未到呢！

一九二十、一月、二十二。

教育世界

本月刊現在添設『教育世界』一欄，專載世界各國教育實際方面的計畫事業以及活動情形等。凡有關於教育學術方面的記載，仍當歸入『學術世界』發表，以示區別。倘蒙各地同志投稿，一經登載，即以本報奉酬。

美國教育救急委員會的全國教育進行計畫

楊賢江

這篇教育進行計畫，是一九一九年九月十三日美國全國教育會的教育救急委員會 The Commission on the Emergency in Education of the National Education Association 所議決的。能不能算為法定的議案，雖然還沒曉得；但在這裏的確可以見得美國教育事業的趨向，故特翻譯出來，以供國人參考。—譯者註

組織全國教員會

教育的職業和代表這個職業的全國組織，已經被我國政治上

的最高機關所承認.這就是國會特許全國教育會 The National Education Association 的議案.他的特許證是「提高教育職業的地位,增多教育職業的興會促進合衆國教育的機緣,」

全國教育會所專誠注意的,是在改善教員底職業上的境遇,他的會員資格是對於全國的教員公開的.全體教員的經驗,需要,和意見,都可由此得到有效的發表,由此得到實行指導,來促進教育,

這樣一個高等職業的組織:以全國地方爲他的範圍,以全國教員爲他的會員,並且自覺他對於公益所負的責任;實在能得到一種職業上的意見,可以不受地方的省區的或黨派的汚點;還能得到公衆的信任和會員的贊助.這個會必須堅定的無私的服務於全體公民的利益,必須自由的達到他的目的,還要就職業的利益和學校的幸福所及的範圍,來提出他的貢獻.

全國教育會根據了他所宣布的宗旨和他所成就的功績,一定要信託這個進行計畫.

與各州各地方的教員底組織協力合作

全國教育會應當設法和各州各地方的教員底組織,協力合作,因爲公衆教育的行政和支配,雖則已被認爲幾個州的職務,但是這幾州爲要運用這個特權,已經把大的責任和相當的權力委託了地方的教育局,由他來鼓勵地方上辦學校的動機,獲得地方上增進學校底幸福的興會,而代表這種各州各地方的教員底組織,實在是爲這種我們所計畫的教育組織底主要分子.要想這種種各州各地方的組織,能對於教育的進步有最大的貢獻,那麼一定要有他們大家的協力合作,及他們和全國教育會的協力合作,惟有了這種的協力合作,才能實在看得出各地方各州全國底聯合的好處.

全國教育會承認了這種種的原則,就要預備好對於各州各地方的教員組織,給他們各種可能的助力,來促進他們的計畫和目的,因爲這種種的計畫和目的,是和全國教育會特許證上所定的目的相一致的,而全國教育會的職員委員會,一定要竭力的運用他的勢力,使得各州各聯邦所制定的法律,可以給公衆教育以正當的承認和維持,可以給教員以相當的酬勞金。全國教育會對於教員底準備和資格,對於學期底長短和上學律 al

-tendance laws 底實行，對於衛生的建築和新式的設備底供給，對於各級界限和公衆教育的特權底取消，對於教育問題底研究和考查底加重，又當不息的催促，使有相當的標準，規定起來，維持下去.

全國教育會在一九一八年碧珠堡 Pittsburgh 會議，通過任用一個在外幹事 field secretary 他目前的職務，專門是謀全國教育會和各州各地方的組織得有更接近的協力合作的關係，這種的服務非常有效，所以全國教育會在一九一九年密爾華基 Milwauku 會議，再叫他的職員任用幾個在外幹事來促進這種協力合作的事體.

教員參與教育行政來規定教育的政策

在公共學校的行政上，我們承認各地的教育局是人民的代表，他們所有的責任，是在採用這種政策，就是可以增進公衆教育底發達，並且由公衆教育可以增進我們民政的 democratic 社會底發達的.我們又承認學校的視學員 superintendent 是由教育局選任的執行官 executive officer，來實行局裏的政策，並貢獻給這種人民的代表，以那樣可以增進我們教育的理想底實現底行動.同時我們還曉得在我們公共學校底教室裏服務底教員也已經貢獻了意見，對於教育的進步上是很有重要的影響的.這班教員由於教員會議，由於委員會，由於自願的集會 Voluntary Associations，或由於個人的貢獻，已經使他們自己和教育行政上更大的問題有了關係，來促進學校的利益.

教育局和在那種已經有最大的進步底地方的行政官，已經承認這個原則.有許多地方，教育局或視學員已經命令或邀請教員所組織的會，要對於學科，對於教科書底採用，對於建築和設備底類別，對於特殊班級特殊學校底組織和對於預算底編製，有種種意見的貢獻.

我們相信這種教員的參與，是對於公共學校底最好的發達所不能少的，我們相信這種的參與是各個教員應有的權利和責任.為了這個目的，我們要敦促教育局用規程來承認這個權利，並且要有定期的會議，使教員可以出席發言，為要擔保這種的參與.我們要敦促各州州議會—各地方教育局得支配教育—一定要先得這個最後機關的允許—來制定法律，規定教員可以出席於教育局並且規定這種教育局應該給教員一種機緣，使得他們可以提出他們對於改良學校事業底意見和條陳。果使這幾步的進行都實行了，則不但各個教員底睿智，知識，技能，都可實地應用來促進教育的進步；就是教員底責任和勢力，也可得正式的承認，而教育的職業也得從此變為更高貴更有力，國內多數強健有能力的青年男女，也都要從事公共學校的服務，當他為終身的事業。我們要提高教育職業底地位，使學校事業有吸引學校所需要的男女底力量，第一個最要緊的方法，原在增多教員底俸給，而第二個最要緊的方法，莫過於採用這一種的政策：就是可以提高教員底職務，使他們不再做一個循例辦事的人，單用着機械的方法奉行「上司」所交下來的計畫和政策。除掉這個方法以外，再沒有別個更得力的了。

如承認了公共學校服務當中的民政底原則，那麼除了教育局的智慧，行政官的判斷和幹才而外，還須加以教室裏的教員底有效的參與共謀支配教育的政策底發展.

萬國教育會

我們相信世界上大的民政國底一切公共學校，由於合作的努力，能做很多的事體，來保守促進這回大戰所爭的所勝的大的理想。我們實在主張就是一種明瞭的責任，要加在協約國連合國的教員底身上，在他們重大的職務就是人類遺產底保管者之前，要盡了比從前更廣大的責任—注意這種用那麼大的那麼利害的代價所得來的東西，一定要勤謹的擔保地要一點沒有損失一點沒有受污的傳給每一新時代的人.

這個問題，既然這樣要緊；解決這個問題的萬國協力合作底可能，既然這樣重大；所以全國教育會已經催促萬國聯盟裏頭設立一個萬國教育部，為當作設立這樣一個部的步驟和當作萬國教員會底中心起見，那麼必須從早開一個各自由國的教員會底萬國會議。法國教員聯合會底代表已經對於美國底全國教育會發起召集這個會議底事體，表示同意。教育救急委員會已經受着指令，代表全國教育會並且做各種必要的籌備.

教育救急委員會遵行這種指令，就出通告，說代表協約國連合國志願的教員組織底會議，將於二月二十四日至二十九日在阿海阿克里夫蘭 Cleveland, Ohio, 開會，由美國全國教育會主辦會務。委員會又派定下列各委員代表全國教育會出席會議並做初步的籌備：克里夫蘭學校視學員司包亭 Fronk E. Spaulding. 做主席；波士頓西蒙斯大學學長亞拿耳特 Sarah Louise Arnold 紐約哥倫比亞大學高等師範科裴格萊 Milliam C. Brgly，但浮州公共教育視學員白拉特福 Mary C. C. Bradford，注阿華州立大學校長傑蘇 W. A. Jessup；支加哥師範學校校長阿文 Wm. B Owen，阿林比耶州公共教育視學員全國教育會會長柏林司頓 Josephine Corliss Preston；紐約哥倫比亞大學高等師範科司德利耶 Georye D. Strayer；聖路易學校視學員惠德 J. W. Withess，

波希徵黨 Bolshevik之教育計劃

倪文宙

俄國近來新政府中主教育事務者為 Lunacharsky，此人曾留學各國大學，通數國語言文字，於波希徵黨中之殘忍舉動，數有反對之表示，於其本國之音樂美術，亦肯多所宣力，彼在波希徵黨中，確可謂為最了解新文化之意義者。

該黨首先從事者，為將現存學校，不論其為中等初等高等古文近世商業工業宗教諸名目，一切推翻而建立制度統一之學校，即所謂勞工學校 Labor School 是也。此種學校分二級，第一級自八歲至十三歲者入之，凡五學年；第二級自十三歲至十七歲者入之，凡四學年。未入此校之前，有幼稚園，自六歲至八歲者入之。校中男女共學，在學齡內須強迫入學。教師一人，名曰學工 School Workman。

是校之設，在宣傳一種極定式的生活觀念，故無宗教科，以生產的工作為道德基礎。雖生產的工作一語，現今尚無確切之定義，惟教授所及，均須極與此事接近。學校生徒須與種種產額量最高之生產物接觸，而習知之，集合的生產工作與學校之組織，皆足以教育一般 Soveit（英義為 Council of Workers and Soldiers Delegates）共和國之未來公民，而學校之生活，則 Soveit 樂土之初步也。校中無家事科，工作之種類任擇，無考試，不體罰，無論貧富學生，一體由校供給膳食。

彼之國家教育局有言，改革後之學校，有工作之必要，學生之校外生活，尤當注重工作。為禁止虐待兒童之事，近已有兒童律之頒行，兒童院招亡所，學校之宿舍，皆依新制而重行改組。學校教員，皆須有特別之訓練，兒童在學校，須使其人格得自由發

展兒童之家庭，不用僕役．家中事務，須由全體家人各量所力共同整理．且為社會主義的教育之實現，計每鄉村間，設一檢查所，以一精於心理學之醫生執行其事，尋常兒童經檢查後，則入普通兒童院．異常兒童則入特別兒童院．殘廢疾病之兒童則入病院．

波希微黨近已從事於基金之籌集，且已建立許多學校，以實行其計劃．去年十月十五日，社會主義的科學院成立於莫斯可．其地又建立國家學院二所，State House 集全國各派之藝術家於一處，而名之曰藝工 Art Worker 此二種機關，乃專為國家學藝上之服務而設者．

按美國諸教育家對於此種計劃，頗多評隲：（一）以為太入幻想，（二）集各派藝術家於一處，將來必呈紛擾之象，（三）一教師授二十五人，斷非病瘠之俄國所能支給，（四）俄國已有之教育，頗多成績，而合於新時世，今驟然打破，後將難為建設．

此項批評，皆出自學者之口，折衷於教育之原理，人生之見解，其在美人，自必有當．吾人於波希微一語，早已有先入之見，今聞此教育上之新計劃，其油然而生洪水猛獸之見，或在意中．雖然，吾固願評隲者之折衷於教育之原理，人生之見解，其在吾華或亦有當．

學校調查

國立北洋大學

林繼庸

當未說北洋大學之先，我有幾件事要聲明：（一）我是一個由北京大學轉學來的學生，到堂不過半年，初次入學時的感想，尚依稀存在，所以我可以用旁觀的態度去批評他．（二）北洋大學的名譽，向來是很好的。因為人家都說他好，他就滿足了；所以現在的好處，還是同十幾年前一樣，沒有甚麼進步；但是他的壞處，可就大進步了。我現在不客氣，將他的好處和壞處，盡說出來。我愛他，我希望他改良。（三）北洋大學現在起大改革風潮，還未了結，結果好，他就有改良的希望，我待他改良之後，當再做一篇『改革後之北洋大學』。（四）北洋大學的歷史和他現在的情形，有很大關係，所以我也要略略說幾句。（五）我國國立的工科大學，只有北洋大學一處，全國實業的發展，完全靠這一線的希望；我所以詳細的記載。

一、沿革及職教員

北洋大學創辦于一八九四年，前清光緒二十一年。校址初時在天津海大道梁園門外。庚子拳匪亂，被德國軍隊佔去，停辦了兩年。至一九〇一年，收回天津。直隸總督袁世凱就西沽武庫舊址，改建校舍，繼續開辦。現任美國公使丁家立先生，及開灤礦廠總理王紹廉先生，曾前後當過監督多年。自經他二人整頓之後，學校在世界上，就狠有名聲。

那王紹廉先生，是一位專制魔王，辦事非常認真，洋教員及學生，沒有一個不怕他，沒有一個敢敷衍：因此將校長，教員，及學生，分了三重階級。校長，教員的威權，非常之大。學生簡直沒有一點發展的地方，只有死心塌地的去讀書。這種辦法，雖有欠缺的地方，但是那時校長教員都很好，學生也可以得着益處，所以相安無事。後來繼任校長趙天麟先生，「蕭規曹隨」的一連辦了五年。年年開學時，他對學生演說，開宗明義就說：『北洋大學的好處，就在章程，就在專制。我沒有別的話，只有用專制的手段，照章程辦去。』不知道那獨頭專制的辦法，就完全關係在校長一個人身上：校長好，學校就可整頓，學生雖不能學『人』的學問，也可以將將就就去讀死書，去做一種『機械』Machine。但是這位趙先生辦事的精神及手段，比較王先生差得太遠，他請外國教員的手段，又萬萬不及從前的好，教員一個一個的少了，不知道他從那裏找來了幾位新的，弄了好幾回關係體面的大笑話。留心北洋大學的人，大概在報上總會知道。加以趙先生是法科出身，對於工科學問，完全不懂；他又偏要兼任工科學長；教員的好壞，既不曉得，只有事事去請教外國教員，於是外國教員的威權一天比一天高，幾乎反賓為主，事事要他們同意才辦。雖是他們的學問多麼下劣，校長也莫想動他分毫。

現在教員中十個有八個是外國—美國—來的。從前的三種階級，到了這個時候，變成兩種：職教員和學生。外國教員所做的事，校長不敢指撥；外國教員所說的話，校長不敢不從。從前專制學生最利害的是校長，現在又加上幾個外國人了。以前學生學的是一種『機械』的學問，現在竟成一種『半缺不全的機械』的學問了。

以上所講的，確是北洋大學內部的黑幕！自從『五四』以後，學生得了大覺悟，知道要學『人』的學問要學『人』的學問，非從根本上改革不可。那校長也知道他的專制主義，在『五四』以後，成了強努之末，一受學生攻擊，就辭職去了。在他總算是一個知幾之士，但是自他去了之後，學生日日所夢想的有教育經驗，學問道德，爲全國所信仰的校長，遲延了兩個多月，還未產出來呢。

北洋大學最要緊的事，就是校長及教員，所以我開始就講及他。至於其餘的辦事人，只有八個，比較北京大學百多個的數，差得太遠。人少事忙，這也是校務不整頓的大原因。所以學校裏邊的『大清郵政局』信箱，大門上邊的『兩條大金龍』，還沒有功夫去更改。至于校長牌示，更加笑話。一下手就硃筆點頭，接着寫『校長示』，下邊就是『……仰該班學生一體遵照特示。』待校長親筆用硃墨在牌上畫了一道像小蛇子的『遵』字之後，才掛出來。學生去旅行攷察時所穿的制服，尚是十幾年前用的黃銅鈕上盤着一條金龍，袖子上細着兩條黑帶子。學校衛兵所穿的衣服，在胸前又縫上『北洋大學護勇』六個紅絨大字。照這樣一類，數也數不淸。總之，現在北洋大學的辦法，不敢說是『力求復古』，不過二十世紀的精神，在北洋大學可算是完全沒有。

二　經費設備及校舍

北洋大學的經費，比較起來是狠充足的；每年有現大洋約三十萬元。內中有二十萬元，是由直隸省應解中央的欵項，就近截撥。這個原是爲省手續起見，誰知道因爲這個問題，就發生現在直隸省長要干涉校務的風潮。這次風潮的原因和經過的情形，諸君在報上想已經詳細看見。簡單一句話：北洋大學既是國立，欵項又是國款，斷不能因校址在直隸及就近撥款的關係，就把他劃歸直隸省長管轄。學生所爭的在這一點，國人所應替他力爭的也在這一點。北洋大學既有許多的經費，比較北京大學每年六十餘萬的京票，是差不多的。但是北京大學有三千多學生，北洋大學就只有三百二十名學生，算起來每個學生每年用學校的欵有九百多元。他的設備，在國人所辦的學校內，要算首屈一指。

在事事力求復古的北洋大學，只有設備和位置，稍可人意。我且把他分作幾段寫來：

（一）研究學問的設備，有冶金室，機械室，工作室，製圖室，鑛物陳列室，物理試驗室，化學試驗室，天平室，吹管分析室，水力機室，測量儀器室，工料實驗室，圖書館，地質陳列室，……等等。內邊的儀器就現在看起來，都很夠用。此外還有學校應用的書籍及器具，每個學生都分派一份。就是特別需用的貴重器具，亦可簽名去領。待學年完後，將所領儀器及書籍，交回管理人，或是自己用半價承受。實驗室的門，常常開着，學生可以隨時依着自己的座號去試驗。在這些儀器當中，有一件最著名的大望遠鏡，是英皇域多利亞贈送的；這也是北洋大學的名譽上，及歷史上，最應紀念的一層。

(二)練習體育及其他的器具，有：　風雨設操室，足球場，籃球場，網球場，等等；其餘如自來水廠，電燈廠，都是學堂自設的；課室及實驗室的建築，是仿照美國式，暖氣管，煤氣燈均有。

(三)位置，及校景：　北洋大學的風景，眞是好看。春天和暖的時候，中外人士，常常到此處附近踏青。有學校風景畫本，每本小洋四角，在校內庶務出售，可以郵寄；諸君要知道北洋大學地位之適宜讀書，買一本看一看，就可明白。校址離天津埠約十里，由西沽村往北至學校二里來長的大道，滿種着桃花。到了春天，比上海龍華寺的風景，差不多。學校四圍都是荒林，曠野，沒有人居。東，北，兩方，繞着一道大河，——北運河。出了校門，由此坐船，冬天坐冰橇，可以直到大胡同。校門上有一所高樓，樓頂上放着一座丈多大的時辰鐘，晚上開着電燈，坐津浦火車的人，晚上經過天津西站，從東北方遠近望見一片紅光若圓月似的，就是這個東西。

(四)住所：　敎員的住家，在東邊，樹木參差，紅綠相間，一帶極華麗的洋樓子。我寫到這裏，我又要發牢騷了！前邊我不是說過北洋是一種『階級』的學校嗎？現在對于居住的房子；外國人住的就那麼好，講到學生住的寄宿舍呢，我想着就要生氣！幾十人——五六十人住在一間大屋子，屋子裏一間一間的，——五方尺，——用木板間起來。每間只可放一張半邊床，一個書櫃，一張凳子，一張半邊桌子；來了客，連站脚的地方也沒有。窗戶也不多幾個，裏邊空氣，實在是汚濁不堪；離窗遠些的房子，就是白天也要點着燈，纔可看書。幸虧學生到講求衞生；又幸虧學生溫習功課，都在講堂，除了睡覺及辦私事之外，在宿舍的時候不多：假若不然，眞會鬧痠症呢。

那管理校務的人年年對新來的學生說：『本校的宿舍，是很不好，但是暫且住下，明年就有新洋樓住了。』這句話，不知說了多年。過了幾個明年，到底還沒有蓋。至於醫院呢，只有一間小房子，在操場側邊，比之宿舍，還算彼勝于此。然而若比較外國人當差住的地方，又不及了。哎，我說了這兩件事實在心傷！外國教員是『人』，難道中國學生，就不是『人』嗎？就應該住這像囚牢的房子嗎？我聽得建築費已有預備，地址及計畫均已擬好多年了；學生不敢去問他，一問他，他一定又要說學生住新樓子在章程上沒有載入的了。哎！我們所希望的新校長何時產出來呢？何時拔我們出這個地獄呢？

三．學制與課程

北洋大學從先包有工法兩科。自改辦工科大學後，法科就漸漸消滅。現在校內只有法科一班，有二十一個人。他們離校的日期快到了，所以我不願意費有用的筆墨去講他。

北洋大學自民國六年改成國立唯一的工科大學，照大學令，畢業可得工科學士的頭銜。他的學生已經得美國哈佛，哥崙比亞，及康奈爾等學校承認，隨時可以轉學入相當班次。現在分三門：土木工學門，採鑛學門，冶金學門。每門各有四班，四年畢業。預科兩年畢業。現在每年級有兩班。每年照舊例，分作兩學期：自九月一日起至次年一月十四日為第一學期；自一月十五至六月十五日為第二學期。當過舊歷年時，酌放寒假十五日；當陽歷三月底，酌放春假七日。鑛，冶科學生，在春假時，即由教員帶領往泰山，昌黎，南口或北京之西山等處，攷察地質及鑛物，作為課外實習；每年暑假，有一班最高級的學生，往漢冶萍，唐山，滿洲或高麗等處之礦廠，練習最少四星期。土木工科學生，每當暑假開始，即往北戴河，山海關等處實習測量，築橋，測路等工作；每年每次最少兩星期。學生教員實習旅行時的旅費，均由學校供給。考試分年終大考，及臨時小考兩項。臨時小考於每星期，每半年，或每月，舉行一次，由教員自定。在每學年所學科目內，若有三科不及六十分以上，即留級；若一科或兩科，則可補考一次，補考後不及格，仍須留班全習。每年科目不少；內有幾科，對於該門學生沒有什麼用處，亦加進去。又有數科課本出版年限甚久，也不更換。校長雖然知道不對，但是他奉守那金科玉律的章程，說：『章程上有的，只好照章程辦』。却不知道學生因此感受許多沒有興趣的痛苦。至於甚麼單位制咧，選科制咧，……他一些不懂，惟有緊守着那十五世紀盛行一時的章程。

北洋大學所用的課程，我且把他擇要寫出來，讓大家參攷：

1.

(一)一年中每週授課表

科目	預一年	預二年	土木採鑛冶金一年
英語	九	七	四
德語	六	六	四
國文	三	三	三
數學	八	六	六
物理	二	四	五
化學	○	二	六
地質	○	○	二
圖畫	二	三	三

2.

科目	土木二	鑛二	冶二
製圖	六	六	六
計畫及製圖	十三	○	○
圖畫及力學演習	四	○	○
應用力學	四	四	四
微積方程	二*	二*	二*
測量	六	六	六
結晶學、吹管分析、鑛物識別	○	八	八
地質	五*	三	五°
化學	四*	九	九
機械製造學	四*	○	○
最小方程	二*	○	○

3.

科目	採鑛冶金三	土木三
水力學	*二	*二
熱機關學	*二	*二
水力機學	○	*一
冶金製器學	*二	*二
測地學	○	*二
建築材料學	○	三
鐵筋土製造法	○	*一
石工學	○	二
橋梁學	○	二
鐵道學	○	三
電氣工學大意	*二	*二
計畫及製圖	四	十四
機械學	*四	*四
採鑛學	*四	○
鑛脉學	三	○
選鑛學	*二	○
冶金學大意	三	○
化學定量分析	十	○
製圖	二	○
機械製造法	二	○
岩石學	*四	○

4.

科目	土木四
鐵道學	三
河海工學	四
市街鐵路學	*二
木木行政法	*二
衛生工學	
工業經濟學	*二
計畫及製圖	十六
自著論說	八

(附註)冶金第四年級現未開班

*者半年學完之課程

科目	採鑛四
採鑛學	二
選鑛學	*四
冶金學大意	四
試金術	*二
鑛山機械學	二
材料搬運法	*一
土木工學大意	*二
房屋構造學	*二
工業經濟學	*二
鑛山法規	*二
採鑛計畫	五
選鑛實習	*二
試金實驗	*八
化學分析及實驗	*五
自著論說	八

(二)應用的書名

A.預科第一年 1.英文文學 選讀 2.英文文法 Mother Tongue, Book II, By Kittredge and Arnold. 3.幾何 Plane and Solid Geometry. By Wentworth. 4.代數 College Algebra. By Wentworth 5.三角 Plane and Spherical Trigonometry, By Wentworth. 6.物理 First Principles of Physics, By Carhart and Chute. 7.德文 Geoman Grammar, By Ham and Leonard.

B.預科第二年 1.解析幾何 Analitic Geometry. By Wentworth, 2.德文 Geschiehte und Sage, By Gronow 3.英文 Speeches of Prose Compositions, By Nutter, Herse and Greenougn. 4.英文文法 Rhetoric, By Genug and Hanson, 5.物理 同第一年 6.化學 General Chemistry. By Alex. Smith 7.圖畫 Mechanical Drawing. By Adams

C.土木工 採鑛 冶金 第一年 1.德文 Saletions from Classical German Literlature, By Collitz. 2.微積分 Calculus, By Osborne. 3.物理 General physics. By Wation, 4.化學同預科第二年 5.地質學 Physical Geology. By Pirson and Schuchert. 6.圖畫 Mechanical Drawing, By Adams 7.英文文學選讀 8.英文修辭學 同預科第二年

C.採鑛冶金土木第二年 1.地質 Text Book of Geology, Vol. I and II. By Pirsson and Schuchert. 2.結晶學 Crystallography, By Patton 3.鑛物 Mineralogy, By Butter 4.吹管分析 Blowpipe analysis, By Butter 5.應用力學 Applied Mechenics For Engineers, By Hancock and Riggs. 6.微分方程 Differential Equations. By Osborne. 7.測量 Pland Surveying, Exercise in Surveying, By Tracy. 8.圖畫 Perspective, By B. T Lubschez. Descriptive Geometry, By Moyer. 9.最小方程 Least Squares, By Merriman 10.化學定性分析

By Treadwell and Hall. Vol.I.

E. 採鑛冶金土木第三年　1. 鑛石學 Rocks and Rock Minerals. By Pirsson. 2. 房屋構造學 Building Construction For Englineers, By Riley 3. 化學定量分析同第二年 Vol. II. 4. 採鑛學 Ore Mining Methods, By Crane 5. 冶金學 Metallurgy of the Non-ferrous Metalls, By William Gowland 6. 電氣工學 Electrical Engineering, By Alex. Gray. 7. 鐵道學 Railway Curves and Earthwork, By Allen 8. 石工學 Masonry Construction, By Baker. 9. 材料學 Mechanics of Materials, By Merriman. 10. 水力學 Hydraulics, By Daugherty 11. 橋梁學 Modern-Framed Structures, By Tohnson, Bryan and Turneaure.

附註第四年級所用書目未有查出又授課表所列內中有數種是敎員在堂口授的沒有書名故未抄入

四　新生入學的手續

北洋大學今年大概不招本科生，只招預科一年級兩班。到時擬定，自會在報上宣布。我現在且把預科去年招生的簡章，及去年入學試驗的題目，介紹出來，作爲參攷：

(一)去年招生簡章：1. 報名及試驗地址，北京在高等師範，天津在西沽本校，上海在小東門內第一高等小學校。2. 報名時呈驗憑照；繳四寸半身相片；繳報名費二元。3. 須有中學畢業文憑或同等學力之他項證出；英語能作短篇論文及繙譯；數學須將幾何，代數，平三角，學畢；物理須將中學物理學畢；國文，須能作淺論。4. 九月一日開學，若至九月十日不來，即取消入學資格。5. 年分兩學期，每學期納費十元，體育費一元，膳費每月四元或六元。6. 書籍，儀器，由學校發給，年終試驗畢繳還，或自用半價承買。

(二)去年預科的試題

英文 1. Diagram t'e following Sentences:

(a) Although I have had nothing to eat all day, I am not very hungry.

(b) On heaging this news We immediately

decided to return home.

II、漢譯英

(a) 羣鼠　羣鼠聚穴中議禦貓之策，一鼠進曰以鈴繫貓之頸，貓行則鈴鳴，吾輩得早爲之備，羣鼠大悅，無不稱善，主議者曰，誰能以鈴繫貓之頸，衆皆默然，故曰，言之匪艱，行之維艱，

(b) 三牛　三牛共牧場聚芻乾草，獅從山上來，欲搏之，患牛之合以禦己也，逡巡不遽進，試吼以懼之，牛果散匿，獅喜，先搏小牛，小牛哀鳴，大牛莫援，既殺小牛，以次及大者，三牛皆死，

(二)物理　用中英文出題各一紙聽考者自擇能用英文答題更好

1. What are the three foundamental units of mersurement?

   Why are they called fundamental units?

2. State Hookes Law, and give an illustration of it.

3. Draw an illustration of a siphon, and explain how it works.

4. What is the density of a liquid if 2 litters of it weigh 2400gm?

5. How long will it take a freely falling body to get a velocity of 200 ft per second?

6. How much force acting on a body which is free to move will give it a vel. of 600 cm per second if the force acts for thirty seconds and the body weighs 150 gm.?

7. Tell, with a digram, how you would find the immageot a point which is the front of a plane mirror.

8. An iron bridge is 200 ft.long at -10^0 C. Calculate the increase in the length when the temp. is 40^0C. Coeff. of exp.=.000014

(三)數學　亦用中英文合寫

一. 化

$$\frac{\left(\dfrac{a^{-3}c}{b^{-\frac{2}{3}}}\right)^{-\frac{3}{2}}}{\left(\dfrac{\sqrt{a^{-\frac{1}{2}}}\sqrt{b^{5}}}{a^{2}c^{-1}}\right)^{-2}}$$

爲最簡式

二. 今有一物重三百十四磅，如以十一磅與十三磅兩種砝碼混合稱之問不同稱法幾何，

三. 今有火車開往某處如每小時加快五英里可早到三十七分半鐘，如慢行五英里須遲到五十分鐘問該路程有若干里及車行之速率，

四. 求作一圓使其心點在一就定直綫之內，並使其圓周濟過兩就定點，

五. 設三角形之頂角A之平分綫交其底于D，交其外切圓之圓周于E試證 ABXAC=ADXAE

六. 試于圜之直徑之兩端作兩切綫叉于其間作第三切綫，以切點分成兩綫分則此兩綫分相乘所得之數必等于此圜之半徑之平方數試證明之，

七. 一三角形之兩底角爲 $22\frac{1}{2}$ 度 $112\frac{1}{2}$ 度，試證明其底等于高之二倍，

八. 試解 $\tan x \times \operatorname{Sec} x = \sqrt{2}$

五　校風

北洋大學因爲遠處荒郊，不與城市接近，所以在北京大學一部分的學生的惡習慣如叉麻雀逛窰子獵艷捧角之類，在北洋大學可算是鳳毛麟角。他的學生都是狠用功的——這并不是校長學校的功勞：一來功課多學生因爲升級的關係，守了個爭勝的心；二來離繁華地方太遠交通不便，沒有分心的事；三來宿舍太小，談天的客人不易插足其間；有這幾種原因所以不用功就沒有事做——環境逼成的。他的學生除了法科十餘人有做官發財思思之外，沒有不是志趣清潔的；個個都是以做工爲自己將來的事業平等觀念狠重，沒有紈袴子弟及官僚的臭味：這眞算是北洋大學工科學生的特長但是有些少數人因爲把現在的書本看做將來職業的『行政指南』，便終日埋頭書案，外邊甚麼事都不管只有拚命去鑽那幾本已死的書：這也是他們一點『白璧之瑕』。可要之平均算起來，北洋大學學生的程度，是沒有狠壞的因爲在學校實習的時候多，一出校去大概都可以自謀生

活在工界盡一番力。那天分高的學生，也會應用機械研究他的心得：羅君萬年曾發明過一個極有用的錫爐；過君銘忠曾發明過一個極利便的旋轉算機；某君又出過一本字典；這都是個人自己的力量做出來的。照這樣看起來北洋大學的學生，可算得起廿世紀中華民國的有用青年。就是一件令人不滿意，因爲學校裏除了上課之外，合羣研究學問的會所，至今尚未產出來。北洋大學從前受專制的毒，比較的太深，同學們守着一個『老死不相往來』的主義；養成一種自私自利的人格；除非北運河鬧水災，莫想他們動一動手脚；什麼『互助主義』，什麼『德謨克拉西』，從前知道清晰的，數得幾個！到了前兩年，才有人發起一個演說會，分中語，英語兩部，或演說，或辯論，每逢星期五晚舉行。同時又發起一個同級會，專聯絡同級的感情。又由學生自巳組織膳團，現在已有自治膳團，南膳團，北膳團，等名目。但是這也是少數人或是地域關係的人，不算得什麼有精神的團體。

自從『五四』運動以後，各人受過這次大教訓，便奮發起來，同學們互相聯絡，立刻組成一個學生幹事會，去年暑假前，這個會爲國事很出過一番氣力。後來改組爲學生會：分設評議，執行，游藝，三部；又設總務，文書，出版，教育，衛生，交際，調查，經濟，實業，等科。精神益形團結。籌辦消費公社，發行月刊，校役夜學，貧兒露天學校，改良浴室，理髮所，宿舍，等等大計劃，經已擬就；但是因爲同學們，謀革新運動，貫注全副精神去同黑暗的專制章程奮鬬，所以這些事情，暫且停頓。又當暑假前，本校曾發行一個週刋，鼓吹革新運動；後來因爲口講不中用，同學們把他停辦了，便着着實實的向革新運動做去。自去年十月起，直到現在，還未終止。黑暗的壓力，非常利害；但是我們內部的精神，更加團結，終久要鬥出光明來的。他們的意思是：『將學校改革使成一個良好的工科大學，俾我國將來千千萬萬的青年進來求學，爲我國在科學世界上爭個好位置；就是自己受了多大的犧牲，也是願意的。』但是我們所夢想的有教育經驗，學問，道德，爲全國所信仰的校長，甚麼時候能夠產出來呢？說到這裏，我心中非常難過。這個問題：『若是我們所希望的校長，終久不產出來，那麼我們應該取甚麼態度？後來想學工科的人，該取什麼態度』？這個問題，在我心中繞了不知道多少回，後來我決定了一個答案，就是：『我們的希望，若是不能夠發現，我們斷不能讓這個「階級制度」的學校存在；

後來學工科的青年，只好請他們另定方針，找個光明的學校去『研究學問』。要是我們的希望能達到，不特是現在北洋大學工科學生的幸福，乃是將來北洋大學工科學生的幸福，是中國將來實業界的幸福。到了那個時候，我當再做一篇『改革後之北洋大學』但不知這個希望，到底能夠成功不能呢？

一九二〇、一、二十、

農村生活

新農業問題之一

唐啟宇

新時代之農人

我們現在的思想，我們現在的研究，是要創造『中國的新農業』。中國的新農業如何纔能創造，就要有看我們能有新時代農人的性質沒有？要把神怪的幻說，變爲科學的實驗；要把汚濁的性質，變爲優美的性質；要把窮蹙的生活，變爲高尚的生活；要把靜沈沈的舊村落，變爲活潑潑的新村落。不取空談，乃尚實踐，不事怠惰，乃事奮鬥。

我理想中新時代的農人是有幾樣性質。

第一要具自然的樂趣　自然景況不是人類所能管轄的，絲絲的微雨，片片的和風，上有蒼蒼的青天，下有漸漸的流水，茂密的植物漸漸生長起來，幼稚的動物漸漸繁殖起來，鳥鳴嚶嚶，蟲聲唧唧；都是發育的狀況，給人有一種無窮的希望。愈加探訪，愈是快樂。在那原野桑麻淡煙輕雨中，做那一動一靜的生涯，實在是高尚的生活。因爲我們生長植物動物，供他人的衣食，生產許多的新物質，供他人的使用，吸收村落裏山林裏的新空氣，造成勤勞互助的習慣；我們又得着許多科學的知識，拿科學知識應用到農業上去，農業的繁榮，就是我們精神上的優美愉快。

第二要有經營的能力　在農業自足經濟時代，我們祖先的農人，他們耕種營造，供他們自己的飲食衣服居處，很少他人的需助。所以他們努力，專求衣食住之供給，對於貿易的事一點沒有經驗。但是現在這組織是不能不破壞，機器的勢力彌漫世界，中國的農人已漸漸的要入旋渦，自給萬萬不行的。所以農人的供給與需要，都不能不增加，而土地的價值又日漸昂貴，所以我們在經濟上不能不創造新組織，如何規劃，如何管理，使農場的大小，與農業的種類適宜配置，所以我想新農人有兩項前題要注意的。

(一)農業組織的一方面、

(二)農業經濟的一方面、

對於農業組織的一方面有許多問題應當解決、

(1)各種農場之利益與其弊害需要資本之多少資本之如何分配？

(2)靠我所投的資本與我個人的性質應擇何地點？

(3)我要組織何種的農場？

(4)對於工人問題如何處置？

(5)取何種農制(精農制抑廣農制)

(6)應購何種牲畜與機器？

(7)賣出何種農作物賣至何處如何賣法？

(8)預期收入若干？

(9)此項所預期之收入與他項事業收入之比較？

對於農業經濟的一方面我們應當明白以下數點、

(1)農場計算與紀載、

(2)農場事業的經營、

(3)所有產業之價值、

(4)所有產地契簡約賣出之法律的手續、

(5)如何貸借以借至如何限度爲安全、

(6)時間的價值、

這兩方面必定要仔細思索方能從事新農業。

第三要有科學的知識　物質的改造與精神的改造是應當一致、現在機械的複雜比以前單用牛馬耕田進步的程度何止幾倍，現在繁殖的方法比以前純任自然其進步的程度又何止幾倍；若是我們仍用那籠統的簡單的神怪的頭腦去觀察事物，新農業如何會能實現所以各種科學的知識是狠要緊我且極簡單的說一點：

(1)物理學如「光」與「熱」之影響「水」在土壤中之流動，土壤的組織與各種機械的動力及其使用。

(2)植物學如植物生理學研究植物生理現象之起因，徵諸實驗而知其感應觀察之外再施以測算植物病害學研究植物之生理的病害及寄生的病害植物系統學研究植物系統進化之狀態植物生態學研究植物之生活狀態植物繁殖學研究植物之如何改良選擇。

(3)動物學如動物生理動物繁殖動物飼料動物巢舍動物病害及蟲害動物之種類及其生活史皆是也，

(4)化學包含土壤與肥料之成分與動植物生活歷史之知識是很有關於農業的。

(5)氣象學研究空氣界自然之現象，如溫度濕度風雨等之變化。

(6)地質學研究岩石之構成及其崩解等等。

科學與農業實有莫大之關係，以上所列六項可見一斑。

第四要做精細的勞農　在農業自足經濟時代、日出而作日入而息、所用犂鋤釘鈀之屬、全靠肌肉的作用。故其工作極勤，其睡眠極穩；無須讀新式農業出版書籍、體力就是最大的資財、體力越强成功越大因爲生產物之多寡專賴力量之加入多少以爲衡。自機器發明之後、雖是增加許多效率、然仍須勞力去使用他、肌肉的訓練實在是成功的要素。但是單靠肌肉決不能造就新農業、所以須正確的思想、尤須正確思想的應用、選擇農場，其價值下於平均之田值；選擇農場其所生產額之價值、過於其田值、或選擇農場之近於市場者，使輸運便利；加增生產額，使利益優厚；減少勞農之數目而作物之收成並不缺乏；預見食物缺乏而種特種之作物以濟其急；所以農業成功不是環境的，是個人的。是智的一方面與力的一方面俱進的。所以我勸創造新生活的人，主張新村運動的人，實實在在要能做精細的勞農，否則不能從事新農業。

第五要有農事的經驗　新時代的農人啊！我們要在農業上做事，必須得着農事的經驗。因爲農事不是空談所能做到，不是理想所能做到，必須見諸實行。所以有許多的經驗如同氣象病害蟲害動植物繁殖機器等等，他們農人靠他們的見解，多有獨到的地方。所以我們當仔細的學習得着這一種經驗纔好。否則不善用機器致機器損壞；不善牧羊長作物則田場之損失必大。一舉一動求合於書，決少變動，書耕 Book Farming 之誚豈新時代之農人所能忍受。我們當做知行合一的工夫、將學理經驗溶爲一爐、使農業改造的動機、得以實現。

第六要男女互助　有許多農事的工作、要在家庭中做、譬如烹飪飼雞種菜養花、皆須婦女的幫助。所以組織新農業的男女應當共同工作用自己的勞力去得衣食做那互助的生活。丈夫喪妻他就不高興從事農業、妻喪其夫或子他女也不高興從事農業、因爲人生的健康與快樂已剝奪了許多。所以從事農業賴着家庭很多。就是童子他可以隨他的父親工作，他可以牧牛羊他可以知道時間的價値他可訓練工作的能力與責任他也一定能做互助的事業。我們再想一想我國目前農人的生活多半是獨立的、沒有影戲塲、沒有戲園所以精神的娛樂，只有在家庭內、只有男女互助始有優美愉快的家庭。

以上所說種種的性質皆是新時代的農人所必需的，現在做一個管理農塲詳細的計劃作我文章的結論，

(1) 農塲概况、 位置、面積、以前所植之作物、房屋、籬笆、市塲等等。

(2) 田間之財產錄、(物品清單)

(3) 管理之預定計劃、(至少五年)

(4) 農作物、：

(a) 農作物田塲面積每英畝之收入及總收入；

(b) 作物之專爲獲利者；

(c) 農作物之供飼料者穀類或草料；

(d) 農作物之供取種子之用者。

(5) 供牲畜之食料：

(a) 牛馬羊雞鴨等每頭所食之飼料以及總共之飼料；

(b) 所需之全飼料；

(c) 所需購買之飼料；

(6) 動物之生產品：

(a) 羊毛牛乳小羊小駒等；

(b) 生產物之賣出.

(7) 收入列爲條目。

(8) 支出列爲條目。

(9) 年終審査財產錄其價値有無增減。

10 財政結果：

盈餘等於收入支出極少；

田上所入之欵，等於盈餘所增所減者，在所置之財產；

人工所入之欵，等於田上所入之欵，資本之利息，增加或減

少；

如係租田租戶人工之進款；

地主投資之百分息。

我覺得我們要改造農村生活必先改造我們個人生活；要解決農村問題必先解決我們自身的問題。懸一個標準，憑著堅固的信心與意志，一步一步的做去。都可以達到我們所理想的新農業。等我們中國的新農業實現於世界農業的狀況供獻正多呢。

農村改造發端

張聞天

現在的人，最歡喜用一個很大的帽子，戴到很小的孩子身上。譬如上海的工會內中連各種小團體也沒有，偏偏要拿一個空空洞洞的名稱放上去。自己國內的政府，連「德模克拉西」的初步還沒有實現，而偏偏要提倡無政府主義。這眞是歡喜「空名」的笑話。

跳出舊社會，另造新社會，是最好的辦法，但是這個新社會，決不能完全同舊社會脫離關係，經濟方面一定受他的牽制，吾們這個簇新的東西，能夠久持嗎？所以與其跳出舊社會另造新社會，不如鑽進舊社會，去改造舊社會。

但是改造舊社會決不能一步成功的，一定要按步去改造，因爲舊社會勢力很大，假使吾們要立刻把他打倒，一定要吃敗仗的；並且吾們的立脚點，要在最小的地方，從最小的地方然後擴張到最大的地方，因爲最小的地方根基容易固，最大的地方根基不容易固。

吾們曉得，改造社會的第一步，決不是空談的廣大的東西，是實在的微小的東西，由這最小的東西，擴張到最大的東西，這個東西就是農村。

吾們學一樣東西，譬如數學，假使吾們學了加減乘除一步就跳到微分積分，一定要頭痛，不喜歡去學。所以吾們要學微分積分，一定要經過命分開方比例代數幾何等的步驟。吾們農村的組織，也是這個樣子，吾們的組織，要從最簡到最繁。

一盞燈，他的光明，可以照幾畝大的地方，那麼一二個有覺悟的人，難道不拿他自己做中心點發射出去嗎？

本鄉的人，曉得本鄉的事情，比較他鄉的人要親切，要熟悉；所以本鄉的人，辦本鄉的事情，比較容易，比較熱心。

吾們有了這幾種觀念，然後進而談農村改造的步驟。吾對於農村，尚無十分澈底的研究，此篇「語言不詳」只能做一個發端罷了！

農村改造的步驟：

1. 凡是有志改造舊社會的人，而抱自己情願犧牲光陰，金錢的一部分者，可以找一塊幾畝大的地，造一所可以容二三百人的草蓆房，再辦一隻講台，一塊黑板，幾枝粉筆。

2. 利用鄉下人空暇的時期，教他們來聽講。吾們曉得農夫的生活，要靠勞工的，他們不做工，就不得吃。吾們不能因為要演講，就教他們放下鋤頭來聽講。他們三月到八月，是最忙，但是天下了雨就可以有空。總之吾們要找他們最空暇的時間長演講，長教他們來聽講。講的東西，第一步不能就跳到高尚的東西，乾燥的東西。假使第一次他們聽的沒有興味，那麼第二次他們決不來的了。吾們可以去強迫他們來嗎？決不能的。所以第一次應該講的是有趣味的東西——有價值並且較長的古事。第二次三次以至五六次，最好連下去講完了，然後講古事的批評，並且同時挾進人生的真義，互助的必要等，自然引到他們到正確的軌道上來。

3. 義務學校的設備。這一步同第二步其實同時舉行的，凡是鄉下人無論貧富，平日有暇的都可來讀。教的東西，不重形式，揀最適用於他們的，最初步的做教材。不取學費，貧者更不取書籍等費。每天也選擇最適當的時期。

4. 每半月，開一次俱樂部。表現一種美的東西；或者表演有意義的一種新劇。使得他們覺得有集會的樂趣，共同生活的真精神。他們有了這種樂趣，這種精神，就可以曉得吾個人與團體的關係，個人決不能與團體分離的。有了這種觀念就到，

5. 使鄉下人自己覺得有集會的必要，曉得集會只有益處，沒有害處的。

6. 既經他們曉得集會的必要，同時暗示一種最初步「德摩庫拉西」的組織法，使他們自己舉出「公僕」。譬如舉出一個村長，二個書記，幾個執行事務者，以全會的人做議院，議決一切應辦的事情，公僕有了罪，立刻把他拉下來重選。

7. 既經他們有了組織，就曉得納稅的必要，納稅按照家產的多寡，貧者一概免繳，遺產重徵。

這幾條很不精細，不過吾以爲最初步這樣的辦，比較立刻教他們實行民選，鬧出笑話，好得多了。現在鄉下人對於大總統皇帝有什麼區別，多不知道的，擁護約法是誰去擁護。

吾們做到這七條，吾們差不多每村自成一個組織，同國家可以脫離關係。不過國家可以做各團體聯合的總機關，無無政府的必要。

這是最容易實行，最容易得到效果的辦法。其詳細方法請待諸異日，並求大家的指教。

一九二十，一，八．

工廠調查

中國之瓷業

鄭尚廉

我國素以產瓷名。英文稱我國爲 China 稱磁器亦曰 China (有 Porcelain 一字然係術語) 足見磁器之於我國關係非淺。有稱之爲國華者。誠非自誇也。顧我國現狀。諸事不振。瓷器工業。何能獨逃此例。故亦毫無進步。以致外國貨流入。銷路爲之大

受打擊。在今日則優良品盡屬外貨。國華己屬故語矣。茲特就年來所涉江西山東江蘇所見。爲諸君略述。(其中江西調查記載尚多。特從大略。山東博山地近易詳。且調查者尚少。稍從詳述。)

吾國磁器之名譽歷史。首推江西景德鎮。在今日就品質產額言。亦占唯一地位。除外國貨外。中上人家所需。皆來自此。計年產額約六百萬元。其次江蘇宜興。年產額雖有七八十萬元。然稱爲宜興磁者。(在學術上只認爲陶器。尚不得謂爲磁器。茲就俗慣)實居少數。大半則土罐類也。山東博山年額約五十萬元。而品質不良。較景德鎮之劣等者。猶不及。僅供本省及北方中下人家之用耳。其外湖南於十年前。曾聘日人。一時成績大著。然本係官様文章。益以連年兵禍。自己凋落。四川有川磁公司。聞亦于兩年前休業。他如廣東福建浙江。亦稍產粗磁。然產額過少。質又不良。究難與江西江蘇山東比也。

一江西景德鎮

景德鎮產磁工塲。悉集於鎮內。其數以千記。多小資本製造工塲。不必有窰。可數家共同一窰。大者雇工人。小者合老幼男女爲家庭工業。十年前辦一瓷業公司。規模甚大。而成績實微。至今亦只

能墨守陳法。僅以維持現狀耳。玆就瓷業公司所見爲例。述之如左。

資本十餘萬。生產額五萬元。職工三百餘人。工場面積甚大。製造方法。一如本鎭舊法。惟稍於彩畫加工注意。有窰兩基，構造卽景德鎭式。（中國磁窰分三式。曰景德鎭式。狀如反射爐。前高後低。壁作穹形。曰福建式。依山而築。自下而上。分數室。（多至十餘室）上室高於下室。日本多用此。稱之曰登窰。江蘇宜興亦用此。曰博山式。北方多用之。狀與北方饅饅無異。以石炭爲燃料。）經營方法。闕甚腐敗。原料附近產磁土一種。而非上等品。祈門星子等高陵土。皆來自百里外。惟釉果產於近傍。皆己在原產地粉碎水簸。鑄作磚狀運來景德鎭。時加水搗之卽可用也。職工技術慣於論數制度。（不以日月記而以作貨之數論）一般製品。流於粗糙。燒窰時。經營者顧目前微利。不思振作。以致瑕玼四起。其他民間工場窰之種類，原料工人，製造方法，與公司無異。不過經營略異耳。但分業甚細。例如製碗類者。不製瓶類。甚至全塲製品大小皆同一型。繪畫販賣皆分門別類。總之中國磁器。（景德鎭爲全國之冠。以之代表。）在今日漸不能與外國競爭。目前尙能維持者。以人民生活程度尙低。無暢銷外貨能力。且交通尙未大便。故對於今日之粗製品。猶能滿足也。據余以與外國品，較其善惡。則第一卽中國製品之手工不足也。此卽製造者。只顧多生產，不顧品質所致。其次則中國製品之汚痕斑點也。此則由過於惜生產費所致。皆足證吾國人只知小利。怠於進取者也。又余至景德鎭得一種可悲現象。卽除二三工業學校關係者外。咸抱有景德鎭磁器天下無二思想。力稱外國貨之劣等。獎勵國貨在今固足歡迎。而此種「夜郎自大」之思想。尙盛行於景德鎭製造家之口。改良之期不知待於何日。故所歷他處。尙見有改良影響。而於景德鎭則今日猶不敢言。雖有饒州工業學校。從事改良研究。而經費過少。成績難舉。今日之政府。對於實業教育。不摧殘已爲萬倖。何敢尙望獎勵。惟望其製造者之覺悟。無他善法可想。

二山東博山

地位膠濟鐵路中段之南。由張店有支線直達其地。自昔以產陶磁器玻璃著名。外力侵入後。石炭採掘頗盛。實山東唯一之工業地也。所產磁器。約分二種。一細瓷。卽普通白磁。而品質不良。似景德鎭之下等品。曰粗磁。釉黑。貨粗。多酒瓶燈盞之類。（此種貨有似原始時代所用。而北方苦寒之地。至今猶常用於鄉村也。）窰家多在博山縣城內外。及附近各村。製造業者、之數如左。

博山　二十餘戶　山頭莊　四十戶　郭大灣　三十戶

外各村合計約百零數家。其中猶以山頭莊產額爲多。且多普通白磁。所有博山及各村窰數如左。

博山　二八　山頭莊　五六　郭大灣　四二

各村合計一百四十九基。一家數窰。或數家共一窰不等。

原料、近傍山陵。隨處皆有。不似景德鎮之遠求。其種類有黃土、青土、城石、白藥石等、產出豐富。唯各製造家須粉碎精製各種原料。不似景德鎮之無須粉碎。燃料石炭。亦極廉。黃土用以製匣鉢。青土色青黑。用以作磁胎。江西稱作坏燒成後卽作白色。城石灰色。塗於釉底。燒成後亦作白色。白藥色白。用以作釉。又粗磁用一種黃土作釉。曰黑藥。燒成後卽作黑色。原料粉碎用石臼。以牛馬曳之。粉細後流入水槽。濾過、沈澱、乾燥之。然後用石製轆轤、或素燒模型。作種種製品。成品乾燥後。塗釉。再乾燥後。卽入窰。窰作艇艇狀。燃料的粉炭。因原料耐久。故燒成火度。較景德鎮甚高。燒窰約費一週間內外。裝窰約一二日。冷窰燒成後冷却約四五日。自裝窰至出窰。約二週間。燒窰一回。普通用炭約二噸上下。博山炭質屬無烟炭。火焰甚短。雖用粉炭。較易燃燒。亦非長時間不可。兼以炭質含硫黃分甚多。不甚適宜於燃磁。然價甚廉。經濟上實不能改用他處石炭也。博山製品之不良。半由於原料不及江西之優良。半由北方苦寒。人民樸質。只求廉價適用。不求華麗。（雖粗製尚能暢銷。近來交通漸開。人民生活漸向上。數年來博山製品亦漸趣精良矣。博山磁業。有可注意者數端。一、勞動工場之應改良。蓋中國本來不講衛生。兼以北地寒冷。空氣流通之法。全然不講。又常用粉炭和泥。燒之取暖。窗戶緊閉。煤烟燻人。余每覯之。卽作人間活地獄之感。似此人道有關之處。應先改良。二、清潔吾國人平不甚講究。北地塵土太甚。更難苛責。博山炭區之地。黑塵四起。故人民習慣。工場猜潔更不成問題。對於製品。上記二弊。如能改良品質。將因之而向上無疑。三、日本人之經營。自歐戰前。日人渡邊某。卽在博山開設小工場。製造水道土管及耐火磚。及戰事起。日人侵入山東後。成績大著。遂於二年前。改作有限公司。投資二百萬。運動林長民入股。（股東只林一人）取名中日合辦。以便收買一切。諸君試思。合計博山陶磁器年產額。不過五十萬元。竟投偌大資本。加以進步之技術及鐵道之勢力。所以現在博山優良原料。大半以我國敗類之名由日人買占。（博山炭區。亦用此法買占殆盡。）將來博山陶磁業。必爲奪取。可以豫料。四、燒炭之特色。在昔日學術未發達時代。東西洋磁業。皆用薪材燒窰。及至近代。始漸改用石炭。（景德鎮宜興等處。至今尚用薪材。）唯此地於古代即用石炭。雖由薪材甚少之故。然實陶磁史上之異彩也。

三江蘇宜興

縣城只有新辦工場一處。他皆在蜀山鎮鼎山鎮及近傍村莊。所產製品。稱爲宜興磁者、有二種。一紫泥。一白泥。種類、即宜興茶壺、及支房陳列品類。外水缸類產額甚多。猶以鼎山鎮爲最。原料即紫泥土。及白泥土。紫泥色紫。白泥色灰白。土質粘性甚大。故坏用模打。不用手揑。因製品種類。及土性關係。純用素燒模型。加以手工。不用轆轤。故生產較少。製品燒窰火度甚低。普通宜興器燒成後。原價本賤。以磨琢手工。致價昂貴。磨琢用鐵車。優良者須費一二日之功。云近又於燒成外。再塗各種色釉彩畫。以余觀之。反失其雅。徐改良宜興磁。

一、現在用窰。過於簡單不整。宜將窰改良。

二、宜設法改良模型。及應用轆轤。以增加生產額。

三、宜從意匠方面。改良形狀裝飾。

四、宜設法用與坏同樣之釉。使面平滑。以減少磨琢之工。

以上係對宜興磁意見。至於水缸之類。本非磁類。不在此限。

華僑消息

今日之馬來半島

左舜生

會友朱君鐸民新從南洋歸國，他在新加坡住了四個月，遍遊馬來半島三個月，把華僑的事業，英人的經營，詳詳細細調查了一番。日前由上海到南京和我暢談兩次，我看他所講的，關係華僑的前途甚鉅，所以大略的把他記載起來，至於詳細情形，朱君還有三種著作（1）二十世紀之南洋（2）馬來半島遊記（3）英屬馬來半島華僑敎育意見書）不久就要出版。

朱君云馬來半島的形勢，在今日極爲緊要；西藏爲印度陸上之門戶，新加坡爲印度海上之門戶，英人經營東方，久欲闢新埠爲軍港，將來如果成爲事實，英國在東方的海上勢力，即完全穩固。

至於陸上，馬來半島西岸的鐵道，已由新埠直達暹邏（新加坡與柔佛僅隔一河，現英人已建築一鐵橋架河上，估價一千五百萬元）將來或由暹邏經緬甸之仰光直通印度之孟買，便可把印度和馬來半島聯成一氣。

英人治馬來半島的政策，絕少英國式的色彩，所謂立法會議，大率爲行政會議之分子，中國數百萬民族的代表，僅林君文慶一人，還是英國總督委任。至於尋常官吏，都由英人充當，中國人僅能做書記或郵便生。新加坡有華人義勇隊一隊，頗有精采，但此種華人，已完全與馬來人同化，平日對於華人，還有一點看不起的神情，所以於當地華僑勢力，絲毫沒有關係。英人對付馬來酋長，僅與以相當之年俸，并尊崇他們所信奉的回回教，馬來土人，也只要沒有人去打破他們宗教的迷信，也就可相安無事。

至於教育，新加坡檳榔嶼馬六甲都有殖民地政府設立的學校，學生大半英人。新加坡有一高等學校，畢業考試列優等的，可以有官費送到英倫大學留學。後來英國人看見總是中國人考在前頭，就把官費停止了，經林君文慶提出質問，才從新恢復。至若華僑自辦的學校，目前尚有自由處置之權，將來或有取締的規則，也說不定。

馬來半島的實業，頗是發皇的氣象，西海岸已完全開闢，所以對中國人的取締很嚴。如產錫的地方，中國人很不容易去，東海岸如丁加奴吉冷丹等處，尚未十分開闢，所以對於中國人尚主開放。華僑所經營的事業，大率爲樹膠，至於銀行業，從前只有和豐四海通華商三家，資本至多不過四五百萬。去年林君文慶組織一華僑銀行，資本有二千萬；已在新加坡開幕，將來當很有希望。歐戰期間，英國東方殖民地，完全仰日本人保護，所以日本人的經濟勢力，也乘時侵入馬來半島，日人所設之店鋪，其資本大率由當地台灣正金兩銀行貸與，長袖善舞，日本人固無往而非吾華人的勁敵咧！

馬來半島的交通，西岸的鐵路，已通暹邏，東岸已到彭亨的首府爾闌闢利，汽船則大小名埠都可通行，而其爲半島交通的命脈的，更推馬路，全半島馬路，四通八達，汽車無處不可通行。（收費極廉，每英里僅八分。）從雪蘭峨到彭亨有山高約六千英尺，英人亦在其間迂迴曲折，闢一路以行汽車，而各邦每年歲出項下，更莫不以建築橋梁道路爲大宗，半島一隅之地，一入歐人之手，能經營得如此有聲有色，眞不是偶然咧！

至論到馬來半島與吾國人的關係，實在可使吾人驚異；現在馬來半島的街道，因爲有許多是華人開闢，所以就把華人的名名街，某英人著遊記，說要紀開闢馬來半島的功蹟，應爲彼扁鼻黃色的華人立銅像，可見華人與半島的關係，西人亦無異辭。就是現在華僑在半島的勢力，也還是不可侮，因土人程度極低，所以各處只見華人的組織，自大小商人，大地主，小經紀，以及車夫，船夫，僕役，苦工，莫不在華人掌握。土人約二百萬，華人亦約二百萬，統治半島的歐人，不過四五萬人。可惜華人的劣根性，隨處發現；柔佛一九一八年入口統計二千萬元，而鴉片占六百萬，顧主即華人也；同年七八九三月，新埠鴉片收入計四百餘萬，顧主亦華人也。至於賭博中的番攤麻將，更無不應有盡有。此種惡習不以教育的力量矯正之，華僑的勢力，或有一蹶不振的一天咧！

朱君講到末了，更提出幾個意見，我索性一起寫出來，供留心南洋事業的參考。(1)朱君主張把智識階級的人大批的到南洋以爲華僑的指導，或從事教育事業。(2)南洋所設的銀行，應在內地設分行，使國內外的金融，得互相呼應。(3)應該修南洋開化史，免忘記華人經營南洋的事蹟。(4)國內應設立研究機關，結合多人，從南洋各方面爲詳細的研究。(5)應編譯當地法律，由英文譯成中文，免華僑誤觸法網。(6)南洋各埠以後不要設政黨去詐索華僑的金錢。(7)華僑所着服飾，絕不一致，應頒給禮服式樣，以一觀瞻。(8)速勸各埠設立戒烟戒賭會，以掃除惡習。

我所記的，不盡朱君所講的十一，恐怕還不免錯誤，文字的責任，當然由我負。

荷屬爪哇島商務調查記

鄭忠富

爪哇爲南洋羣島中荷蘭屬境之首都。位置在經線一百零五度十一分至一百十四度三十三分之間，緯線五度五十二分至八度四十六分之間。東西相距一千零六里，南北計一百三十六里。西隔森打海峽 Sunda Strait 與蘇門打拉斜對，東隔買里海峽與買里島 Bali 相望，北隔爪哇海遙望婆羅洲，南臨印度洋與奧大利亞洲對峙。全島面積合買都拉島 Madura 共五萬零五十餘方里，人口約三千餘萬。

荷屬南洋羣島大都橫貫於北緯六度南緯十度之間，各島中部山脈甚多。溫熱帶植物。兼而有之。爪哇之低地產米，靛青，甘蔗，糖，椰子，香蕉，及其他各種熱帶植物。其高地則產玉蜀黍，荳，米，咖啡，胡椒，烟葉，等類。其溫帶地方則以培養野菜花卉，水果，等爲最適宜。爪哇地處熱帶。得太陽之大惠。且中央山脈配列得當。故所降之雨量極豐。大小河川。皆得灌溉之便。荷屬政府。留意於森林。以調劑大雨水之流。使之四時得平均之灌溉。惟其低窪之地。水量過多。須設法排出耳。全島僅四萬九千方英里。而能容納三千一百萬人者。以其物產之富。故能維持其島中之人口。尚有餘裕。蓋其物資之豐富。與工資之低廉。皆足以吸收各國之資本。以促進其殖產興業也。自此島隸屬荷蘭以來。已三百餘年。每年所輸出無不多於輸入。其物產之豐盛。可想見矣。歐洲人。及其他居民之產業。與土人所經營者。其規模之大小廣狹。幾有雲泥之差。土人僅採守其小規模之農業。雖有政府當局爲之指導保護。而仍不事改良。蓋習已成風。無可設法矣。至歐人則應用最近之學說。設立各種機關。以刷新其農業。其成積顯著者。如糖之生產。與精製是也。而歐洲等處人所經營之農業。除糖以外。以咖啡茶。橡皮。金雞納霜，等爲主。其公司之最大者。資本金有一千五百萬盾。（荷蘭金元）之多。

最近數年中。荷屬東印度之貿易。其進口與出口相較。爲十與五之比例。蓋天賦之利源。適宜於煙葉椰子橡皮咖啡茶及其他農林物之生產也。荷蘭爲其母國。故進出口獨多由荷。進口者約占十分之三。出口往荷者約占十分之二。然荷進口貨中。各國貨物皆在內。非盡爲荷蘭所產也。其出口貨大都運至荷蘭之阿姆斯特躭洛特躭 Amsterdam 乃轉售於歐洲市場。次於荷蘭之進出口數較鉅者。莫過於新加坡 Singapore 蓋該處爲南洋各地物產集散之市場。近年和屬東印度雖已對於外國漸開直接貿易之逕。然以交通及買賣之關係。多數貨物。仍經由新加坡也。一千九百十七年。荷屬東印度之貿易統計。進口約四萬萬盾。出口者約八萬萬盾。合計十二萬萬盾。進口貨之四分之三。卽三萬萬盾之貨物。專供荷屬住民之消費。如布疋（約一萬萬盾）米（約六千萬盾）其他食物（三千萬盾）等是也。其他四分之一貨則用之於生產。如機器類（約一千萬盾）鐵及五金類（約二千五百萬盾）肥料（約一千八百萬盾）等是也。日本與荷屬之貿易。在戰前自日本進口者。約七百萬盾。出口至日本者約三千萬盾共三千七百萬盾而已。然戰後增加極速。據去歲所調查進出口合計已達一萬萬盾矣。自日本進口之主要貨物爲棉布，火柴，煤，水泥，肥料，麥酒，等。其出口至日本者則以糖爲大宗。自開戰以後。日本在荷屬之貿易異常發達。蓋歐洲貨物阻滯。日貨乃得暢銷。但現在和平恢復後。歐洲貨物必將蜂擁而至。日本與荷屬能繼續其增加之趨勢與否。實爲一大疑問耳。

荷屬東印度之重要產物附記如左。專列其出口之數與其價值。

糖	一百五十萬噸	二〇〇六千〇盾
橡皮	四十噸	一〇二千〇盾
烟草	九〇噸	七千七百〇盾
樹脂及椰子沛		四千一百〇盾
茶	四萬五千噸	四千五百〇盾
咖啡	三〇噸	二千一百〇盾
火油	一百四十萬噸	一〇五百〇盾
錫	二〇噸	五千〇盾

其他如金，鷄納霜，胡椒，麻，等。亦爲其生產之主要物焉。戰後投資於荷屬東印度者。計英國二〇四千〇盾。德國五千〇盾。法國及比國五千〇盾。以英國所投之資爲最多。然開戰後形勢一變。轉爲美國及日本之資本爲夥矣。

(完)

專論

利用光綫之電話

倫敦皇家理科大學物理教授郎肯 A. O. Rankine 原著
法國電科大學畢業工程師范靜安譯

無綫電信一名詞。其通常之義意極狹。大都用於馬空利 (Marconi) 氏所發明之電機上。然在愛茲 (Heatz) 氏尙未發明電浪以前(此電浪即馬空利氏所利用者)已有一種特別無綫通信之法。即借光線以通消息。如海船上之光學號誌是也。因無綫電信之進步。於是有無線電話之發明。此次歐洲戰爭開始實行。已著功效。其將來之希望。正未可限量也。雖然。別有所謂利用光綫之電話。已先於此而發明矣。當西歷一八八〇年有克郎姆貝爾 (Gramme Bell) 氏嘗借光線之力傳達其語言於二百米達以外。此事知者甚少。蓋克氏尙未能將其所發明之件。歸於完善。使有實用上之價値。故不爲世人所注意。邇經著者加以研究。由是所有缺點。已得圓滿之結果。下述機件。竟能於數啓羅米達以外。互相接談。玆先將此機之限制及其優點。說明如左。

光由直綫傳達。如用之於電話。則發話之處與接話之處。其間不得有障礙物。而兩地距離。亦不得超過五十啟羅米達。因距離過遠。其地面之曲度。必生妨礙故也。然如將發話處或接話處之位置提高。此種妨礙。卽可消滅。至於通常之無綫電話。則不受其限制。反是而光之傳達。僅限制於一直綫。誠爲憾事。但限制之中。轉有優點。蓋接談時。可使光綫直達於所欲至之方向。因之此機能守秘密。不似通常無線電話。易於漏洩。如有海船兩艘各裝設此種機件。彼此交談。雖他艘亦裝設之。仍不能從中竊聽。若通常無線電話。旣非直達。自不免屬耳之虞。是其缺點之最大者。戰爭時光非所宜也。

光之所以能傳話者。全賴乎一種單體名曰洩烈惡姆（Selenium）者之特性而使然也。此單體在光中之傳電力。較在暗中爲強。今假設一電路。內有電餅數副。電話機一具。而洩烈惡姆介於二者之間。洩烈惡姆受光之打擊。其電路卽能任電流通過。電流通過之多寡。以洩烈惡姆所受光線之大小爲比例。而光線之大小。如能令其以說話聲音之高低爲比例。則電話機件顫動。如律。遂回復其原音矣。博士富列得爾貝(Dr Fourensier d albe)氏。邇來製造之洩烈惡姆板。頗能達此目的焉。

由上說觀之。是欲以光傳話。必先能以聲之高低。變更光之大小。而後可達其目的。自克郞姆貝爾氏以來。對於此點。固已多所發明。但均不若著者於一九一六年所發明之機件。尤爲巧妙。今詳述其作用如下。

假令吾人向留聲器之音筒內發言。則音筒中之薄板。卽爲說話聲音所顫動。在尋常時。此顫動卽由一槓桿傳於一針。今若用小水銀鏡一。以代此針。(第一圖)其顫動遂傳於是鏡矣。

設有日光或强烈電光。射於圖中之第一透光鏡。於是由此透光鏡。聚入小鏡。復由此小鏡。射至第二透光鏡。第二鏡之焦點。與小鏡之焦點相混合。因之第二鏡所吐出之光線。均成平行。

當光之將到小鏡也。先經過第一格。其明暗部分。各各相間。亦各各相等。經過以後。遂分析爲若干光線。此分析之光線。射於小鏡

利用光線之電話

第一圖 發話機

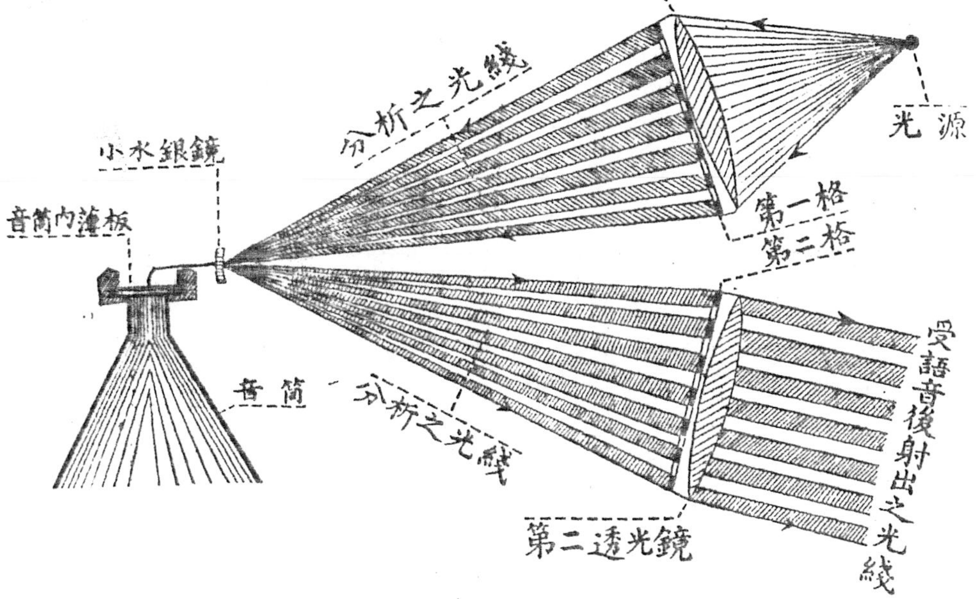

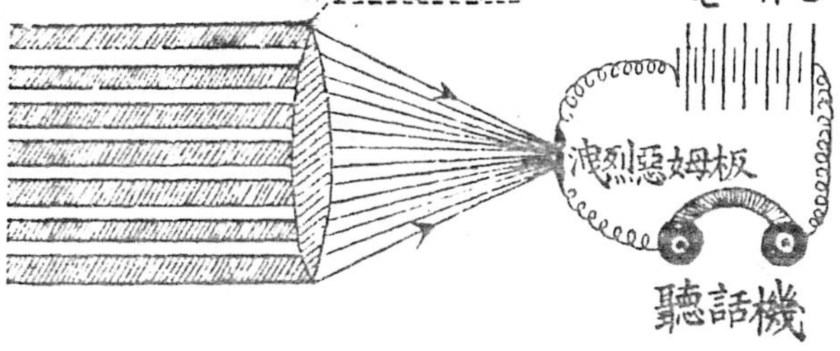

第二圖 接話機

再由小鏡反射而入第二格。兩格構造相同。於是視小鏡之位置。角度如何。以定光線射入第二格之多寡焉。

如小鏡所處地位能使分析之光。悉行穿過第二格。則光之全部。無不傳達。其或地位稍異。而分析之光。適射於黑暗部分。斯其光絲毫不能通過。又或小鏡地位。介乎上述二者之間。此時光線之通過。或多或少。

夫小鏡之地位。以說話聲音。任留聲器音筒內之顫動率爲比例。前既言之。而穿過第二格及由第二透光鏡射出之光。其量之多寡。即以說話聲音之顫動率爲比例矣。此正吾人所欲達之目的也。

第一透光鏡吐出之光。由發話處以達接話處所設之第三透光鏡。再由第三透光鏡聚射於洩烈惡姆板。此板因受光之打擊。即任電流通過。電流通過之多寡。以光之大小爲比例。如前所述。於是說話聲音。遂復發於電話機矣。

以上所述各種類象。試從而下一結論。蓋吾人向留聲器之音筒內發言。則音筒內機件顫動。而小鏡之顫動亦隨之。小鏡射出光線之多寡。以小鏡之顫動率爲比例。而接話處之洩烈惡姆板。以受光之影響。遂任電流通過聽話機。此時電流施其效用於聽話機之薄板上。於是原來之發話聲音。即復生而傳入接話者之耳矣。此機所傳之聲音。較尋常電話倍爲清晰。接話者可就其聲音而立辨爲出自何人。無勞彼此詢問之煩。惟音之清濁。視光之明暗爲轉移。故日光其最良者也。

如欲同時向兩處交談。須備發話機及接話機各二部。至此處與彼一處交談。則但設發話機及接話機各一部。邇來試行此法者。已常達於數啓羅米達以外。著者自信他日必能推而廣之也。

理想的美術趨勢

沈怡

伊古以還。若埃及巴比倫阿肯里羅馬希臘等一切國家。都有一時的建築式。足以昭示後人。我人於此。必定要問現在二十世紀號稱文明進化時代，他的建築式是什麼？已經成立了沒有？這二個問題。據現在看來。還不能有圓滿答覆。

建築式德名 Stil。所以示一時代建築上特徵。將種種美點一概包括在裏頭。亦可作建築趨勢。或是美術趨勢講。總之無論叫他爲建築式。或是趨勢。必定要能代表一時的建築。做「中流砥柱」有永久存在的能力。新建築式的創造者。世界各先進國幾無一不在努力中。但所得結果。都是即使有了新的形式。然而仍舊不能代表今世界所有建築特徵，與優點。因爲感覺着這項困難。就有人生出下列的各種推想來：

我人創造一種建築式。對於已有的與未有的。是否完全澈底瞭然？

或未來新建築式獲得的途徑。並非循着軌道進取追求可得的。

或未來新建築式的分子。當佔有極高尚的美術思想。尚未爲我人所意及。

或此外比量求一似沿襲歷史的建築式。然而用什麼方法可以獲得？

以上幾端。都是要待研究的。於此我們第一須要明瞭美感作用是怎麼的。然後可以去研究他。因爲這幾個意想。無一不傾向在美感方面。由美感的意想而創造新建築式。這是一定的途徑。無可置疑。

人類創造各種事業。大概具有三項主力：

（一）覺悟。

（二）意識的發展。

（三）人的性靈作用。

這三種創造主力。大半多守着一定步趨。譬如原始時代。沒有房屋、舟、車、器具。當時的人類。竟會漸漸自然而然的造房屋造舟車器具。這是覺悟的作用。既覺悟了。有房屋舟車器具了。便進一步想便利適意。這是意識的作用。既便利了。適意了。乃更進求美觀。於此審美觀念。愈形擴充。這就是人的性靈作用。今試述二三例。以明我說。

原始的人類。覺裸身不雅。用樹葉或布來圍着。此樹葉、此布。從現在人的眼光裏看來。不能作衣裳看。然而可要算他有衣裳的性質。現在的衣裳。不過由意識與人的性靈交相創造成的。在美感作用未發展以前。那拿一塊布來蔽身。當衣裳看。也沒有什麼希奇。但是我們把現在的人講來。譬如有一人在此。如使拿布來遮身。必定拿一塊格外美麗的布。因爲顏色上關係。經人意識性靈的判別。就分出好壞來了。

若論思想再高一級的人。那就更有分別了。他並不取目前環境的事物。來評判優美與拙劣。譬如祇在一塊布上去分別好壞。

一定更有超人的思想想將舊有蔽體的事物。換一種新方法去改良他。旣補足舊方法的缺陷。又更進一步到美的方面。譬爲一燈安着一個燈座若是尋常的不過燈座很穩當。帶着一架燈罩罷了。這類燈並沒有什麼特別。同畫的一樣，不活潑．死的。要使將燈座做成一個意想的形狀。——譬如自由的神。托着光明。——這樣就生了一種新意識。本來的「光」看去很平常。也變爲高貴神聖和愛了。種種思念。都會不期然而然的發生。這就是意識所造成的美感作用。美感原來能增高人的性。情變爲優美、純潔、富於思想的。

更如樑下的支柱。講他功用。一個好看的與一個不好看的。原沒有什麼分別。但是看去一個好像死的。加了美的佈置。就像活了。試一翻讀建築史。差不多大部分多是講各時代支柱的變遷。其他如我國廟宇建築的部分若屋角、棟樑、門窗、俱各有特別形狀。且非是不美。這種得果多是逐步得來。自非一朝一夕所成的。現世界的建築物。所具性質大半爲形式純粹的。因爲需用上關係。所定形式旣適宜。所取材料適宜。這類建築在今日堪稱最普及不過了。並且特呈一種實驗界的現象。他的形式。可以創造無

盡量的新變化。但是總攬所有今代建築從根本上看去模做舊者的地方還是不能免。他的特徵還是前者所有的特徵——新特徵無表示——所以新建築式尚是有待於創造的。

要創造一些新的平常總是依賴繪事能力。（以創造建築式立言）但是依賴他去求新這是常人皆知。爲不可能。建築式由乎繪事變化。總是一種有止境的變化。於此我人可得一種觀念就是：圖繪的能事是有限。意識性靈的作用是無限的。（圖繪作用當然也有一二處可另作稱述的。因爲不在本題範圍以內。故不及。）就逐項建築講來一時固多有一時的美術特點。但是要普遍的拿來說一個普及的趨勢。那一定要同那些曾經有的新式樣能鎔冶一爐。那鎔冶作用是創造新趨勢必須取的方法。也就是我們所希冀的一種創造途徑。但是鎔冶啊。陶鑄啊。切不能犯了舊弊。又把過去的趨勢，建築式混在裏邊。若果混入那創造新建築式。不免仍是泡影了。我們第一要注意現在的建築式。在前面講過很多地方。是襲取過去的。所以未來的新趨勢。一定在我人完全將中古世紀的趨勢。精神的戰勝以後。那時候新趨勢也就不難出現了。

可稱述的過去趨勢有最著名全世界二種。就是希臘的建築式。(Kulturepochen des Griechentums)以及中世紀的建築式。(Mittelalterische Hochkirche) 其餘的趨勢能與此二著比較能抗衡的要莫十六世紀意大利的藝術中央時代。(Renaissance)Renaissance 的優點。在乎能將中古世紀的美術。轉進而入於意識界有創造一種高尚美術的意思這都是Renaissance的重要精神。

Renaissance 的思想觀到了後來側近宗教方面又分了二種趨勢。在十六世紀的是 Barock。在十七世紀的是 Rokoko。我人類於既往的趨勢更可覺悟現在退步的狀況。

十七世紀以後的趨勢根本上要莫經了很大的改革。從前的大半是幾個專制帝王所創造十七世紀以後的，可不然。都是發生在平民社會。(古時的美術趨勢。爲現今所公認的。多半是藉據幾些宮殿廟宇的遺蹟。其外也確是沒有什麼可作考據。況且專制時代假藉帝王無上權威。便自然一手能創造一種趨勢。)

從十七世紀以後趨勢的根本創造力看來。可卜未來的新趨勢。一定也是，——當然是，——由平民社會發生的。我們是平民。我們也希望如此。不過有一層要曉得。未來的新趨勢。不是一國一邦的。乃是二十世紀的凡是立國在二十世紀時期以內的國家。都是相互有關係的因爲這個趨勢。如果成立以後。就是一種二十世紀人類知識的代表。後來的人就將拿這個趨勢斷定這世紀，——現在語來就是二十世紀。——的人類進化程度同我們現在依照已往的趨勢。斷定已往的人類知識同一方法。

我們二十世紀的人類啊！現在是努力爲人類增進幸福的時代啊！增進人類幸福。其途安在？就是努力求知識上的進化。似此文化知識有關係的趨勢，——建築式，——也是求進化必取之途徑哩！

此後文化的變態。當然是時時隨着潮流往前進取。其於我們理想的趨勢。一定是很有影響。也是我們所應該留意的。其外要是說新趨勢的創造。是要有待於大藝術家。並且新趨勢已是在進化的路上。他的反光也不難喚起我們。祇叫時候一到。有了藝術家。就很容易把他表彰出來。努力！努力！這不是一次二次能了的事。一定要我，——譬如是努力創造新趨勢的人，——就得與這個時代同化了一樣努力來求他所有研求建築術，美術的人。如果多是如此存心。新趨勢纔得創造出來。努力！努力！我們不是人人多可以做到藝術家這個地位麼？

未來的新趨勢。照推測看來。文化到了一定的地位。然後可以成就。——現在這個地位。還沒有到。——現在地位既沒有達到。那麼我們這一時代。說來是一個過渡時代了。或有人問：在這過渡時代中。不能產出一個過渡的趨勢麼？這個問題。有些難以答答。答語至多是要使文化，——新的，——任在何處。有了較高的地位。能提攜這趨勢表揚出來。如使這新文化。猶是有舊文化的分子。那麼更可以說。由此創造出來的趨勢。完全是一種過渡時代的趨勢。這種現象。在現在的時候。很可以顯然目睹的。（現在的建築式。大半多攙入舊分子。這是明白確鑿的現象。）

最切實最重要的問題。就是創造新趨勢。依照什麼根據。這個問可以如此說：依舊有求新。獲新然後革。舊現在建築式的缺憾點。是在依據舊有。而終久不能去舊。這一層在現在要創造新趨勢。已是不可再犯的弊病了。

十九世紀初。當法國大革命的時期。是一種過去的非常的事變。這一次恐怖戰爭以後的結果。變革很大。平民趨勢的發生。有了萌芽。因爲帝王式趨勢受了淘汰的緣故。這樣變革。我們不能不知道。因爲如要參考一種原有的趨勢求發展。那麼對於那過去的時期。不能不考究像羅馬式的宮殿建築(Romanischer Palatialbau) 在現今還是最美麗最雄壯的形式。餘留在大廈建築上。其外。若 spatgotisches Burgerhaus 還是最合宜的形式。適於現今的住宅。現在的時候。——要創造新趨勢的時候，——不能再說我們仍舊去仿造 romanisch 或是 gotisch 的建築式。不過我們不能不知道過去的美術。這便是創造新趨勢前途的燈。我們尋此光明。往前研求就是了。

研求！研求！研求的聲浪。時時震人耳鼓。我們着手研求的時候。一定還得注意的。創造新趨勢。不從繪事方面着手。完全把他放在旁邊。不去理會。另外用自己能力。來求一個切洽文化的新根據。把舊的式樣排除去。至多是依取舊的「求美的意思」來創造我們的新趨勢。形式上的狀態。是非主體，乃副體的。若使有了大藝術家。手執槓桿。在那「美」的堆裏去挑動。他就能自己顯出來。所以說。形式是副體、美的意識纔是主體。

這篇文章將近完了的時候。還有要聲言的。觀察歐美的建築物。

大半是由二種原質合構而成。這便是有文化影響的意識與有外表關係的形式。能注意這二點。一定有很多的新形式。可以創造。我們要求一個大同的趨勢。這也是重要根據。總合本篇所述的種種。大半是創造新趨勢必取的途徑和標準。守着這種標準和途徑向前去。理想的新趨勢。終究有一天變成實現的新趨勢！

(完)

此篇大意襲取 Hofmann 著的 Gedanken uber den neuen Stil 會載 Architektonische Rundschau 附誌於此

地方調查

陝西社會現狀一斑(續第二期)

楊鍾健

(三)實業狀況

就天然的產物看來；陝西的實業應該非常發達，民生應該非常寬裕，可是而今就實際上看來，差不多莫有實業可說。官也罷，民也罷，都要現成的銀錢，不做實際上生財的事情。甚且因兵匪的騷擾，把已經造成的銀錢埋在地下。需用的越多了，供給的越少了，民生那能不凋敝呢？

陝西現在人人都知道的利源，就是延長石油。但是辦石油的總理，聽說是位姓張的。他學的是土木工，于這上自然是外行；而且因資本不足，交通不便兩個大原因，更不能充分發展。省城外來的油如美孚油，亞細亞油都比延長油好且便宜，自然本地油不發達，而外來油的銷路一天一天廣了。最近還聽說陝西長官和農商部有把這石油與日本合辦的消息。咳！不與人合辦，只不吃利罷了；若與人合辦又要受大害了。前幾年有與美商合辦的傳聞，陝人尙極力反對；如今又要與日人合辦，如何不見陝人說一個「不」字？

陝西實業不能發達的主要原因，我前已說了；不過還有個大大的原因，說來眞眞令人痛心。交通雖然不便，但把好的機器已運來了；又有狠有名望狠有財力的人合辦，也不愁資本不足了。但何以有許多工廠辦下幾月，便都關門呢？這個原因，我且把他叫作「衙門主義的實業」可惜這衙門主義的實業，不知倒閉了多少公司工廠，不知爲實業界前途生了多少阻力。

我且舉個實例，說明上邊說的衙門主義的實業。民國二三年間，陝西有許多名人發起創辦一個磨麵公司。于是集資籌備，又有公家補助，在上海購買幾付狠精巧很值錢的大機器，運到陝西這個公司，自然不愁辦不成了。但是辦的人都抱了衙門主義；什麼守衛處啦，傳達處啦，會計處，庶務處啦……先設了一大堆。這還可說都是應有盡有的不過鋪張點罷了。這公司的地趾，收買了許多民房，什麼假山啦，魚池啦，這個亭，那個閣；……修了一大片。其餘辦事的人個個都帶官架子，交易的地方，也充滿了官的臭味，平民自然多不敢高攀與他們交易了。只這個粉麵公司的建築費用了一百多萬，內中一大半都用在點輟風景上。這些花過的錢，都要從公司的產物出來，因而該公司出的麵竟比平常的貴了許多。這樣氣象，這等價格，能望該公司發達嗎？銷路不旺了，興氣也小了，資本也用完了；只有一條路——上了門了；直到而今只見省城西門內一個烟筒高聳天外，假山魚池，荒蕪不堪，僅供往來遊人指道「這是六年前的粉麵公司！」

我上說的不過舉了一個實例，其實陝西人的辦實業——就是辦旁的事——差不多都是如此，我也舉不勝舉的了，照這樣辦實業，實業安望進步？所以現在陝西稍有名氣的人，一提起「實業」兩字，莫不目瞪口呆半晌說「不容易……」三個字來。唉！眞不容易嗎？還是衙門主義把大家害了呢？

陝西一般辦實業的，不是知道或研究過實業的人；這也是實業不能進步的一個大阻力。我以前說的那位教育廳長郭希仁他是前清的舉人，是個革命時的參謀，是個現任的教育廳長；他知道水利什麼，林業是什麼……總一句話，他知道實業是什麼？但是他居然是水利局局長林務專員這是不是大大的笑話？不怪他在教育廳門口掛起兩面大本牌，就算辦了這兩種實業了！

讀者諸君不要說這水利林業是不要緊的實業。須知陝西中部有渭水洛水涇水，若導水得法不知可得多少產物；惜乎莫人講究，只有連年受災罷了！陝西土語有句「收了華州餓死九州。」可見華州年年配受水災的；不然各地就苦旱了。水利講究，能有此現象嗎？林業一項，更爲重要，終南山東西數百里，延長一帶，高山峻嶺，都是發展林業的好地方；不料莫人講究，只有燒的乾柴，莫有用的木料。但是受水災的小民，和不能吃山林大利的百姓，那裏知道這位郭先生還在省城與他們辦水利林業，每月支用數百元的民脂民膏呢？

陝西鑛產，不用說是狠多的了；但因爲交通不便，資本不足，地方不靖；眼看着銀子放在山裏，取不出來。可是陳樹藩是有法子的。今天這個地方的銀鑛押給日本借一筆欵子，明天那個地方的煤鑛押給日人借一筆欵子，銀子到了陳氏的手中了，鑛歸到日人的掌握了，百姓呢？只有叫苦連天的分兒！熱心救國的人，不想挽救的法子；恐怕過了幾年想辦實業，也莫有實業可辦的了。

我上說了許多，都是陝西實業界的悲劇。但是並不是一點實業莫有的。人民自己辦的小實業也很多，官長莫有力莫有工夫去摧殘他，他還是存在了發達着，不過規模很小罷了！如北部的畜牧，中部的蠶業蜂業，也都很發展的。不過有一個大大的缺點，就是各自爲業，不相聯合，拘守舊法，不求進步，只可藉此生活，不能藉此來生大利；而且其依靠自然，不加改良，也莫有長足的進步；充分的發展，只好俟之異日罷了！

陝西實業不能發達的原故，上邊已說得多了。不過還有一個大大的原因，就是陝人缺乏結合的能力，換句話說就是；莫有互助的精神。無論那項實業；是何等需要資本的事，是何等需要人才的事；當然要許多人同心互助，結合一氣，方可盼望成功。豈是你妒忌我，我妒忌你，互鬧意見，互爭權利，所可成功的？我記得元年間省城成立了一個精業公司，以紡織爲主。招了許多學生學習，很有進步，生意也很發達。若是辦理的人和已學成的學生，同心合力，辦這公司，怕早不爲陝西放了一線光明了。無如許多已學成的學生，看了這紡織的利，都想脫離了母廠的羈絆，自成一家。後來離了該公司自辦的，也都失敗；而這很有希望的精業公司，也大爲減色。但這公司，總還算陝西實業界很長壽的，我對他還抱着很大的希望。

其餘袁某在潼關辦的紡織公司，也因此失敗了。華縣關某王某聯合了許多人想辦紡織，好容易費了九牛二虎之力，派人在漢口學成回里，招股試辦，成效很著；不料不久因爲分利不均，大鬧意見，竟至倒斃了。陝中倡辦實業而因此失敗的，不可勝數，叫我不能不想到「秦人無黨」一句話的評語。唉！這是什麼時代，還可以腦內充滿了自私自利，不顧大局的思想麼？我敢大聲疾呼，請陝人速速反省趕快覺悟。

陝西近來有許多已覺悟的人士，想振興陝西實業，力除以前實不能振興和失敗的阻礙，組織了個「陝西實業會」這已經籌備數月，不久就可成立。我因感觸到陝西實業界以前的黑暗，不禁對這會抱了很大的希望。厚集資本，便利交通，是人云亦云的，我不重說，我最希望的就是：

一．抱定互助的精神，莫為自私的行動。

二．剷除拍賣陝西現成天然產的民賊。

三．打破衙門主義的實業。

我把陝西實業的大略說完了。我最後的希望，是本上几層，努力努力…………

(IV)婦女狀況

我對於陝西婦女方面的情形，非常悲觀。因陝西教育情形，既然如前所述，女子受過教育的，竟是鳳毛麟角。一般的婦女只知做嫁妝，嫁女婿，養兒女，相夫子……；並不知除了父母翁姑夫婿……以外還有人，除了嫁夫養子以外還有事。這真是大夢沉沉，幾時纔有醒來的一天。唉！我這是就一般普通真受教育的婦女，下幾句籠統的評判；讀者或以為少數受過教育的女子，有好的希望；那知原來是一樣呢！

陝西的女子教育不發達，是無疑問了。但是女子學校的招牌也掛了二十多年，為麼女子在社會上露頭面角作事情的莫有一人？第一個原因是貴族教育。陝西省城內女子師範學校的學生，差不多是與軍界政界或是上流人都有關係的；各縣女子小學校的學生，差不多是紳士的女兒或媳婦。這些長官紳士們送女兒入學的目的，不為教女兒求知識求職業；是為得一個「女學生」的美名，掛一個招牌。只這觀念就是女子教育不能進步的一大阻力。

上說的女學生求學目的，是偏重貴族的。平民方面未嘗莫有求學的，但那普通的目的，說來更痛心了。我這次由家到省，常常有許多朋友問我：「為什麼女學生多該做姨太太？」我聽了非常奇怪，及細細調查，實實不錯。因為近來「女學生」三個字，竟是一般無恥男子色慾一個唯一條件。陝西現在的官僚軍人政客土匪，都愛女學生。人人都想得個女學生，滿足他自己的獸慾。于是上以是求，下以是應；一般普通人民，也勉強送女兒入學，掛個名字；以便說給某旅長某團長某知事……做個姨太太女兒的一家大小也就由此升官了發財了。我上說貴族女子受教育，是那種情形；平民女子受教育却是這等情形可憐女子！可憐陝西的女子！

可是女子中不必就莫有優秀的分子，不甘心受這等苦痛。不過貴族的女子受了禮教的束縛莫有發展本能的機會平民的女子間接受了金錢的高壓，直接受了父母的逼迫，莫有抵抗的能力。因此陝西的女學校，最高尚的，是製造賢妻良母但恐也未必能達這目的；普通的，竟是供奉上司或互送親友一種新式禮物的製造場。這樣情形，那能不令人悲觀？那能不令人為一般無告的女子叫屈。

上邊籠說了許多空話，而今再說幾個實例。一二年前，我聽說陳樹藩一心想討一位女學生，正在極力物色。有位科員偏不湊巧陳氏知他有個讀書的女兒。陳便央人去說，某科員歸告他的女兒，女兒執意不肯；某科員就對陳氏實說了。陳氏大怒，不以為然，第二天便把他的科員免職了。他有寃莫處去訴，但為着飯碗問題，只得昧了良心，竟又央人去說陳氏，願以女兒供奉，強迫把女兒送去了。果然不到十天，他的官運大發也調了縣知事了。他走馬榮任，心中非常快活，那知他女兒的苦處呢？由此人人知道這是升官發財的一個妙訣；這等事也就愈演愈多，愈出愈奇了。有志氣的女子，因此鬱鬱不樂，至于死的也有所聞。唉！只顧升官發財的父親，可憐沉淪地獄中的女兒！

還記得我鄉下有一位紳士，他的婦人已四十多歲了，生了七八個女兒。但是中國的禮教，女兒是莫有繼承權的；他遂受了「無後為大」的流毒，一心想娶個小星，求續香烟。只這觀念，已可以糟踏一位清白的好女兒了；不料他的慾念大動，又想糟踏一位女學生但是他的勢力狠小，莫人願意，于是他自己設法收買了一位女子，送入女學讀書。及那女兒長大，他欲為所欲為，不料那女子稍受教育，明白事理，也知道自已是個人了；執意不肯。但一個孑身女子，如何抵得過他呢？聽說後來鬧了許多笑話，我也不願——並且不忍——多說了！

陝西八百萬人，有四百萬女人，只有一個省立女子師範學校，這校成立了二十多年了，畢業的不過十幾個；這是什麼原故呢？我就不說，恐怕讀者諸君看了上邊也就明白了。不過除了做個名義上的賢妻良母和偉人的姨太太半途退學以外，還有一個大原因。這原因牽涉到婚姻問題了，我不能不詳細說說：

教育是教育，婚姻是婚姻，如何會混雜呢？說也奇怪，陝西女子教育除了上說過的種種情形以外；差不多都受這教育婚姻合一的應響。原來初與女學的時候，一般人都存着個念書的女子，脚也大了，心性也靈活了，恐怕嫁不出去的念頭。凡是女子讀書，必先得婆家娘家兩方同意許可，方能讀書。那麼就是先有婚姻後有教育了。所以省城女子師範學校學生，大多數是已嫁的女子；就是各縣女學校的學生也多嫁了，卽莫嫁的也多被人預約了。這樣早婚的惡習這等不良的婚制，不料竟盛行在女子教育發達的社會裏邊。

現在少明事理，具有新知識的人；誰不知道教育女子是父母應有的責任義務？但是陝西號稱開通的大紳士對于兒子，存着令「克紹祖武」「力振家聲」的慾望，到肯令其讀書（是不是合宜的新教育另是一個問題）我且不說；獨於對于女兒——始終認定女兒是人家的人——不肯盡力去教育。其比較上愛女兒的，也必要給女兒定下婆家，令婆家擔一份的學費方肯令女兒入學。只這還是文明的，開通的，其死守「女子無才便是德」一句古訓的人，不令女兒識字，還多得很呢！

吾縣有一位紳士，他送女兒入學讀書；女兒已說給旁人了，于是學費由雙方供給。後來婆家不願意供給了，他也就馬上停止女兒入學了。我也不知道每年一二十元（鄉下女學每生每年用費不過一二十元）金錢重要呢；還是自已親生的女兒重要呢？照這等事情多得非常。唉這等人豈特對不起國家，簡直對不起女兒了。

先有婚姻，後有教育的壞處：第一是女子自身受不了。完全的教育女子讀書漸漸有了趣味了，有了志向了；却要被接回家去結婚，女子的一生也就算了事了。況且先有這等念頭，於讀書上也發生許多阻碍。第二是婚姻的不得自由。女子漸漸讀書明理，具些新知識，有了判斷的能力了；對於婚事，才想自由選擇，不料家中已與他預約下了！這所預約的，固然也有很合意的但是不合意的總佔多數。只此不知造成了社會上幾多罪惡，寃殺了幾多男女青年！

我今年暑假在省城易俗社聽戲，見了一位姓張的。他是陝西省立女子師範學校的管理員和國文教習。他曾問我：「女子師範學校內，何以近年休學的，死亡的學生，非常的多？」我便答他：「今年北京女子高等師範學校招正科學生，第一資格是要未曾結婚的。陝西女子教育要想發達，也非照此辦理不可。並且可進一層；不但已結婚的，莫有入學資格；就是已被預約的，也可嚴加限制，」我當初是偶爾談及，莫有詳細研究；及我同家想來，這預約婚姻式的制度和父母以女子不應供給完全學費的觀念；乃是女子教育發展的一個阻力。就是勉強教女子教育發達，也是經典的，舊式的，不合時機的，女子教育。這樣教育，斷莫存在的憑藉，只有為世上青年造些罪惡苦痛罷了。

但是我雖抱這個主義，不料我也身受同等苦痛。我父親因我祖父年紀大了，早要為我定婚。可是因陝西女子教育這等不增；竟莫有合式的，乃擇取留學政策。咦！什麼留學政策？在男方面說是莫有合格的媳婦，還派一女子留學；其實就是先在婚姻後有教育的別名。可憐我一個暑假，費盡全力，當面解說，寫信勸告，總是無效；我真慚愧極了。但也由此可見上說要打破預約式的婚姻，非常困難了。困難的原因是什麼？也就不外我上說過的所以改良婚制，不是說空話的。要怎樣恢復雙方的自由，要怎樣打破舊社會的偶像，要怎樣把「雙親老了；」「女大不中留」……等觀念解除，要怎樣使教育婚姻不混一起，要怎樣為預約式婚已成功的人想個補救方法？……這都是現在急應研究的問題。

我上說的，都是關于女子教育及已受教育的女子的事情。至陝西一般莫受教育的婦女，說起人格自由意志……來，非常可憐。可是平心想來，一般的婦女都能做工不吃閑飯；這是一個很好的現象；到不比掛受過教育招牌的女子，那樣悲觀。鄉下婦人，不特在家內是一個很苦的工人；就是耕田地，牧牛羊，務蠶桑，……都能各盡所長。比起已受教育的那般女子，只知修飾得花枝招展，不肯作工，把做人玩物的觀念，越發增高；真真要勝過百倍。所以我對於一般婦女的希望：只要把他們解放了，使受些新知識，恢復他們的人格，自由，意志……，那就一定可收完美的效果。萬不可以為婦人可愚，從此只當奴隸看待。我深信他們總有澈底覺悟的一天。

至于受過教育的女子非根本刷新不可。第一：教育方法和宗旨的改良。第二：女生自身環境的改革。第三：女子教育阻礙物的劃除。這三條缺一不可的，可惜我這篇是敘述現狀而已；救濟的方法，不能多說；以後有工夫再談罷！

（V）家庭狀況

我上面把陝西婦女界的現狀，大略說了；而今說到家庭方面了。婦女方面是那樣的黑暗；家庭方面，我就是不說，也可加上「黑暗」兩個字的總評語了！

家庭問題，是改造社會一個很重要的問題。幾月以來，各雜誌報章上發表精確的意見很多；可惜陝西多未曾夢見。至於甚麼「小組織」啦「新家庭」啦……只怕陝西一般的大老聽見，一定要斥為「邪說惑衆」「名教罪人」無疑了。陝西家庭，完全是古式的家庭。有新家庭色彩的家庭，我敢斷說莫有一個。唉！可惜「革新」「改造」……的霹靂，驚不起他們的痴夢！

就人民的知識方面來批評陝西的家庭；我敢說「家庭的黑暗程度，與其家人知識的高下成正比例。」換句話說，就是：知識越高，家庭越黑暗。一般目不識丁平民的家庭，雖有許多不入目的地方；但太半還都相親相愛，非常和氣，有天然的風韻，是天倫的樂事。及到知識漸漸高起來，便有了禮教了！有了禮法，家裏的人，也莫了活潑的氣象了。越是知識高的家庭，越發家人不活潑。差不多知識階級者的家庭門上，都有「禮嚴內外」四個大字，做他們不活潑的商標。有許多禮學先生們的家庭，簡直如同地獄一般。唉！我叫這般人做「知識階級」，其實真知識階級的人，何嘗如此？如果有些真知識，也不至把家庭弄到如此地步。不過我一時想不出替代這般人的恰當名字來，只好用這兩字代表他們罷了？

這禮嚴內外的家庭，多是知識階級的家庭；遂由此造出社會上許多罪惡出來。最重要的，就是主張「九世同居」「張公百忍」式的大家庭。誰家家裏的人口越多，誰家人越遵先王之道，越知禮法，越是孝子。由此不知不覺的養出依賴的惡習來了。所以平民的家庭——比較上小的家庭——其家人多能自謀其生。及到這般大家庭的子弟啊！就是社會上人目為有福的人。社會一般人的眼光，以為越是福分大的人，他可靠的人家財勢力，越大越多；他自己的依賴性就越深。因此社會上有起色的家庭，多是由小家庭起手的。大家庭只有倒霉的分兒；從莫聽見繼續轟轟烈烈的許多年代。世人幾以此為定理了，以為命運了；只用「好花能有幾日紅」「月盈則虧日中則仄」一派的話頭去批評這般家庭；那知惡因就種在一家正盛的時代呢！

一般自以爲詩禮人家的家庭事事想法先王，事事必照禮法。勢力越大，禮法越嚴；家中人的是非也越雜了。所以一般人嫁女兒多不喜歡嫁給這樣一年到頭只知講禮法，不做別事的家庭。這樣家庭我不願意多費話去批評。總之：這等家庭的子弟，就是變像的公子少爺，婦人就是太太姨太太，女子就是小姐姑娘……。一家人只知吃閑飯，不做正事。他們以爲他們嚴守禮法，作四民的表率；我看簡直是社會進化唯一的阻碍。

就人民的職業爲標準來觀察家庭。講禮法的家庭，自然首推讀書人家，次則商人。惟有一般農民的家庭；男子耕田，女子織紡，雖然知識粗鄙，却均自食其力。這樣男耕女織，頗有上古色彩的家庭；雖然完全說不到好處，但比那般只講詩禮的家庭，眞要勝過百倍了。

以地域爲標準看來；依賴性最重，詩禮氣頂深的就是省城內的居民。其情形和上說的大致相同，而其一種賦閒荒逸的神情，簡直令我描寫不出。其次就算三原一帶的人。聽說這一帶的世家的家庭，比省城的情形，還加倍的利害。至於其他各縣，除了少數知識階級的人以外，大都是我上說的具農民色彩的家庭。

陝西一般的家庭，都受了「揚名聲，顯父母」的薰響，一家只期求有一個人能夠做官，那一家人可就闊起來了。父勉其子，兄勉其弟；務必要把做官的觀念，輸入此兒童的腦中。我聽說省城西南耀州一帶的人，若是一家莫有有功名的人，倘若家中死了人，只柩在家中，並不掩埋；留待子孫有了功名，然後再做那有闊有勢的道場。可是功名的到手，那有如此容易呢？所以家中竟有停下十幾付靈柩，不能掩埋的。唉！野蠻的風俗，阻碍文化的思想！

因爲有這樣的惡風氣，便養成社會上無數的惡習慣。我記得陝西有句俗諺說：「前十年看父敬子，後十年看子敬父。」這明明說父若榮貴，其子也可以使勢；子若榮貴，其父也就擺起老太爺的架子來了。越是詩禮的家庭，這個觀念越重。我想要把這等家庭改良，非先打破這等阻碍社會進化的劣思想不可。

這等腐敗的家庭固然很阻礙社會文化進步，卽就這種家庭組織的內容說，也還是一個半身不遂的家庭。因爲這樣家庭唯一不人道的事情就是把婦人不當人看待。這樣家庭的婦人，只有作工養兒女的義務，莫一點自由的餘地；簡直同牛馬一樣。所以這等家庭，只可說僅由男子組織而成的，不是由男人女人公同組織而成的。婦人只是個雇工罷了，牛馬罷了，機器罷了！一般人並莫有一點人生的興趣。最可痛的，一般婦人因爲歷久受了黑暗環境的束縛壓迫，視爲當然，不以爲怪。——陝諺有「男人口下錢，婆娘輪的圓」的俗話，就是一個鐵証。他們只知道靠男人過日子，那裏還知道自已是個「人」呢？

我記得陝人常說：「淸官難斷家務事」一句話。這句話我幼時聽見，非常奇怪；以爲一家應當非常和氣，那裏來的這麼多難斷的官司呢？及近來一打聽，原來陝西各縣的官司，差不多關於家庭的事情頂多；也是件頂難斷的事情；就是利害的官，莫有不怕的。這家務的事情，可分兩大類：一是兄弟爭產的事情。一是兒子承繼的情事。

兄弟爭產，大半都在他們父母，死以後；但也有竟在父母未死以前的。做兒子的人，多以爲自己父母的財產，是兒子當然有的；弟兄多的，分贓不均，往往就鬧出笑話亂子出來了。我想這個事情，原因雖然很多，而最要緊的就是這些慘事笑話都種因於做父母的人。爲什麽呢？因爲做父母的人——就頂好的說——無不想爲子孫多置產業，多留金錢；自己非常儉樸，一個錢也捨不得用，只想留給兒子。尤可笑的，就連兒子的教育費，他有時都不喜令兒子去用。以爲現存的金錢產業留給子孫是好的，比目前雖然令他們求點知識，錢財却不見了，強得多。這個觀念的結果，一般做兒子的人，得不下高深的知識，只知道承受父母的產業。若是一個很有錢人的兒子，社會上人見了他，多恭維他有福；說他一輩子坐着吃也吃不完父母的家產。這做兒子的人聽了，也就樂得高興非常；以爲只要有了父母的產業，什麽事都可不管了。若是弟兄多的，個個眼裏只有父母的遺產；因而起爭訟的不可勝數。若是父母還在時，就連他們親生的父母，有時也莫了主張，莫有法子了。這些複雜的情況，我一時說不了許多。大概做過知事的人，閱歷必定很深的了。

中國式的家庭於承繼上非常講究，大概不止陝西的家庭是這樣。這惡俗的第一原因，就是重視血統；都是「不孝有三，無後爲大」一語造成的。所有莫有兒子的，必須要討個妾或招個繼子的第二個原因，就是重視男權系統，女子莫有承繼的資格。所以只有女孩莫有男孩的人，也要照上辦理。納妾是一個不人道的惡俗，不用說了。卽召繼子的惡習也生出社會上許多罪惡來。一個繼子，不是隨隨便便召的，若是召了與其家族無關的人爲繼子，十九要招其族人的聲討，加他個「故亂血統」的罪名。但是他們聲討者的心理，是不是眞怕亂了血統，莫有希圖人家財產的野心，我就不得而知。不過我看由此興訟的人，大半存不下好心術的。

我對於家庭方面，不能到家家去細細調查；所以於裏邊的黑幕和詳細的情形，竟不能和盤托出，深覺抱愧。不過我覺得我千萬總尋不出一個差強人意的家庭出來。一般的家庭，都佈滿了慘雲愁霧，莫有半點光明。至其原因，大半由於這般家庭是偏重男權的。是半身不遂的，是束縛於禮教的，是偏重血統的。其結果遂成了依賴性深的，阻礙社會進化的，束縛個人自由的……一種制度。社會要向革新的途徑去走，必須先想法子求把這樣的家庭改良，然後教育婦女，勞工……等問題，也就容易解決了。

（VI）勞動社會的情形

陝西連年兵匪的結果，生活程度高得非常；但勞動界的情形，反到不感甚麼困難。一般大財東多被土匪軍隊搶刼了，而一般勞動的人，到可自食其力，甚且儉省的，一天一天也過了寬裕的日子。但這不是一種好現象，因就原因考察下來，很悲觀的。因爲自從陝局不靖以後，人人都存了個當兵的念頭。以爲當了兵就可以使勢，可以保家，可以升排長連長營長……甚且可以做鎭守使，做督軍，做巡閱使了。但是當兵比較上又很苦，只有當土匪容易得多。因土匪胡鬧幾天，官軍馬上就收復，可以爲所欲爲了。所以一般不安分的平民，以當土匪爲進身的捷徑；因而土匪一天一天多了。好百姓一天一天少了。可是陝西的農業林業及一切工藝，仍是要進行的；一切工作，仍是要需人的。因此勞動的工資，便一天一天的貴了。雖然各種工業因時局原故，也受點壞的影響，而存心當兵當土匪的人，畢竟多得很。讀者諸君，且莫以此語爲奇怪；這實是由連年的政局造成的，自辛亥直到現今，威風懍懍的長官，那一個不是土匪出身啊！

照上說勞動的工資很大，這勞動的不是個個都發財嗎？何以勞苦的人，仍是非常貧苦呢？這個主要的原因，由於時局不靖。

勞動的人畢竟是少數—多數當土匪去了—而且這些勞動的人大半是安分膽小的老百姓。雖然得些很多的工資，却不敢儲蓄起來，仍是浪用了。因為儲蓄起來恐怕土匪要搶，軍隊要奪，督軍省長要勸捐近來陝西有幾句俗語說：「捨不得吃，捨不得穿，積下銀錢送郭堅」可以證明人民的儲蓄性，被土匪軍隊驅除淨盡了！又由這幾句話也可想見少數勤樸的百姓，被軍匪搶刼的可憐了。

因為上說種種原故，所以陝西近來生活程度雖然很高，人民雖然很苦，而市面上仍甚繁華。華縣西關每年陰歷六月初六日有個大會，我今年湊巧與會，大略觀察了一遍；人民消費的程度，比從前高了不知幾十倍了。就表面看來，以為陝西現狀還是很好。豈知這個現象也就是陝西受苦最深的一種表現呢？

現在華縣渭南一帶農家雇一工人，除管飯食外，每年至少也需議平銀二十四五兩（陝西現在還以銀兩為單位。）而各村初等小學校的教員每年至多也不過二十兩左右，尚且飯也不管。這就是勞動界工資增高的明證。陝人近諺有「貴了教活的（就是雇工）賤了教學的（就是先生）。」也就是因這現象而發生的時諺。

陝西是一個出產最富的地方，任你做工的人怎樣多，他都分配得完。只就果木樹說：華縣一帶，每年杏，桃，柿子……每到收實的時候，人無大小，忙碌不堪。山南（即商洛一帶）一帶的窮苦人，多出山做工。至於許多山東等地的人，因受了種種壓迫，連家都移到陝西渭河兩岸。初到時，只租些地耕種；近年以來也就有了資本了，居然置下產業並且有發大財的。

華陰縣一帶的人，很有冒險的特性。常常有些做小手藝的人，如以竹絲固瓦盆的……拿些竹竿，不帶盤費出去謀生。這些人往往有走的很遠的，到甘肅何套或新疆等地，過了幾十年，居然也發財回來。這些現象，可以證明，我國西北方面，純是天然的利益，只要去求，莫有不順意的。可惜一般人只知做官刮地皮。唉！放着直接的利不去求，却來間接刮百姓的脂膏，真可恨了。

陝西社會，是個不甚發達的社會。這可由分工的程度去證明。一般人十九都是業農。除了少數專門業商以外；如土工，木工，鐵工……，等多是兼業。他們本來還是以農為業的，不過農事閑的時候，做這些營生罷了。所以我說的勞動界的現狀，大概也都是關於農家的。一般農夫大概都耕種的自己的田地。至租人家的地及爲人雇工的人大半都是山東河南等處的人；本省的比較上很少。

勞動界工資的數目，我記不清楚了。大約比起五六年前，增高多了。我記得從前作一天日工（做的是農事）只須銅錢五六十文；現在貴時竟到了五六百文，卽是便宜也須四百文；比從前幾乎要貴十倍了。這等價錢，就現在各地說來自然不算什麼，不過陝西交通還是閉塞，且當軍匪擾攘的時候，有如此高的工資，也就很可驚了。

據我個人觀察看來：陝西無論何界，都非常黑暗，幾乎不可救藥了。比較上稍微光明的有希望的，就是勞動界。勞動界雖然莫有什麼進步什麼成績；可是雖然無功卻也莫有大過。不比旁的社會不但不能進步反造出許多罪過。現在陝西勞動界最缺乏的，就是知識。這些勞動的人，是一般人目爲最下等的，最莫知識的，最可欺侮的，最易愚弄的……最瞧不起的。但這些觀察的人，忘記了或不自省自己做的罪過比那般人重得多多得多；自己的人格也比那般人低得多。那些勞動的人，不過缺少點知識能了！他們何以沒知識呢？這原由於社會上環境的逼迫，使他們莫有得知識的能力和機會，並不是他們不想求知識。這是社會的罪過，不是他們自身的罪過。我們如能設法使這些勞動的人，漸漸有了知識了；那麼不但勞動界要大放光明，就是其他方面的好影響也很不小了。這般人雖然莫知識，但心性還是純正的；不比那些官吏議員軍人政客的心性，早被權位利祿蒙蔽了。所以提醒這般人，格外容易。我最希望的就是這般人。我更盼望革新的人，注意從這方面下手！

（VII）社會雜識

我對陝西現狀最抱悲觀的，就是直到現在天災人禍這樣的利害，人民還打不破神的偶像；人的偶像，自然更打不破了。普通人民事事只知求神靠神，這分明是未開化野蠻人的行爲，不料還留存在現在的陝西。少微有點知識的人，對於神雖然有點懷疑，卻似打不破「天命」「氣數」「刦數」……的觀念。他們事事總以爲有個「天命」的，非人力可強的。這個觀念，是社會不能進化的一個大原因。其次很有學問的人，雖然有些脫離了這個觀念，但是仍是依靠別人，崇拜別人的。他們以爲某某是聖賢，是豪傑；我們應當崇拜的某某有才幹有機謀，我們不敢反對的那些偉人官僚政客………都是天生的大材，我們是配做小民的。這等觀念是奴隸的根性，是陝人莫有作爲的一個大大的原因。至於能把自己當作「人」看待，覺得自己應該奮鬥，創造，互助，自動……………不依靠旁人的人，簡直是鳳毛麟角了。以上說的那些情形，大概也不止陝西如此。我國各地方人民富於那個根性的一定很多了。我們要求社會的革新，首當設法剷除。

我著假回家在省城住了十多天，除了探訪親友以外，莫事的時候便在戲園聽戲，以作消遣。我素來不愛聽戲的，這也是無聊已極了。但我因此也知道戲曲的現狀；雖然費了些錢，也很有益的。這段陝西現在戲界的寫眞，上邊都未說過，我且大略述在下邊；

辛亥以前，陝西莫有戲園的。及反正以後，始有人組織戲園，最有名的就是易俗社。這社是許多陝西第一流人物組織的。至其餘的戲園，可分兩大類：一是唱他處的戲曲的，如京調二簧等；一是唱本省的戲曲的，如梆子，走馬…………等。這兩類公同的性質，就是「述而不作」；只把古戲或社會上通行的戲曲，重演一過罷了。關於這層莫有多大關係，我可以不多批評。獨有這個易俗社抱定高台教化的宗旨，移風易俗的。他們初辦的一二年，很有創造的精神。在這時曾編了許多改良風化的戲曲，如「醋海潮」「新女子叮嚀」「糊塗材」「三回頭」「將相和」………等戲，很受社會的歡迎，營業也很發達。不料後來省城京戲一天盛行似一天，易俗社也受了惡社會的軟化。一來與他家戲園爭勝；二來迎合社會上不良的心理，也加演二簧小曲等戲。後來又編了許多很長的戲曲，這些戲曲的內容和一般舊戲「奸賊害忠良，相公招姑娘」的圈套是一樣的色彩。這些戲的總評，都可加「誨淫」兩字。他們易風移俗的招牌，早拋在九霄雲外了。這些戲曲公同的精神，就是戲的收場一定要一個娶了許多妻妾。至其編輯的大概，大略就不出某生，小生，有異才，因某事——如上京應試，出外遇盜，在某地遇某某等女相救或投軍立功，衆帥爺爭…………以女妻之；或素與某名女相知極力患難相助，以後有功朝庭，…………得中大官；其收場時，這些有功的女子，聖旨一下，官上加官，各女子封做夫人，欽配某生，同拜花堂，同入洞房………等腐臭的架子。所以我認爲這些戲曲，不但不能改良風化，簡直是提倡「一夫多妻制」的宣講台了。至其上京應試獎人做官，與一切不合共和國的情事，理應剷除的，更不用說了。又有一惡點，卽是提倡婚姻專制。我今年暑假在省聽見負編劇重名的高培支新編了一本劇叫「新詩媒」這本劇的結構與我上說的大略相同，而臨完二女爭婚一夫一幕，尤堪發噱。父問甲女道：「你不願配他嗎？」女答「不」。又問乙女道「你也不願配他嗎？」女也答「不」。那老頭不禁大怒說：「唉！不願配！偏由不了你啊！」這等口吻，我聽非常奇怪；不料婚姻自由的聲浪中，竟聽了這等慘怖的聲音。關於易俗社的話，我說得長了；總一句話：這戲園早把當初的宗旨忘了。聽說這戲園的組織人，很不乏有識之士；如何到了這地步；實爲可惜！

隴海鐵路，是西北最要緊的幹路；政府却不去修；以致西北各省的情形，一天悲慘一天。我每年暑假回家，走過了觀音堂受步行的苦時；把鐵路通的地方和未通的地方，在短時間比眞有天淵之別了。這條路關係西北文化治安非常重要；政府有錢打仗，有錢供給旁的不相干的事情，却不在這上着眼眷念百姓。而陝西人也多以苦痛是分所當受，不自設法，不則一聲；這眞是一件最可痛心的事。我盼望社會一天一天的向着光明途徑走去；我不能不盼隴海鐵路早日告成，做傳佈文明的利器。我謹誠懇求政府的覺悟，求人民的自決！

社會越進化，分工越精密；這社會學者公認的。不料陝西的人物，竟是萬能，一人幾乎莫有不會做的事情；如郭希仁就是個明白的例子。郭君所辦的事，他自已有時也莫明其妙；但是還有許多人替他辯護，眞更莫明其妙了。照這等辦事想教盡職盡責，有進步收成効；不是夢想嗎？一般人的大毛病，總是炫於虛名；一聽「郭希仁」三字，眞是久聞大名，「如雷貫耳」那裏還敢反對；以爲他做某事，總不會錯的。這等觀念眞是卑汚極了，不知造了多少罪惡。

陝諺說：「閻王教你三更死，不敢留人到五更」是尊崇神權，蔑視自己的鐵證。又說：「上命差遣，概不由己」「伶人快馬天生成」………是只信天命，只靠別人，不知有自己的供語。我最希望這等觀念，早早入墓。人常說「三秦健兒，勇于戰門；」我更希望把這私門，戰門的精力，用到創造，奮門的精神上，以發展個人的本能。

我做這「陝西社會近况一斑」快要擱筆了，我有兩層抱愧的地方：

第一；我這次回陝的日子很短，所過的地方也很少；不能把各地各時的情形，一一介紹出來。

第二；我自已功課很忙，事務很繁；不能把己知道的，做成很有系統的報告；只就所知隨便記出，有時竟加點我自己的意見，連我說上這是什麼東西。

除了這兩層以外，我還有一個感想，就是我這個報告上十九是陝西社會的不好處，對于現在狀况不滿意處的記述。我預料發表以後，一定有一部分人抱定「家醜不可外揚」的古訓；責我毫不客氣，把陝西社會腐敗的狀况，一五一十告訴出來。

這個觀念自然很是淺鄙，莫有說的價值，不過我記這報告時，我時時對於陝西現狀，抱着十二分的悲觀。午夜想來，我也生在陝西，怎麼陝西到了這個地步，莫有具體解決的法子；只用筆來做這紙上運動呢？這是我最傷心，最慚愧的地方；大概熱心時局的人，都有這種感想。我極盼陝西社會，一天改進一天，光明一天。我私盼我再回陝西後做的報告，增加了許多建設的，樂觀的，改進的，革新的，光明的色彩；把現在那些破壞的，悲觀的，退化的，守舊的，黑暗的慘雲愁霧一律送入墓中。這就不枉我而今做了這「陝西社會現狀一斑」的苦心！

（八年十二月　日著者附誌）

與S君論日本學術界底現狀

鄭伯奇

S兄：

你來信問我日本學術界現在底情形，我簡直不知從那裏說起。我來日本已經有二年多了，平日也頗留心他的文化；論理，遇你所提出的問題，應該給你一個明快詳盡的答案；但我自已也莫明其妙。我何以不能呢？平心靜氣的想了一下，這也有種種原故。

第一，我想學術的範圍太廣了。我們雖說對於學問很熱心，對於一國底文化很留意；但是一个人的才能既然有限，興趣又不能無偏；所以得底知識和印象，多是一方面的——自己性之所近的。所以只可說某國某學術界底情形是怎樣，這是人力的制限，沒法子，請你原諒罷。

S兄：

你問的是日本學術界底現狀，不是思想界文藝界或言論界底現狀。這也是難題成立底一个原因。大凡各國間，最現特殊色彩的，是言論界—雖說在現在世界改造的時代。其次文藝界思想界也頗富於地方色。雖說現在的交通便利文藝思想的潮流都趨向世界的方面，但是歷史地理和國民性底種種關係生出來的特殊相却很不少。一樣的社會主義，一入英國成了 Guild 一入法國便成了 Syndicalism 這不是一個好例嗎？至於文藝，Flaubert 所唱底寫實主義 Realism 在法國一變而爲自然主義 Naturalim 入俄國便成了人道主義 Humanism。獨至於學術界則不然。共同相多，特殊相少，學風固然不必各國一致，但是終結是一樣的。所以講日本學術界現狀反不如講現在學術界進步底情形比較的容易着手。我所以對於你的問題作難處，這實是第二原因。

S兄：

話雖這樣說，但是一國學術界的情形，也非絕對不能講。無論何國，當某時代，都有一種進步的學術，和不進步的學術。況且日本的學術可說是輸入的，不是創造的；所以這樣的地方更加易見。人都曉得日本的文明是模仿德意志。他的學術界也自然大半是受德國的影響。德國的長所，他大約都學得。譬如德國的醫學發達，日本的醫學也還發達—這怕是日本最發達的學術。其次便是經濟，也是受德國底影響。我們要留意德國的文明有兩個中心：一個是普魯士，一個是西南德意志。日本學術界是受後者的影響多。西南德意志自來帶南歐的臭味，自由思想很盛，社會主義者也很多，所以歐戰終了，社會主義風靡世界的時候，日本鼓唱社會主義的多出於經濟學者；便是這個原因。福田河上河田一輩人，都是德國留學生，幷且都很受 Muchen 文明的影響。

S兄：

與日本文明關係最古，最深，而又最就的，是那一國？便是美國。日本開國是由美國提督 Perry 逼開商埠所致的。凡學歷史底人都曉得。以後美國對於日本教育很用力。現在日本勵行官立教育，私學的勢衰了；但是東京的立教大學，京都的同志社大學神戶的關西學院，都是與美國教會有關係的。日本以後因爲醉心德國文明所以對於美國冷淡了。及到歐戰一起，對德交通斷絕，日本學界大起恐慌；於是才又尋出美國這一條路。現在日本鼓吹 Democracy 的，如 吉野大山都留學過美國。其他植原悅二郎之流，雖說英國留學生，思想上受美國的影響頗不少。現在政治學上美國派的勢力很大。日本自來哲學是西南德意志派，如同桑木嚴翼朝永三十郎西田幾太郎波多野精一之類，都是的。但是近來新進學者中受杜威博士陶冶的人頗不少。不過這些人多是後進，還沒有甚麼大勢力；將來「實驗主義」和「新實在主義」日盛一日的時候，他們會稱雄哲學界也未可知。現在還是美德兩國參合的勢力。理學，工學，和工業方面，也是德主美從的形勢。但是電氣工業，是美國的勢力大。現在東京芝浦製作所—日本最大的電氣製作所—聽說資本和事業上，都與美國有很大的關係呢。

日本現在醫學最發達，經濟學次之，哲學還可，理學最不行。這是日本現在學術界底外的現狀。

SS兄：

現在我且試講日本的學風，日本學者研究學問底精神和態度是怎麼樣？未入本論以前，我們須先曉得日本的政體和國民性。

日本雖說是立憲政治，不過徒有外表：這是我們都曉得的。但是那官僚政治警察政治是一種黑暗的東西，我們決不易深知其內容。我嘗聽說，凡演說會的稿子，都是經過警察內檢了的。又嘗聽說日本研究本國史的學者，境遇最苦；稍一不慎，就有性命之憂，幷且聽說有個歷史學者叫久米邦武的，就因爲對於日本古代史說了幾句特具見解的話，把大學教授的職丟了。現在東京帝國大學不是因爲森戶助教底「Kropotkin的研究」一文，起了天大的風潮嗎？—這話以後可以專篇詳說。我們就可以知道日本學者的苦境了。

但是這種事實出在西洋怎樣？請看歐洲中古世「黑暗時代」爲學問，爲眞理，爲自由博愛而死底學者，偺有多少！可惜日本人缺乏一種徹底性！所以學者遇到這種難關，不是曖昧逡巡，就是投降權門。日本人對於此事也似乎自覺了。去年京都大學開辯論會的時候，有學生痛罵現在學者的良心痲痺。河上肇博士痛哭流涕的致答，一時傳爲佳話。

其次，日本人自來是吸收「外來文明」把創造底能力漸漸銷耗完了。日本提唱新學術五六十年了，發明的新器物唱導的新學說在那裏？日本人對於此點自覺很早，現在更利害。去年九月，京都大學開學式的時候，荒木總長演說道：『日本自來急於吸收外來文明，對於「創造」「發明」簡直一無所長。社會一般非常詬病，要知道是必然的結果，也是不得已的情形。現在西洋文明輸入以來，已經五十多年，我們以後要在發明上盡力了！』我想此篇演說可代表一般學者胸中的話。但是數千年來消滅將盡底創造和發明的能力，他們怎樣設法使他復元？這是甚有興會的問題！

S兄：

英佛美的學者批評德意志說：他的學者都是部分才，沒有總合才。日本人也學這兩句話來誹薄德國人。但是事事取法德意志的日本人，這弊如何能免！這却不是他有意學的，他的教育制度不好，當然要生這種流弊。自去年九月學制改革了，或者可以好些。但是那種改革，不從根本着手，又多流於形式；怕沒有大好的結果罷。

日本學者學得德意志的一件好地方，就是「批評」。德意志學者最虛心，最好比較研究，好批評。日本學者也是這樣。但是日本教育，素取一種形式主義，他的批評，怕不落到前人陳腐的窠臼嗎？這又與日人的模倣性相和，成了學術界一種痼疾。近來覺得此弊的人也不少。廚川白村等大聲疾呼，主張把美國的自由主義灌輸在他的形式主義之中。現在大學的制度也漸漸改良了。這流弊或者可以減少幾分。

總之，日本現在也是正在大講改造。對於教育，主張改造的也不少。將來或者引起一番根本的改革，也說不定。若果如此，將來學術界或者可以生一種活潑的氣象，也未可知。這全在日本人自已努力去幹；我們且作旁觀罷！

少年世界

THE JOURNAL OF THE YOUNG CHINA ASSOCIATION

第一卷第四期

中華民國九年四月一日發行

少年中國學會出版

世界大勢

我們要想得着宇宙間眞正的和平，是必須根據人類同情的了解，起而同謀新世界的建設，不可國家主義，村落思想，都是阻止我們趨向大同極笨重的障礙物，那些不能拿世界眼光去觀察世界的人，也祇好在帝王的掌握中討生活——軍國的野夢裏鬼混，可是人類公同的幸福，已被他們剝削殆盡了！！！唉哼……

現在我們在本月刊裏特闢『世界大勢』一欄，專載各地關於爲謀人類解放而活動的事實或消息，若是讀者對於這一種促進『人類同情的了解』的記事感生興趣，就請來同做這種工夫！

一九二〇、三、七、記者

一九一九年之俄羅斯

方珣

作者於篇之首端，要奉告讀者諸君，這篇的題目原是英國新聞記者袁遜 Arthur Ransome 的一本書的名稱。袁遜久居俄國，革命後返英，越六月，復於一九一九年春季重遊俄土，考察種種情形，且收集他的著作的材料，歸國後便將在俄眼見的事實，編成「一九一九年之俄羅斯」"Russia in 1919"一書，原書共分二十九篇，係日記的體裁，非統系的紀載，茲姑就鄙見，將全書內容的概要，略分五節述之如左，

一，日常生活。

一月三十日，袁遜和兩位那威人，一位瑞典人，隨着俄國勞農政府派駐瑞典的公使佛樂斯略 Vorovsky 及李德芬路 Livinor 由司脫克荷 Stockholm 動身，經過芬蘭前往俄國。一路頗苦饑寒，且又傳聞柏多格臘德 Petrograd 方有大亂，大家都吃一驚，佛樂斯咯夫人想到自己是個貴婦，也不能享有特權，終日饑寒，不覺滄然淚下；但他的小孩子們回到正在創造新文明的本國去，却上下跳躍，神趣極了。到了柏多格臘德之後，地方極形安靜，一切情形，比舊日專制政體之下，至少要好十倍，第一次革命的瘡痍，都已恢復，所苦者就是大家沒有飯吃。袁遜寄寓客舍裏面，第一夜飯是想不着，只吃點熱水，聊以充饑。平時城中萬家燈火，此刻因煤料缺乏，夜中暫不能度光明的生活。街道極清潔，只可惜冷清清的靜無人跡喲！

次晨袁遜吃點茶，稍稍進些棕色麪包，這不過比草食較好一點。

白天看來城中生活，不像夜中那般寂寞，工廠雖因原料缺少，不甚興盛；但城中村中工人仍懷着革命的思想往來不絕。因爲俄國工廠的工人，都未脫離鄉村的關係。柏多格臘德城中最可注意的第一件事，便是滿城都無一武裝的軍人，好像一經革命已達到真正的和平，偶有一二兵士，亦不佩槍械，戰時殘忍的劊子手似的武人全退縮了：第二件最可注意的事，便是新衣服的缺乏；普通人身上衣服大概都穿過兩年多了，偶有少數軍官及兵士的服制，較戰事初起時稍好一點。袁遜曾看見一位盛裝的美婦人，脚踏一雙破爛的草鞋，你看！……

當晚袁遜同佛樂斯喀的家屬同往莫斯科，每到一站，車中人都下來提取熱水，水管不用人管，一羣人都自動的排成雁行，順次去取，於此可見俄人自治的互助的本能都暢適發展過的。等再開車行人便又一齊上來。那一夜的生活他們不談食物騰貴，就說別國何故「甘爲過先」同俄國起無謂的戰爭。車中有兩人因辯論自私之性質，爭個不休，遂起衝突，爭到紅頭赤臉的時候，一個說：「你的手要斷！」那一個接着說：「你的頭要斷！」這樣爭論，若在別國，必要訴之武力，但他們倆一經行客勸解便一點事也沒有了。

莫斯科城內狀況，更加有趣。街道清潔雖不及柏多格臘德，但比較前此已好的多了，就是「車轔轔」的「前馬」行走都十分起勁，因爲御馬者食之罔盡其材，策之亦以其道了。城中商店，有些倒閉，因商店統歸國家經營，以防乘機漁利者之厚取，街上觸目即有「莫斯科政府的第五號鞋店」「莫斯科政府的第三號成衣店」和「第一號書局」等字樣。有人要做件新衣須得房舍委員會的許可，方才辦到此種辦法一方面可以消除投機事業；他方面又可以公平分配難得的貨物。居屋的分配，亦復如此，所有房屋統歸國家管理，每一區域，都設有委員會，處理賃屋的事項，除非各人都有一間房子，無論何人，不得再有兩間。此外更有國營的廚房，每餐只有一碟子湯，和些微的別種食物。一杯淡茶也要售三十可拍 Kopecks。城中旅舍，多被兵士弄壞。但那莫斯科昔日「樂雍雍」的宮禁，現在均已開放，或移作別用了。

莫斯科城內，滿張貼紀念十一月革命的圖畫，這些圖畫雖工劣不齊，且又經風雨之漂白，但還能表示此莫斯科城中曾有一度狂歡的佳節。此間運輸問題，最難解決，鄉間滿儲米麥；然因缺少車輛無法運入城內。袁遜移居旅舍時，將行李搬至一碼的距離，也費四十盧布，這運輸的便利與否大概可以想見了。袁遜住在那個旅館有一位僕婦對他說：「獨苦沒有飯吃；至於別的生活，較之往日自由的多了。」那客棧裏面行客均給有一張飯票憑這張票每人每日用餐一次。但用餐時候，定在下午二時至七時，袁遜只得「滅此朝食」餓一大早覺得腹內餓氣，咕嚕咕嚕的直叫，好像要代全身器官宣布將要罷工一樣，直到午時，眞支持不住，便好言好語的自慰道：「用餐的時候要到了！用餐的時候要到了！」如是遲之又久，饑餓的感覺遂減少一點。一直待到午後五時或六時，方才實行用餐。除了飯票上應得的食物外，也得向投機的商人再買一點別的。但價目確是破天荒了：麵包一磅，照飯票上不過是一盧布零二十可拍，若向投機漁利的奸商買，就要十五或二十盧布；一磅糖，飯票上定價是十二盧布，若在別處買，非要五十盧布不辦。

二、經濟組織及各業概況。

全俄經濟的設施及發展，通由國民高等經濟議會掌理。這議會是政府中最重要的機關，如果國內外兵患可以消弭，勞農政府別種機關都是無關緊要，一國大政，將集中於經濟生活的發展，生產率的增加，勞工生活的改良，諸如此類的事，全是這議會的職務。這種議會是隸屬於全俄中央行政委員會的一部，直接對於民食維持會負責，一切生產及支配，均由此會規定，而且聯合財政部，施行一切財政計劃及報告預算案。此會內有全俄中央行政委員會代表十人，全俄工業生產聯合會代表三十人，國民經濟地方議會代表二十人，全俄勞工互助會代表二人，糧食救濟會交通委員會工會農會財政委員會工商協會內務委員會代表各一人，共計會員六十九人。

俄國工業，此刻最感困難，因為鄂蘭爾及鄂克垣兩處煤田，都被守舊黨捷克軍及德人佔去。目今柏多格臘德及莫斯科兩城的工廠及電燈廠，都用水力代電力。有時莫斯科附近水源斷絕，只得暫時使用地下儲藏之泥炭，發生電光，以利城中居民。協約國雖久封鎖俄國港口，拒絕通商，但俄人生活必需的貨物，現在也勉強都能自備了。

集中的纖工業，是俄國經濟生活的中心，工業的主腦，因纖工業的產品，是城市與鄉村「以有易無」的主要貨物，他的成功便是百業成功的基礎。戰前工人五十萬，中間因戰事的破壞及原料的缺乏好多工廠因之關閉，刻下從事此項織工業者仍不下四十萬人。目前所有工廠統歸國有，從前工廠私營各種工業都無中心，遂使原料的運輸頗不經濟。但是工業國有制度用合理的方法，類集同樣工廠，擇定相當地方專製某種貨物，如是運輸原料手續就簡便多了。全國織工業此類組合約有五十所，至於別種工業組合，亦有二十三所。總之，國營工業可以劃一出產品類，以減少競爭制的損失，且能增加生產率與量積。再者織工業因生棉缺少，現已由某大學教授齊立徑 The Brothers Chiliin 兄弟二人，發明用亞麻百分之五十至七十五和棉花混合，織成布料。有一位織工業專家羅金 Nogin 說：「西歐各國封鎖俄國，首先他們自家的紗織業就要受壞的影響，至於俄國織工業終久倒無恙」這豈不是害人先害己嗎？再者俄國工廠收歸國有以後，原廠執事人員，仍舊服務各種工程師及技師，全未離職，且各人服務，都加些振新的精神。工人所處境遇，比以前好的多。食物是大家都缺少的，他們自然不能獨異。至於居屋一層，他們多移住舊日廠主及執事人的家裏，此外更特地為他們築了許多新工村。

工業生活改變中有一段趣事，某地有叔姪兩人開了一個皮袋工廠，戰事中獲利甚厚，待到工廠國營或公營的制度開始推行，他們倆就大起恐慌，隨後那工廠主人知道這種趨勢是不可抵抗的，他便招集工人，建議將該廠改組成一互助的，公有的團體，但是每個工人須得捐助一千盧布，你想那窮苦的工人，那有一千盧布能？後來情勢日急，該廠主遂無條件的將該廠改為公有，於是大行選舉，組織董事部，原廠主當選為部長，但是那些質樸的工人，仍舊呼他為主人，他急回道：「這廠是大家公有的，千萬莫再稱我做主人。」那些工人都回道：「不錯！這廠是我們大家的，但你是仍是我們的主人！那沒有話說的！」這可急煞那狡黠的廠主了。不多時，地方勞工政府就來罰他六萬盧布，他說這工廠是公有的，死不受罰，遂被拘禁起來。後來工人因廠中無人主持，遂代籌三萬，合廠主自己的三萬，湊成六萬盧布交勞工政府，才把他解放出來。

各業工人，都受強固的工團保護。勞工部是勞工的中心，直接受各業聯合會管理。起先各業組合，都很散漫，後來漸漸實行他們小組織大聯合的計畫。所謂勞工的安全，勞工的分配，以及工價的規定，都由工界聯合會分部辦理。這種團體不被政黨利用，不受政府影響，只是個純粹的工人結合。工價漲落，都按各地生活情形斟酌規定。至於生產機械花、工人衞生、工作時間、幼童及婦女勞工諸問題，均悉心考慮，以求工人的福利。

關於農業組織，有農會及農村。但此種農村，不是强迫農人都加入的，不過藉此昭示新農村的工作罷了。他的主旨就是要提高農業生活的程度，利用舊村土田來實施新農業的計劃：一來使農人了解新村的合作，二來表示新法耕作的厚利。

三，教育情形。

俄國雖經兵亂，教育尚稱發達。但此中却也有困難，一，新招紅軍軍人不滿意舊日狹陋的營房，多想佔住學校；二，教科書不敷應用。比彷歷史一門，舊時專制政府教育部審定的教科書已不適用，而新書又未編出，加之紙張印刷又很難得，愈益困難。有一位數學教員說：「我的學生非常之多，可惜教科書不足，我無法報答他們的向學苦心。就是關於數學舊書在書店裏也尋不着，迫得無法，只當我是個中古的教員，暫用笨拙的方法，來教他們。雖是如此，我的學生仍是非常之多」莫斯科城中食物極少，但入學的兒童，總不讓他們饑餓。城中有十八萬學童，不納膳費，可以得食。此外更有一萬雙絨靴給與貧苦的兒童。普通工人受教育的機會，也大大的加多，從前富人的寓舍，現在都改為工人俱樂部或戲園。至於各種文學及書籍的需要，簡直是求過於供。

俄國戰前的大學，只有六處，現在有十六處了。這些大學，多半是地方勞農政府開辦的，工人進去，尤受懽迎。新式的高等工業學校，亦復不少。各校都不收費，近來連入學試驗也廢除了，因此莫斯科大學學生頓加兩倍。新生大概研究科學歷史及哲學。各校裏面，工作佔大部份，因為要實行工讀主義，來解決生活問題。普通學生概分兩級，第一級，學齡自七歲至十二歲；第二級，自十三至十八。學童的伙食，歲費十萬萬盧布。如遇有貧苦的兒童，且發給衣鞋等物。此外更分級教授工人，以便增進他們的藝能，如是電工可以學電學，農人可以學農學，所以雖是嚴寒的天氣，各科教室，都有人滿之患。坡克羅斯克教授Professor Porkrovsky 說：工科教授冬天實驗的時候，往往手都凍裂了。

教育發達的情形，就藏書樓一層，也可看出。一九一七年十月，柏多格臘德有藏書樓二十三所，莫斯科有三十所。一九一九年春季，藏書樓的數目，柏多格臘德增至四十九所，莫斯科除一百所書報社外，還有八十五所藏書樓。別地方也同樣增加。在俄索爾斯啦地方有村莊藏書樓七十三，大藏書樓三十五，閱書室五百。兩年內莫斯科城內教育機關，除學校外，由三百六十九增至一千三百五十九。各郵政局附近，都設有雜誌及書報販賣所，各種叢書名人演說集，以及關於馬克斯學說，戰事記載，經濟改造一類的書籍，一出印刷局大門，便售盡了。俄人詩興素豪，所以新詩出版極多，至於各雜誌上論文，純以理勝，絲毫不作無謂的感情的論調。這樣看來，俄人此刻生活，好像完全不在多難的變態的社會裏面一樣。至於 Tolstoy, Voltzoy, Nikitin, Krylov, Saltykov-Schtchedrin, Chekhov, Goncharov, Uspesnky, Tcheruyshersk, Pornyalovsky, Nekrasov, Dostoievsky, Turgenev, Professor-Timiriazev, Kanl Pearson, 諸人的名著，政府均翻印，以廉價出售。此外社會教育，有通俗戲園，那裏坐位，不分等級，往時包廂的惡習慣，一齊都打破了。

四，俄人對外之態度。

現在各國都把俄國同洪水猛獸一般看待。究竟俄人對外人的態度是怎樣呢？茲特用兩件事來把俄人對人類的同情心表顯出來：第一，各國如何待遇華僑，大家諒都清楚，獨在俄國有一次莫斯科勞農政府開會，有一位華工領袖名叫 Chitaya Kuni；（存英文原名恐傳譯失眞）也實行參與這會議，席間通知主席，起立發一席恬淡深遠的演詞，中有一句說：「我自與諸君接觸後，已知將來如何介紹社會主義於中國」全場鼓掌稱贊。試問那一國對於外國工人能夠這樣推誠相見呢？第二，提米銳色教授 Professor Timiriazev 是一位英國劍橋大學博士，英國皇家學會會員，俄國達爾文派著名學者，鮑爾雪維克黨員。他已是八十餘歲的老翁，一天在袁遜面前表示他對於英國的愛情。他一想到別國與俄國間詐偽的內幕，遂哭個不休，垂首掩淚。他的祖母是英人，母親也承有英人的血胤，所以他通有俄人及英人兩方面的苦痛：一，他眼見親愛的英國被詐術誘惑，「舍正路而不由」實在不忍；二，他對於俄國內可恨的詐偽，和可矜的信仰，都抱着無限的憂思。

五，墨權銳科及李甯等之談話。

數年來別國對付俄國，不外封鎖港口，斷絕他的糧食及原料的來源。究竟這種政策，影響俄國的發展到什麼地步！而俄人的意志又奚若？這都於下列談話中見之。

莫斯科一位雜誌的主筆墨權銳科對袁遜說：「協約國封鎖俄國的時日，果真遲之又久，那末將來俄國百廢俱興，還可斷言，因爲俄國未發的財源甚多，原料可以不必着急。此刻最感困難，就是運輸問題。然而一兩年內縱外患頻來，我深信俄國將必成全世界的樂土。目前難關，誠難渡越，但這也是各國必由之路，因爲人類的上進，都是苦楚換來的。你要曉得西歐各國倘有革命運動，情勢更加險惡，只緣西歐的資本與勞工間弊害太重，終免不了衝突。回顧俄國，舊日專制政體之下，資本家本無牢不可破的組織及勢力。總之俄國前途很可樂觀，決不像德國的國運那般危險。」

袁遜曾向李甯 Lenin 陳述各國對於俄黨勢力澎漲，均深深的疾惡。李甯回道：「請他們各築一個像中國的長城，閉關自守，好不好？他們的邊塞海防，均極嚴密堅固，無論何時，都能阻遏飽爾雪維克主義之侵入。革命與傳播主義，簡直沒有什麼干係。設使那一國革命的機會尚未成熟，只靠傳佈主義，決難促成變故。這次太戰已滿播革命的種子，我深信今後俄國縱永遠沈淪於海底，全歐的革命終有暴發之一日。」

學術世界、

歐戰後美國哲學界思想的變遷

劉國鈞

哲學思潮，原是反射時世的，卻也是指導行爲的。所以思想和時世是互爲因果的。時世變遷，思想界也會發生變動；思想若有改變，也會產出不同的時世。這次歐戰，就他的理想方面看來，可以說是幾派哲學的衝突。然而戰事延長了四年，中間各國的政治上，經濟上，社會組織上，都起重大的變遷。俄德的革命，英美各國的勞工運動，已經可以教人變色：再加上戰爭中死亡的人口，生產率的減退，經濟組織的變動，生活程度的增高，於是就成了現在的一種杌隉不安，隨處都需改造的社會。在這時候，反射社會狀況的哲學，怎能不受他的影響呢？但影響雖有，若就要一種旋轉鮮明，系統精確的新學派，一時卻不能有，因爲這不是短時間所能產出的。不過社會上既然發生重大的變化，一切學派也就不能不自行整頓一下，以便應付新時世的要求。這篇文字所要說的，就是現在美國哲學界的思想變遷。然而這件事是很困難很複雜的，錯悞的地方一定不免。

美國現在哲學界的情形，可以說是改造的時代，也就是重新估定以前的一切哲學思想的價值的時代。美國的哲學思想，從前受德國超絕主義 Transcendentalism 的影響很大；而且對於虛空的理性，非常崇拜；雖然中間也引起了幾種反響，但這種勢力直到開戰的時候，還沒有止。但是戰爭發生以後，一般學者看見軍閥的專橫，戰爭如此激烈，人類的幸福，受這樣的摧殘，不覺對於隱在這種行爲後面的理想，發生了這些理想究竟是不是眞正的善的疑問。亞歷山大 Havtley B. Alexander 在一千九百十八年美國哲學研究會年會的時候，他那時是會長，發表了一篇演說，中間有一段說：「哲學家所崇拜的偶像，最壞的就是人的理性。Reason 我們投身在合理性的事物中間，崇拜科學；我們自以爲這是理性時代，光明時期；我們顯出實際的精神，硬說智力 Intellect 足敎作我們行爲的指導。然而審愼周詳的理性，參加了這次戰爭，冷靜心很的理性，使得他自己的歷史留了汚點；而且理性——除了假着實際的名字以外，沒有什麼？——却引壞了一切物質的嗜好到極卑汚的地方。這樣理性就是吾們行爲的指導！」這一番話攻擊崇拜理性，總算達了極點，然而當時在座的哲學家，除了費特 Warren Fite 以外，沒有一個持異議的，這也可見美國哲學界的思想了。

這種反理性的趨勢，差不多竟使德國哲學在美國的勢力，完全消失。美國哲學家覺得盲從那超絕的抽象的眞理固然有弊；就是別種學說，也不可輕易信從，輕易主張。必得拿來仔細審察一番，經過一番批評，然後才可下判斷；所以批評的精神 Critical Spirit 非常重要。柯亨 Cohen 說，「哲學除了應付人生問題，供給人類許多無形中的幫助以外，最大的供獻，就在養成一種批評的精神的標準。沒有這種精神，解決人生的問題，就不能廓然大公，因此比沒有解決還壞。批評的精神，可以除去黨派的意氣；可以使信仰不同的人，互相了解，同在複雜的世界內，共同作事。」勞合 Alsred H. Lloyd 說，「純粹科學的精神，尊崇理性主義和効率，不能再算作特著的精神了。純理性和冷峻的効率，是形式主義 Formalism 和制度主義 Institutionalism 提煉出來的精神，已經成過去的事了。…生活脫離一切因襲的傳說獲得自由，是前所未有的。哲學領着頭去做。…哲學本着他的眞精神，應當代表有生機的，有創造的氣象的，而且是進化的思想」這也可以見得美國哲學界注重批評的精神，獨立的思想了。這種精神，不但拿來研究現在的問題，也拿來研究古人的學說。我試舉一例：哥崙比亞大學哲學部所發行的一本思想史中的研究 Studies in tue History of Ideas 在一九一八年出版，很有驚人的議論；如渥德柏枝 Woodbirdge 的柏格萊的實際主義 Berkeley's Realism 竟把柏格萊看作實際主義的哲學家。又如杜威 Dewey 的霍布士的政治哲學 Hebbe's Political Philosophy 竟稱讚霍布士的學說，說他的主意是在道德和政治的科學性質，至於專制的主權說，却不是他的大主義。這種重新估定價值的精神，是何等底澈底！

在歐戰以前，美國也有崇拜科學的思想，以爲科學萬能。等到這次戰爭起後，大家都覺得科學不過是種手段。他的知識，他的思想，都只能做一種器具，受一種更高尚更切近人生的理想的運用，使得這理想得以實現。如杜威勞合都是主張這一說的。又有人以爲科學是人生道德的發展的一部。世人誤用了他，所以發生弊端。因此研究科學，不可拋棄了他對於人生的價值。如格斯 S. B. Gass 就是這一派的。總之美國哲學界對於科學的觀念，也是經過了一番重新評定的。

但美國哲學界近三四年來討論最多的問題，都關於社會哲學和政治哲學。因爲這次歐戰可以算是哲學產生出來的；而且戰事的影響，又是社會政治各方面受的最大。舊的既經崩壞；新的急須建設。所以這種研究，非常緊要。去年美國哲學研究會所選的題目是「社會的性質」Nature of the community 西部哲學研究會的題目是「哲學在改造中的功用」the function of philosophy in Reconstruction 若是打開了關於哲學的雜誌，也就可看出關於社會哲學的論文比關於知識論的多。

美國的社會哲學也有一種反德國的趨勢，就是反對黑格兒Hegel一派拿國家當作理性的實現的哲學。杜威批評這種哲學，說這就是引起歐戰的根由因爲這種哲學教我們尊重那理性實現出來的國家，我們須得服從國家意志，而且戰爭也是不必趨避的。試看這種哲學的影響如何？殺人盈野，流血成河，物質上的損失，精神上的損失，難道哲學所賜給人類的幸福就是這樣嗎？我們決不相信這種哲學了！我們必得要一種有希望的，進步的，發展人性的，使人類生活得以自由增長的觀念，作我們社會的理想；老實說，我們必得要達到德謨克拉西的地位。

然而德謨克拉西究竟是什麼？研究這問題的很多，我姑且把杜威柏銳 R. B. perrj 和亞歷山大的見解舉出來作個例子。杜威承認德謨克拉西是一種生活，不僅是政體，這種生活有二要件：第一，是在同一團體的各個分子，要有極多數的共同利害點，還要信任相互的利害是社會管理的要素。第二，便是各團體中間要有極自由的連絡，並且還要能不絕的應付因這些連絡而起的新環境。這就是杜威的見解。柏銳的意思，以爲政治上的德謨克拉西是自由 Liberality 和責任 Responsibility 的結合。自由是說國家在限制個人行動的時候，同時應當擔保個人在法律之下有極大的地方可以自由發表意見。責任是說國家的主權應當平均分配在一切有關係的人。至於社會的德謨克拉西，却是本着平等觀念來的，一切的人，有同樣的感情能力，所以應互相尊重，並且都應有發展他本能的機會。因此，平等的意義，就是機會平等。至於亞歷山大，他以爲從前的德謨克拉西觀念，是根於相信人類的理性，是普遍的法則 Universal Law 的表現和拿人類當作完善的信心中生出來。沒有制度上 Institutional 的客觀根據，憑着感情去做，所以失敗了。但若是有了制度，有了組織，却沒有自由，便變成了專制。德國的政治就是如此。所以眞正的德謨克拉西應當從正當的自由得來。正當的自由，是一方面不偏於感情 Sentiment，一方面又不是盲從一種現成的制度。關於這一點，他在他的自由和德謨克拉西其他戰事中　文 Lib rty and Demoracy and Essays in wartime 那部書內，說得很詳細。

自由是德謨克拉西的精髓，討論這問題的，也非常的多。自由竟是什麼？本是哲學史上很熱鬧的問題；在美國史上，自由也是他們的國性。然而獨立宣言所說的自由，是根據十八世紀天賦人權一派個人主義的哲學來的；如今根據已經失掉，自由究竟應當怎樣解釋呢？難道就如傳施鐵黑格兒叔本華一派德國學者所說的嗎？關於這問題，美國哲學界也有幾種答案，略舉出來，約分三派，亞歷山大是主張自由應當和法律調和的。他以爲自由的究竟，是不可捉摸的。但我們可以看出自由是實現理想中的價值所必要的。自由是人的思維，所以不是感情，却是理性的運用。若是思想固定，社會就要崩壞。但要免除了感情和理性的弊病，得眞正的自由，須得有正當的法律與公道 Justice 觀念。法律等於個人的自治；公道等於理性的使用。若是自由能和合理性的選擇聯合起來，有了個人的創造，又對於思想的客觀物實方面負責，那便有了眞正的自由。自由是生活的平衡，Equilibrium of Life 若是個人附屬在團體之下，生活就變爲機械。若是法律和公道變爲不能批評的制度，生活就要腐敗。所以自由總是存在個人的智慧能活動的國家。

脫夫忞 Tafts 主張自由應當注重經濟方面。他以爲自由不單是能獨立思想，並且應當有運用一切可以使他的思想實現的器具的能力。因此自由是自己選擇所不可缺的條件。和人格及有價值的生活有很大的關係。現在經濟組織，侵害這種自由的很多，我們所應當注意的，就是如何能免去這種障礙。

麥克魯爾 M. T. Mcclure 以爲自由是應當根據人類的衝動和本能的。但這些衝動，散漫的很，必得要給他們一種客觀的制度的根據來約束他們。是以自由就是自治。就是社會活動的主觀和制度兩方面的結合。主觀方面，有活動和創造；客觀方面，有法式和安定。

除了上述的兩問題以外，關於政治社會哲學一方面，還有一個問題，就是國家主權 Sovereignty 問題。蘭斯克 Laski 極力主張複數主權 Plural Sovereignty 說。以爲主權可以分佈在國內各小團體。韋迪 wilde 却反對這一說，極力主張單一主權說。他們立論雖然極端相反，但都自己以爲是達到德謨克拉西的好途徑。以上幾個問題，就是舊題目的新研究。換句話說，便是重新估定從前學說的價值。這種重新估定價值的精神，不單是加在別種學說身上，就連價值本身，也要發生問題，也須重新研究一番。所以美國哲學界，近來有一個討論很熱鬧的問題，就是：什麼是價值呢？

價值論 Theory of value 德國的學者，很研究過一番。但他們總不免帶着超絕主義的氣息，弄得玄渺難通。美國近來的價值論和這種學說，也有不同的地方。

價值的定義，派別很多，大約可分作二種：第一，是拿價值當作物體的性質的；第二是拿價值當作物體間的關係的。而每一種又可分作心理學的解釋和本體的解釋。心理學的解釋，是以為這種性質或關係是由主觀決定的；本體的解釋，以為這不是由主觀方面決定的。

柏銳夏爾登 Shelden 都主張價值是一種關係。柏銳以為價值是物體能滿足人的欲望的一種功用。夏爾登說，物體的價值在他能和別物體和合成一完美融洽的系統。至於大多數實驗主義學者，都主張價值是物體的性質。離了物體不能存在的。這兩說以外，還有爾邦 Urban 以為價值既不是關係，也不是性質。他的自身，不過是客觀現象；嚴格說來，是不能下什麼定義的。價值的定義，既有種種，價值的性質學說也各不同。試舉出幾種來作例証。

夏爾登以為價值的情形，含有三種元素：第一要有可以有價值的物體；第二這物體對於人或人的動作要有價值，或是因為這種關係而生價值的；第三這物體必定要對於一種目的而發生價值。

杜威以為價值是一種器具。物體的價值，就在他能作達到某種目的的手段。所以他所說的價值，差不多全是器具的價值。Instrumental Value 至於自身的價值 Intrinsic Value 他以為這是沒甚重要的。

卜施 Cush 承認有二種價值：一種是近的自身的和獨立的價值，一種是近的器具的倚賴的價值。自身價值的應用，限在現今。他是一切價值推論的前提，不可批評的。至於價值的起因，就是有生機的物體對於他物體有一種興趣，

畢加爾 Picard 也承認有兩種價值，但他不承認自身的價值是獨立的。他以為價值的解釋，應當由心理學方面立論。自身的價值是感情的表現；器具的價值是認識的作用。這兩種若不分別清楚，價值論便含糊不清。

關於價值的討論，美國哲學家現在極為注意，以上所說，極其簡

短，一定有含糊不淸的弊病，然而這篇篇幅有限，不能詳說，這是無可如何的。只是我們要問一句話：爲什麽要研究價值呢？我們日常所承認爲有價值的都是由社會因襲來的，往往不能和智慧相合，所以不能盡善。我們依着別人代爲估定的價值行事和思維，便是執行他人的意志，何況因襲來的觀念，會和現在的實際情形矛盾呢？我們要有合乎理智的思想和行爲，須得時時用自己的智慧發見眞正的價值，所以估定價值是智慧實際的應用。重新估定價值，是社會進步的動機。重新估定價值，在進步的社會是應當有的，但要估定價值，必得先明白價值是什麽。這就是研究價值的起因和研究價值的重要。

以上所說的是美國哲學界現在所討論的問題的大要。至於現在美國哲學派還只是理想主義 Idealism 實驗主義 Pragmatism 和新實際主義 New Realism 三種。實驗主義和新實際主義都是理想主義的反動勢力，很大，生在現今的不是絕對沒有主張理想主義的人。愛當司 G. P. Adams 著了一部理想主義時近世紀 Idealism and the Modernage 替這主義極力辯護，他將杜威栢銳各人的學說都歸入主張知識是戰勝天然的能力一派，以爲這種主張，偏而不全。知識固然是能力，但必得把人的心看作一種物觀的結構 Objective structure 的一部，才能有使用這能力的正當精神。所以理想主義，也是不能廢的。關於理想主義的重要著作，有這一部。關於實驗主義最重要的著作，要算杜威和他同時所著的創造的智慧 Creative Intelligence 關於新實際主義的著作，最重要的要算栢銳的現今理想的衝突。The present Conflict of Ideals 都是留心哲學趨勢的人所不可不看的。

一　合衆國國立研究會

周炳琳

譯自英國 Nature 週刊

自從威爾遜總統在一九一八年五月十一日發布了一道命令，兩年前成立的暫時組織就取得永久性，成爲合衆國國立研究會 (The national Research Council of The United Stats)。這個組織的歷史教我們知道在國家危急的時候，當政的人深曉得有得科學的團體或個人的協力的必要。這些科學的團體或個人若在平時，很少得人的重視或扶助。

當國內戰爭的時候，林肯促起和英國的王家學社 (The Roy

al society)相應的國立科學院(The national Academy of Science)的組織,藉此收羅一班足以代表科學的人給國家用。他們的義務是應某政務部的請求研究任何於國家爲重要的問題。一切費用由國家支給,但是學院不受甚麼報酬。在戰爭過去後五十三年的平和中,國立學院繼續走他的爲最高級的通常科學社的路,時時應政府的要求,給以報告。

一九一六年四月 Sus sex 遭打擊之後,國立學院獻議於總統;說應組織研究的機關以備合衆國參戰後的厚力,願任組織之勞。這個建議爲總統所採取,國立研究會因此組織起來。在那年七月,這個國立科學院組織的研究機關的成績已很可觀,足以喚起威爾遜總統的感謝。

在接續上來的十八個月中間,國立研究會完全組成,通這個時期,於指導關於戰爭的繼續和關於國家的福利之研究和調查,効極大的勞於國家。他的活動不只限於研究,一很重要的部分被普通的關係佔了去。從國外搜集報告來分配給那些需要者。大問題如改造教育,和國際關係都從科學的產業的方面去解決。

這個會的藝術的分部如下:軍事;土木;物理,數學,天文,和地文,化學和化學工業;地質學和地理學;醫學和與醫學相關的科學;農業,植物學,林業,動物學,和漁業。在這些部類之下,一大批的會員協力探究各種特殊的題目。

從此看來,這個很完備的組織使國立研究會能殼實地收羅個個有用的人在他的指揮之下,這些人的研究能力就是國家的一種資產。

這個會實行託付的計畫如此其有成績,致令總統在一九一八年五月十一日要求國立學院將國立研究會改爲永久的機關,使他不但對於戰時各種問題有所建白,就是對於平時各種大問題亦可以効力。

總統於其中撮舉國立研究會的義務的六段文字是研究和研究者對於國家的効用的關係之最明晰的說明,但是這六段文字把甚麼是國家對於獎勵研究應負的責任也指出來。着重在同力合作,但是指明所謂協力須是不害個人的創始那一種格式的協力。

總統的命令當中特別可以注意的是政府中的科學的藝術

的各局所，不問是武的是文的，應和國立研究會合力操作。但是推薦政府的局所裏面那些人到會是由國立科學院的院長酌定之。指定了的人由合衆國的總統任命，正式就國立研究會中的職，照這樣辦，政府的代表都是科學的造詣為國立科學院的院長所證明的人。

由此看來，合衆國國家的研究的指導已移給一班人，他們在戰時所表白的研究的成績教人知道他們的能力并足以應付與平和和改造同時起的諸大問題。這是一個好計策，因為他引起政府和研究者的最接近的協力而又不害研究者的創始，關於攻究各種問題的方法讓專門家去決定。

國立研究會調查研究所需的費用由好幾種資金支給，這些資金的總數在一九一九年會計年度達五四〇九六磅。這些資金出於老克飯祿的基金（Rockefeller Foundation）卡內齊的積欵（Carnogie Institution）和總統的資金（The President's Fund）。

自從會成立以來有兩個重要的發展。第一是由老克飯祿的基金內撥出一〇〇〇〇〇磅，由該會管理，以充合衆國教育機關中物理化學的研究五年內的費用。這個計畫的要點是吸引會員這件事為多數能力充厚的研究家闢一條科學的途路，以應諸大學諸產業之急迫的需要。預期來年當有十五至二十個會員可以聽用。（譯者案此篇寫於去年五月，那末這裏所謂來年就是今年）

第二個發展就是使該會和合衆國的一切科學的藝術的會社立於極接近的關係。經該會的一個最近的決議，一個分部的大多數會員須是各主要的科學社選出的代表，例如在化學和化學工業這一部裏面九個委員是化學會（The Chemical Societs）選的，各電氣化學會陶器學會（The Electochemical and Ceramic Socitis）各選出一人，化學工師會選出一人。只有六個會員是該會自己選的。

看他把國家的研究的指導放在能力充厚的科家學手裏，看他給有創作力的青年以發展他們的本領的大機會，看他致國家的元首和他的僚屬深信創造的研究在任何增加國家的效用之計畫中有絕對的必要，這個計畫為合衆國闢一個科學的生產的紀元，他的豐厚直要遠過於我們在戰前所習見的重要出產，那是沒有疑問的。

亞立斯多德學會

查謙

一九一九年十一月三日亞立斯多德學會開會，會長唐姆士瓦德教授(James Wadd)主席會長為就職的演說題目是『在起初……』("In the Beginning……")

這宇宙給我們預備的問題是一個顛倒的問題，但我們中間兩個最著名的哲學家用『絕對』(The Absolute)作標準，斷定我們所認識的世界（連我們自己在內）無處不是矛盾；這些矛盾只有在『絕對』裏才能消解，究竟怎樣消解，我們卻不曉得，併且永不會曉得但是至少件件東西總得融合變化成一個完全的經驗，在這裏面沒有什麼經驗的有盡中點受尊重或保存，有人問，那嗎，這『絕對』是不是有意玩弄我們因為那未變的？不同的現象似乎必得擾亂我們，答說，不是因為這些現象正是『絕對』給我們的指示，還有一層在我們當初無秩序的經驗之統一上——這些經驗都伏於人類各種發展的下面——在外貌殊異的個人之有加無已的相互了解上，我們能看出這『在「絕對」裏永遠完全』的歷程的發端，但是彼方又答說：知識的進步，併不會顯出『把思想的各種範疇歸併成他開始時那個形容詞』的痕迹．我們朝着更高統一的進行，也不會有什麼『單用「內容之連續」代替品格之穩固和創造』的趨向．

在結論裏他著重的是想從已經完成的哲學的論點下手，是沒有希望的．不斷的進行，併且力謀符合——這是我們的金鍼，全部的進行都是試驗的——對待顛倒的問題，總得如此，危急的關頭，像在過去時代中一樣，一定有的．但他們不過是揭去已死之皮的原因，決不是大病的原因，總之，哲學已經有了進步，只要他肯遵守自然遵守的法則——不要跳越——為什麼他不能再進步？

一九一九年十二月一日亞立斯多德學會開會，副會長威爾敦加耳教授（Wildon Carr）主席，開特耳先生（Z. Cator）讀論文，題目是：『推度的性質』(The Nature of Inberence)．用具體之普遍為評判和推度方法的邏輯，很受指摘，他分析了幾個例，表明這普遍不能真正同他的各差別接觸，這些差別的內容不過被撥給他罷了．在那一方面，推度的器械總是一個居間的表象，個別的，不是普遍的絕對論，『靈敏有權而具體的普遍，是推度的器械』之說的結果，歸宿於真體概念，具永遠的形式,爲差別的完全系統,沒有品質,僅僅一個無內容的範圍.波生魁博士(Dr. Bernard Posanguet)在一封信裏,承認開特耳先生拒絕直線式的推度說—一些裂口,夾着許多小裂口—是很對的.眞的概括的推度學說,波生魁博士釋作有系統的暗指,或根據自己的世界創造一個不完全的複雜.

附美國哲學會及美國心理學會消息

美國哲學會

一九一九年十二月三十和三十一兩日,美國哲學會在高賴爾大學舉行第十九次常年大會,選定一九二〇年職員如下:

會長　培利教授(Ralph Barton Perry)　哈佛大學

副會長　波德教授 (B. H. Bode)　亦林諾亞大學

書記兼會計　鍾斯教授(A. H. Jones)　白朗大學

美國心理學會

一九一九年十二月二十九三十和三十一日美國心理學會在哈佛大學舉行第二十八次常年大會,共集議六次,每次討論心理學的一方面—實驗的,教育的,社會的,等等—併同美國醫科心理學會,美國人種學會,各開了一次聯席會議.一九二〇年職員,舉定如下:

會長　佛蘭斯教授(Shepherd Ivory Franz)　華盛頓聖伊利沙白醫院

書記兼會計　波林博士(Edwin G. Boring)　哈佛大學

議事員　蘭費德教授 (Herbert S. Langfeld)　哈佛大學

秉韓教授(W. V. Bingham)　加利基工業專門學校

教育世界

美國大學入學的心理試驗之先聲

謝承訓

向來美國大學的入學試驗,不過寫幾篇文章,答幾個問題罷了;至多也不過驗驗身體,問問來歷而已。後來經多年的經驗,看出人的智才,不是僅賴考試與成績可以度量的;要把那些很難造就的中等學校畢業生招收進來，廢了幾多人力，消了幾多財力，於社會無甚利益，在現在經費不足教員不夠的時候，確是很不經濟。所以近來教育家和心理學家汲汲的共同研究怎樣選擇最優的大學學生。

這個問題，不是現在纔發生的，早為各大學注意了。但至今仍未有美滿的解決。在心理學試驗室內雖能試出腦部反應及聯合作用的遲速，智覺辨別力的強弱；用 Binet 的試驗方法雖能考出人的『智之年齡』然而普通的智力 General intelligence 仍是渺渺茫茫，摸不着他的頭緒。所謂普通的智力者，很難解說，大概注意力，記憶力，辨別力，認識力，分析力，概括力等等心理的聯合作用，都包括在內。

不料由這次徵兵的手續，產出一個喜出望外的結果來。使這個急待解決而未解決的問題，忽然露出頭緒。直乍令那般慘淡經營的，煞費苦心的教育家心理學家，歡天喜地的了不得，好像窮得一文不名的寒士，忽然拾了幾塊『到那斯』似的。究竟那個頭緒是什麼？現在正是我要回答的。

美國加入戰團，正是德國佔優勝的時候。非有精銳的兵士，排到歐洲去，是無濟於事的。所以美國政府挑選兵士，非常認眞，不像中國督軍隨隨便便的收些強盜土匪編成什麼師、旅、團、便稱做軍隊。他卻聘請幾位心理學專家，一心研究怎樣可以挑選活潑的，敏捷的兵士。他們研究的結果，眞是空前的例！眞是破天荒的例！

每位兵士，須經兩番試驗，一身體的，一心理的。身體試驗要不及格，當然是不能取的，心理的試驗要不及格，也是同樣的刷下來，心理的試驗，便是普通智力的試驗。試驗大概有十三種方法。每種方法的問題的數目是不等的：有的是五六個，有的是十幾個。每個問題，都是很簡單的。但是考試的時間限制的非常嚴厲。使遲鈍的人，不曉得從那裏下手，惟有靈敏的人，一看便知。例如將一三角形放在一四方形上。請應試者寫一個3字在兩形內，寫一個5字在三角形內。用這類的問題，可以試出人的注意力，判斷力。又如 John Wesle 在科學上——宗教上——戰場上——文學上是很有名的。應試者，要想他是位科學家，即在『科學上』三字旁劃一筆。要想他是位宗教家，便在『宗教上』三字旁劃一筆，…………那末普通的智識，大概可以試出來的。這不過隨便舉兩個例罷了，像這類的問題非常之多。總之普通智力，不是一兩個問題能完全試出的：每個問題確能驗驗一種或一種以上的心理聯合作用。但一次的結果，未必就靠得住，所以問題須要多幾個。

用這樣方法所徵的兵士，個個都是精神抖擻的，智覺銳利的，結果合人滿意。但美國人不是僅僅的滿意就算了，他們還要利用這很有效驗的方法，來選擇大學學生。於是又有易克斯博士 Dr. R. M. Yerkes 赫格爾特博士 Dr. M. E. Haggesty 邵爾鐵博士 Dr. L. M. Terman 桑代克博士 Dr. E. L. Thorndike 魏伯我博士 Dr. G. M. Whipple 五位心理學專家，組織一個研究會。推易克斯博士為主席。研究的結果，請桑代克博士在哥倫比亞大學試用，要有成效，便推行全國。所以現在哥大的入學試驗，一部分是心理的。

現在心理試驗的原理，雖與徵兵時所用的是一樣的，但他的手續比較的卻繁雜的多，困難的多。以前所用的方法，只能一個一個的試驗；現在所試用的，是一羣一羣的試驗。在一個時間，可以試驗五十人或百人不等。他們那個研究會已經驗過三千多學生了。看出『羣的試驗』很有可能。但不敢以一次試驗的結果，就拿來做全國的標準。於是預算再驗驗別的幾千學生，看看如何。果能有效，即行公布世界。大約本年可望成功。

在這試驗期間，各大學都來函詢問那五位博士『普通智力的試驗究竟能否成功？』他們都是天天在試驗室內忙個不了，那裏有時候來回答這些信呢？於是就辦了一種試驗報告，將試驗成績，試驗手續，試驗心得等等，都登出來，免得一般教育心理學家掛念。預算每年出三期，如試驗期限須長，可連出十年。他們五位博士又希望人家做做，所以又製造各種試驗用品，和報告書同時出售。兩項價目，每年金洋約一百二十五元。報告第一期，與用品第一副，現在已出世了。要辦者，請直接與哥大教育專修科交涉。可惜第一期報告我並沒有看見：不能將他的內容介紹出來。

總而言之，這次心理的試驗，與從前的有三不同點：一、現在所要試的，不是一兩項心理作用，是普通智力。二、現在所用的方法，不是個人的，是一羣的。三、現在所抱的宗旨，是全國各大學取同樣的入學試驗，增進大學教育的效率呀！人家的學術有怎樣進步有這樣快想想自家豈不可怕嗎？

勞働世界

最近英美的勞働運動

黃日葵

(上)英國三角同盟之運動

(1)大戰後之新傾向

最近英國的勞動運動,以其含有重大政治的意味,所以很引起全世界熱心的視聽。自從戰前已漸漸覺悟資本制度不合理,而染有急進色彩的組合運動,於大戰期中又得許多的教訓,於是對於自己的使命,知之愈確。這回大戰的終結,彼勞動階級的犧牲,不惟不獲得絲毫的好處,而且反被驅入更壞的生活狀態,與勞動者以更強的刺擊。

全英國的勞動者為着反抗現在資本制度的目的,今已一齊立起來了。他們現在正要訴之近六百萬的組織力,而求達到他們的目的。

他們所要求的,已經不是賃銀問題,和勞動條件他們消極的的要求了。他們正在提出更根本的的要求,向政府資本家為最後的挑戰。他們已不相信在現制度下的政治機關,無論如何,總想以自己的手段決定自己的運命。

英國勞動者現在所取的態度,不獨於英國有極大的影響;就說全世界之社會的運命,皆繫於此,亦無不可。現在英國勞動運動的焦點,就是這個三角同盟和所主張的三事業國有問題。現正受國內全體勞動者熱心的指持,不斷的和政府相對抗。全世界對之,無不睜開眼睛,看他們的趨向。而這個三角同盟的形體,竟一模二樣的移植到美國去,引起同樣的運動來了。

產業國有,非全由三角同盟的主張,乃是現在英國全體勞動者唯一的希望,且漸成從來勞動運動的目的了。今次的大戰,他們已充分認識自己團體的威力;且深知政府和資本家之不足畏。有許多的勞働組合,很知道從前至今日經過的事件,熱心從事土地國有,產業國有的調查和研究。而全英一般勞動者組合,船渠人夫組合,車力人夫組合的新三角同盟,也嘗加力於這個主張。紡績工也曾為這主張而奮鬥呢。

(2)三角同盟之示威

謂三角同盟，就是指網羅全英鑛工的那鑛工組合，全國的鐵道從業員組合和全國的運輸業關係的組合，這三個同盟。全體會員數，說是一百三十萬，實際可以得百五十萬之數。

這三個組合，是英國最有勢力，最進步的。就中如鑛工組合，尤傾於最近英國勞動組合運動所傾向近於理想的 Industrial unionism 的態度，所以該組合的幹事長士邁里，就做了三角同盟的代表者。士邁里氏和鐵道從業員組合的妥廠士兩人，是現在英國勞動者中的代表人物。

這個三角同盟，有使全英產業痲痺，全國人民飢慌的能力！所以他的威力，確能左右全國國民的生活。他們現在憑藉這個威力，和立於背後許多勞動者的後援，先以鑛山國有，繼以鐵道國有案，威臨他們的對手。

三角同盟活動的機運，於戰前已充分成熟了的。但於戰爭中，為種種特別勞動狀態所妨礙，遂致中止了。殆後剛入了休戰期的時節，鑛工組合首先破壞以同盟罷工為違法的戰時法令，於去年二月底，提出賃銀增加三倍，六時間勞動，和炭鑛國有的條件。有若不容納，即行罷工的決議，以三月十五日為期。於是其他的兩個組合，也立刻參加這同盟罷工的決議了。

炭鑛國有，本是鑛工等歷來的主張。國內的各炭鑛，於戰期中，曾臨時移歸政府管理，然而止在非常的時候，以便利的名義歸官，而政府以給地主以租金，其實從前沒什麼變動，無論政府或地主，到了平和一克復，就要交還原主經營的。因此鑛工不失政府經營中的機會，先提出這要求了。這種威嚇，對於政府資本家，實在是不容易的問題。

(3)國有問題的審議

罷工宣言發表之後，政府果然手足無措。雷德佐治與鑛工組合代表士邁里會見的結果，求答應將這問題移交調查委員會調查，想避開這迫切的罷工。交涉到末了，士邁里提出『調查委員之半數，由鑛工側選出』的條件，政府方面答應了。後來委員會經議會批准，由十二個委員組織成立了。十二人中的六人，代表鑛工方面，其餘由政府和資本家各舉三人。先將賃銀倍增，勞動時間縮短，調查決定之後，遂入於國有問題的審議。

鑛工方面，對於國有問題之具體的意見，主張賠償已投於炭鑛設備的資本，而置炭鑛於國家管理之下。對於所有權的賠償，自然是不承認的。至對於經營的方法，則主張設一經營幹部爲政府中的中部。由鑛工方面出五人代表消費者及政府者各二人，和代表技師團體者一人，合共十個委員組織這幹部。卽名義上是政府所經營，其實權則全歸實際從事勞作者之手。議長三奇氏的意見，大部分有利於鑛工方面了。

到了七月，憤激政府態度的鑛工，遂不待幹部之命，決行罷工。政府也立刻派兵對抗。三角同盟的指揮者等，頻頻協議，於是三角罷工，終至實現的形勢了。路德佐治再與士邁里氏會見，述他贊成國有的意見，這危機才漸漸的平息下來。但經過多日，依然不見解決形勢也漸漸惡化過來了。

(4)總罷工之決議

九月三日，關於倫敦的炭鑛工組合聯合會，議決了三個決議案。就中以國有問題，迫逼政府最甚。此決議雖得三角同盟，及其他組合的支持，然同月八日在格蘭斯哥的職工組合大會，竟沒鑛工組合的期待。此大會所議決者爲提出炭礦國有問題，徵兵會撤廢，由俄國卽時撤兵的三個要求於政府。至於國有問題，則以礦工組合決議同盟罷工爲外，而否決了。職工大會議決之翌日，關於倫敦之萬國勞動組合會議，雖有人極力反對，而士邁里氏所動議『卽時實行罷工』的決議，仍以七十萬票之差通過了。格勒斯哥大會那方面，受此刺擊，形勢又大變，於十日，以四十餘萬票之差，復將否決的案子通過。於是遂將此決議提交路德佐治。

但是形勢雖然迫逼，政府的態度，依然曖昧。於是這個不平，遂使三角之其他一角，鐵道從業員對於政府的感情日益險惡，結果終釀成鐵道的大罷工了。

(下)美國勞動聯合會之組織

(1)A.F.L

在美國中，與法國的C.G.T，英國的三角同盟相對立，而爲亞美利加勞動組合的代表者，就是亞美利加勞動聯合會。American Federation Labour 通常簡稱A.F.L。

加盟於A.F.L的職工組合，凡有四種：卽地方組合，Local Union 全國組合，National Union 各市中央勞動組合，Central Lalor Union 和州內聯合 State Federation 是也。A.F.L全是諸職工組合的聯合，與會員個人沒有直接的關係。

(2)執行委員會

A．F．L的行政部正如他的名稱 Federation 所示，有聯合的之性質，恰如在合衆國的聯邦政府，不依成文憲法明白委任於中央團體的一切權能，仍保留於種種的單位(指各聯邦)一樣。各所屬組合，關於其內部的事件，如基金，同盟罷工，共濟資金，和其職業固有特定的一切問題之管理處置，各有完全的自治權。

A．F．L的一般政策及其他種種的法規，由例年大會決定。出席會議的議員數，於全國組合定爲每組合員四千人以下出一人，四千以上二人，八千以上三人，一萬六千以上四人，三萬五千以上五人，以上類推。其中央組合，州聯合和地方組合之不屬於全國組合者，各一人。

會議以會長爲議長，組織可以附托下列事項的委員會，卽關於會議規則，議事日程，執行會議之報告，決議，法規，勞動團體組織，組合符牒，紛議調停，敎育，杯葛，及建築等的委員會。此外又由全國組合的三個執行委員中任命一名之會計檢查委員，審查過去十二月間的聯合會會計，於開會時報告其結果。此會議得全國代議員之四分一出席，卽爲有效。會議之末日，選舉A．F．L的職員，會長一名，副會長八名，及書記，會計各一名，以組織執行會議。

這執行會議，與各地的中央組合，州內聯合等，協力從事於新的地方組合，及新全國組合之設立，並且謀既設的組合之發達，解決職業組合間的紛議，且統一之，又執行會議，常監視與勞動者有直接關係的法制。於必要時，開始聯合會議指示的立法運動。執行會議及會長，於會議得三分二以上的同意，得取消違法的全國組合的設立委任狀。又A．F．L直屬的地方組合，不得執行會議的許可而罷工者，不發給付金。此外於同盟罷工或工場閉鎖永續之時，因援助從事此等事的全國組合，於每年十週的範圍內，對於所屬的全國組合，得每週每人徵收一仙。不繳納的全國組合，對於A．F．L的會議，及市部中央團體，停止送代表的權利。

(3)運動方法

地方組合，與其雇主間生紛議之時，該地方組合，卽通告之於

A.F.L的會長會長調查之而執調停之勞若終於失敗，則會長求執行會議的同意，可授該地方組合以「命令同盟罷工」的權限。而地方組合，即於二十四時間以內召集會議通告各組合員，開始同盟罷工。

若不得執行會的同意而竟自罷工之時，使用組合的防衛基金，即爲違法。又A.F.L的執行會議，以同盟罷工工場閉鎖等原因，維持罷工基金之故，於一年五回以內，徵收每人十仙之時，有服從之義務。故各組合的防衛基金，常有五千元以上的剩餘。

此等地方組合的加入証書，州內組合，沒有發給的權。其權乃在A.F.L的執行會議，和全國組合之手。（對於黑人種另有特別的發給）這些地方組合，全國約有三萬之多。

(4)中央勞動組合與州內組合

由各市的地方組合，聯合而成中央勞動組合。於若干州中，更形成州內聯合聯合會。對於中央組合，和州內聯合，稍與以下級的補助的位置。中央組合，常協助聯合會的執行會議，以設立地方組合，且努力使之加入全國組合及創設新職業的全國組合等事。

但中央組合，和州內聯合，於全國組合條規許可之外，對於全國組合的賃銀契約，賃銀爭議，及勞動規則等事，無干預之權。又屬於中央組合等全國組合所屬的團體，非得全國組合的同意後，於其團體，不能發開始同盟罷工的命令。杯葛之時亦然。

(5)會費及入會金

A.F.L的經費，由所屬各團體的組合員數，所繳納的人頭稅充之。其分配法：國際及全國的勞動組合員，每月繳納八分之七仙。地方勞動組合員及聯合勞動組合員，每月十五仙。（內五仙是罷工基金）組合員之中多在十八歲以下的地方組合，一人二仙。又由中央及州的勞動團體，每年做四回分納十元的人頭稅。

農村生活

新農業問題之二

唐啓宇

「青年男女農業競進團」之設施及其計畫

(一)「青年男女農業競進團」組織之原因及其動機

爲什麼要組織「青年男女農業競進團」？「青年男女農業競進團」組織之後如何能促進新農業？其原因及動機必須精密的研究；就宇觀察所及有正反兩點：第一就是舊式農人之逆鬪；第二就是新式農人之順鬪。舊式農人的逆鬪，乃是保守已然的狀況，決不想隨時改進，隨時創造，以適應新環境。他們的腦筋是頑固的，是墨守舊章的，是不情願做實驗生活的，是不情願做慘淡經營的創造生活的，講到學術，他們一點兒不加信任；講到督促，他們一點兒不受指導，講到勸說，他們一點兒不肯採用；農業學校開的多，他們說是造就許多的書耕；試驗場辦的多，他們說是徒然的耗費金錢；於是農業之進步乃受莫大之障害，所以要變換這種污濁的空氣，必先剷除守舊的劣根性。新式農人之順鬪，乃對於這息息變更的社會，隨時改進，隨時創造，以適應新環境，他們的腦筋，是新鮮的，是活潑的，是情願做實驗生活的，是情願做慘淡經營創造的生活的，他們對於學術肯加信任，對於督促，可受指導，對於勸說，亦肯採用，所以他們實實在在能彀造成文明燦爛的新農業，能彀做新農業的先鋒。

「青年男女農業競進團」是剷除守舊劣根性惟一的利器，是創造簇新優美性惟一的結晶體，「青年男女農業競進團」在英文講起來是Boys' and Girls' Club 是鄉村青年男女所組織的團體，他的歷史很短，在一千九百〇七年的時候，在美國纔實現，然而他的發達，實在很快，在一千九百十五年的時候，在團註冊的已經有二十五萬人。初創之時僅種玉蜀黍，今則遍及其他農作物及牲畜等，由此可知其宣傳之廣。

「青年男女農業競進團」的優點甚多，可一一舉之如下：

(一)助青年男女解決從事農業爲其畢生之事業　凡青年男女，既入農業競進團做實驗的工作，經過幾次競爭之後，覺得農業是可以爲「安身立命」的事業，可以改良，可以發展，不必去就素不相識的工廠工作與商業經營，此其優點一：

(二)助青年男女得十分有價值之知識及訓練　「青年男女農業競進團」既步步從試驗入手，如何使作物長成，如何使牲畜蕃茂，如何使田中收入增加，獲利優厚，如何能爲農業之主人翁，超軼其祖父，如何能發生互助的習慣，合組的精神，凡此種種知識及訓練，皆極有價值，此其優點二．

(三)助青年男女養成忠實的精神使競爭者眼光放大　因競爭的緣故，青年男女必定勤勤懇懇脚踏實地的去實行。去奮鬪，去犧牲；使他獲的收成，比別人更多；使他做的報告，比別人更好；用全副精神鼓舞着向前進行，向前努力。此其優點三．

(四)助青年男女實地改良農業增加最大效率　因爲競爭的緣故，要收入增加獲利優厚，所以對於農業各項問題如種子選擇，氣候土宜，肥料，排水佳良，防禦病蟲害，舉行輪種法，家畜繁殖，飼料厩舍調養，等等要放上許多的研究，與小心，堅忍與實行，他們一定負改良農業的新希望，此其優點四．

(五)教青年男女以節省或利用廢物與剩餘之農產物　「青年男女農業競進團」既有許多的導師，對於利用廢物與剩餘之農產物，必定有許多教訓，就使無教師之指導，團員爲他好奇的心，也一定要想方法去利用廢物，與剩餘之農產物使家庭與田園所有的廢物與農產物都變爲有用，都能夠生利，此其優點五．

(六)使青年男女獲精神上的愉快　青年男女既欣然在綠野烟雨中做耕種的工作：在夕陽芳草中做畜牧的生涯，覺得萬物都含有無量的懽喜快樂看他所生長的各物，漸漸的發榮長大起來，覺得所獲的收成，都是自身工作的結果．他精神上的愉快，眞能超脫世界，此其優點六．

(七)使青年男女利用寶貴的光陰　現時農家兒童有牧牛的，有隨同種田的，亦有無所事事爭鬪賭博把寶貴的光陰不知不覺消磨去．若是有「青年男女農業競進團」他們一定懽喜去從事勞農神聖的事業。不至虛糜光陰，此其優點七．

(八)使青年男女發展經濟的能力　青年男女既入「農業競進團」經幾度試驗之後，熟曉土地值價幾何，每畝能收若干，工價幾何，租稅若干，所施肥料値價幾何，盈餘若干，淨利若干等等，使他們從事大面積的墾種時，有所遵循，使他們經濟的能力容易發展，此其優點八．

(九)激勵青年男女求高深學術的欲望　青年男女雖是做實驗的工夫，然而覺得指導的都是富有學識；所以他們感受失學的痛苦，就要急起直追，入農業學校研究高深學術使學理見諸實行，實行本諸學理，此其優點九，凡此種種皆「農業競進團」的優點，其增進社會之幸福，人民之安寧，實非淺鮮．

(二)「青年男女農業競進團」之團訓

「青年男女農業競進團」之團訓，為「使良好者更加良好．」

「青年男女農業競進團」之訓練有以下四種：

頭腦之訓練：思想，計劃，理由，

道德之訓練：謙和，眞實，同情，

手工之訓練：有用，輔助，精巧，

身體之訓練：健康，快樂，耐勞，

凡「青年男女農業競進團」所得的農產物售出時，均可以此四者作商標，所以示一律且深印諸青年男女之腦筋，

(三)「青年男女農業競進團」組織之方法

「青年男女農業競進團」須與學校及其他永久機關相聯絡，因可得鄉村有名望之人士及教員之助力，其組織分鄉區團，縣區團，省區團，每一鄉區團由十八或十八以上之青年男女組織之，設團長，副團長，書記，競賽之後，以四男童四女童有最多分數者獲賞，並設為第一第二第三第四之等級，此獲賞之四男童四女童，即為該鄉區團之代表，以與於縣區團競進會，其得縣區團競進會最多分數之四男童四女童依上法為該縣區團之代表，以與於省區團競進會，獲省區團競進會最多分數之四男童四女童，依上法為該省區團之代表，以與於「全國青年男女農業競進會」．此其效不僅在個人訓練，亦且見諸團體訓練；

省區錦標如何選法　省區錦標係由各縣得錦標者，願與於省區展覽會之比賽，其錦標之授與乃視作物或生產物生長之結果而定，在男童有「省區玉蜀黍競進會」，「甜菜競進會」，「園藝競進會」，「家畜競進會」，「家禽競進會」；等，在女童則有「製造麵包競進會」，「種花競進會」，「縫紉競進會」，與「罐頭食物競進會」等競賽者之完全紀錄，須由公證人三人依分數選擇之，得分數最者多受錦標．

個人會員　其一縣內無縣區團，及鄉區團之組織，個人可致書於主持省區團之人士，註冊為個人會員．

縣區團　縣區團為一縣之各鄉區團所組成，凡男童女童有合格年齡者可註冊為縣區團團員，縣區團之團長及書記，由各鄉區團選出，凡每鄉區團之團長，均為縣區團副團長，

原稿
缺頁

原稿
缺頁

種花，及縫紉．

以下係農作物競賽時獎賞給予之根據：

	百分數
(1) 收穫量	30
(2) 利益	30
(3) 良好之報告及論文	20
(4) 五十磅生產物	10
(5) 良好之十二標本	10
	100

如在玉蜀黍及猪之競賽猪可依百分表計算其分數其得一百分者作十五分計算

以下係玉蜀黍及猪賽競時獎賞給予之根據

	百分數
(1) 所加增之重量	20
(2) 所加增重量之價值	30
(3) 論文及報告	25
(4) 玉蜀黍之陳列與猪之百分表	15
(5) 玉蜀黍之生產量及其飼猪之量在相等之日糧	10
	100

以下係田間手藝競賽時獎賞給予之根據

(1) 所經營及成就事業之數目及性質	25
(2) 所成生產物陳列之情形	25
(3) 精巧迅速與牢固	25
(4) 工作紀錄與報告	25
	100

以下係家禽工作競賽時獎賞給予之根據

	百分數
(1) 百分中之卵孚卵最高數	10
(2) 卵孚三月後雞之成長百分數	15
(3) 工作之贏利	25
(4) 卵孚卵及畜雛之論文	15
(5) 畜雛費用及雛所加增重量之完全報告	20
(6) 一雄雞與二雌雞之陳列及其百分數	15
	100

以下係製造麵包競賽時獎賞給予之根據

	百分數
(1) 論文	40
(2) 紀錄	20
(3) 陳列品	20
(4) 麥之生長量及其性質	10
(5) 麵包之性質	10
	100

獎賞根據之說明

收穫量　每一競賽者須由兩公平無私之人士，權該地所生生產物之重量，即簽字於其下，示該地所生生產物之斛數或磅數。

如何計收穫量　半英畝地含有二一七八〇英方尺，或八十方桿．五分之一英畝，含有八七一二英方尺，或三十二英方桿，每一片地種馬鈴薯及玉蜀黍者，須留一又二分之一英尺，在其田畔．其行間距離須有二分之一英尺，當生產物之重量，全行權過時，須分以下列之數目以得斛數或噸數：

馬鈴薯以六十分之得斛數

葱以五十二分之得斛數

甜菜以二千分之得噸數

豌豆以五十分之得斛數

白菜取其葉以磅數計算

紅茄以七十分之得斛數

黃瓜以七十分之得斛數

玉蜀黍以七十六分之連穗軸在上得斛數

贏利　凡團員須有一精密之計算所有費用用於生長農作物者；以及收穫物之總價值，亦須二公正之人士証明之，但此二公証人非競賽者家屬．

五十磅生產物　凡男童陳列五十磅之生產物者，受百分之十分，凡有汚點畸形及大小不等並有病者，減少一分．

十二標本　凡男童陳列十二良好農產物之標本者，得受百分之十分，若有汚點畸形及大小不等者減少一分．

論文　在論文上每寫錯一字減少四分之一分每做錯一句減少半分，清潔卽使人容易注意，

生產物與農作物報告　每團員須於年終時，呈農作物報告與紀錄於團中並呈諸省區指導員，

(I) 馬鈴薯競進團之比賽

1 每競賽者必需生長半英畝之馬鈴薯，

2 每競賽者必需能陳列五十磅之生產物及十二塊莖，

3 每競賽者須陳列其紀錄及報告，

4 每競賽者須習學百分計算表，

5 下式係用以選擇馬鈴薯備比賽之用以及陳列之目的者，

馬鈴薯百分計算表，

種名	百分數
陳列品整齊一律	20
確合其種名	10
塊莖之形狀	15
塊莖之大小	15
芽	5
皮	5
芽莖之纖質	5
堅實	10
無汚點	15
	100

百分計算表之說明

陳列品整齊一律　選擇十二馬鈴薯，其形狀大小顏色均整齊一律，並有同深之芽並有最良之五十磅馬鈴薯

確合其種名　每馬鈴薯須與其種確合，其特質須一定，使人易於辨認．

塊莖之形狀　塊莖之形狀，依種類而異，但扁形圓形與卵形爲最宜，因此種情狀常顯明最良性質之塊莖，

塊莖之大小　選擇不大不小之馬鈴薯，但如有相等之大馬鈴薯，則宜取其大者．

(II) 甜菜競進團之比賽

1 每團員須種半英畝之甜菜.

2 每團員須陳列其五十磅之甜菜十二個良好標本並紀錄及文.

品評甜菜陳列品依下列之百分計算表.

	百分數
含糖成分	30
重量	20
形狀	15
一律	10
平滑	10
純粹	10
無污點	5
	100

(III) 園藝競進團之比賽

(1) 每團員願從事園藝工作者,須種五分之一英畝之蔬菜,白菜,豌豆,洋葱,黃瓜,紅茄.

(2) 每競賽者須專門習學蔬菜之生長.

(3) 每競賽者須陳列十二標本五十磅之白菜,黃爪,紅茄,及洋葱;如爲豌豆則僅陳列一英斗.(Peck)

園藝競進團競賽時之百分計算表

白菜

重量	25
堅實	20
一律	15
形狀	15
顏色	15
無污點	10
	100

洋葱

形狀	20
大小	20
纖質	20
一律	15
顏色	15
無污點	10
	100

豌豆

一律	20
纖的	20
香味	20
大小	15
顏色	15
每斛之重量	10
	100

黃瓜

香味	20
一律	15
形狀	15
大小	15
無汚點	15
纖的	10
顏色	10
	100

紅茄

大小	20
纖的	20
形狀	15
顏色	15
無汚點	15
一律	15
	100

11晝一農場計劃並依汝之意見重組織一農場

12造下列家具

- a 椅
- b 桌
- c 圖框
- d 鎖及鉸鏈

13輕壓及清潔一身之衣服

14塗粉染色於地板

15造門

16製家製無火炊器

17製家製罐這器具

18修補書面

19造水桶

20建造A形豕舍

21造網

22織花編皮帶

百分數

1.所經營及成就事業之數目及性質	25
2.所成生產物陳列之情形	25
3.精巧迅速與堅固	25
4.工作紀錄與報告	25
	100

IV 田間手藝農業競進團之比賽

1. 結繩與紮繩
2. 製造種子試驗器
3. 造雞時及孵卵器
4. 製捕蠅網
5. 製風爐
6. 製鳥籠或水槽
7. 製溫床或冷架
8. 製梯或手梯為田上及家中之用
9. 製水門汀之地或地板或十個籬柱

10修補農具

- a 犂前橫木
- b 車轅
- e 叉柄
- d 門

V 家禽農業競進團之比賽

1 每競賽者須備三至六母雞，生卵四十五至九十、如在七十日終尋有十五不孵之雞卵，得另備一雞可生新鮮雞卵者.

2 當卵孵出後，小鷄須與母鷄共處至少一月.

3. 每競賽者須記損壞之卵數．孵出之卵

數,與不辨出之卵數.

(VI) 玉蜀黍及豬競進團之比賽

1 每競賽者須種八分之一英畝玉蜀黍.

2 每競賽者須選飼一豬或兩豬,每豬之重量,不得過於五十磅,並置一記號於豬上,示紀錄之正確.

3 每競賽者須飼豬十六星期,定每日所飼之日糧,並須有一正確之紀錄,關於豬之重量,及所嗜之肥料.

4 每競賽者須用其成熟之玉蜀黍飼豬,以補足炭輕養化合物.

5 每競賽者須有一玉蜀黍作物之紀錄,所以知收穫量若干,與其所以飼豬者值價若干,是否合算.

6 每競賽者每十四日須權豬之重量.

7 每競賽者如逢陳列會,受指導員之允許,得陳列其所畜之豬.

8 凡男童自十歲以上十三歲以下.僅得畜一豬.

豬之計算百分表

大概形狀:	
重量(依年齡)	6
外形;深,闊,矮,長,相稱,堅實	10
性質;毛,絲狀,皮,細緻;皮,細密;肉,平滑鬆軟不成塊狀與粗密.	10
情狀;深.覆以肉,特別在有價值之切割處	10
頭及頸:	
鼻;其長中度,不厚	1
眼;豐滿,温和,光明	1
臉;短,頰豐滿	1
耳;細緻,不大不小,軟滑	1
頦;强,潔,闊	1
頸;厚,其長中度	1
前體:	
肩;深.闊,肥滿,其端堅實	6
前胸;闊	2
腿;直,短,强,骨清潔;腕直;足不大不小	2
身體	
胸膛;深,寬有長胸帶	2
脊;深,長,肥滿;助骨緊張	6
背;寬,直,平覆以肉	10
腰;闊,厚,直.	10
腹;直,平勻	2
後體	
臀;闊,平滑	2
尻;長,寬,直,平覆以肉	2
膝凹;(即大腿)厚覆以肉,豐滿,深.闊	10
股;覆肉至踝關節	2
腿;直,短,強,骨清潔,腕直:足不大不小	2
	100

百分計算表

種類		屬性	
		重量	
		完全	
	形狀		顏色
相稱		8	
大小		8	
情形		5	
頭	2		4
雞冠	6		10
	肉垂		耳垂
肉垂與耳垂	2		6
頸	3		2
背	3		4
胸	4		4
體軀與細毛	3		3
翅	4		4
尾	4		4
腿與趾	4		3
所有之肉量			
		100	

(VII) 製造麪包競進團之比賽

1 每競賽者須在四月至十月中至少備麪包二十七塊，選一塊作試驗之用。

2 除論文外，每競賽者須寫一紙，關於麥之種植，麥之製粉，與粉之等級，

3 每競賽者受指導員之命令，須陳列最後二十四小時內所烘之麪包.

4 每競賽者須陳列年內所製之二十六片麪包.

5 除烘麪包外每會員須種麥於六英尺長六英尺寬之地上，故每會員的報告，須由種麥起經過種種發育的時期，直至烘麪包時爲止.

製造麪包之計算百分表

炕焙		20
香味		20
穀粒與織質		20
輕巧		15
顏色	碎屑	10
	大塊	5
形狀		10
		100

(VIII) 縫紉競進團之比賽

1 每競賽者須在縫紉通告書中完成十二課.

2 每競賽者須自己從事工作，不賴他人之助.

3 每競賽者須作一不過四百字之論文，說明做成一物之種種手續.

4 每競賽者須再作一論文，說明縫紉機器之歷史，使用及留心棉織物之染色，及印刷.

5 當指導員有命令到時，每競賽者須陳列其工作.

縫紉百分計算表

花樣	30
縫綴平勻	20
淸潔	10
論文	40
	100

IX 蒔花進團之比較

1 每一女童須蒔花於九英尺寬十二英尺長之花園內，並須作工作之報告，花種如何種法，惡草如何除法，如何灌溉，花有何用．

2 每競賽者須作一不過四百字之論文，說明蒔花法，(如何種特別之一種花法)

3 每會員須於 $8\frac{1}{2}$x11 英寸之紙上作詳細計畫，以及報告及論文．

4 在花園競進團之比賽花園須善裝飾，或在家宅之前，或在其後．

5 在晚秋時由適當人士，依下列之根據品評之．

種花百分計算表

花園之計畫	10
花依其大小而布置	15
花依其顏色而布置	15
花之強壯	5
園地之耕稀及留心	5
所植花之種類（是否能合於當地情形）	10
紀錄及論文	20
鮮花之良好功用	10
裝飾之效果	10
	100

X『罐頭食物競進團』之比賽

1 每競賽者至少須種十種蔬菜於十分之一英畝上．

2 每競賽者至少須種十種之果品．

3 每競賽者須陳列每種罐藏之蔬菜於一呯瓶．每種罐藏之果實於一呯瓶，(並於紙條上書日期及蔬菜或果實之名稱，)

4 每競賽者須做一論文，說明保存食物之原因，保存食物之方法，醱酵及腐爛之原因．

罐藏食物百分計算表

性質	20
量數，所收穫及有用之磅數	20
食物之種類	20
投資之盈利	20
報告及論文	20
	100

「全星競進團」之比賽

資格　凡團員之得省區團第一錦標者，經省區團指導員之指派，得註册爲「全星競進團」團員，凡全星競進團團員，可有一縣一鄉農業領袖之資格，可參與一縣一省農業競進團之集會，筵會，茶話會，無須特別之請柬．

省區團指導員，農業大學推廣部指導員，農商部部員，處理青年男女農業競進團工作者，可組成一全星競進團團員資格調查委員會，以決定全星競進團團員之資格，其農商部部員，省區縣區鄉區指導員，從事農業競進團工作者，可爲名譽團員，但開會時有發言權，而無表決權．

全星競進團團員至少須耕兩英畝，男童須對於農業及農場管理，女童須對於家庭經濟作高深的研究，輪種之實習，土壤構造之方法，選種，植物蕃殖，穀粒標準，以及交配等等，男童須費其時間與精力做這實習的工夫，所以希望他們能做建設的工作，與家庭經濟的工作在各種社會．

全星競進會家庭經濟工作奬賞之根據

一年中領袖工作	30
一年中所做工作之性質及等級	35
特別工作之陳列品與工作之報告	35
	100

全星競進團農業工作奬賞之根據

每英畝之最大平均收穫量	20
投資之盈利最多	20
每年中所做之領袖工作卽如競進團之注册團員之交際聚會等等：	20
前季中所做高深工作之性質及等級	20
特別工作之陳列品及工作之報告	20
	100

若繼續三年中不能應本團之需要者，就是失敗．凡失敗者卽取消其會員資格，此會員資格永不能恢復．

規律之例外

以上所設之規律，係限於團員之在田間者，其團員爲環境所迫，入大學就職業；但仍對於農村事業及農業活動，覺有興趣，且情願輔助者，得爲活動團員．

五「星」種子商標

凡會員至一定之標準，其所產之種子賣出時，得加五「星」商標，其仿單不收費，此項仿單係專爲「青年男女農業競進團」所用．

係由省區團指導員所發.但團員須簽名於其下.並將每英畝之收穫量作物大小相等穀粒之數目寫明,俾買者情願購買,且希望種下後,將來可得若何的結果,

特別之比賽

「農業競進團」尚有其他最鮮明之比賽,就是做農業小冊,農產物小冊,以及其他事項,能引起農村青年男女興味之小冊:如野花,草,喬木(落葉與常綠)灌木,五穀,惡草,害蟲,及鳥.

此項小冊宜以正楷書寫,加以精緻之封面.封面上須載目錄,每小冊至少有十二插畫,或由報紙雜誌公報中取出,或由作者自繪,若種子葉花莖或枝等所收集之種子.須置於小瓶中.(葉莖花須重壓置於好紙上)

害蟲小冊至少須含有除去六害蟲之方法,至少含有六副插畫.鳥之小冊,須含有一地之各種鳥類,其圖可由新聞紙雜誌公報中選出,或由作者自繪.

著作農業小冊百分計算表

論題	35
原作與創意	20
清潔	10
論題之排列	10
插畫與材料	25
	100

青年男女農業競進團組織之規模

第一條團名

第二條目的

本團之目的在引起青年男女對於農業及家事經濟之興味尋良好方法改良農業收大效率

簡單言之本團之目的就是助青年男女預備一生之工作

第三條職員:(會長,副會長,書記指導委員)

第四條團員之責任(表明在比賽之規律中)

第五條職員之責任

第六條指導員布置會期會址,公衆比賽及陳列品錦標及獎狀

第七條本團與縣區團聯絡,凡團員已完一年之工作並送呈報告者得與省區團及全國青年男女農業競進團聯絡

此篇係參考下列各書並參以己意而作

Report of Secretary; The Boys' pig Club——U. S. D. A. Year Book of 1915

Suggestions on Organizing Boys' and Girls' Club-Purdue University School, Leaflet No.47.

Boys' High Club Projects——Utah Agricultural College, Circular No.3 Vol.4

Boys' and Girls' Club in Utah——" " " " " " " " No. 14 " 2

" " " " " " " " Work——Ohio Agr. Exp. Sta. Vol. II No. 2

Boys; Corn Club Work, 1915 ——Georgia State Col, of Agr. Circular 15

Report on Boys' Club Work——North Carolina, Extension circular No8.

Boys' Farm Handicraft Project——Utah Agr. Col. Circular No. 2 vol. 4

九年元月二十五日寫誌在南京

學校調查

河海工程專門學校　沈澤民

我們中國辦學校至今不過多少年。由科舉時代而一變至於學校教育，不是單靠一個形式上的變更就可以了事的；因爲未曾改變之前，缺少研究，改變之後，又乏補救的方法，所以現在的教育界往往生出兩種不成熟的狀態(一)是不脫科舉氣味，(二)是完全盲目的模仿西洋教育。這兩種有時合併起來在一個學校中全有了，那是比較的更不完全的了。

少年世界的學校調查本不是代一切學校登招生廣告。這一種調查的性質包括兩層：(一)揭露各校的眞相，使他們辦學校的人善者加勉，不善者知改，希期他有革新的一日。(二)把各校的眞確情形和入學手續，披露給國內青年，使他們對於各校的性質內容了解得格外淸楚一點，入學方法知道得格外詳細一點。省得他們以耳代目從道聽途說中去討消息，豈不好得多了麼？

因此我對於這河海工程的調查，便格外注重他的本色。好的寫下來壞的也寫下來。希望社會上有經驗有學力的教育家，和有志求學的青年，放一點評判的工夫，然後可以有所改革有所適從。

(一)學校性質

河海工程是個工程學校，是土木工科的一部，而且是偏於土木工程中的河海工程的。什麼是河海工程呢？河海工程是一種治河治海的工程。工程內容包括：(一)河道改良。譬如永定河汎濫為災，這是由於河床不良之故。求他不良的原因而施以種種工程就是河道改良，(二)河岸修築。河水並不汎濫為災．可是水流冲刷河岸往往使兩岸的工程建築不能穩固，這種工程就是所以防止他的(三)農田灌溉。這項的本身已是明瞭。(四)水利工程。利用水力作種種有益的事業。(五)橋樑工程．以上是關於河的，以下是關於海的：(六)港灣建築(七)海岸防禦海水冲刷海岸，這是一種防禦工程。在這河海工程的名目底下．包括上述的數種。自然在中國的將來，這種事業是很需要的了。

(二)創辦原因

河海工程的創辦是應着需求而起的。中國一向，對於工程一方面的學術，非常缺乏。對於河海工程的智識自然也極不完全。然而中國的水災却非常的可怕，幾條有名河道如淮水運河，因為缺乏治理的緣故，一天一天的情形惡劣起來。不但這兩條，中國北部的黃河，各地方的河道，大而至於直隸的永定河白河之類，小而至於各鄉各鎮間的小河道，都因為失修的緣故不為利而反為災。因此，通州的張謇便計劃要辦一個很完備的工程大學，在這大學之中河海工程是一部。然而委辦大學經費不小；中國的錢都化到不相干的地方去了，那裏能即時辦的起來呢？況且當時，剛剛水災極利害，各河道洩水不良，每逢大雨便橫流潰決．如此水利專門人材是需求的很急，等那工程大學辦起來，再用他的卒業生不是遠水不救近火麼？於是由張謇提議，先辦河海工程，嗣後有機會再擴充做大學，就此一個河海工程專門學校便誕生了。可惜中國人做事每每只做一半！等到河海工程成立之後，工程大學便沒人提起，任憑他小產掉了。

(三)沿革

河海工程專門學校的名目定了，政府也照准了，就着手組織。由政府派張謇爲督辦請黃任之沈信卿二人做籌備員。內中還有一位李宜之新從德國留學回來對於水利工程很有頭緒，他也幫着在內擘劃的。創辦之初經費由沿海四省，直隸、山東、江蘇、浙江、分任，每省一萬元，合計四萬元，政府還撥一筆創辦費。因爲是水利性質的學校所以就歸全國水利局直轄，內設主任一人。主任姓許名肇南美國威司康辛大學電機科學士，自從創辦至今主任席由他一手擔任。於是談到校址問題，那時尙是袁世凱做總統的時代，政府財政不大充裕——那是一向如此——創辦費不大豐富。辦了一回測量儀器等件，要起房子是彀不上了。『那麼我們暫借一所罷』剛巧江蘇省議會中途暴卒房子空着，於是房子有了。民國四年之春，便在南京丁家橋江蘇省議會成立這河海工程學校。成立之初很有新氣象學生招滿了將近百人，教員請了十多個，第一年招了一班特科一年級，一班本科一年級，一班補習班；這三班的性質在內容一節裏詳細講。

民國四年以至民國五年的上學期；這學校在省議會房子內開辦了一年。一到五年的下學期袁姓的假皇帝去世省議會復活了。河海工程校舍沒有着落，剛巧南京高等師範有空屋於是就搬到高等師範。住了一年，高等師範要擴充了校舍收回，並且河海工程和他們的借約也祗訂一年，於是河海工程又搬場。這是民國六年的暑假，新校舍在大倉園，那是一所人家住房，那地方校舍和寄宿舍分開；並且地方狹小多了，自修室沒有地方就和課堂合併；還有許多工廠中的電機汽機等件也因沒地方安置，就留在高等師範。這工廠是給學生水力實驗用的，於是學生水力實驗祗好到高等師範去做。民國七年來了，這年暑假校舍又發生問題因爲一年之約又滿了，房主要收回。於是再搬，搬到中正街的上江公學舊址。這地方仍舊嫌小，所以工廠等仍留在高等師範。從此校址便一直保存到現在——民國九年。爲了校址問題，三年遷了三處。校中同人時常想法，或欲搬到上海，或請政府想法。可是政府諸公爲了黨派地盤，忙的彀了，那有工夫忙到河海工程！政府的錢專養兵還嫌不彀那有閒錢來建設校舍，他們天天盼望中國太平些河海工程可以沾些光可是這個，據今看來是……！

河海工程學校辦到於今已足五年了，今年開校是第六年。只有一樁悲觀：就是沒有進步。學生呢，開辦這年將近一百，到現在仍是一百。設備呢，當初有工廠，現在工廠在別人家。組織和教法呢，用人仍舊混亂，課程仍舊繁簡不得其中，學生的實益仍舊很少。出來學生的用途呢，仍舊不能正當辦工程事業，學業漸就荒蕪。不過替一些不相干的走開缺的官僚維持一個某局某局的場面能了。可是我有一個希望：——因爲河海工程究竟是中國很緊要的事業——希望民國九年以後，由於社會上人的幫忙，和校裏辦事人的努力，和政府諸公的注意——這雖是不大有希望的——，河海工程能好好兒發達起來像個河海工程學校。

(四)組織

河海工程的組織可分一.學生部，二.教員部，三.職員部，四.校役部。

學生按年級高下分班次，共有六班；(一)預科(二)正科(三)特科(四)補習班。特科是一種速成科二年畢業，功課都是擇要教授。補習班是爲那學生程度不及，不足升入預科者設法。這兩班不常設，遇有必要，纔臨時建立。正科與預科其實是一線相連，學生由預科卒業後升入正科。所以分做兩科的緣故是因爲課程上性質不同，預備科研究的還是普通，到了正科纔入專門。

教員自成團體，每星期有一次教務會議商量學科上應改良加減的問題。所有教員大概是美國留學生。

職員分庶務股，會計股，齋務股，每星期有校務會議一次。教務會議止限於教員，校務會議却包括教職員。

校役向來不算是成立一部，不過據我看來，校役自身也該當有個團體，謀自身的發展和改良。現在已有了校役夜班，總算小小有個聚會，將來再發達或者可以有個正式團結也未可知。

(五)設備

河海工程的設備說來很不能令人滿意，所以不能設備完全的原因，一是因爲沒有充分的經濟能力，二辦理人不能辭其咎。因爲有一些事和經濟不十分發生問題的也不曾好好設備的緣故。現在把已經設備的開在下面：

(一)**自修室**　八人一間，每人一桌，四人合一書架，每架四櫃，四人合用一燈，燈是二十五枝燭光的。

(二)**寢室**　因房間甚小，故寢室是四人一間。南京的電燈本來不好，自修室的電燈光明已不能彀讀書，寢室的電燈更比洋燭不如。這却不是電燈廠之咎，因爲寢室的電燈泡都是用過了時間了，辦理人托言經費困難，又不肯換新的。

(五)操場•• 現在的校址地方很小；操場本是沒有，學生體操就在天井裏。眞有那英雄無用武之地的情形呢！

(四)浴室•• 浴室是很不清潔的，室裏止有浴盆，不生煤爐。夏天天氣煖，還好用用，冬天却不能用。學生要求添設煤爐，校裏職員開口閉口都說沒有經費，直到幾次爭論纔勉强允許每星期生三次每次生兩句鐘。

(六)測量儀器••• 這是差强人意的；因爲是初開校時就辦的，所以辦的很豐富。計有經緯儀大小六隻，水準儀五隻，流速器兩隻，其餘標竿標尺都齊全。

(七)圖書室••• 這圖書室是很窮的，裏邊所有的大半是創辦學校時購置的，後來雖則陸續添置，然而爲數極少；並且因爲種種緣故，每年損失的倒有添置的一樣多。書籍的性質可稱百分之九十九是屬於英文的工程教科書，中文的爲數極少。其餘的雜誌也止有三數種，是美國的工程雜誌。中國的雜誌都由人送來則受，否則不去購辦的。向來還定數份新青年之類，後來因爲江蘇省長齊耀琳禁止新思潮，連舊的都拿出去，不敢放在裏邊了。 圖書室之中附設閱報室。報紙祇有兩份，申報，時報。其餘的報紙譬如時事新報，每週評論，等都因爲思想太新全不訂的。有一種救國日報本來是定閱的，後來主任說這報思想激烈，恐被參觀的看了不雅，也叫停止了。那知救國日報編譯者等願白送，依舊天天送來。

(八)物理實驗室及化學實驗室••••••• 這兩處器械藥品，實驗還算是殼用的。

其餘還有量雨計，攝影房，陳列室，數種因無詳敘的必要，不多說了。

學校的設備就是如此，其餘水功，材料等科本復有實習的，因爲本校設有工廠，水功是到高等師範內去實習（校中本有一十六馬力小汽機及水管存在高師）的，材料實驗等是沒希望了。學生學過許多水門土，馬丁鋼，究竟水門土和馬丁鋼的性質是怎樣的却一些沒親眼看過。

(十)功課

看了第一節學校性質的人總知道河海工程學校的功課是該注重河海工程的了，內容却不盡然。他的功課可以算是個土木工程科。他的課本是美國來的居多，自預科起以至卒業都是英文本這是因爲本國的書籍關於高深科學的完全缺乏，不得不然。然而就此却生出弊端，就是出去的學生，學的是英文，用的祇要中文，難免週折。

所致的科目是初等物理，初等化學，高等物理。定性分析化學，地質學，地理，力學，汽機學，機械學，材料學，土功，測量，壓性學，水力學，水力機械學，電機工程，鐵道工程，橋工學，堤壩，混凝土，鋼筋混凝土，河道改良，港灣建築，算學自三角大代數起以至微積分最小二乘方，圖畫初學自然畫，然後機械畫，投影幾何。計劃則有鋼橋計畫，鐵筋混凝土橋梁計劃，港灣計劃種種。

照此功課，前半竟是土木工程，後半稍帶河海等門。所以如此辦法的緣故，據主任說，是因爲中國人習慣缺乏常識，凡工程學校卒業的人，就不論什麼工程總叫他做，不管他是專門的那一種，若學生不是三脚貓，什麼都有一點，就要叫人看不起，說他沒本領。又說本校爲學生離校以後的生活起見，特地教得普通些，使他們不論那一項事業都可辦辦，不必專門注重在河海工程一種事業。他的用意是真好，可是對於眞眞河海工程的人材，却放棄了。並且學業年數祇有四年，要叫學生成爲萬能人材，時間上有所不許，故此雖則學生背上功課，一天忙到晚，仍舊難免一知半解。其實呢，出去的學生雖說學了許多所辦的却單祇測量一項，別說萬能的本事沒處用，就是河海的本身事業也沒處給他們去辦。

學校的功課原不過提個頭，以後是要學生自去經驗的。可是因爲無處經驗，所以學生不但沒長進，反把從前所學的功課忘了。有那好學的，時常溫理溫理，也無非把實用的工程當作古董看待罷了。唉！

學識不注重專門，而功課又極繁雜，所以學生方面發生的弊端，就有好幾種。(一)學生忙不過來，一天到晚鑽頭在數目字裏頭，更沒工夫去求普通智識完成國民資格。(二)對有人生切實的問題都不了解，腦中飽蓄渺渺茫茫的人生觀，對於立身道德等自是非常忽略的了。(三)既不成河海人材，又不成普通人材，聰明用功的學生勉强混過考試，魯鈍懶惰的跟不上班次，終究卒業後學問還在書本上，不曾根本了解。這是就我本身體驗所得，不知高明以爲怎樣？

學費是每年四十元，膳費每年四十元，書籍用品費每年六十元。凡屬直魯蘇浙四省的人，學費概免。可是有一條規定，免費的學生，既經塡了志願書，就不得自由離校，除非要得學校的准許。不然便要將歷年免繳的費用追出。於是那冒昧進校，過後思還的便大苦了。然而看了學校的招生廣告而來投考的人，誰知他的內容怎樣？冒昧的病，可是他們的過失呢？那拿金錢來限制學生的行動，也未見得就是好辦法罷？

(九)學生生活

因爲功課過於煩重，幷且校中設備不全，所以學生生活是很乾燥無味的。他們除却朝夕埋頭在數目字中，討生活以外，昏天黑地，要求得一些優美舒暢的精神，實是勢所不能。

校裏既沒運動場，又沒很好的圖書室，即使有學生也決沒閒工夫來招顧到他外邊文化運動潮流洶湧。在河海工程裏是風平浪靜的。我平素的感想以爲既做了一個人，處在世界裏邊，那麼社會上的情形，人生的意義，至少總要曉得一點。科學這東西是乾燥的，總得有文學上美術上的東西來調劑一下。朝夕伏案是沉悶的，總得要有些體力的運動來舒散舒散。然而這些都是河海工程學生所最缺乏的。一個人處在這種社交繁密的世界裏，要做個將來的人，能促進世界文化的人，至少總要有兩方面，一是個人，一是團體。個人的生活因是密切於自己的，團體的生活是密切於許多個人所集合的全體的——也就和個人有密切的關係。所以個人方面的發展固是很重要，團體生活的練習尤爲重要。然而河海工程的學生，個人生活既然不良，也還彀不上談這個團體的生活呢？學生也組織校友會，也設立南京學生分會。然而總是銷沉的很。放着公共的事沒人去辦，一半是因爲沒有工夫，一半是因爲沒有團體的訓練，所以對於團體的事都不起勁。校友會是辦了數年了，眞眞在會辦事的人不過是少數幾個。就這少數人也是勉勉强强的，恨不得脫離了好。每次選舉職員，當選的人都視爲畏途。因爲你若是熱心些，立意要把團體的事情弄好，學堂的記分簿上便不容你及格，並且做事止好一個人去忙，別人是不來管的。有了這種現象，所以團體生活便不會活潑潑的有精神了.

星期日是放假的，學生本來可以休息休息，到南京的名勝地方遊玩遊玩，領受些自然的美感，一面增進體力，一面涵養性情。可是河海的學生不然，仍舊是埋頭在數目字裏頭。因為埋頭過甚了，自然的美沒有精神去了解，反而對他沒有愛力，他們，最多，也無非到三山街夫子廟等熱鬧地方去擠擠，鬼混混.

這是在校學生的生活。出校的學生呢？大半初出校的，便極力想法找事做——這是生活逼人無可奈何的事。找到了事情的呢？派在什麼某某水利局，測量局……。有事的時候捎個儀器出去測量，或是拿支墨水筆畫圖，沒事的時候，每天簽個到。閒下來沒事做，無非是看看報或小說，打打牌，拿寶貴的光陰，浪費蹉跎。我不願武斷他們的人格由此墮落，我却敢說這種生活，至少總把少年有為的精神，磨折殆盡。

我有一個同學是已畢業的，一天他告訴我說：『我的事倒很清閑的，每天到辦事處劃個到便可看看報，溫溫舊書。後來我閑不過了又到〇〇局去兼個主事，也是一天沒事的閑缺，兩處劃到雙方領薪水。……某君某君，不是老實不過的麼？他如今在〇局一年，碰和也會了，窰子也去了！……我在局的惟一職事算是學習公文，科長在看公文，我去在他身後站一刻就完了事了，不去也不要緊。……』我雖不能說個個卒業生的生活是這樣，可是我怕……。

（十）總結

河海工程學校情形的大概總算說過了，說到此處我有幾句感想寫在下面。我想這種情形雖然我是專就河海工程一方面而講的，却也不專是河海工程一校如此，中國不少的工程學校都多少有些相關.

（甲）學生的求學目的。　我在首節說過中國的學校是不脫科舉遺毒的，所以入學求學問的學生都把學校看作終南捷徑。志向小些的想就文憑上得個頭銜，將就混個飯碗。志向高些的還想留學，却目的不外乎做個洋翰林，將來名聲大些，位置也高些。這雖是一半由於社會上空氣所養成的，一半却由於辦學的人不曾努力把這觀念破除。

（乙）辦學人的目的。　辦學的人固然有不少是真要替社會培植些人材的，却也不少止當他是種噉飯地。他們或是因為一時沒官做，暫時拿學校的職位當個駐馬驛。或是鑽營得到些地位拿學堂當生意做。因此學校的事務便『百廢不舉』沒有進步了。

(丙)辦學人的態度　辦學的人目的是不對的，態度也自然不對。自己總當是吃官廳的飯，替上司辦事。結果就發生防杜學生思想，抑制學生個性。官廳說要禁止新思想，他們便奉命惟謹。官廳說薦某人來辦事，他們便歡迎獻媚。官廳要學生絕對的服從，他們便取壓制手段。只要學生在校不出風潮，便不論他們的道德學問怎樣，總是好學生。平常不替學生想法引導他們使他們眞能完全人格專靠規則維持保險一樣的在校幾年不出事就算完了責任，這是教育家的態度麼？！

(丁)當教員的不解教育原理。　外國工程學校的卒業生，學問經驗都不管他，一點教育智識都不曾有，憑着一己的杜撰思想，模仿些他們從前外國大學的方法，來到中國來當大學教授；動不動說『〇〇大學的辦法尙且如此！』這種現象不是教育前途的危險麼？

我去年還是河海工程的學生，現在已脫離了。從我數年的身歷情形寫出這篇來作為河海工程學校的調查。這是一九一九年的情形，一九二〇年的我不能說。聽說校裏學生漸漸也覺悟到種種缺點了，預備和辦學的教職員共同改良造成一九二〇年的新河海。我對於這種覺悟抱着無限的希望。

專論

敬告高等師範教職員及學生

惲代英

倘若中學教育的不良，是社會上一個嚴重的病象，是有心的人應該甚深注意的問題；那嗎，我們不能不說在這一方面，高等師範的教職員及學生，負了很重大的責任．那便是說，現在的罪過，不能不責備他們；將來的改良，亦不能不期望他們．

我本想將現行中學制度的謬誤，具體的叙述出來，請他們或與他們一樣有中學教育之責的注意．不過論到具體的叙述，我現在似乎能力還不夠做這等事——我預備此後至少以一年的功夫研究中學教育，這篇文只好以後做罷——不過我是確見中學教育有許多謬誤的人，而且確見這許多謬誤，很多是由高等師範教職員及學生辦事上及品性上的謬誤而生．我自己覺得我不配說甚麼話，然而不能不盼望高等師範教職員及學生一注意我所注意的事情.他們中間有許多是我的朋友,亦有許多是我所知爲有志的人,然而我可以大膽說一句話他們眞知道他們自己責任的人狠少,知道了自己的責任能有那决心去做個盡責任的人的更少所以他們雖然是一天天鬧教育不良,他們遲或早終竟是些不良的教育家.

現在一般青年的中學生,可憐極了:他們的本能斲喪了,他們的光陰消耗了;所受的教育,若不是不合理的,便是不需要的,再不然便是無效果的;他們雖說受了教育,然而這種教育,不是不能使他們爲有知識的人,便是不能使他們爲有能力的人;他們不知道人生與世界究竟應該怎麼樣;即令知道了,他們亦不能而且亦不敢照着應該怎麼樣的作工.這難道證明這些中學生是劣種的人類嗎?我與這般中學生親近了許久了,明明白白的看出他們中間有許多天性懇摯,頭腦純潔,氣質堅定,學業精進的人,常想着他們若得了一個理想的好教育,教他們的人格得個合當的而且具足的發展,知道他們有怎樣的成就?他們的成就,怎樣影響於世界的進步?可惜我原於教育學很少研究,我們同力合作的朋友,雖然要比我強些,然而我亦可以說。究竟不是理想的好教育家,我可以說大抵與我一樣,離理想的好教育家還很遠—我想這不是辱沒朋友的話,我想現在或原找不出甚麼人配得上理想的好教育家七個字—所以雖然反覆將力用盡了,仍然着不出甚麼滿意些的結果.我的覺悟,教我捨棄了不忍捨棄的母校與三百同學,決定自己去儲較大的能,預備將來效較大的實.我的覺悟,亦覺得高等師範的教職員及學校,就社會上的分功說,他們應該直接負改進中學教育的責任.

理想的好教育家,這原是懸了個似乎太高了的標準;然而人類若眞是向上的動物,眞是有能力造自己運命的,這自然是有志教育的人,應有的修養的目標.然而請現在高等師範的教職員想想,你們的學生,配得上說是理想的好教育家嗎?請現在高等師範的學生想想,你們配得上說是未來的理想的好教育家嗎我不敢說這些教職員做的事,只是爲的現在的飯碗;這些學生做的事,只是爲的未來的飯碗.不過若說當眞有些師範教育的意味,怕不是眼前這種辦法,能夠滿意的罷.

就教職員方面說,第一件不該的事便是不該只將高等師範當一個尋常的學校辦,完全不注意高等師範與中學教育的關係.

自然把辦高等師範當作官場裏委一個差缺樣看待的，那是不足道了．比較認眞些的，却只知是辦學校彷彿與辦別的學校一樣：所以規則只要嚴肅就好了，功課只要整齊就好了，辦事只要勤愼周到就好了．（這是就普通人理上說，自然我亦不信無論甚麼別的學校應該這樣辦）所以造就出來的人，亦儘有好學生，却沒有好教師．再認眞些的，亦只知是辦高等學校，彷彿與辦別的分科大學分科專門學校一樣．所以他課程務求其深，程度務求其高，惟恐學生出去，不能旁徵博引，令那些有耳無目的人驚爲博學，又惟恐學生出去，不能極深研幾，致使他們不能成爲專門學者．所以造就出來的人，亦儘有大學問家。却沒有中學的好教師．我常仔細想了，依我的意思：

高等師範的課程，應該以教育爲主體，不應該以分科的學科爲主體，因爲他們的學生，將來雖然是分科的教師，畢竟他們應該研究的主要問題，在於怎樣傳授那分科的知識於他人．（自然我不是說分科的知識，是不該注重者，只是不該太注重了，有教授技能而缺乏知識的教師，比有知識而缺乏教授技能的教師，比較爲害究竟輕些．）

高等師範的教育，應該以中學教育爲主體，不應該以一般教育爲主體，因爲高等師範，原係養中學教師的教育機關，而且中學教育應該研究改進的地方很多，高等師範的學生，不應該分精神，亦不應該被分精神於中學以外的些教育問題．然而現在高等師範的教育學，每每與初級師範一樣，以討論兒童教育爲對象，所以學生用非所學，一出學校，講義便沒有用了．

高等師範學生，於一切學科，應該注意他的普通化，應該看各學科論理上心理上實用上的相互關係，比他的程度的深造還要重，因爲高等師範學生，將來一大部分的任務，是做中學的教師．比小學高一級的中學生，就他的容納量與他的需要量，都用不着太專門了的學識．所以他們未來的教師，除了爲了解他那相當的教材，須高些博些的參考外，沒有甚麼爲這等目的以外的高深研究的必要．同時論到中學教師的責任，他們應該注意各科教材的聯絡，是教授方面最重要的事；所以他們必先應該知道各科的關係，所以高等師範的學生，於學科方面有求普通化的必要．

敎職員方面，第二件不該的事，便是不該只知養成一般學生爲適應眼前社會的人，不能養成他們爲改造理想社會的人。若依我一個人的愚見，似的高等師範的敎職員總該不致於還不明白人生與世界究竟應該怎麼樣，總該不致於還覺得一般澈底的意見論調，是狂說謬想。即令我這話說得太容易了，我想他們總該不致於連世界的應該改造，亦不覺得他有什麼必要。倘若果然我這種猜想有幾分不錯；我請問他們，果然曾經培養了學生改造的知識與能力的麼？無論那些歎人心日下的老學究，他盼望看見堯舜郅治之世，或那些罵强盜世界的社會主義家，他盼望看見烏托邦的黃金世界；論到改造世界的方法，總不能不覺得敎育是改造的惟一切實的工具。那嗎，請問這些敎育家，幾時曾經眞能利用敎育，做改造世界的工具呢？現在的敎育家，若不是眼光短淺，或能力薄弱，便一定是懶惰苟且，只知圖他辦事上的便利，所以他們只知鼓勵學生安常習故，循規蹈矩，凡反此的，不說是好奇，便責他犯規。這不僅僅是高等師範爲然，不過高等師範是這樣，他那種爲害，比別的學校爲害更遠些，更大些。依我的意思：

高等師範的訓練，應該使學生獨立自尊，都自己覺得是堂堂的一個人。我們的國民性，受兩千年君主專制的摧抑委靡，極了，青年學生，亦每不免自暴自棄，依賴他人的弊病，而不知道理的敎職員，亦以受學生的倚賴爲榮耀，而對於不肯倚賴的人，反冷落看待他。又不告以互助的眞理，所以學生間總不易養成個獨立自尊的風氣。在做學生時，既自覺是比敎師低一等的人；在做敎師時，便自覺是比學生高一等的人。這樣的弊病，敎高等師範的學生到中學來，不但不能將平等精神的好模範給學生看；並看作學生間平等精神的發展，多少是不應該的事。

高等師範的訓練，應該注意發展學生反抗精神。我說這一句話，有些敎自命爲敎育家的人不得不怕。因爲我的意思，以爲敎育家應該注意使學生只知服從理性，不知服從權力，而且不但不服從權力，對於不正當的權力，應該反抗。怎樣能發展這反抗精神呢？應該先敎他們不怕反抗自己的敎職員。我的意思，並不是提倡刻薄寡恩的學說，提倡學生爲無理由的反抗；而且亦不是提倡現在偶爾發露的那種敵意的反抗；不過我的意思，敢說現在高等師範的教職員自然亦不能說是理想的教育家，而且人非聖賢，一切號令措施，亦自然不免有時不能完全合理；在這種時候，應該容納而且提倡學生起來加以糾正，不應該有一毫濫精權力怙過飾非的心思．然而普通的教育家，每每說些甚麼學校威信哪，教師尊嚴哪，只看見略略有些不服約束的學生，便要加以恫嚇，加以制裁．口裏總說甚麼德莫克拉西的教育，自己却捨不得丟棄了他那迪克推多的地位．這生甚麼結果呢？教職員佔了上風，便完成了一種的奴隸教育．學生佔了上風，便養成了一類的囂張習氣．因為他們總只有不受教職員容許的敵意的反抗，從來沒有受教職員容許的友意的反抗．這只有責備教職員呢！而且這些教職員．不僅僅對於他的學生負責任，對於他的學生服務的一般中學生，亦間接負責任呢！

高等師範的訓練，應該使學生知道他們是為人類服役的人，他們是負有教育年幼些的同胞的完全責任的人．他們將來到教育界去，不是為他們自己的利益或名譽，亦不是為他們所服役的學校或學校的創辦人的利益或名譽；他們惟一應該注意的，便是怎樣能使他們的學生能完全或多數成為有益於人類的人．對於這一點，我不能不責備我所曉得的高等師範教職員．因為就我曉得的。有許多高等師範的學生，並沒有做教育家的志願與興趣．自然投考高等師範的學生，多半原只為節省金錢，並非先有甚麼意志上的選擇．而我國教育不發達，職業不神聖，亦是高等師範的學生，不能安心於教育的原故；然而一般職教員，只知注意分科的功課，不知注意教育研究，又於學生的教育家的修養完全不知注意，所以學生不但有不願入教育界的，而且亦有不能入教育界的．這豈非完全孤負了師範教育四個字嗎！

高等師範的訓練，應使學生知道教育是正在改進的途徑中的事業，沒有至善至美的學說，亦沒有至善至美的方法．時時應該提醒學生研究實驗的精神，無論以前，現在，人家做的，自已做的謬誤的地方，總不惜力求改良進步．然而現在的高等師範怎樣呢？多數學生，對於教育，除了幾本講義，再不知道有甚麼研究；雖然有些人，在學校裏亦說些甚麼自學法呵，啟發式呵，然而這都不過是一句空話．至於到了社會上，受舊習慣及他自已惰性的支配，仍然與舊式教育同流合污了．這都是因爲學生對於教育先沒有自發的興趣，不過爲混分數裝場面學了些好聽的名詞．這樣的人，如何能應這進化的社會的需要？怎樣能從謬誤的社會裏給一般中學生，以需要的，合理的，有效力的教育呢？

教職員方面第三件不該的事便是不該只知注意學校的便利，不顧社會的利害．就這一點，我於一般高等師範不慎重升級，留級，卒業，以及介紹職業等事，很覺得不是應該的事．這所說的話，是一般學校的通病，本不好專責高等師範，但僅就高等師範說，他們的職教員，忘記了那般學生所能在社會造的禍福，學業不良，乃至性行不良的，都輕輕讓他卒業就事．而且一般高等師範，簡直以有卒業生沒有就事，看作是羞辱的事．自然卒業生沒有就事，是一椿羞辱；然而像這般卒業生，必需一一硬插進社會裏面去，於學校的面子問題，學生的飯碗問題，固然完全解決了；然而無辜的中學生，便簡直作了他們的犧牲品．我於聘請中學教員，只信我個人及最可靠的朋友的訪查探詢，不敢信高等師範教職員公式的介紹；因爲我知道他們的目的，只在安置他們的卒業生，決不從我們的事業的利害上想．咳！我這種猜想，果眞是對了，這般教職員先生，獨不覺得是羞恥麼？

我於這裏，不能不將高等師範的學生的團結下一個批評．自然學生對於母校，對於同學，有不能忘，而且亦不應忘的感情，因而結合成爲甚麼團體，這是無上應該的事．不過感情的結合，總是感情的結合，無論甚麼時候，不能把他與同志的結合一樣看待．若不是一個理想的學校，學生自然不能都是理想的良教師．然而現在一般高等師範的學生，竟然把着一點認錯了，他們竟認了感情的結合，爲同志的結合．所以他們團結起來成爲一『系』，在職業上，或別種活動上，互相幫助，盼望在他們勢力伸長以後，用一個高等師範的力量，改造社會．然而高等師範的力量，是能夠改造社會不能，是可以改造社會不可，他們並不仔細想想．這種團結的緣起，是否完全起於職業的恐慌，他的用意，是存完全一個圖謀私自利益的結合；我腦筋裏不敢有這等疑問．不過讓這種團結發生，而且發展，這或者是一般教職員爲學校的虛榮，或博卒業生的歡心．然而一方養成學生要結排軋的惡習，一方使社會上疑忌這般學生，不敢輕易將一個學校放在他們的「

勢力範圍」至於假令有一校由高等師範的學生爲政，若不引用他的同學去引用了外人，乃至引用了別校的高等師範學生，他的學校及同學都會認爲大不韙的事．倘若高等師範的教職員及學生，眞有權柄做這等事，社會上倒有些不敢請教他們：因爲他們只是分割社會，並不管甚麼是社會的利害．

學生方面應該注意的事，從上文說的，亦大略可以看出．現在姑且約略的列舉幾件事在下面：

第一，應該預備做教育家：因爲他們都受了社會上特殊的優待，社會所盼望的，無非盼望得良善些的教育家，因而可以有良善些的社會．固然要求有益於社會，原不拘於向那一方發展；然而爲學業所近，應該擔任這等社會的分功．何況原是受了社會委托的人．

第二應該預備做中學的教育家：因爲他們就分功上說，應該直接負責的原是中學教育．

第三應該預備做改進的中學教育家：因爲現在的中校教育，無論是宗旨上，訓育上，課程上，教科書上，教授法上，從來教師的態度上，都有許多的謬誤，許多的應該改進的地方，怎樣改進？是高等師範學生應研究的，而且應實行的惟一的問題．

從上說的三項，我們可以知道高等師範的學生，最應該看清他們對社會的責務．責務看清了，應該決定他自己做一個爲責務預備一切的人．怎樣預備呢？

第一，應該至少看教育學與分科功課一樣重要．

第二，應該多用力於進步些的觀察研究，比書本上的學習更要緊．

第三，應該以中學教育爲學習研究的中心．

第四，應該注意功課的能使人了解，比自己了解更要緊．

第五，應該注意各學科互相聯絡的方法，比一學科的深造更要緊．所以應該多求普通些的知識．

第六，應該澈底了解自由平等的眞諦，預備犧牲自己的便利，發展中學生應該發展的，無論便利教職員與否的精神．

論到個人應該有的品格，如清潔，勤愼，節儉，和平，這都是中學生觀感所繫，亦卽是未來國民性的鑄造的最有關係的事．又如普通教育學上所說教師應有的品格或能力，亦是教育能否發生效力的要件．自然是高等師範學校應該注意的事．

總而言之，高等師範的教職員及學生，都應該有個澈底的覺悟；應該知道他們在分功的社會裏所負的責務；應該知道他們的責務，不是甚麼可以輕心以掉的事，因爲他們的事業，於社會直接發生利害關係，至少於他們的學生幾百人家庭前途，直接發生利害關係。社會很懇切盼望有進步些的教育，所以他們的責務，不是僅僅能供給社會與現在同等的教師，便算滿足，必需能供給許多有改進知識及能力的教師。因爲現在教育——至少中學教育，——完全立脚於謬誤根基之上。

我想這是對於高等師範教職員及學生的忠告。我疑惑我說的話，或者有些不檢點的地方；然而我自信都是出於人類互助的誠意。我決非指那一個學校說話，因爲這些弊病，或者有些學校能夠不全犯；然而若說能夠全不犯，我不敢相信有這等事。

其實在這一個謬誤的世界組織中間，人類由愚昧貪懶的生活中，得了許多謬誤的習慣與見解，仔細看起來，那一方面，那一個人，不是犯了許多應該糾正的過失？豈但高等師範的教職員及學生是這模樣。我這不過就這一方面說罷了。至於我亦做了年餘荒謬的教育家，幸虧不勝良心的責罰，拋棄了手裏的事業，預備苦學年餘，去贖這可痛的罪過，我自信沒有甚麼可以比我所知道的高等師範的教職員及學生。不過我是確見中學生所受的痛苦災禍的人，我雖今天沒有力量爲他們做事，盼望將來總有有力量的一天；我更不能不盼望比我有能力些的高等師範教職員及學生，更早些有比我更大些的力量爲他們做事。這便是我做這篇文的意思。

讀書錄

數理與自然

魏嗣鑾

大宇長宙中，有兩種根本不相同的物件：第一便是心，第二便是物，再明白點說，第一便是虛靈不昧的心知，第二便是昭回森列的物象。

這虛靈不昧的心知，是一件狠奇怪的物事。老子嘗說：『……人心排上而進下，……其疾俛仰之間而再撫四海之外，其居也淵而靜，其動也縣而天，僨驕而不可係者，其唯人心乎，……』據他這番話說來，似乎我們的心知，變化倏忽，不可摸擬，顛三倒四，都無不可的。但據數理看來，這心知却極有規則，極有條理，而且這個規則，與這個條理，異常整秩，異常森嚴，一絲一毫都不許犯，假若犯了一點，便大錯大謬。這個規則與條理，究竟是什麼呢？這不是別的，這就是我們所常常稱道的思想律

這昭回森列的物象，也是一件狠奇怪的物事。賈子嘗說：「……萬物變化兮，無有休息，或斡而遷兮，或推而還……」照此說來，覺得外界的物象，也是千變萬化，無有秩序的。但據自然科學講來，却又不然；自然科學把許多物象觀察考驗之餘，覺得外界物象，變化雖繁，而其變化的層次，與變化的軌道，却極有一定，前因後果，絕無有凌亂的，絕無有偶然的。這些變化的軌道與層次，又是什麼呢？這也不是別的，這就是我們所常常稱道的自然律

說到此處，我們便要發生疑問了；這疑問是什麼呢？就是：

虛靈不昧之心知，雖蟠天極地，不可方物，而以數理論之，自有其必不可犯之律，是曰思想律，昭回森列之物象，雖孕天苞物，溥護無窮，而以自然科學考之，亦必有其不可踰之軌，是曰自然律，夫思想律與自然律二者之不為同物，較然明矣，然苟精而察之，是二者之相互，為有關係乎，為無關係乎，易而言之，數理與自然，為有關係乎，為無關係乎？

這個疑問，我懷了幾年，當我研究數理的時候，我常拿自然科學來比較，當我研究自然科學的時候，我又取數理來比較，比較之後，便得了一些狠稀奇的結果；就這些結果看來，覺得思想律與自然律，二者雖不同物，而他們相互的關係，却極其密切，而且他們何以有這些關係，亦不能明白解釋；這樣的例，總計狠多，今天且僅就我平日讀書所得的，拉雜寫書，請大家考慮。

（一）關於光學者

（a）數理上極小問題

(b)今有一物，其進行之軌道為直線，其速度為c，欲從A點到工線上之一點，再從此點到B點，今欲在極小之時間中，從A至B，問此物之進行當如何？

設 t_1＝為某物經過AO之時間

t_2＝為某物經過OB之時間

T＝為某物從A達O，再從O至B所需之時間

今由微分法推算，則可得：

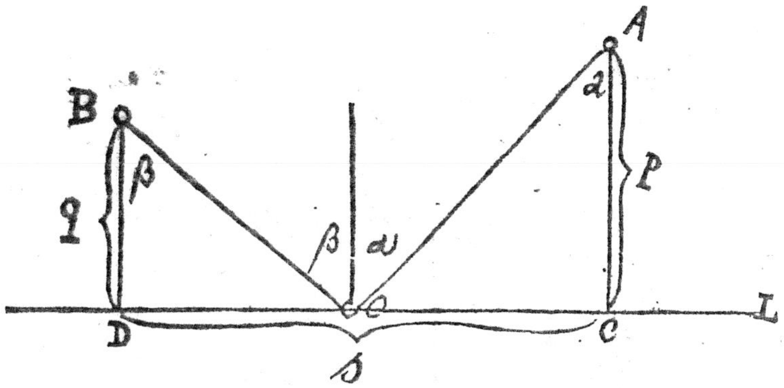

$T = t_1 + t_2$ 或

$T = \frac{AO}{c} + \frac{OB}{c}$ 或

$T = \frac{Q}{c.\cos o} + \frac{P}{c.\cos d}$

$\frac{dT}{do} = \frac{Q.\sin o}{c.\cos^2 o} + \frac{P.\sin d}{c.\cos^2 d} \cdot \frac{dd}{do} = 0$

又因 OC+OD=CD 或

$P tg o + Q tg c = s$ 再微分之，則得

$\frac{P}{\cos^2 o} + \frac{P}{\cos^2 B} \frac{dd}{do} = 0$

今以此式中 $\frac{dB}{do}$ 之值代入 $\frac{dT}{da}$ 式中，則得

$\sin c = \sin B$
$o = B$

或

這個算式的意義就是說『假如某物欲在最短之時間中達其目的地則非A與B相等不可。』

(B)今有一物，其進行之軌道為直線，其速度在AO線上為

C_1，在OB線上為C_2，今欲從A至B，間在極簡單之時間中，此物之進行當如何？

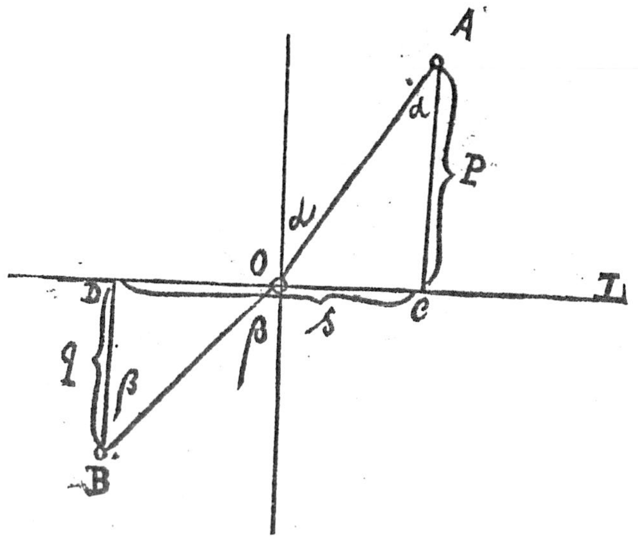

今用微分法，如前題推算，則可得：

$$\frac{dT}{da}=\frac{P\sin a}{c_1\cos^2 a}+\frac{P\sin B}{c_2\cos^2 B}\cdot\frac{dB}{da}=0$$

又因　$Ptga+PtgB=s$　則得：

$$\frac{P}{\cos^2 A}+\frac{P}{\cos^2 B}\cdot\frac{dB}{da}=0$$

今以此式 $\frac{dB}{da}$ 之值，代入 $\frac{dT}{da}$ 中，則得

$$\boxed{\frac{\sin a}{\sin B}=\frac{c_1}{c_2}}$$

這個算式的意義就是『假如sin a與sinB之比，等於某物在各線之速度時，然後某物始能在最短時間中達其目的地。』

（b）光學上光線傳達問題

（A）反射律　據光學上實驗所得，及理論所推知光線之反射，有一定之軌道。此軌道為何？即其射入之角度（Einfallswinkel），與反射之角度（Refle+ionsuinkel）完

全相等是也。

(B)折光律　據光學所證明，凡光被折之角度與其速度有比例，此比例爲何？即 $\sin\alpha:\sin\beta=c_1:c_2$ 是也。

由此以觀，數理與自然，其相互有關，較然明矣，吾所大惑不解者，數理之極小問題，吾輩心知之產物也，其待之也，以吾輩心知之靈有求簡之向，乃立法以尋之，於外物殊無關也，其立法也，亦本於少數之基本定理，愈累而愈繁，於外物亦無所待也，心與物根本之不相同，既如此，宜乎各不相謀而無所合矣，乃不謂光之傳播與數之極小，其暗合有若此者，謂爲偶合耶？則天下焉有偶合之事，如此其甚且多者（註）謂爲前定耶，則心與物非同物，前既言之矣，心以有知，故求簡，光固無知，何以亦求簡，且何以若是其相符也，然則心與物爲同物耶，則心物之相異，粗而見諸日用之常行，精則悟諸幽獨之反省，謂爲同物，固不可也，然則光之運行與數之推尋，其相合如此者，果誰實爲之，莫之爲耶，或之使耶，世有學貫天人者乎，吾願褰裳從之。

（註）見反射律與數理極小問題有關者，爲 Heron 見折光律與數理極小問題有關者，爲 Fermat 謂凡光之運行，皆有節省時間之慾望者，爲 Huy geus 蓋不僅反射律與折光律已也，(I i allen Licht bewegungensche int sich bei aller mannig faefigkeit alr zrud-zug drs Bestreben nach einem minimum von Zei-taufwand aus qu sp rec hen)

(二)關於生物學者

(a)　數理上之推算

據生物學講，凡兩樣異性植物：男一女，相爲姘合；其生殖細胞，必互相分離；男花蕊之一半，必與男植物者相同，其他一半，必與女植物者相同；蛋細胞之一半，必與男植植物者相同，其他一半，亦必與女植物者相同；由是用數理推算：

男＋男＝$\frac{1}{4}$ wahrscheineichkeit

女＋女＝$\frac{,}{4}$ Wahrschein lich keit

男＋女＝$\frac{,}{4}$ Wahrschein lich keit

女＋男＝$\frac{1}{4}$ Wahrschein lich keit

因「男＋女」與「女＋男」無有攸異，故其 Wahrschein lich keit 亦可爲 $\frac{1}{4}+\frac{1}{4}=\frac{1}{2}$，據此算式看來，若以百分計算，其純帶男性者，必爲二十五分，其純具女性者，亦爲二十五分，至於男女性兼有者，則爲五十分，此推算之結果也。

前法係用 Wahrschein lich keit 之理而求者，除此法外，吾人猶可用卜法推算之，今設 男＝D；女＝R；則可得下式：

$(D+R)\ (D+R)=D^2+2DR+R^2$

因性質之平方仍爲性，故前式亦可書作下式：

7D+1DR+7R　或，

7D:1DR:7R　或，

15D:50DR:15R 此即前用 Wahrs chin lijh keit 推算之結果也。

（B）實驗之結果

有碗豆花兩種，其一之花爲紅花，其一之花爲白花，今設以此兩種碗豆，互相姘合，迨其實熟，即收存之，至於次年，復以入土，則開花者，盡爲紅花，此第一次之實驗也。

今設以此開紅花者，至三年時，復以入土，則將見開紅花者，爲百分之二十五，開白花者，爲百分之二十五，紅白種混而花仍帶紅色者，爲百分之五十，若以表明之，則可得下表；（註）

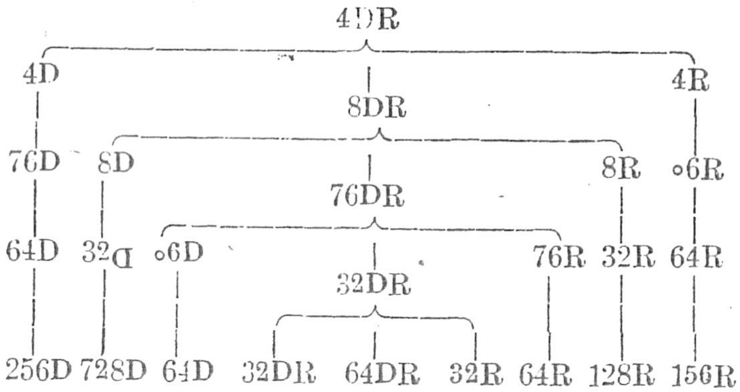

（註）前所錄之實驗曰 Mendels versuch，mendel 者奧國人生於一千八百二十年在生物學遺傳論中最有功績。

據上所錄觀之，則理論之所推與實驗之所得完全相符從可知。矣。然吾人所當致疑而宜深求其故者。則此理論與實驗何以相符至於此。也夫生物之遺傳譎詭難明久矣。謂爲與吾人之數理有關非爲至愚儒不失笑。然而大宇長宙中竟有物焉如碗豆如雛雞，其遺傳之數，適與吾算相符，推其所以致此者。豈其偶合耶。抑固有定焉而不可踰越也此亦吾人所當深長思者也

上面所舉的例，一個是關於光學的，一個是關於生物學的，其餘各學中像這樣的例，還多得狠；我今天且再舉幾個力學上的例，以發人深思。

（三）關於力學者

(1) 草莖與獸骨之構造

沒學過力學的人，往往容易發生一種誤解，這誤解是什麼呢？就是他們往往思擬凡是一種物件其材料大小相同的，則實者必堅於空者；就以鐵管而論，他們總以爲中實的鐵管，必堅於中虛的鐵管；這種的思想平常的人，大半都是有的，殊不知是完全錯誤了。

據力學上講起來，凡是一種筒管，其材料大小相同，若中空者，其 Biegungs fes tig keik，必大於中實者，此由微分方程式可以明白指證，決不是虛僞的。我們試回頭一看自然界，看自然界的物件，有如此構成的麼？我們只須稍稍注意一下，我們便能發現許多，譬如稻粱之莖呀！花草之幹呀！禽獸之骨呀！他們的中間豈不是空的麼？因爲他們中間是空的，所以稻莖花幹，禽骸獸骨，雖經極大的風雨，都不脆折，甚至有時連屋也傾了，瓦也飛了，而他們仍然時前時卻，或仰或俯，毫不破壞。我們現在試問一問，這是誰的功勞？這就照力學構造的功勞呢！

(2) 蜂房之構造

諸君！你們曾經看見蜂房的構造麼，看了之後，你們曾經思率問他何以必如此構造麼？這蜂房的構造，說來也狠奇怪；蜜蜂構造蜂房的意思，恰與我們的意思相合；我們人類常常有一種求簡的意思，就是欲用至簡之力，博至大之效；這蜜蜂也是如此，他欲在一定之空間中，造至多之房，這個目的，假如我們欲想達到，數理推算，非照蜂房構造，絕辦不到，可以蜂房的構造，確與力學暗合了。

我今且引一段關於蜂房的故事來給諸君聽了。有 Maraldi 者，甚怪蜂房構造之整齊，測其角得 709 18' 及 700'310 有 Re'au mur 者，以蜂房之構造，既如是其整齊，必與吾人求簡之意相合，乃求其時之算學家曰 R''onig 者算之，其題曰：jene form eines sechs seifigen, durch 3 Rauten gesch lossenon zefasses au berce-hnen, bei welcher ler g:osste mhaet mit ler Bleiusten oberfla che Eusammeutrifft。Konig既算，得答案曰，必如彼者，其角度非 09° 26' 及 70° 34' 不可。吾人觀此答案，則知實測與推算之相差，僅爲二秒，求知之情，其亦可以慰矣，乃 Maclaurin 不以爲然言曰，苟蜂果有求簡之意者，則實測與推算，必不相差，即差千萬分秒，猶非也。乃更實測之，仍不誤，於是重理算式，積久，得一誤點於對數表，既正之後，然後實測與推算乃密合，是糾正謬誤者，非人，乃極微之蜂也，是亦奇矣。

我在前面又舉了兩個力學上的例，其餘像此的事情，還多得狠，只要把力學進化史翻來一看，便知道了。

總顧前兩例觀之，則知莖幹之成長，骨骸之構造，蜂房之結構，皆有一定之原，則若燭照龜卜而稽算無遺者。夫草莖與蜂，自人而觀之，極微之物也，乃其所作之事，所舉之工，窮工極巧，適合乎吾人之推算，且有爲吾人之所不及者。焉其臻此而造夫斯極者，果何故耶？謂爲上帝，則上帝不可見，若僅爲吾人之所虛構已耳，則又烏用此上帝爲也，謂爲蜂草，則蜂草之智，固遠遜於吾人，而其謀生之精，乃有過之，此亦不可思議之尤者也。達爾文曰，生物適應環境，求其最宜，彼草之中空，蜂之多房，皆物競天擇之餘，其最宜者存耳。夫生物適應，其理不虛，固也。然必有欲適應者，而後能爲其適應。戈壁之沙礫，危崖之斷梗，雖經千年，其生不變，何者，以無適應者也。夫適應既必先有能適應與夫欲此者矣，則此能適應與夫欲適應者，又何物耶？上帝之說，既不能成立，而蜂草之智，或遠不逮此，即曰蜂草智，愚吾人不敢武斷，誠如莊生所謂，然何以適與人同，此其故又將何明乎。

我這篇的意思，是要引起我們同志的懷疑；因爲現在講學的人.可以分作兩派，有一派專講因果，說宇宙的現象，都可以用因果觀念拿來說明，甚麼有目的喲！與無目的喲！都靠不住；有一派專講目的，說宇宙的現象，單用因果律，是不能說明的，無論一種甚麼事體，都可以用目的論去解釋；在十九世紀的時候，這兩派的人，各樹旗幟，互相攻擊；我們讀他們的言論，根有趣味；我是一個狠淺學的人，無論那一派，我都不敢加入，不過我狠願意研究聽了許多人的話，覺得 Euler 的話，我有一部分的贊成，但我還是不敢主張，今我把 Euler 的話，寫在後面，以作我這篇的結束，并請我們的同志指教。

Au un eni m mun oit uni versica sit per fectissi ma, atquc a creatore sapientiss imo absoluta, ni hil omnino in muudo coutingit, in quo non maxim i mi ni mi ve valio quae-piam eluceat, quam of Jem dubi nm pror sos est Rullum. xuin om nes muudi effctus ex causis fiuali lus, spe methodi maxi mo rum et miui movum, aeque feliciteɹ detesminasi quae aut, atque ex iq cis caus is efficieuti lus.

徵引書列後

7. A. Pelcult .. Igges, gumd cuge uud duwe udug der Piffercubialrechuumg, § 33b.

1. Wullner, cxperimcutalp hy sih, § 734 nud § 735.

3. H. mie he, dei Eschei nuugeu des Lebeus. 77 Kapi tel.

4. Lotoy, vov les uugcu icber Iezeuoleuz thfosie, 8. Vov les uug.

5. mach. me chauik iu ihser Eutcsi cslimg, 4. Kapitel.

6. Taulscu, Ein fu hs uug iu die Thi lo so p hie, §7, 1. Kapitl.

華僑消息

「五四運動」以來南洋的華僑

湯騰漢

「五四運動」之後，在國內抵制日貨，提倡國貨的聲浪一天高一天，那時候我們南洋華僑知道外交失敗了，國家危險到了極點，大家都是痛心疾首，於是乎不論窮鄉僻壤凡有華僑的地方全有抵制日貨提倡國貨的事，並且比較國內還要利害些。

抵制日貨的事發生後各處各埠的大小商人聞風響應，從此與日商斷絕往來——不買日貨，不賣日貨，——華人在日本人的公司裏邊辦事或者店裏邊做夥計，都是自行辭職，另外找旁的事體，日本商人在南洋地方，所住的房子十有八九是我們華僑的房子租把他們的，現在都收回來了，有的同他們已經訂了契約，房東就請律師同他們交涉，至於對付一般奸商的手段，那也實實在在是國內所未曾夢見的；在國內的奸商，除了學生去勸戒他們，勸了幾次還是不聽，就拿他們的若干東西焚毀之外，可算是再沒有怎麼樣對付他們的手段了，在南洋那就不相同，抵制日貨的事大概發生一兩個月之後，就有什麼——鐵血千萬眼……等名的團體出來，但是這些團體別人家不知道他們的會所在那裏；怎樣組織法，那一個是個團員，只曉得南洋各處沒有一個地方沒有他們團員的足跡。他們調查商人，還有沒有買賣日貨，如果是有商人暗地裏還是同日商往來，私運日貨，那除了進忠告之外，就用黑煤油（Tar）去塗他們的招牌；或用幾種有臭氣的混合物去塗他們的門和窗戶，或再用這二種東西去畫他們的臉，其餘類此的事也時有所聞，但是還有一般人，冥然不悟，所以去年九月間，有一個雷珍蘭（Lnitenant 中國人做和蘭官的官名）姓李名叫達山，在亞齊（Adjeh）西利利（Selili）地方，從一個店裏出來要回家，在路上被一個人刺死了，因為這個雷珍蘭平時不但極力反對抵制日貨的舉動，而且受了幾次的忠告，也置之不理，再有一個人劉景在吧達維亞（Batavia）達那阿邦（Tapah-abang）地方，他的耳朵被陳德茂同黃敬兩個人割斷了，也是因為見利忘義，要想破壞抵制日貨的同盟。

抵制日貨實行了之後，各處各埠就有人奔走呼號，提倡國貨；組織國貨公司，如吧達維亞的中華國貨公司，泗水（Soerabaia）的華僑興業公司，資本暫時定了五百萬盾，（Guider）營業的範圍分作五種：第一，製造廠；第二，火柴廠；第三，製磁廠；第四，開採國內礦務及其他實業；第五，推銷本國出品於南洋各屬各埠，及採辦本廠應用材料於各國，現在因為中國銀價很貴，國貨的價錢也就因之而貴,所以又有組織中華銀行,中國銀行用來補助,再有人提倡組織輪船公司,但是這件事體稍爲大了一點,所以還未能在短時間內成立.

去年歐洲和平會議告終時,在南洋的英歐法日等國人日大家都開慶祝大會,與高采烈,歡呼的聲音震天動地,只有我們華僑在那開慶祝大會的日事,勿論大小的商家工家通通關門,不但不肯參與那慶祝大會,連這空前的熱鬧也都不要看,祇因爲這一次歐洲和平會議,我們華僑都以爲不是我們中國的勝利,是我們中國的國恥.

這一次日本人在福州無故帶鎗械,殺傷許多的學生,商人,同巡警的消息傳到南洋之後,我們華僑莫不髮指冲冠,裂目切齒,各埠就招集多數華僑開特別會議,討論結果各埠大略相同,—籌備特別捐款,電致南北政府,要求嚴重交涉,千萬不可退讓,當泗水開大會時,商會會長對大衆講:『……這一次如果外交決裂,我情願捐我所有的財產四分之一,充作軍餉,諸君也要極力贊助,……』他話還沒有說了,就有多數人站起來衆口一聲講:『我情願毀家紓難.』這實在尤爲合人欽佩,國內也不乏富商巨賈啊!何以他只竟安之若素毫無實力的表示呢?這個……

上面我所記的事實可以說是我們南洋華僑五四運動以來大概的情形,并不是詳細的報告,因爲南洋地方各處各埠都有我們華僑的蹤跡,他們五四以來,其餘的種種活動,以及他們最近期內勢力的消長,我不知道的實在還多得很,我不過就我所曉得的略述了一些,簡陋的地方還要請讀者原諒.

附註—南洋地方華巫雜處,抵制日貨相法子,如何能普遍呢?下列兩條就是這個疑問的答案:

(一)在南洋的商人,我們華僑佔十分之七八,我們華僑不買日貨,不賣日貨,巫人雖不抵制,他的銷路總是減了不少.

(二)我們華僑同巫人的感情很接近,日商或他國的商人同巫人的感情多隔閡,并且他們人數不多,不能各處各埠都有的,所以他們的貨物非由我們華僑經手,銷路一定是停滯.

地方調查

年假游濟南雜記

徐彥之

原稿
缺頁

原稿
缺頁

會的朋友又寫信來催了，我們好草草的寫了這一篇。但我於未記『蕪湖文化運動』之先，有幾樁事要聲明：

(1)這篇文字紀載不詳盡，觀察不精密，批評不切當，知不能免，很覺抱歉。

(2)我的批評，全以事實爲根據，絕不攙雜絲毫我見和感情，這是敢以人格爲証的。

(3)我雖批評人，但不只是責備他的既往，實是希望他將來的改進，絕不敢有絲毫輕薄譏誚的意思，這也是敢以人格爲証的。

(4)文化運動就是人類生命發展的價值過程；如教育，宗教，政治，經濟，藝術，等等除舊布新的事業，皆叫做文化運動。我這篇文字是專拿教育來說的，因爲我覺得教育的改造運動，是文化運動的中心。

(5)我所說的皆是以民國八年以前的聞見爲根據，至於民國九年的蕪湖教育事業，有無嶄新的進步，現在還不敢妄加猜度。

一　蕪湖在安徽地理上的關係

蕪湖在全國不算得怎樣重要，而在安徽確是一個極有關係的地方。

他當皖南的徽，太平，皖北的廬州各屬的要衝；凡徽甯太平廬州各屬貨物輸入輸出，和行旅往來，上游直抵武漢，下游順下南京上海，都要在這個地方起腳落腳。交通是很便利的，商務也很繁盛的。

二　民國以前的蕪湖文化運動

光緒年間，國人初鬧維新變法的時候，桐城李光炯先生，在湖南創辦一個學校，宣傳革命主義，遭了那裏滿吏的猜忌，就把他遷到蕪湖，改名『安徽公學』。這個學校和安徽的辛亥革命極有關係，應當把他先敘一敘。

這個學校遷到蕪湖以後，主事的人，除李光炯先生之外，還有盧仲農先生。至於教員方面：劉申叔先生講歷史，鄧繩侯先生——完白先生的嫡孫——講經學，趙伯僊先生——名聲革命黨人的領袖，他的才略學識，皆在黃興之右——講武術，而柏文蔚，冷遹，謝无量一輩人也常常往來其間，或担任教務。

他們教育的目的，只在宣傳民族主義，製造排滿的革命黨。當這時，皖北的壽州，懷遠，定遠，廬江，合肥各處青年紛紛來會。皖北人本富有獷悍猛厲的性質，他們到了安徽公學，又受了革命學說的陶鎔，自然會與奮起來；到了辛亥，湖北舉義，他們一窩蜂的起來把皖北的滿吏趕走了。那時當革命軍統的有十八人之多，大都直接間接受過安徽公學的教育的。不過他們受的教育只是滿人如何不好，排滿怎樣排法，並沒有想到革命以後，建設什麼樣的政府，施行什麼樣的政治。所以他們一旦革了滿清官吏的命，自己上了台，都手忙脚亂起來了！

民國以前，蕪湖文化運動的結果，不過如是；然而這種曲線的進化，也是惰性的人類進化史上不能逃避的事實。

當時還有一件和前邊所談的文化運動很有關係的東西，就是安徽白話報。安徽白話報是陳獨秀先生在蕪湖創辦的。拿白話作報，並實行文化運動的，不但在安徽，就是在全國，恐怕要算他最早。和辛亥的革命黨人受他的感化很不少。

三　民國元年——五年的蕪湖

民國元年至五年我不在蕪湖，蕪湖的情形，我不曉得，況且民國二年，湘，粵，贛，皖四省獨立的戰爭，民國四五年洪憲皇帝的亂子，鬧得利害，蕪湖的學校一齊閉歇，一般人民四處逃命，校舍變做營房，也沒有文化運動可言。不特蕪湖為然，國內大半皆是這樣情形。不得已只得從我到蕪湖以後——民國六年——說起罷。

四　蕪湖的縣教育界和文化運動

蕪湖的縣教育界，和省立學校及西洋人設立的學校很少接近的機會；他們都還抱着封閉主義，絕無革新的計畫。所以他們的教育，以我所知道的，是和前清差不多。他們只把學校當做教學生讀書記誦的，是第一樁缺點；他們都慣用一種暗示，學生毫無自動的能力，是第二樁缺點；他們大半還用體罰，呵斥，恐嚇，做訓練的方法，是第三樁缺點；他們不使學生了解『為什麼』來求學的緣故，是第四樁的缺點；十四五歲的小學生也給他們丘八爺吹的喇叭吹，既和平民主義的教育衝突，又有碍於兒童的生理，可見他們還是拿着日本已經覺悟而去之惟恐不及的教育方法做範本，是第五樁缺點；他們當小學教員的大半穿的都很闊綽，臉上架着金絲眼鏡，嘴裏啣着煙捲，以此種教師去做兒童的模範，教育那有希望，是第六樁缺點。

還有一樁極可惜的事：蕪湖人設立的貧民學校，鎮日價叫他們的小學生打着洋鼓，吹着洋號，去替人家迎親送葬，和小叫化子爭利。

這些辦小學教育的人，除去極少數極少數的，平時對於新出的書報都不甚留意，他們的腦筋，久已被『腐敗思想』佔據了，新文化的潮流簡直衝不進去，所以他們對於新文化的態度，都是反對的；見了我們做白話文，講平民教育，都是『望望然去之』。但是我前天在科學圖書社看見有幾位小學教員到那裏買新教育新青年新中國，我很歡喜。但願他們現在已經覺悟，我前邊的一切話皆說錯了，雖受誣罔之罪，也是甘心的。（未完）

出版界

此次同人發起徵集國內定期出版物，極承各處贊同寄來出版品及調查表多份，除已將收到各種出版品郵寄包文先生，並將各處填寄之表格自本月刊第四期起於本欄內陸續發表外，特此聲謝．

附註：（一）填表之次序以各處調查表寄到之早遲為標準，

（二）表內所填各節全照原表登載，概由各出版處負報告之責．

（三）國內所有各出版處尚未填寄表格者請即速行寄下，以便繼續發表．

記者．一九二十三，九。

名目	宗旨	內容	出版期	出版地方	出版機關	創刊年月	每期銷數	備考
科學	研究理論應用科學普及科學知識提倡實業	每期百餘頁均由海內外科學專家擔任	每月一次	上海大同學院中國科學社發行所	中國科學社	民國四年	二千餘本	現已出至五卷二期
建設	從精神上物質上謀國家及社會之革新		每月一次	上海法界環龍路建設社亞東圖書館	建設社	民國八年八月一日	四千餘冊	
解放與改造	主張解放精神物質兩方面一切不自然	揭載關於哲學心理社會倫理政治經濟	每半月一次	上海中華書局	北京新學會解放與	一九一九年九月一	每期銷五千本左右	解放與改造社社員約二十餘人對社

少年世界

THE JOURNAL OF THE YOUNG CHINA ASSOCIATION

第一卷第五期

中華民國九年五月一日發行

少年中國學會出版

學術世界

美國心理學會第二十八次常年大會

查謙

一九一九年十二月二十九，三十和三十一日，美國心理學會在哈佛大學舉行第二十八次常年大會。與會的心理學家共一百二十五人。第一日開普通心理學會議，實驗心理學會議，智慧度量法會議，併展覽各種新儀器及教具。第二日上午與美國醫科心理學會開聯席會議，下午與美國人種學會開聯席會議，晚間舉行常年聚餐會，上屆會長西北大學教授史嘉德（Walter Dill Scott）演說。第三日午刻閉會，來賓多赴附近各學校醫院實驗所參觀。

這次大會發表了五十五篇論文：

普通心理學　　六篇

實驗心理學　　十六篇

智慧度量法與醫科心理學　　二十一篇

比較心理學　　二篇

社會及宗教心理學　　三篇

應用心理學　　七篇

最大興趣集中於智慧度量法，醫科心理學及心理學家在戰爭與實業裏的工作等會議。戰事種種方面心理學家工作的成績，是這會的極好貢獻；貿易度量術的明確發展，智慧度量法的徹底試驗，審斷神經病與職業特長需要普通智慧度量法以外的度量法，方與未艾的醫科心理學需要工作者有系統的訓練與類別，是這會的主要色彩，對於普通實驗心理學的興趣，併沒低減，討論這種題目的論文凡十六篇。

三十日常年事務會議舉定一九二〇年職員如左：

會長	佛蘭斯(Shepherd I. Franz)	華盛頓國立瘋人醫院
書記兼會計	波林(Edward G. Boring)	克拉克大學
議事會員	蘭賁德(H.S.Langfeld)	哈佛大學
	秉韓(M.V.Bingham)	加立基工業專門學校

志願入會者二十六人均通過舊會員倍爾德(John Wallace Baird)高爾士(Edward Cowles)何赫(August Hoch)去世消息當衆宣佈下屆常年大會定於十二月在錫嘉穀舉行.

三十日下午美國心理學會與美國人種學會開聯席會議.美國自然史陳列所威士勒(Clark Wissler)代表人種學家,加立基工業專門學校秉韓代表心理學家,都勉勵兩方盡力聯絡,盡力協助威士勒指出心理學家與人種學家設備上及方法上的種種異點,若結合進行,定能發生很好的效果,併表示人種學家切望與心理學家合力解決社會及實業問題.秉韓說明人種學家與心理學家分工的利益,至少每年有一次意思與經驗的交換.最後錫嘉穀大學教授安吉爾(J. R. Angell)讀論文,勉勵大家協助國立研究會,促進探討的事業.

三十日晚舉行常年聚餐會,上屆會長史嘉德演說,題目是:『關於人格之概念與行爲的變更』(Changes in Some of Our Conceptions and Practices in Personnel)着重五種遞演:

(一)他把個人差別之性與量的概念的歷史,從『各人本來相似,所有差異都得諸環境』的舊信仰,到『各人性質不同,種種差異都與生俱來』的新信仰,述說一遍.他說這學會的最大成績,就是樹立個人差別之事實,與這事實在教育,政治,實業,經濟上的應用.

(二)推理在調劑上的重要,漸漸移歸本能,感情,及習慣.實業生活裏,本能的趨勢是行爲的動機,也是不滿的根源.他舉出幾個實例,証明這點.紛亂與不安的原因,不是一般工作者論理的歷程受了阻滯,是他們的傲氣,他們對於社會贊許與勝利的——欲望各種本能的及感情的趨勢——受了阻滯.

(三)學校與工廠的教育,應該注重人類對於環境的未經學習之反動,使人同環境得着合宜的調劑.實業裏指導者的職務應該擴充,供給適當的經驗,使合宜的反應習慣,可以成立.

(四)人與環境之概念,已經有過許多變更.人不是環境的犧牲,也不是環境的主人.他的功用,不是征服或抵抗環境.

在實業裏,人與事不是反對的,爲事擇人的概念,不足表示現代思想.管理者的功用是:在工作的狀況裏造就工作的人.所作的工,須能滿足工作者的需要,併與他的技能及興趣融合.工作與工作者應有相互的改進.

(五)最後他討論職業指導的遞演,從迷信臆斷及偶然之傾向種種僥倖的方法起,直到現代心理,身體與職業度量法,統計法等等的技術.十九世紀,因着二千人的活動,物質世界經過許多變更,工作者的生產力增加一倍.現世紀,憑着工作者與工作的調劑,也能使生產力大大增加.

各會議裏發表的論文,不能全載,只把要略錄在下邊:

普通心理學會議

波士頓城沙真特學校狄爾波痕(G. V. N. Dearborn)敘述幾件血壓與心理狀態之相互關係的事實.在神經系管理之下的血壓,不受主意制裁,引起情感反應的知覺或意象勢力,却能影響他.在十五分鐘內,人從憂慮轉到平和,血壓有時竟降低至三十五密立米達之多.狄爾波痕認舒放(Relaxation)與神經系減少活動一樣,尋求的方法,就是『非奮興的愉快思想』或『使心空虛』.

特夫支大學吉夫勒(R. C. Givler)講演『動作論概念之詮釋』(A Behavioristic Interpretation of Concepts)概念就是筆寫的或口說的字,他們的意義是一個動作的態度,對於那些字的反應.這學說與瓦斯白痕(Washburn)的學說相似,從目手相關的或自動的肌肉不完全的反動裏求出意義,知覺是一個獲得的反動—思想是腦筋抗張態度之流動,他的尋常結果是顯著的反動或行爲之重複.

高爾大學俄格敦(R. M. Ogden)製成一圖,解說音階,指出基線的積延,併用縱線代表高度及光亮,他証明光亮是一個獨立的變數,與高度,強度,體積一般.

克拉克大學波林 (E. G. Boring) 對於隨便接受『心理性質依據正當的諒然曲線分佈』的學說,提出警戒,第一,分佈的形式,視所用的測量單位爲定.第二,若正當律是偶然律,兩個相互倚賴的變數,既然他們的關係不是直線的,就不會有同樣的偶然分佈.

哈布金大學頓拿拍 (Knight Dunlap) 在他的論文裏—論

文的題目是：『有沒有本能？』(Are there any Instincts?)—批評根據目的的本能分類太含渾，易於誤會.我們當用『本能的活動』規定狀況與反應，除去必要的時機，把複雜的結合，如母親的本能，戰爭的本能等完全打消.

實驗心理學會議

耶魯大學羅必生（E.S.Robison）從三個試驗裏得着下述結果：若在學習一種材料之後，立時研究相似的材料，就發現回想之退縮的阻止.若是研究的材料，與原學的不同，就沒退縮的阻止，縱有也很小.照着俄海俄大學兎士（A.P.Weiss）試驗的結果，在對於聲或光之反動裏受試驗者自己記數，發生一種競爭，他的影響就是把肌肉特殊結合的強度，留於一個較高的平面，減少獲効的能力.

哈佛大學羅巴克（A.A.Roback）報告幾個試驗，証明信仰裏的理性分子，併沒尋常承認的那樣多那樣重要.從聖安賽（St. Anselm）聖亞蒯拉（St. Thosmas Aquinas）尼采（Neitzsche）斯文登波（Swendenborg）的書裏取出幾段，隱去著者姓名，用「無理」「可信」「可承認」「使人信服」等句批評各段文字引起之影像，與在同樣狀況裏之記憶的符合，加上情感的反應及肌肉的安置是非常基本的.承受的特點，是胸部的徵鳴及舒適的感覺.拒絕的特點是緊張，喉部及胸部肌肉的斂縮，呼吸的阻止等等.一段書接速讀上幾遍，可以改變最初的態度，原來認為使人信服的.漸漸引起疑問，原來認為無理的，也似乎有點可從了.

達克薩斯大學柏允（F.A.C.Perrin）報告包括簡單與複雜反動的動作能力的各種試驗.一個複雜的動作能力，決不可釋為特殊功用，如正確，節拍，速率之簡單混合物.關於雙善及精密連合的腦筋機械，現在還無法分析.大學分數，心理試驗及估定的品質與功効，在動作能力上的關係，非常低下.情感的紛亂與態度—自身卑微的感覺—在這種動作功用上，發生很明顯的變更.

我們關於文學音樂及道德的批評，很受大多數或專門家之反對意思的影響.達冒斯大學莫爾（H.T.Moore）試驗大學學生的結果，極足証明這點.在言語上因着專門家或大多數之反對意思而發生的個人意思之改變，比較偶然大四倍或五倍.

因着大多數之影響而發生的道德改變，比較偶然大四又十分之七倍．因着大多數或專門家意思而發生的音樂選擇之改變，約比偶然大二倍．

耶魯大學安德生(John E. Anderson)用雷芒驗腕器研究在心或身工作的時候，腕血循環的變更．百人中四十七至七十四人，身體工作一分鐘，血管漲大，若接續工作一小時，又發現欽縮的趨勢．心的工作，如計算誦讀等，在百人中約有七十五人發現血管漲大．漲大的量各人不同，每個人的却次次都同．

美國空中醫學研究實驗派約翰生(H. M. Johnson)及巴細(Franklin C. Pashal)用新代替試驗法(無意識的材料，譯成數目)得着下述結果：養氣之供給稍低的時候，發現改進之反面的速率增加的趨向．個人差別會經顯出，但通常總是速率與確度的減少．有時兩者齊至．併增加力量以為進行低落的補救．學習曲線．(Curve of Learning)有許多衝出的地方，須養氣加足，才能降下．

衣俄瓦大學謝素爾(C. E. Seashore)用露天的浪形，測定聲的位置．說明這幻聲行動的各種定律，同一個以强度詮釋的聲浪位置．

克拉克大學蓋士勒(L. R. Geisler)論文的題目是『期望對於聲之意識鑑別的勢力』(The Influence of Expectation on Supraliminal Discrimination of Sounds)．激刺的强或延，與期望的標準越不同，我們判斷的謬誤越大．謬誤的方向，總是期望的標準的方向．若我們現在直接感覺這標準，謬誤較大，若他是一個記憶，謬誤較小．克拉克大學福痕百賀也報告一個測量期望的試驗，這是關於起重的．在一次試驗裏，中央激刺(九六與一〇〇格蘭姆)恰在最重激刺(一〇四格蘭姆)之後；在別一個試驗裏，中央激刺恰在最輕激刺(八八格蘭姆)之後．尋常的趨向，若正當的激刺(九六與一〇〇格蘭姆)在一〇四格蘭姆之後，人就把他認作過輕；若在八八格蘭姆之後，人就把他認作過重．練習不足減小期望的謬誤，反能加增他．

哈佛大學屠蘭(L. T. Troland)發現下述結果：當適宜面積的光點，射到網膜上黃點區裏的時候，許多光輝條的子，將激刺點與盲點的邊際連續起來．用形位不同之激刺點，研究這些條子的進行併與網膜神經纖維層的組織比較,能夠看出他們是走過鄰近纖維的衝動對於網膜纖維的弱等激刺所發生的.尋常工作需要的光之强度應以視覺激刺的片刻暴露為定,延長的觀察併沒用處.在加白(P. W. Cobb)的試驗裏這點狠明顯.在尋常工作的時候,目之功用,就是許多順次的片刻固定點,測量視覺之銳度的方法,須合這種習慣.加白想目在光線分佈不佳時的疲乏或者因為網膜反應減慢所以擾亂這些固定節拍的習慣.

柏林冒大學福立(C. E. Ferree)與蘭德(G. Rand)為海軍探望台選擇適當人材,製成一種試驗器.在折光裏發見極小謬誤.試驗的結果,戰艦上百分之二三至三〇的人,眼光之銳度,都能任探望的職務.這器具在醫上用去斷定斜視之改正的確量與位置,也有狠大的價值.

哥達克公司鍾斯(Leoyd A. Jones)瑞夫士(Prentice Reeves)叙述三種色之物質測量及類別的方法.加立基滋養實驗所賴爾士(W. R. Niles)說明一種自動記錄器構造,行使,都比達文的攝影術格外簡單,曾用去試驗願入航空隊者眼手聯合事業之確度.這測量之成功,與學習飛行之進步有+0.40的相互關係,

實驗心理學會議最後一篇論文,是邁爾士(Garry C. Myers)作的.討論想像在表示幼童之動機興趣及特能上的職務.

（未完）

北京高等師範廢除考試制度的經過

余家菊

（一）我做這篇文章的意思

我為什麼做這篇文章?說起來可做這篇文章很大的一個「帽子」,現在說不來許多,也用不着許多。謹將緊要的意思,鄭重的寫在下面:

一、從我國的文化史看來,自從有了考試制度,我國的文化就無顯著的進步了。從倡新學到於今已經有了二十多年,為什麼還不看見新文化的「影子」?研究新學的人,都仍舊是舉子的心理,所以他們成就的功業,仍就是舉子的功業。考試制度廢除以後,學者對於學術的態度亦要變了。隨着一般忠

心學術的人，必定來了新文化的新紀元！

二、從我國的教育史看起來自從有了考試制度，就沒有教育，祇有考試。即令有「所謂教育」的，亦不過是考試的預備或者是考試的副產物科學是爲讀書人謀出路的現在學校的骨髓何嘗有什麼不同從歷史上看來，「謀出路」就是考試制度的主旨什麼「拔取人才」，「考查成績」不是欺人的話，就是「皮相之談」。新教育就是眞教育廢除考試制度，的確可以助長眞教育。

三、民治精神發展到了學校內去了，「學生自決」「學生參加校務」等呼聲越唱越高可是很少的學校不因此起起風潮從事新文化運動的人很難有健全的步驟。我承認北京高師廢除考試運動的步驟可以做全國青年的模範——至少也可以供全國青年的參攷——這是我作此文的一層重要意思。

四、現在的廢除考試運動祇算是解決了「教育上教育的問題」，還沒有解決「社會上教育的問題」。從教育上看，不應該有學期學年畢業等的考試；從社會上看，不應有入學考試。爲什麼有人不能升學？不能升學的人就應該不升學嗎？我認爲這是社會的病態，不是正當的道理。希望大家更進一步去研究「入學考試」問題，去解決社會問題。

我做此文的責任，不是高談闊論，是報告消息。請了，再談事實。

(二)鼓吹時代的廢考運動

這個學校內廢考運動的發生，在八年年假。不過當時覺悟考試根本上應該廢除的，祇有少數人。當時的廢考運動含有許多「時勢不得已」——一個朋友用的五個形容字——的氣味，不是爲廢考而運動廢考。那知弄假成眞，到了八年二月，又有人重張旗鼓大擂大打的吹起來了。最先攻擊考試制度的文字有兩篇：

一篇是學校考試制及規則制之改造作者是熊夢飛君，是一篇有系統的長文。這個問題，是他在校內教育研究會提出的。後來因爲友人要他發表，就送到高師週刊登了。從六十一號登到七十一號，足足的登了十期，眞算一篇大文。第一次刊登的日期是八年三月三日。這就是廢考運動的「中興時期！」

一篇是臨考試的學生作者是陳兼善君。這是一篇美術文字，登在高師週刊的六十九期，時在八年五月五日。這篇文字是描寫學生爲考試而用功的狀況，內面也有一段話，可做廢考運動的史料，讓我寫在下面，以備史家的採擇！

「前天不是有幾位級長想運動廢除考試制麼？有幾位說：「這個事情辦不了，我們中國還沒有先例。就是日本學校也沒有廢止考試的。」

從這段話可以想見當時的情形。在專門製造奴隸的師範學校，居然發生這種有革命色彩的運動，所以我那時在武昌看見師範學校的週刊上有這樣的文，就同幾位朋友驚怪起來！（別的，我不知道，武昌的師範生，確是沒有倘大的膽子。）從此後，同學內研究考試制度的文字，就一天多似一天。有送到時事新報發表的，有送到北大日刊發表的，有送到北大學生會週刊發表的。文字上的鼓吹，盛極一時。現在無庸一一「表彰」了。

二、廢考運動事實上的進行

今年二月間由各班班長臨時會議，決議廢除考試，並由各班各舉兩個委員，組織考試制度研究會。於是廢考運動別開生面了。二月二十四日開委員會成立會。到會的委員計二十班，共二十

六人。選舉正副主席各一人及書記二人。議定研究會進行大綱如下：

一、本會爲研究便利起見，暫時分研究事項爲左列各問題，依次研究。

1. 考試及廢止考試的利弊？

2. 考試制度應否廢止？

如廢止時，應全部廢止抑一部廢止？

如一部廢止，廢止時應分種（分入學，臨時，學期，學年，畢業各種）廢止，抑應分科（各種學科）廢止？

3. 廢止考試後，考查成績及引導用功之方法。

二、前條所列之問題，如經全體委員認爲有預備研究之必要時，得由委員中推舉預備研究員，先行預備研究。

三、本會會議不用多數表決手續，以辯論終結無反駁之意見爲本會決定之意見。

四、本會議決各案後，得開大會，徵求全體同學之同意，要求學校實行。

三月二日開第一次全體委員大會，出席的二十班，二十九人。議

決事件如下：

1. 考試及廢止考試之利弊，

因近來研究考試制度的文字很多，議決着手收集材料，并推舉兩個委員爲編輯員。

2. 考試應全部廢止（含臨時，學期，學年，畢業四種。）

其他從略

三月十一日開第二次委員會，議決案如左：

1. 由主席請學校免去春假考試。（按學校祇准於春假後實行）

2. 檢查成績方法，先由各部研究，經各部同學認可，集齊後再開大會通過，並發表考查成績的方法之參考資料，以備各部採擇。（參考資料從略）

3. 分部研究表

英語部　國文部　史地部

理化部　數理部　博物部

教育研究科　補習科　體育專修科

三月十八日開第三次委員會議決案如左。

1. 各部考查成績的方法皆已集齊。祇有教育學科是各部共同的，應由全體委員共同研究。

2. 各部考查成績的方法應由委員與教員共同討論修正，以求完善。

（附註）各部科考查成績的方法附後。

3. 考試廢止後應辦理的重要事項：

A. 凡遇從前考試期間，仍然照前上課。

B. 減少授課鐘點，使學生自動時間充裕。

C. 設立各科研究室及教育研究室，並請指導員。

D. 留級制度廢止，如有某科不及格，僅補習該科。

（四）廢考運動之成功

考試制度研究會開會僅四次。各部考查成績的方法，都已產出。至教育學科考績的方法，再開會一次，即可議決。議決後，更同教員討論一次，即完了事。考試制度，從此不見於北高了——校中已有明文公佈，從春假後實行廢止。

在廢考運動發生，校中職教員亦有個考試制度研究會。原來想同學生合開，以便共同研究。後來因爲教員方面時間難定，手續困難，才分開研究。等雙方研究結束了，再行共同討論。會雖說分了，兩方的旨趣，都是一樣。教員所研究的，同學生所研究的，大體上不謀而合，沒有齟齬，亦沒有隔閡。想起了某校等因廢考問題惹起師生的衝突，眞是好笑！

這樣看來，善後的事實雖還沒有妥當，但廢考運動至此已告一大結束——成功的結束。謹三呼：廢考運動萬歲！

(五)廢止考試與附屬中學

廢考運動將蔓延到南北東西，是我們預計中事。現時北京各高等以上的學校業已發動，且有一發而不可收之勢。稍假時日，更將從高等以上的學校影響到中小學去，又是個個人所能斷言的。所以我要把附屬中學的情形，再說一說。三月十日附屬中學主任發出啓事一道，可以表明考試制度在附屬中學的命運，且抄在下面，以代替吾的詞說。啓事如下：

啓者：此次舉行試驗，在學校教育上，頗有數種用意，用特簡單說明於左：

一、此次試驗，純為實驗諸君學潮後之成績，究與以前試驗之結果比較優劣如何？以便施行適宜之救濟。譬如改良體育，亦必須檢查個人體格，方能施以相當訓練。

二、本校教員藉此可以反證自己教授的結果如何，以便施行全級教授之改善；及個人指導之注意。

三、對於試驗制度，本校早已提議改良，注重學生平日成績，並已擬定具體辦法，於下學期決定施行。但未決定施行之前，自不得不暫行試驗，以覘諸君之成績。

四、此次學潮以後，諸君對於學業，不免稍有荒疏，施行此種試驗，可以促進諸君多少之注意。固知此為一時之興奮劑；然果施行適當，按之教育理論上，實際上，總覺利多弊少。

五、此次試驗，頗與從前考試，用意不同，問題務求簡易，亦不純尙記憶；與諸君升級降級，亦無若何關係。(中略)此上

學生諸君

中學數學研究部於三月十一日開會，討論數學考查成績方法。決定將所得之成績，分為指定與自由兩種。

甲、屬於指定者：

(一)解釋問題

(二)口頭問答

(三)臨時試驗—於每週或二週最後小時就所授材料試驗之。

四、段落試驗—每一段落授畢，舉行一次。至所用教科書應分為若干段，由擔任教員決定之。

乙、屬於自由者：

一、筆記

二、研究報告。

關於甲類(一)(二)(三)三項之分數，按其總次數平均之後，再與(四)項各次平均之數平均之，為指定成績。關於乙類兩項之分數，按其總次數平均之，為自由成績。兩類成績之計分法，暫定甲類占百分之九十，乙類占百分之十。(下略)

總合看看，考試在附屬中學亦是「夕陽反照」了。謹祝中學廢考運動萬歲！！

九・四・一

附錄 各部各科考查成績的方法

一 國文部

(1)國文部各科考查成績，適用下列方法——

1.筆記 2.摘要 3.論文 4.批評 5.譯述 6.編輯

(2)由學生各就上列各種成績自由選繳，每主科每學期至少一種，

(3)副科成績之考查，以用新式句讀法圈點講義一過為及格，但亦可由各學生自由採用第二條辦法，

(4)所交成績均須學生自動製作，教員不宜強定範圍及程度，

二 英語部

(1)會話類—雄辯學等，平常問答，

(2)文法類—修辭學等，平常練習問答

(3)文法類—讀本等，問答，翻譯，縮影，提綱，

三 史地部

中史：論著　筆記　討論

西史
- 論著
- 筆記
- 討論
- 翻譯

中地
- 論著
- 筆記
- 討論
- 調查
- 製圖

外地
- 論著
- 筆記
- 討論
- 調查
- 製圖
- 翻譯

地理通論
- 論著
- 筆記
- 討論
- 製造

(1)以上各科,每人每年至少須有一種以上之成績,

(2)討論一項應特別注重,隨時由教員或學生提出問題.在教室內共同討論,

四、數理部

(1)考查成績分為下列二種:

A
- 宿題演習
- 課堂筆記
- 臨時問答
- 指定的共同作業

B
- 著作
- 翻譯
- 劄記
- 演草
- 自由的實驗報告
- 自由的共同作業

(2)除實驗物理考查成績方法仍舊外,所有數學物理天文測量各門,均適用上條之規定.

(3)考查成績，(A)種由敎員任擇一二項應用之，(B)種由同學自由報告，敎員不得加以限制，

(4)分數百分滿額(A)種居百之七十，(B)種居百分之三十，

五　理化部

(1)國文英文數學等無條件的廢止，

(2)物理化學分爲二種：

1. 實驗
   - 報告
   - 成績品

2. 理論
   - 研究(由敎員或學生互出宿題共同研究)
   - 筆記(講授時筆記或自己參考的筆記)
   - 翻譯
   - 著述(如論文等)
   - 講演

上列關於理論各項，由學生自選一項或兼行數項均可，

(3)氣象注重實測，

六　博物部

博物部主要科目考查成績方法：

(1)調閱講義，(參考的筆記在內)

(2)調閱實驗成績及筆記，(如進化論等沒有實驗者例外)

(3)練習題，每科在有結束的地方應提出若干有系統的題能使全班中人每人獨作一題爲最好不能者臨時酌定

以上爲各科考查成績普遍的方法，

(4)自由的著作，

(5)自由的調查，

以上爲考查課外的成績方法，

七　補習科

(1)國文，

1.平日作文，

2.平日由敎員於未講之文令學生自由批評以稽心得及已講後覆講，

(2)英文，

1.平日作文，

2.平日由敎員自由問答，

(3)數學，

平日的習題，

八　體育專修科

關於運動科目考查成績的方法：

(1)練習時，教師須留心學生平時之心得，

(2)練習時，須嚴格從事，不可敷衍塞責，

(3)無論何種比賽平時均須彙計其結果，

(4)練習時須注重各個訓練，多行復習，

關於普通科目考查成績的方法：

(1)臨時問答，

(2)或出應用問題，不限時交卷，

教育學科考查成績的方法，(暫擬如是尚待研究。)

(1)教育學，倫理學，

1.研究，

2.論文.

(2)教育史倫理史，

批評，

(3)教授法，管理法，

1.批評，

2.實習，

(4)心理學，

研究，(在一段落或完了時提出若干問題使學生研究。)

(5)論理學，

1.習題，

2.辯論.

教育世界

美國中等升學生擇業心理之變遷

邵爽秋

教育考查統計在教育學，社會學，心理學裏，都很有莫大的價值，要解決社會裏種種問題，非靠着考查統計不可，我國人素無科學的頭腦，所以討論一種問題的時候，大都籠籠統統，憑着一己的直覺觀察同主觀的見解，胡吹胡吹，在報紙上出出風頭，否則就是引出許多西文書來，拿人家說爛了的話，去擴充自己的篇幅，以表示他的博學．這種不澈底

的研究，在今日文化運動裏，具有莫大的危險，所以我今天特爲介紹這篇統計給國內學子看看，來引起他們科學研究的興味。

美國大學入學試驗數學程度研究會 The National Committee on Mathematical Requirements 新近做完了一種調查。這種調查是研究青年男女學生在進中學校同專門大學校兩個時期裏在選擇職業上心理變遷的程度的。調查的辦法，是先由會裏發出三個問題到美國各大學同各專門學校，——Beloit 專門學校；Colorado 專門學校；Dartmouth 專門學校；Illinois 大學；Kansas 大學；Maine 大學；Nevada 大學；Oberlin 專門學校；Oregon 大學；Stanford 大學；Washington 大學——徵求初年級生的答案。這裏的結果是從二千零八十三個學生得來的，現在寫在下面。

問題

一、倘如有人在你進中學校的那一天問你一生要做什麼事業，你怎樣回答？

二、你現在已經升學了，你想做什麼事業？

三、你在初進中學的時候，有沒有一定升學的把握？

答第三條的時候只拿筆畫去下面的一句就好了。

a. 我那時候想一定可以升學. I was certain of going to college.

b. 我想我恰巧能彀升學. I was fairly sure of going.

c. 我想或者可以升學. I thought it probable.

d. 我想升學是意中事. I thought it possible.

e. 我沒有預備升學. I had no expectation of going.

f. 我那時候想一定不能升學. I was sure I could not go.

此處簽名.

對於問題一問題二的答案，分爲六類：

第一類　兩答案都是「未定」的有 95%

第二類　對於第一問「未定」而對於第二問寫出一種職業來的數目最多，佔 33.6%.

第三類　對於第一第二兩問答相同的一種職業的，有 21.6%.

第四類 對於第一第二兩問都有一定的職業，但是這兩種職業很不相同，如：彫刻師，化學家；律師，工程師；醫生，商人：都是一對一對的不同答案．這類共佔22.8%．

第五類 兩類的答案都是不相同的職業．但是不像第四類那樣顯著——從這職業轉到那個職業．並不甚難——彷彿中學的課程，既可適用於甲業，又能適用於乙業一樣．如：土木工程師，電機工程師；植物學家，森林業；牧師，慈善事業；這類共佔6.9%．

第六類 答第一問有職業，答第二問倒反寫「未定」這類最少，共佔5.7%．

現在再拿圖表顯示出來．

答案的圖解

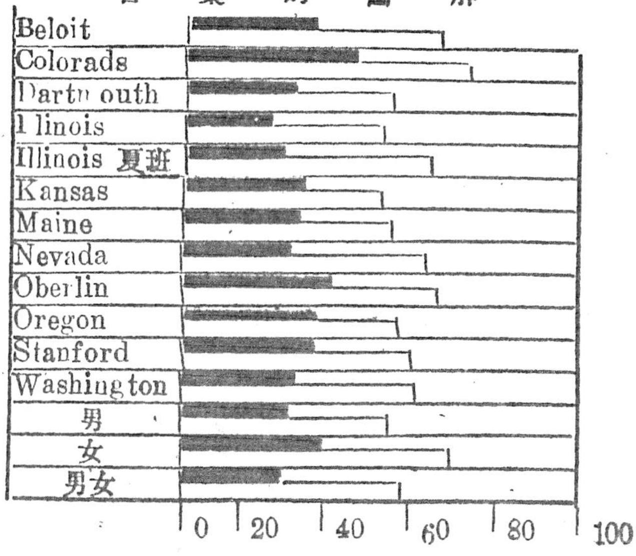

白長方形，表示初進中學的學生心裏有一定職業的人數之百分比．（參看表解結果第一條）
黑長方形，表示中學生在升學前擇業心理變更人數的百分比．（參看表解結果第二條）

答案的表解

學校	答案的數目	第一問同第二問 第一類 (1)(2) 未未決決	第二類 (1)(2) 未已決決	第三類 (1)(2) 已同決(1)	第四類 (1)(2) 已與決(1)大異	第五類 (1)(2) 已與決(1)小異	第六類 (1)(2) 已未決決	第三問(2069個答案) (a)	(b)	(c)	(d)	(e)	(f)
Beloit	53	3	16	15	10	3	6	16	15	10	1	6	2
Colorado	41	3	8	9	18	3	0	19	14	4	1	2	1
Dartmouth	405	64	125	91	78	17	30	175	132	44	33	15	6
Illinois	587	43	246	129	120	49	17	137	19	91	71	91	12
Illinois 夏班	120	7	37	40	24	6	6	37	32	20	18	12	1
Kansas	135	10	57	19	31	9	9	19	51	22	17	15	7
Maine	147	9	56	19	41	19	3	20	38	26	33	28	2
Nevada	103	3	33	29	25	9	4	25	29	17	9	18	5
Oberlin	277	36	57	56	86	19	23	124	73	32	29	11	8
Oregon	93	8	29	15	30	3	8	27	22	12	13	15	4
stanford	58	5	19	11	16	3	4	19	18	12	7	2	0
Washington	64	7	17	16	12	4	8	17	23	5	9	6	3
總數	2081	198	700	449	474	144	118	635	627	295	240	221	51

現在可以在這表裏看出三種結果：

一、把第三四五六類加起來百分之五十七的初進中學的學生，心裏有一定的職業，

二、在第三四五六四類之中差不多有一半的中學生，——四六兩類加起來——在升學之前心理上就起了一個大變化．

三、在升學的這些中學生之中有百分之八十五，——從第二，三，四五，類看出來的——心裏有一定職業．

在這個圖裏是拿白長方形同黑長方形比較來表心理變化的．在該委會的詳細報告裏並且把男女兩性分開來說了一下．關於這一點兩性間並沒有什麼差別各學校間相互比較，也是差不多．

對於第三問結果是：

屬於第一句的有 30.7%．

屬於第二句的有 30.3%．

屬於第三句的有 14.3%．

屬於第四句的有 11.%6．

屬於第五句的有 10.7%．

屬於第六句的有 2.5%．

上面百分的數目，拿各學校來比，却有很大的差別，拿男女兩性來比却沒甚差別．關於這一點，原報告中很詳，此篇所述，不過摘其大要罷了 School and Society, January 2, 1290

學校調查

國立北京高等師範學校　邵正祥

少年世界有「學校調查」一欄，據徐彥之君說：「意在給一般青年學生很明瞭的一個觀念那個學校好，可以入；那個學校不好，不可以入」我想學校之好與不好本無一定的標準；在我們以為好的，或有人以為不好；在我們以為不好的，或有人以為好。況以本校的學生，批評本校的好壞，雖有客觀的根據，終不免給人以主觀的觀察的嫌疑。又況以一個學生的資格，必不足以代表全校職教員學生的意見；所以我調查北京高等師範不批評她的好壞，我只將她現在實際進行的狀況和她將來理想的希望，

並情披露出來；好壞聽第三者去批評。至一般青年贊成這種辦法否？願意進這個學校否？都聽他個人的自由。

但是北京高師的好壞我雖不敢說，然我敢說北京高師是願意隨着世界新潮，體察國內需要進行的；并能夠以一定的步驟實力進行的。這就是校長陳筱莊先生所說「願本校職教員學生努力向美的直線進行」的意思。要是對於我這話存懷疑的態度，請看下面，就可證明。

我們查北京高師，凡是她的章程，規則，以及和學生無直接關係的一切設施都不說。就是她的歷史和位置，雖有人要想知道，我也只能從略敍述。至於要想知道她的規程的，學校裏有幾厚冊，可以通函索取。

(1)史略　就歷史上說，現在的北京高師和北京大學她們是一家人；因為滿清時候，京師大學堂曾設有優級師範館，光緒末年，張之洞倡議，說大學和師範應分設，於是別立優級師範，和大學異處，這就是本校在廠甸獨立門戶之始了。民國成立，又改優級師範之名為高等師範學校，所以這個學校自從在廠甸獨立起，到如今還不滿十二歲，在「少年世界」裏，她還是一個活潑潑的少年呢。從前優級師範的時候，只有英語，理化，博物，三部，也沒有附屬中學，元年五月陳校長接任，才收五城中學為附屬中學。四年袁世凱倡議大擴充，擬招學生至千人，於是逐漸增加史地，國文，數理，三部，及教育專攻科，手工圖畫專修科，國文專修科，現在各專修科都已畢業，各科學制亦稍有更動了。

(2)位置　宣武門外琉璃廠本為前清康熙以前燒御用瓦的地方，所以現在門前土山，還是當年的遺跡。到採用此地為學校後，才漸漸的改觀。高師占面積一百六十四畝餘，屋宇還嫌不夠。附中附小共占面積六十一畝餘。當初本是相通的，六年政府想由此處闢一道—新華街—開一城門，直通長安街，總統府，後來因為什麼風水關係，致此種計劃不能實現，到把我們學校的交通實行隔斷了。此校離各處繁鬧地方都近，所以從事社會教育，極易普遍。

(3)學制　現行師範學制，有許多人都以為有改革的必要。去年全國省教育會聯合會在山西開會，也有提議的；據陳先生的意見，是要把師範學制分為師範大學，（分研究科、本科、預科、一甲種師範，乙種師範，三種。（參看北京高師教育叢刊第一集）現在北京高師實際的進行，就是準着師範大學的計劃進行的。

（一）研究科　今年一月才增設的，名叫敎育研究科。爲什麼要增設此科呢？因爲高等師範本科不是專研究敎育的，還要研究他本科的功課；所以若不專設敎育研究科，就沒有敎育專門人材，因此北京高師今年就添辦此科，專研究精深敎育，二年畢業，授與學位，凡高等師範本科及同等專門學校畢業，或大學本科二年以上修業，都可投考。待遇只不收學費而已，什麼都是自費。現在敎授有杜威博士等，以後還要陸續招生。

（二）本科　共分六部—國文部，英語部，歷史地理部，數學物理部，物理化學部，博物部，—是爲養成中等學校敎這幾項功課和敎育的人材的；高師預科畢業，即升入本科，三年畢業。向例非高師肄業生不能插班；非高師預科畢業生不能升入，待遇逐年都有改動，後面另有詳細的說明。

（三）預科　六部都有預科，一年畢業。每年暑假都招預科生，

因爲本科是不招生的；要進本科，非經過預科畢業階級不可，這是和旁的大學不同的地方。

照師範大學制有以上三科，此外特設的有：

（一）專修科　此校從前曾設有敎育專攻科，（是中學畢業生進去的，攻德文和現在敎育研究科性質不同，）手工圖畫專修科，國文專修科，體育專修科等。現在有些都停招了，獨體育專修科還繼續招生。凡是中等學校畢業，體格健全的，都可投考。現改定爲三年畢業，以養成中小學體育敎員爲主旨。

（二）補習科　民國六年才增設的；從前各省送來北京覆試的預科生，好，就取；不好，就算完事。從六年起，能取在預科的就取在預科；要是成績差點的，就取在補習科。所以補習科名目上雖說是優待各省送來的學生，要是覆試的時候，一不經意，就不能取在預科，就要多學一年了。補習科的待遇，和預科一樣。

（三）山西班　通常各班中也有山西學生。因爲山西閻錫山省長要想擴充山西的敎育，所以特請本校替他專辦幾班。

現在有英語理化二班，辦法完全和旁的班一樣，不過所招的都是山西學生罷了。

(四)職工科　是授與職業教育的，有二種：(甲)木工建築科，(乙)金工機械科，凡高小畢業生或中校肄業生都可投考。三年畢業，不收學費，幷供給早晚二餐，不寄宿，書籍等費都自備，惟成績好的，得由學校酌給獎金。他們曾在校內建了一座寢室，倘有建築，他們也可以代人繪圖。

(五)職業教員養成所　看他的名字，我們就曉得他的目的了。凡職業學校畢業生都可投考，一年畢業，待遇和職工科一樣。現只一班，還沒畢業。

(四)課程　現在北京高師想採用選科制，不過還沒實行。然實際上所教功課已和章程上定的不大一樣了。各部課程不同，詳說起來很覺麻煩，我特將他分成四種來看，借醒眉目。

(一)共同必修科　六部都要學的，如左列的就是：

	理論倫理	中國倫理學史
西洋倫理學史	論理學	
西洋教育學	教育學	教授法
實踐教授法	教育制度	學校行政
英文	體操　(以上本科共同必修科目)	
國文	英文	幾何
三角	代數	實踐倫理
心理學	教育學	鉛筆畫
水彩畫	投影畫	音樂
體操　(以上預科共同必修科目)		

(二)各部主科　各部主科不同，各本部學生都要學的。如國文部的主科是：

學術文	模範文文字學(音韻學字形學說文)	
文學史	修辭學	文學概論
作文作文改	習字	閱書質疑
歷史	國文演習	國語

英語部的如左

I. Composition, Grammar, and Conversation.

A. Gernng and Hanson——Outline of Composition and Rhetoric.

B. The Elements of English Grammar.

C. Brewer——Oral English.

II. Reading

A. Wilson—Speeches.

B. Franklin——Antobiography.

C. Arabian Nights.

D. Myers—General History.

E. Lomer—Writing of To-day.

III. Literature

A. Shakespear's Stories

B. Tappan—The England's and America's Literature.

C. Scott—Onentin Durward.

D. Irving—Sketch-Book.

E. Selected Contemporary Dramas,

F. Ibsen—The Doll's House.

G. 王寵惠——英文名人論說.

IV. Edncation and Psychology.

史地部的如左:

東亞史	中國史	西洋史	
地理通論	中國地誌	外國地誌	
地理實習	法制經濟	史學研究法	
人類學	國文	日文	

數理部的如左:

高等代數	近世幾何	解析幾何	
微積分	微分之程式	函數論	
初等數學研究	力學	物性	
熱學	音學	光學	
電磁學	理論物理	無機化學	
有機化學	天文學	測量術	
簿記	物理實驗	化學實驗	手工

理化部的如左:

解析幾何	微積分	微分方程式
物性	力學	音學

熱學	光學	電磁學
無機化學	有機化學	理論化學
應用化學	物理實驗化（無學實驗機定性，定量）	
天文	手工	薄記

博物部的如左

植物學	植物實驗	生理學
動物學	動物實驗	日文
礦物學	礦物實驗	地質學
農學	農學實驗	地質實驗

（三）各部隨意科

日文（國文，數理，理化，三部的隨意科）

德文（英語，數理，理化，三部的隨意科），

（四）公開的隨意科

法文　社會學　歐戰講演

以上三科是公開的，各部學生都可自由報名聽講。

(5)**組織**　學校的組織很重要，說來又很麻煩，我為省略計，列兩個表來當說明罷。

（甲表）（學生的組織）

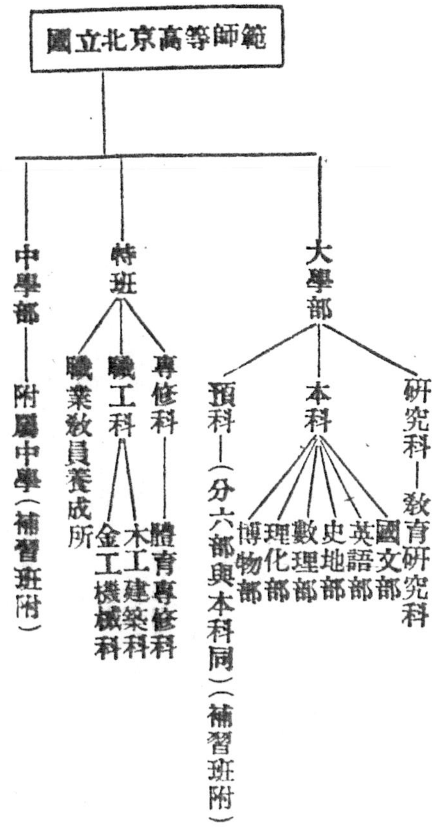

國立北京高等師範學校

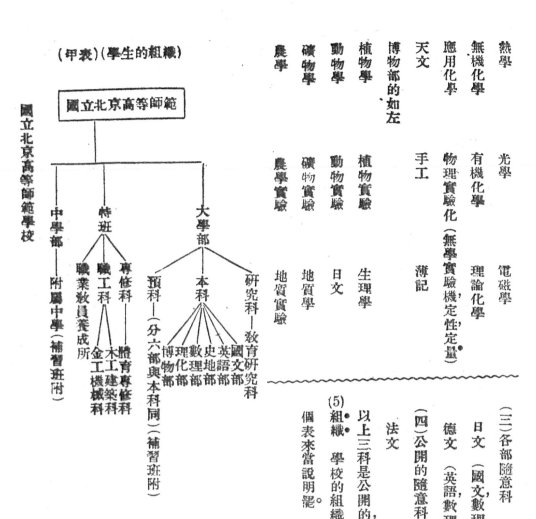

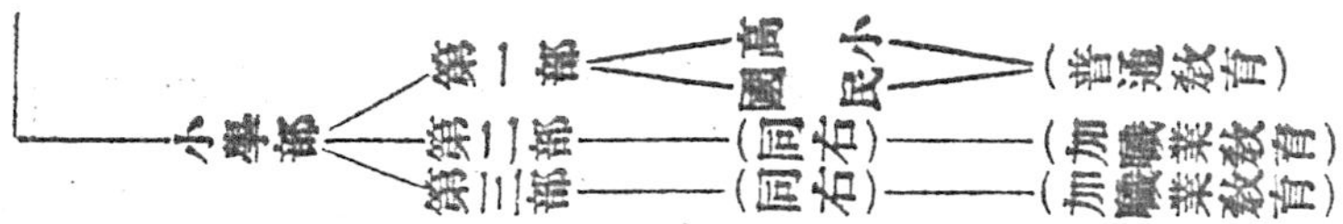
小學部
第一部
高小
國民
（普通教育）
第二部
（同右）
（加職業教育）
第三部
（同右）
（加職業教育）

（乙表）　（校務的組織）

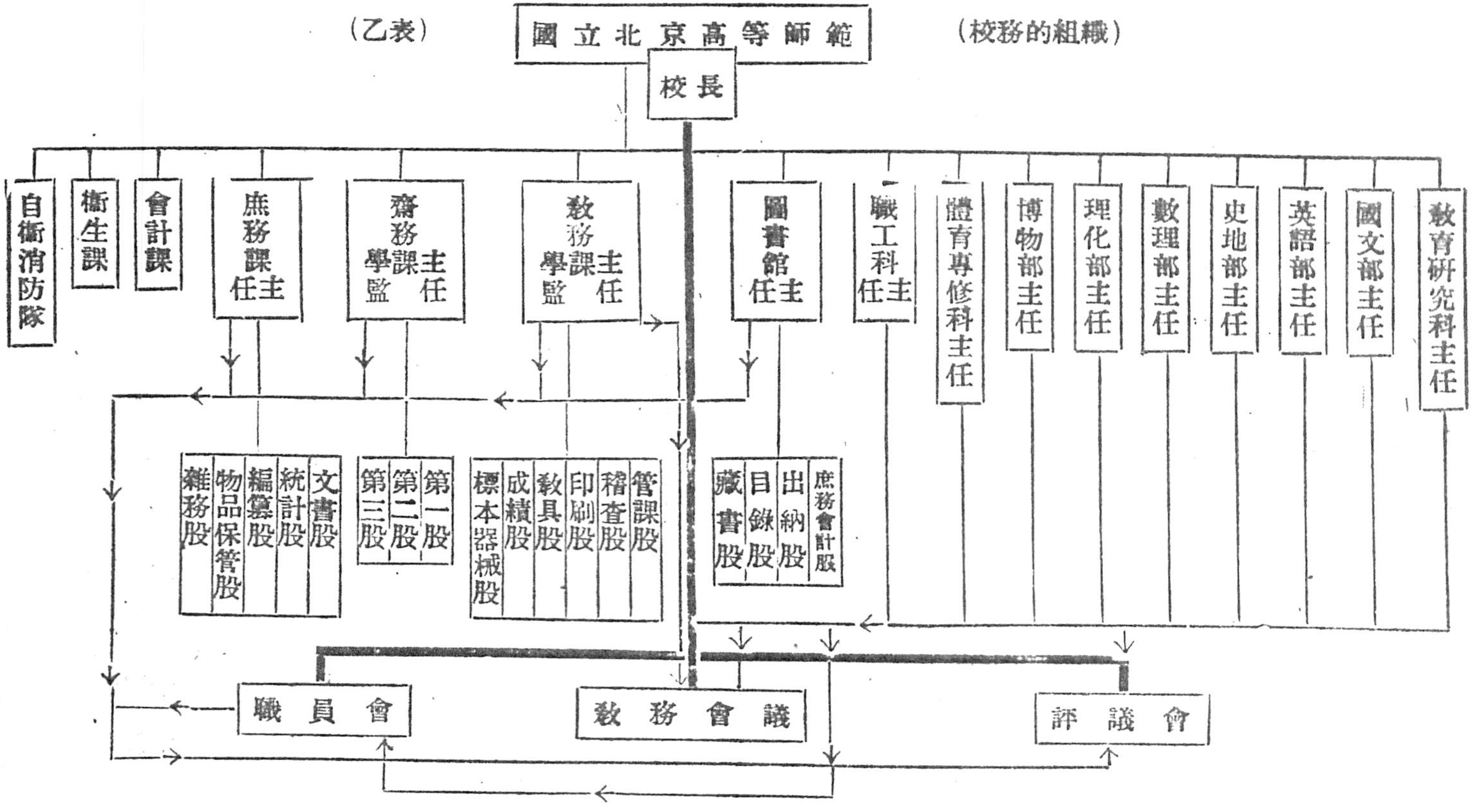
國立北京高等師範
校長
自衛消防隊
衛生課
會計課
庶務課主任
齋務學課主監任
教務學課主監任
圖書館主任
職工科主任
體育專修科主任
博物部主任
理化部主任
數理部主任
史地部主任
英語部主任
國文部主任
教育研究科主任
文書股
統計股
編纂股
物品保管股
雜務股
第一股
第二股
第三股
管課股
稽查股
印刷股
教具股
成績股
標本器械股
庶務會計股
出納股
目錄股
藏書股
職員會
教務會議
評議會

甲表是說明學生的組織；乙表是說明校務的組織。至於各部，各課各股，所司何事？各種會議，議些什麼？但看她的規程就能明白，這裏不多說了。

(6)訓育● 北京高師的校訓，是誠勤勇愛四字；以成己成物爲勵學服務的方針。在我個人的私見，我是不主張每個學校都各用幾個字來作校訓的。我在國民雜誌一卷四號打破偶像的道德篇內，曾討論過；我的意見，是要本教育宗旨去施行訓育；訓育問題，決不是區區幾個字所能概括的。要是以幾個字來作訓育，各校各樣，必定養成種種的畸形人材，這不是很危險的嗎？但是現在無論何校，都有特別的校訓，所以各校都有特別的學風。你且看正志中學校的學風是一樣，教會學校的學風又是一樣，北京大學的學風是一樣，北京高師的學風又是一樣。單獨看各有長處，比較起來能夠說沒有缺點嗎？北京如此，各省也如此。我願下次全國省教育會聯合會開會時，宜提出校訓問題，詳細討論，或廢除，或公訂一比較完善的校訓，全國通行，以謀統一。這不是一校的問題，我不庸多說了。

高師施行訓育的方法如左：

(一)每晚召集同級生六人，由校長或學監同他們對話；問以幼年所經學科，所得心志所向等等。

(二)常介紹中西名人到校演說。

(三)每月職教員會議一次，討論訓育方法。

(四)舉行各種儀式時，校長特行訓話。

(五)德育部備有關於修養書籍多種，隨時閱覽。

(六)學生遇有過失，不取牌示記過之形式；惟召本人到學監處，以和藹態度對之，勸其反省自改。

(七)禮堂懸掛中西名人小像和格言；教室裝置各種美術圖片；以養成高尚美感的生活。

(八)有音樂班，國樂會，游藝室，……以陶冶身心。

(7)試驗● 機械的考試制度，並不足以考驗學生真正的程度，適足養成道德上種種的虛僞，身心上種種的妨害。此不特本校爲然，全國大中小各校都是如此。惟本校是全國研究教育最高的機關，將來的責任很重大，所以全校學生，對於此事非常注意。八年三月熊夢飛君有學校考試及規則制之改造一文在本校週刊第六十一期發表；十二月馮克書君有請注意廢止學校現行考試法」一文在上海時事新報發表顏保良君有我們對於「廢止現在學校考試制度」的意見一文在北京大學日刊發表他們都有細密的研究現以此事重大各班特舉出數人敎職員中亦舉出數人共組織一「考試制度研究會」從長討論我想將來或有廢去此種機械的考試制度而代以他種試驗方法的一日至現行的試驗方法也可從略一說。

(一)甄別試驗　預科生入校第一學期爲試學期期滿行甄別試及格的仍在預科；不及格的就降入補習科。又學校對於初取的補習科生爲愼重起見徒憑幾天的試驗以爲不及格就取他們在補習科恐怕把他們寃了，所以進補習科的一學期後成績若在八十分以上敎務會議決也可提升預科。這也是補救考試制度壞的方面的一種法子呵。

(二)平時試驗　每學期中各科功課有口試的，有筆試的，或有不試的試時很隨便並不拘泥發卷紙，監場，計分，……種種偶像的形式。

(三)學期試驗　北京高師是行三學期制；向例第一學期（八月到十二月）末舉行學期考試，無論主課非主課都得考。第二學期（一月到三月）向例不考，或只考主課之一部。第三學期（四月到七月）什麼功課都考這個學期的考試，即作爲學年考試。

(四)畢業試驗　第三學年第二學期末就考第三學期全是實習了。歷年學年考試分數加實習分數平均即畢業分數。高師無論甄別試學期試學年試畢業試都不發榜只將不及格留級，或受警告的學生揭曉而已。所以每次考試後凡牌上無名的就算 pass 過去了。

按邵君作此文時，在三月初頭，尙未有廢止決議。現在已經解決經過情形由余家菊君詳細記錄，即載在本期「敎育世界」欄，可以參看。——編輯者附註

(8)社會及出版物

(甲)練習作事的

(一)自治會　北京高等師範不是純粹研究學理的機關，畢業後還要去敎人的。若當他們做學生的時候，還沒有自治的精神；那麼，畢業後怎麼能敎育一般能自治的國民呢？這就是高師自治會要出世的原因了。恰好十一月十四日是

這個學校的生日自治會也就於八年十一月十四日産生。那日來做湯餅會的有杜威蔡元培胡適蔣夢麟吳麗慶諸先生這幾位先生都有極懇切的勉勵語。這會的組織，凡是本校同學都是自治員，不用代議制，主權在自治員全體。爲執行自治事務的便利，特分設各種委員會：(1)學業委員會．(2)自習室委員會 (3)寢室委員會．(4)食事委員會．(5)衛生委員會．(6) 體育委員會．(7)出版委員會．(8)游藝委員會．(9)校景佈置委員會．(10)庶務委員會．

這種組織是最近才改的。當初也和旁的學校一樣，是仿美國「學校市」的組織，自經此次改定後很有點自治的眞精神了。這種組織，並不是說得好聽；都是以實力進行的。詳細情形可看平民敎育第十七號，恕我不能在此處詳說了。

(二)學生會　此會是五四運動的附產品；五四以前，高師學生沒有一定的團體組織，全體學生聚會，非由校長或敎務課齋務課校友會的名義召集不可。然都是被動的，所以不見學生有什麼動作，五四以後，知道非有一種獨立永久的團體不能作事，所以學生會於五四那天就正式成立了。論他的組織，分評議幹事二部，此雖用代議制，然他們沒有絕對的權力，遇有重大事件，即須開全體會討論，各人得充分的發言，主張儘管各趨極端，等到表決以後，少數人能犧牲意見，服從多數一致進行去。所以高師學生的精神還算是很團聚的。這會的出版物有工商界，以啓導工商界的智識爲主旨。

(三)校友會　這會成立很久，是在校全體職敎員學生共同組織的。分總務，德育，體育，智育，游藝，編輯，五部。部又分股。高師學生有許多社會服務，都是以校友會名義來辦的，後面再說。這會的出版物有雜誌數輯。

(四)工學會　此會是高師一部分的在校學生和一部分的畢業生組織的，爲實行工學主義的一種團體。現分石印，雕刻印制，照像，織毛巾，書品販賣六部。每月發行工學雜誌一冊，已出到第四期。

(五)食品研究會　高師除暑假外，餘時都是學校供給火食；但因人數衆多，口味各異，所以早先食堂上常發見換桌風潮。民國六年前都是合食。七年全改分食，每人一份，得局部的自由選菜。八年又改爲自由制，願合食的合食，願分食的分食。先期發菜單，有不吃的菜經多數同意，可以取消。每棹舉一人，每班舉二人，組織一「合食委員會」二「分食委員會」經理此事。這樣改良後，食堂上不見有風潮了。

(六)國貨店　高師學生最近才辦的，是一個有限公司。股本一千元，專賣國貨，地址在廠甸海王村公園內。分董事經理營業三部，都是學生經理。

(七)體育器械經售社　師生合辦的；也是股分有限公司。此時還不見賣大概貨還沒有辦來罷。

(乙)研究學理的

(一)國文學會　國文部學生組織的；學生自由研究，每月開會一次，每次講員二人或三人，後發講稿，教員批評，有時請名人講演。不刊行雜誌，惟平民教育社社員以此部中人爲多。

(二)英語學會　英語部學生組織的；大致同「國文學會」，此會辦有一個英文夜學校。

(三)史地學會　歷史地理部學生組織的；不久將發刊雜誌。

(四)數理學會　數學物理部學生組織的；刊行有—數理雜誌。

(五)理化學會　物理化學部學生組織的；刊行有—理化雜誌。

(六)博物學會　博物部學生組織的；刊行有—博物雜誌。

(七)體育學會　體育專修科學生組織的。

(八)職業教育社　職工科學生組織的，他們會辦有「職業夜學校」。

(九)考試制度研究會　各班公同組織的；說明已見前。

(十)平民教育社　這是從事文化運動的一種會社。校友會德育部不是已辦了一個平民學校嗎？但是還嫌不甚普逼，所以一部分的學生，和一部分的畢業生，就組織這種會社。研究Democracy的教育，以介紹世界新思潮爲主。發刊物名叫平民教育，現已出到第十八期。

(十一)讀書會　進學校不是來讀書的嗎？爲什麼還有個讀書會呢？因爲進學校決不是靠着教室內講的那幾篇講義

就可以終身吃着不盡的；最要的是自己另外看書，這就是此會成立的原因了。此會各班學生都有，現分英文日文二組，英文又分高級初級，預定一書，先行自看，定一相當時間，向教員質疑。

(十二)教育研究會　一部分的教職員合一部分的學生組織的；研究教育上的經驗和理論，月開討論會一次。

(十三)雄辯會　各班學生自由組織的；先是有一「同言社」一「雄辯會」，宗旨大致相同，後來就合併了。

(十四)習言社　國文三年級一部分的學生組織的；專練習語言，每星期開會一次，互相批評，然只許批評口音，語言之組織，態度，手勢等；不許批評思想，因主張極不一致，恐辯論耽延時間，又極易生誤會的原故。

(十五)教育叢刊編輯社　職教員學生共同發表思想的機關；月出一冊，週刊附，每星期出正附二張。

(十六)教育與社會雜誌社　研究科和本科的學生共同組織的；以改良社會為主旨，除社員的撰著外，並將杜威博士和他們講的教育學說，按期發表，出版物就名教育與社會。

(丙)陶養德性的

(一)國樂研究會　分崑曲雅樂二組，由學校聘請專師教授，自己練習，本校學生都可去學，開什麼會時，也可請他們來助興。

(二)靜坐會　蔣維喬先生來興的；初很盛行，頭期完了，又招二三期。八年以後，蔣先生既不得閒，信的也漸少，現在已無形銷滅了。

(三)修養會　是校中講道德的幾位同學提倡的；章程上定的自律很嚴。好久已不見開會，大概是以為道德不是口頭講的，所以不取開會的形式，獨自實行去了罷？

(四)新劇組　是校友會游藝部中的一組，有組員五十人，第一次在本校以箕豆恐一片瓷二劇，賣得七八百元，作為平民學校的基本金，他們叫座的能力可想見了。北京學生聯合會籌欵，他們也在第一舞臺新明大劇院去表演。

(丁)聯絡感情的

(一)各省同鄉會　同鄉會差不多各省都有，甚至縣也有組織的，至少有四五十個。在我個人的偏見，我是不主張設立同鄉會的因爲同鄉會是以聯絡感情爲主，同鄉固然可愛，外省人也一樣的可愛。況實際上總不免有點部落主義，和地盤主義的色采。且看現在什麼直系，皖系，桂系，粵系，暗潮這樣烈，是不是同鄉會放大來的？但是我們現在還在唸書，又不是軍人政客，自然講不到什麼地盤主義。這不過是我的過慮罷了。

(二)畢業同學會　畢業生組織的；有這個會互通消息；免了日久誰也不認識誰的毛病。

(三)教職員會　五四運動後才發生的；最初組織，是維持學校現狀。學潮平靜後，就自行解散了。十二月，因爲北京教育界發現問題，愈覺得教職員實有永久組合之必要。於是重整旗鼓，又組織起來。雖以聯絡感情爲名，然實爲保障教育界的安全起見。

我將北京高師的這些會社和出版物發表出來，並不是自羨。因爲現在教育的趨勢是：(1)自動的.(2)社會的.( )美術的.高師要想準着這種趨勢進行，所以才有這種種的組織。這些會社不一定都得人人的贊同；就是高師自身也還覺得有改進的必要。這裏不過照着現狀記述罷了。

(9)社會服務

(一)平民學校　這是北京高師學生服務社會最著成效的一種；民國八年四月以校友會德育部的名義開辦的。現有學生四班，共一百四五十人，男女合校，每天上課三堂，都是高師學生課餘去擔任功課，書籍文具，都由平民學校供給，今年暑假將畢業一班，有國民四年級程度。

(二)英文夜學校　英語部學生辦的；不收學費，專補習英文，逢月火木金四晚上課二時。

(三)數理化補習學校　數理部學生辦的；不收學費，夜間上課二時。

(四)藝徒夜學校　職工科學生辦的；授與金工木工簡單的職業。每晚上課四時。

(五)校役夜學　專爲高師夫役辦的，教以國民必需的常識，任課的都是本科學生。

(六)通俗講演所　民國八年以前，講演沒有一定的處所；或借公共場所或臨時搭棚在學校外。現在學校特於校門左邊建一屋以爲固定的講演塲每日由學生輪流講演，無論男女老少都可自由去聽並備有留聲機、影以娛聽衆。

(七)圖書閱覽所　附設在講演所中是將德育部閱書室開放來的並增加許多新鮮的書報雜誌也是任人閱覽不取分文。

(10)課外修業

(一)圖書館　民國六年前高師學生雖可在藏書樓借閱書籍；然限制太嚴，很覺不便七年，圖書館成立，稍便利了，然仍是全部的「文庫式」學生仍不滿意。八年程伯廬先生任圖書館長才大改良增加許多新書初改爲部分的「開架式」現在已完全開放幾萬冊書籍閱覽自由所以學生下了教室就入圖書館。却是地方嫌太小了，還望擴充呢。

(二)各部研究室　六部各部都有研究室專備本部應看的書籍。圖書館是普通的這是專門的。但藏書不多各部正謀擴充。

(三)自習室　這是下課後自修的地方學生自備的書籍都在這裏。此校自習室和寢室是分離的，寢室只預備睡覺所以除床被外，棹櫈都沒有。要想看書，非自習室不可。

(四)旅行修學　本科學生，得於京師附近擇其對於該部性質相近的各處去參觀。若博物史地二部，定章還有遠足旅行。其餘各部也曾要求同樣旅行，然還不能實現。三年級時，各部都到天津等處去參觀。今年還要特別組織，到日本去。

(五)練習班　正課外設有高初級音樂練習班和軍樂練習班，各一年畢業，自由報名。

(六)課外運動　正課外有籃球，足球，抵球，網球，棒球，弓術，拳術，田徑賽，瑞典體操等，自由選習一項每星期要練習二小時。不好運動的很以爲苦，好運動的，却因此在「華北運動會」「遠東運動會」等奪得錦標歸來，如朱君恩德等就是。

(11)設備

(一)醫院　分調養室醫藥室二部；病稍重的，得搬在調養室去住，並得選食可口的素菜。病輕的就在醫藥室就校醫取藥。所預備的不過傷風咳嗽及皮膚病等藥品。若請校外中醫，得同鄉的保證後學校也可供給相當的藥資。

(二)游藝室　凡圍棋，(附書)象棋，軍棋，跳棋，乒乓球，籃球，等毽，等都備；這是爲調和學生身心才設的。凡是學校中沒有相當的逸樂，恐怕甚於此種的玩藝就要發現了。

(三)浴室　學生職敎員都各有浴室，去年學生和齋務課商量，幷校役的都添設了。

(四)實驗室　物理，化學，博物，都各有實驗室。應用的藥品和剖解動植物等費，都由校備。外間有課會實驗各費由自備，致將想研究理化博物的興味就阻了的也有；所以特別申明他。

此外如閱報室，理髮室，行李室，機器室，辦公室，等沒大關係，不詳叙了。

(12)費用

高師是半官費學校，北京的生活，每年自己要用錢若干，這也是願意進此校的人想急於知道的。本校學生每年有用到二三百元的，有撙節只用五六十元的。穿很漂亮的衣裳，作無謂的應酬，買不經濟的書籍等等，那自然要用在二百以外了。但若重要的書也不買，汚的衣裳也不洗，髮長了也不理，兩件制服差不多穿得和苦工隊中朋友一樣，暑假時乾吃粗扯麪，自然只用五六十元。然如此非特缺乏美的生活，精神上也未免太苦了。本校大多數的學生，終是適乎其中，前一種人很少，後一種人亦不過一二而已。我現在特參考許多經驗過四年的同學的意見定一個標準費如左。

必要書籍	20元—36	郵票筆墨紙張	5
暑假費用	30—4	校友會會費	1
衣褲鞋襪	10	洗衣補綴理髮	5
各種會費	3	冬夏季制服	12
講義費	4	正當應酬費	8—12
各種捐款	2		

右表是大概定的，平均每年要一百—一百三十元。保證金十元不列入，因爲畢業後要退還的。又暑假時能回家的，衣裳能由家裏帶來的，可由各人自己去估量。（此表指本預科言，若研究，體專，職工各科，極不一定，故從略），

(1)入學

北京高師的大概情形既已知道，或者有人要想投考了，待我將預科招考的辦法告訴你。（研究科和職工科的招考辦法

不一定，故從略。）

（一）本京招考　報名期約在公歷七月內，考試期約在八月內。凡中學或初級師範畢業的都可投考。地址在琉璃廠廠甸。報名費現洋一元。最近四寸半身像片一張。不限籍貫。通常四日考完，一日考英文幾何三角代數，二日考國文歷史地理，三日考物理化學博物，四日口試。主要科目如考國文部的，就講國文一段，英語部的就是（Conversation）。然問的都是普通的話，如問你爲什麼要進高等師範呵？你曾唸過什麼書呵？……之類。其他各部亦不過略問主科的大概。完了就檢察身體，沒有肺病或暗疾的都可以取。向例報名的五百人—八百人，取的四十八—六十八。取後繳保證金，京鈔十元，校友會費現洋一元，講義費現洋二元，找保人塡保證書和願書，就搬進學校。

（二）各省招考　由本校分配名額，每省少則二人，多則十來人。呈請教育部咨請各省區公署招考，辦法和本京一樣，取後須九月一日以前到京覆試。覆試辦法也合本京招考一樣，依照報到的先後得分三次覆試。向例各省送來的必取，

不過程度稍差，有取在補習班的，待遇與預科同。若民國八年送來的有進補習科還嫌程度不夠，至撥在附中四年級去補習的，待遇就不能和預科一樣了。若願在附中補習一年後想進預科，仍須經投考手續。

14．希望．

民國九年的北京高等師範僅僅如此，非但不能滿足社會的希望，就是她自身的希望也是不滿足的。好在她是想動的，並且是能動的。現在她校長陳筱莊先生特往美國考查教育去了，不久回來，一定有許多改革，這是可斷言的。至於我所曉得正在醞釀中的計劃，將來要實現的，就是：（一）改習選科制，（二）男女同校，（三）廢止機械的考試，代以他種試法，（四）增設幼稚園，（五）建築大禮堂。

民國九年三月五日

學生世界

俄國學生對世界學生的宣言

九年二月八日海參威之俄國遠東學生會發表一致世界學生之宣言書。會由

英文重譯登載北京晨報，現在再校正一遍介紹到此地來。　四月六日彥之

朋友們——各國的學生：我們以極快愉的感情致意於諸君：在（俄國的）遠東部分，從前用盡方法，來壓抑民衆自由言論的那班人的勢力，在人民的憤怒之下，都潰散無遺了。時候快到了！全俄脫離違抗民意的惡魔，而自由的日子近了！那些惡魔隱匿在國家復活的旗幟之下，而同時却作盡了各種的掠奪和暗殺的行為！

最不幸的，是這些正在要消滅時代中的政治餘毒：高爾哲（Koltchaks）特尼金（Denikins）尤特尼奇（Yudenitches）他們都想在這俄國革命中做拿破崙的事業。諸君貴各國的野心政府還助他們為虐呢！

高爾哲之出世，英國不得辭其咎。那令人切齒的亞它曼（Ataman）强盜，日本實供給之。此外幫助他們的，還多着哩！

協約國的干涉，成為志在統一全俄的民意之自由表現的最大障礙，故激成極大惡感。

俄國合力向着自由民族之光明的將來奮鬥；他點了革命的第一把火，決不許他以外的任何人干涉他的內政，無論再有什麼樣的干涉和侵佔的企圖，一定會逼出別的形式的示威；革命軍是偉大的，革命逕的精神是雄壯的，這個新俄國敬盼諸君的德音：那些人的德音，他們手裏握着自由博愛平等基礎上之新生命的建設，所有民族的希望的德音；諸君反抗貴野心政府而維護俄國建設他自己的生命之權力的德音！

我們伸出我們友愛的手給中國學生；他們是保護母邦權力的先鋒隊，他們堅持到底的戰那壓迫民意的外國人。

要求貴政府毅然決然撤退駐俄軍隊，（日本學生尤須特別注意此點）而建設一穩固基礎，預備新生命的成立；在這新生命裏，自由民族之願望，在一切之上。

俄國革命家的黨戰訓練得個個俄國人知道怎樣使槍。所有的學生和一般平民，在必要時，都可以荷槍臨陣，為保護他們的權力而戰。我們決不能置俄國的利害於不顧。俄國擔負了對德戰爭的一切義務，而所得結果，反受各國的干涉！

我們相信我們的泣訴，諸君決不致不理，而且要回應我們的。我們祝你們成功！我們的心雖痒，而不倦謹高呼：

「世界大革命的火萬歲」！

「將要來的新自由生命之互助的建設萬歲！」

海參崴俄國遠東學生會 一九二〇，二月，八日。

工界調查

『五一』May Day 運動史　　李大釗

一

大凡一個紀念日是吉祥的日子，也是痛苦的日子；因為可紀念的勝利，都是從奮鬥中悲劇中得來的。『五一』紀念日，也是如此。

『五一』紀念日，是一日工作八小時的運動勝利的紀念日。他的起源，是一八八四年十月七日在芝加角（Chicago）所開民際的並國民的八大聯合Union大會裏，決議以每年五月一日為期，舉行以一日工作八小時制度實行為目的的示威運動——總同盟能工，指定一八一六年的五月一日為第一回示威運動的日子。參與這次決議的，不只是美國，坎拿大也在其中。

這個運動，是因為政府屢次揚言改善勞工條件而不實行起來的。民衆知道希望不誠實的政府，是絕望的事；要想達到目的，非靠自己努力不可；乃決定排去一切向人請願的行動，對於資本家取直接行動，以圖收預定的效果。所以『五一』紀念日是由民衆勢力集中的協同團體湧現出來的。他的起源，全在勞工組合主義；他的發起人等的志向，全在毫不帶政治臭味的純粹經濟運動。

一八八五年由十一月至十二月間，差不多同時開會的勞工組合（knight of Labor 一八三四年在美國發生的）會，並美國勞工同盟會的大會，決議使八小時工作運動愈盛。全國勞工以翌年五月一日為期向雇主要求八小時工作，萬一不聽，便斷然能工，從那一日起決不作八小時以上的工。這個運動從這時直到翌年五月一日繼續着進行很猛。

他們的運動那樣猛烈，有許多的雇主，不到五月一日前一天，就屈服了。一八八六年的四月中旬以降，已竟有出和從前一樣的工錢，實行八小時工作的不少了。

一八八六年的五月一日到了美國全國所有從事於各種職業的工人，停了工合聲唱着

『從今以後，一個工人，
也不可作八小時以上的工作！
工作八小時！
休息八小時！
教育八小時！』

的歌，在街市上遊行。

這回運動的結果居然獲得可驚的勝利。五月一日以後，不過數日間已有十二萬五千人得了八小時運動的成功。一個月後，成功的人數增加到二十萬。

一八八六年的五月一日，這樣成了全美勞工大勝利的紀念日。

美國還有一個勞動節，就是Labor day，每年九月的第一個星期一日舉行。但這是法定的紀念日，和那特別與八小時工作運動有關係的勞工自決得了勝利的『五一』紀念日迥乎不同。

二

『五一』紀念日為歐洲勞工團體所採用，是在一八八九年在巴黎開會的萬國社會黨大會裏決定的；因為他在美國得了很大的成功，給歐洲勞工界以很大的刺激，使他們信歐美兩大陸一致的大示威運動，必定有更大的效果。

一九〇〇年的『五一』紀念日歐美各國大小無數的工業都市，一齊起來舉行這箇大運動。倫敦海德公園裏的大示威運動，與會的總數不下廿五萬人，設了演壇十六處，為廿年來未曾有的大示威運動。

是年所開的第五次萬國社會黨大會，議決此後每年繼續不斷的在五月一日舉行這種大運動。

一九〇四年，在盎士鐵爾丹所開的第六次萬國社會黨大會，最後的一天，也議決了每年五月一日的停工和示威運動。也有在五月的第一星期日舉行的，但是普通以五月一日舉行的為多。

一九〇六年，萬國社會黨本部，刊行一本小冊子，題曰『五月一日萬國聯合示威運動』這是用英德法三國語寫的，內容就

是八小時工作權的獲得訴於萬國工人的宣言節錄於左：

『萬國社會黨擇定五月一日爲有階級的自覺的萬國工人停工舉行示威運動的日子。

這個示威運動是對於資本家制度的定期警告；勞工階級拿這個表明他們要求解放的確切信念，並且宣言這個信念決不能被像國際戰爭那樣的誘惑和迷亂。

這個統一的運動，是萬國平民一致結合始能獲得勝利，始能使勞工階級賦與平和與自由於全世界的事情。

各國團結的勞工，以法定的最長工作時間限於一日八小時，爲自己階級解放的根本條件之一，相信依勞工組合的活動和立法的手段能取得之。(中略)

產業愈發達，結果愈使工人結合，工作劇重，生產狀態單一；因而作成使工作時間的限制有越發必要越發容易的傾向。

八小時工作可作給勞動力以新活氣，防止人種衰弱，並使平民大多數入人類智識的生活的手段。這個道理，如今越發明白了。(中略)

我們希望工人們參加這迫切的示威運動以求實現此希望的意思更加鞏固。

於五月一日停工啊！

於五月一日舉行示威運動啊！

祝福勞工啊！』

由是以來美歐各國的工人，年年在五月一日舉行示威運動，資本家階級都戰戰兢兢的過他們的厄日。到一九一四年大戰勃發，勞工階級解放的信念一時遭了愛國主義馬蹄的蹂躪；各國社會黨多有爲愛國的狂潮所捲而效忠於資本家政府之前的。大規模的『五一』運動，似乎一時中止；可是有少數信念最篤的志士，仍然利用那一天舉行休戰的示威運動。一九一六年德國社會黨首領李卜奈西特 Karl Liebknecht 的被捕入獄，就是因爲他的『五一』宣言和演說。關於此事的始末本誌另有專篇紀述，我只把他的『五一』宣言譯在此處罷了。

李卜奈西特的『五一』宣言 May Day Manifesto

貧困和災難需要和饑饉正在管治着日耳曼，比利時，波蘭，和塞爾維亞。他們的血帝國主義的兇鬼正在吮吸，他們好像大墳墓。全世界很受贊美的美洲文明，被此次世界大戰爭出來的荒亂，剷落盡了。

那些由戰爭獲利的人們，將要同合衆國戰或者明天他們便命我們用那無情的武器去敵我們同胞中的新羣合，去敵我們合衆國的勞工好友，也攻打美洲起來。我們應該仔細思量這件事：限於我們日爾曼民族不站起來，不用那由自己意思指導的勢力；這個民族的暗殺，仍將繼續不已。千萬人的聲音，都高叫『打破無恥的滅人族類的政策！推倒那些犯此罪行的禍首』！我們的仇敵，不是英國人，不是法國人，也不是俄國人；是那大日爾曼的地主，是日爾曼的資本家和他們的執行委員會。

前進！我們要同這政府戰！我們要同這一切自由底不共戴天的仇敵戰！我們要為凡是勞工階級將來的勝利戰，為人類和文明的將來戰！

工人們！朋友們！女界同胞們！切不可令這次的『五一』紀念日——戰爭以來的第二個『五一』紀念日——一點不反抗戶國主義的屠戶，就空空過去了。『五一』這一天，我們要萬衆同聲的高叫『掃蕩滅亡民族的罪惡行為！推倒那些主戰的禍首！』

一九一八年俄京莫斯科的『五一』紀念日，更是一個盛典。因為那一天是勞農共和組織成立後的第一紀念日，是舉行馬克思銅像除幕式的紀念日，接着五月四日又是馬克思誕生百年的紀念日。

三

『五一』這一天，勞工階級固然得了很多的收穫；但是也曾出了很大的犧牲。一八八六年的芝加角 Chicago 悲劇，就是一段極慘的事件。

在一八七七年的時候，美國諸大城市充滿了多數失業的工人，芝城更是不少。那裏的國際社會黨人，召集了多次的羣衆大會，他們的宣傳運動很得這一班貧苦工人的信從。一八八四年的感謝節（Thanksgiving day 普通是在十一月中最後的星期四日），他們舉行了一次游街示威運動。芝城 The Arbeiter-Zeitung, The Vorbote, The Fackel, The Alarm 諸報都鼓吹工人趕快武裝起來。有一位 Most 君編了一本小冊子，題為『戰爭底革命科學』"Revolutionary Science of War"許多報館，把他重印出來，傳布很廣。

自從一八八四年，決議以一八八六年的五月一日爲八小時制實行的日子；美國全國的工人，都起來參與這激烈的運動。芝城的運動，更是猛烈。一八八五年，八小時會由 George Schilling 君及其他有志者的提議，組織成功。職工會議 The Trade and Labor Assembly，是芝城中最有組織的勞工團體的中心，也立刻整飭了陣容，準備作戰。中央勞工聯合會，The Central Labor Union 也接踵而起。

芝城的國際社會黨人，最初對於這種運動，還守中立的態度；後來看見八小時運動得了大部分的同情，而且成了勞工界的中心問題，他們纔漸漸變了宗旨，起來助進這個運動。像 Parsons, Spies, Fielden, Schwab 等一流雄辯家，都在八小時集會裏作了說士，很受歡迎。他們大都勸說工人預備在五月一日那一天武裝起來。

是年的『五一』運動，芝城的工人，達到八小時工作的目的者，占大多數；但那沒有達到目的者，還有四萬人左右。他們只得繼續着同盟罷工，以圖貫澈他們的要求，最激烈的紛擾，實起於McCormick農具製造廠罷工的工人。他們由二月間已竟被逐出廠，因爲廠主僱來三百多武裝偵探，保護那班破壞罷工同盟的工人，僱主和工人間的戰鬥益烈。五月三日的早晨，罷工的工人，在 McCormick 工廠附近，集合了十個羣衆大會，討論回復工作的和平條件。Spies君出頭演說，會塲的光景却很平靜。不意 McCormick 工廠的鈴忽然響了，那些破壞同盟的工人出現了，有約一百五十人的羣衆，動了怒氣，離開大會，向那些破壞同盟的工人面前進發。雙方相見，就大起衝突，巷戰起來，互以石子擲擊。警察看勢不佳，便去急打電話。不多時，一個巡官的馬車飛過街市而來。又不多時，有七十五名警察，步行隨着那輛車子走來。還有四五輛巡官的馬車，在警察後面。這些巡官一被他們用石塊拋擊，便向羣衆開鎗亂打。無辜的男女兒童受傷的很多。

民衆非常過激了。Spies 君急忙回到 Arbeiter-Zeitung 報館，草了一篇對於芝城工人的宣言。後來人叫這個『復仇檄文』因爲這宣言的首句，就是『復仇』！勸工人們起來，他們同胞慘遭殺戮的仇。這篇宣言，印了五千份，用英文和德文寫的，分布各街。

次晚在 Haymarket 地方又召集了一個羣衆大會，追悼他們慘遭殺戮的工界朋友，到會的約有二千人，Spies, Parsons, Fielden, 諸君都有演說。

這次集會官府在白天並沒有干涉。到了晚十點鐘的時候，芝城市長 Harrison 氏離了會場，這個會議實際上已經算是閉會了。因爲眼看着雲氣低重，有大風雨將至的樣子，至少有三分之二都散去了；只剩下數百人，Fielden 君還在那里給他們演說，演了十餘分鐘，就有一百七十六名警察由 Ward 大佐督隊急奔這一部分餘衆而來，嚴令解散。Fielden 君答復說，這個集會是很平和的，並沒有什麼危險。在這個時候，忽然由一個附近的小路，擲進來一個炸彈，正落在第一個警士和第二個警士的中間，轟然炸裂，發出可怕的聲響，炸斃一個警士，受傷的很多。雙方立刻開鎗亂射，延到兩分鐘之久沒有間斷。結果警察方面死了七人，傷了約六十人；工人方面，死了四人，傷了約五十人。

拋炸彈的人到底是誰呢？這是一個大疑問。有一位 Rudolph Schnaubelt 君，是 Schwrb 君的妻兄弟，他當時很受嫌疑。Haymarket 悲劇發生以後，他便即時逃走了。可是他在歐洲報紙上，却屢次聲明他和這事沒有關係。此外還有兩說，亦頗盛傳：一說謂這個炸彈是平日爲警察所陷害的人的親友放的，是爲報復私仇；又一說謂當時八小時運動很占勢力，所以官府使人暗擲炸彈，以便得所藉口，好把這一班指導這個運動的中心人物一網打盡。從法庭審判此案故意羅織很不公平看起來，似乎最後一說，也頗可信。

事實縱然如此，但是反對黨到底要把這樁罪案栽到社會黨人身上。於是所有的工人會，都被解散；Arbeiter-Zeitung 報館也受警察嚴重的檢查；Haymarket 大會中發言的人，和 Arbeiter-Zeitung 報館印刷部編輯部中的重要分子，都被逮捕。五月十七日預審陪審官以投擲炸彈炸死警察 M. J. Degan 的罪狀，控告August Spies, Michael Schwab, Samuel Fielden, Albert R. parsons, Adolph Fischer, George Engel, Louis Lingg, Oscar W. Neebe, Rudhlph Schnaubelt, 和 William Seligar 等十

人。除 Schnaubelt 在逃，Seligar 以告密免罪外，其餘八人，均付審訊。

審訊的手續既不合法，證據也不充分，並且有偽造的嫌疑。任被告人若何申辯，律師若何辯護，法官終是不睬。因為他們早有成見，此案不過是一個口實。有人說都是他們作出來的悪劇。到了八月二十日，判決書下了。Spies, Schwab, Parsons, Fielden. Fischer, Engel, Lingg 七人，判了死刑，Neebe 十五年監禁。他們到州高級法庭去上告，仍然認可原判；到合衆國高級法庭控訴，他們說沒有審理此案的審判權，却之不理；山窮水盡，只剩下了一條路：就是請求政府特赦或減刑。有的被告取了這個方法，結果只把 Schwab, Fielden 兩人減為終身監禁，Lingg 仰藥自盡，Spies, parsons, Fischer, Engel 於一八八七年十一月十一日慘遭絞刑。他們死義的時候，都很悲壯。Spies 君當那絞繩放在頸上的時候，有一句臨終的宣言說『我們在墳墓中的沉默比我們的演說更能動人的時候快來了。』parsons 的最後一句話是『讓民衆的聲音得被聽見。』Fischer 的死況，尤其壯快，他以踴躍的跳步，光明的顏色，上了斷頭台，高呼『這是我一生最快一刹那。』這樣構成了這一段冤獄！

過了六年，John P. Altgeld 被選為 Illinois 州長，冒許多困難，精查此案的眞像，得到他們八人確實無罪的證據。才把還在生存的 Fielden, Neebe, Schwab 三人釋放出來，並聲告當時審理此案的檢查官，審判官，警官等，以賄賂關係同謀揑造證據的種種事實。這段冤獄，算是得了昭雪。但是死者已矣！他們的犧牲的精神，冤枉的罪案，只有引起後人的同情罷了！

我再把這八位悲劇中的人物的略傳紀在下面：

August Spies，那時纔三十一歲。生於德國，一八七二年移居到美國。一八七七年為社會工黨 Socialist Labor Party 的會員。他曾作過實業經理人，後來在 Arbeiter—Zeitung 報充當編輯長，直到他被捕的時候。社會革命俱樂部成立，他便加入這種運動。他是馬克思派的學者，用英德文作文，都是一樣的。在八人中是最有學識的人。

Albert R. Parsons 一八四四年生於美國 Alabama 州 Montgomery 地方。十五歲時，曾習排字術。南北戰爭時，曾在南部聯盟方面當過兵役；但他在一八六八年刊行一種報紙，專鼓吹保障有色人種的權利，因此頗招他的親族嫉恨。一八七五年，加入社會民主工黨 Social Democratic Labor Party；一年後又組織芝加角勞工組合的織工會議，他是首先加入一八八〇年社會革命運動的一個人。一八八四年後發刊 The Alarm報。他是一個有辯才且有魔力的說士，是一個有才能的組織家。由一八七五年至一八八六年間，他曾在羣衆大會裏演說過不下一千次。他爲組織社會工黨 Socialist Labor Party，後又爲組織萬國工人會 International Working People's Association，奔走各處，足跡遍十六州。

Michael Schwab 的才能，比 Spies, parsons 的才能略遜，但他也是一個受過良好教育的德國人。年三十三歲，被補時來美已八年了。那時他正輔助 Spies 作編輯部員。他雖不是創造的作者，却也很明通，演說也很暢利。他所以於勞工運動很有影響的原故，全在他那對於勞工階級利益偉大的熱心，無限的獻身。

George Engel，是八人中最年長的。一八三六年生於德國 Kassel 地方。艱難困苦的生涯，使他養成了一種慘厲的精神。他酷恨這現在的社會，是原於個人的感情，不是社會哲學的結果。他一到美國，便加入社會改造的運動，爲一最熱心的獻身者。

Louis Lingg，年只二十二歲，是一個篤誠狂熱的社會運動者。

Samuel Fielden，一八四七年生於英倫，當過織工，車夫，並是一個辭職的 Methodist 宣教師。他的社會主義的知識，大部分得自報章上的論和公開的討論。他的演說，直截了當，也有雄辯的煽動的氣味，羣衆很歡迎他。

Adolph Fischer 比 Lingg 長兩歲，生於德國，十五歲時移居美國。他的社會主義的教育，受自他的父母。他被捕的前數年，總傾信無政府主義，是一個百折不撓的社會運動家。

Oscar Neebe，一八四九年生於紐約，一八六六年來芝加角居住。從那時以後，就和各方面勞工運動發生關係。他曾當過一回國民勞工聯合的代表，後來加入社會工黨和萬國工人會。他未曾作過無政府黨人的宣傳運動，始終在工聯運動上盡力。在一八八六年的八小時運動中，也占首要的地位。

四

法國的『五一』紀念日也曾受過鮮血的洗禮，染印在牠的歷史上。

一八九一年四月下旬，禮路地方的織物工業中心地僱有二萬多工人的福爾梅市，起了同盟罷工的風潮。一直延到『五一』紀念日，還沒有平息。

歐洲舊俗，五月一日本來是一個令節。是日，士女都出遊野外，摘取鮮花，歡欣歌舞。這一天福爾梅市的青年男女，也結隊成羣的出遊原野，拿美麗的花裝飾在身上，笑語而歸。

忽然滿街起了殺氣，軍警和工人起了衝突，把工人捕去了數人。出遊回來的青年士女看見軍警暴亂的樣子，很是憤慨；便一齊唱着悲壯的歌，喧譟起來。在前引道的是一雙青年男女，女年十八歲，名叫瑪利亞卜倫德，手拿着一枝白桑茶西花；男年十九歲，名叫多孟德季洛特，手拿着三色旗。民衆並沒有什麼武器，不過空聲騷動罷了。

軍警的指揮官再三用刀鎗襲擊羣衆，結果只是增加他們的憤慨，愈加激昂起來。軍官又發開鎗的命令。按法國的法律，在這個時候，必須擊三次大鼓，以為開鎗的警告；乃軍官不守法律遽發鎗擊的命令，實在是違法的行為。

在這次非法的暴行之下，死了九人，傷了廿四人。也有在咖啡店裏吃飯的客中流彈而死的。那引導羣衆的一雙青年男女，一個血濺着三色旗，一個血濺着白桑茶西花枝，都作了這次血祭的犧牲。此外還有少女三人，青年男子四人，聽說其中還有一個年纔十歲的小孩。

這一天在塞奴的都市苦里西，官吏對於民衆也有虐殺的事情。

苦里西的電報局員，早起把赤旗帶在胸前，不多時就被警官奪去了。午前，工人成羣結隊的等候着演說的機會，直到正午，沒有什麼事情發生，可是警探已竟布滿了街衢。

午後二時，尊法羅呵的同志團體，忽然湧入苦里西；他們要以自由獨立的意氣，紀念這個日子。

他們高呼着『自由萬歲』，在街上遊行，和警官亦有衝突。

他們以後又進到一個酒店裏，高聲合唱工人解放的歌。警察署長聞而大怒，發令襲擊酒店。警官或用刀或用手鎗，直奔酒店，洶洶而來，工人乃不得不出於正當防衛。結果警官方面，傷了六人，暫行退却。

於是又爲第二次的襲擊。這回警官得了勝利，工人大部分逃去，只捕住狄侃，達爾達爾，魯菲優，三人。

三人的裁判，過了四個月才確定了。檢察官要求死刑，但陪審官很公平持正，判決魯菲優無罪，達爾達爾三年監禁，狄侃五年監禁。

最近一九一九年的『五一』紀念日，法國巴黎也曾起了騷動。是日巴黎市民，照例舉行大示威運動，參加者多係少年，並且有外國人很多。午後，軍隊和羣衆發生了大衝突，軍隊遮斷羣衆前進的道路，羣衆拚命衝破警戒線，消防隊欲用水龍擊散羣衆，羣衆仍悍然前進，警察用棍棒亂打羣衆，過 Opera House 前，齊呼『推倒政府』，入夜形勢更險，騎兵和羣衆又大衝突，羣衆用手鎗自衛，死十八歲少年一人，警察受傷的四百二十三人，其中受重傷的二百五十人。這一天巴黎全市罷工，又値陰雨，光景更覺悽慘。

五

我寫了這一段『五一』運動史，不禁起了好些感想。現在把他寫出來，作本文的結論。

二三年前，『勞動』雜志上有過一個題目，『不入支那人清夢之五月一日』。那時中國對於這『勞工神聖』的紀念日，何等淡漠！到了去年，北京『晨報』在五月一日那一天，居然出了一個『勞動節』紀念號，一般人才漸漸知道這個紀念日的意義。到了今年，不但本志大吹大擂的作這『五一』祝典，別的同志的同業，同聲慶祝的也有了好幾家，不似從前那樣孤零落寞了！可是到了今天，中國人的『五一』紀念日，仍然不是勞工社會的紀念日，只是幾家報館的紀念日；中國人的『五一』運動，仍然不是勞工階級的運動，只是三五文人的運動；不是街市上的羣衆運動，只是紙面上的筆墨運動，這是我們第一個遺憾！

『五一』運動的歷史，胚胎於八小時工作問題，已如上述。去年華盛頓的勞工會議，對於工作時間問題，居然規定了下列四項：

甲、一日八時間，一星期四十八時間。

乙、只有在特別緊急的時候，才准有法定時間外的作工。

丙、法定時間外的作工，須另加百分之二十五的工銀。

丁、關係法定時間外的作工，有工人團體的地方，須與工人團體協議。此協議的結果，有法律上的效力。無工人團體的地方，由政府決定。

以上四項，都是確定八小時工作制的規定，不能不說是這次勞工會議一件很大的成績了。可是這個成績，是三十年來工人依自己階級直接行動的努力，早已得到的。『五一』運動，已經發生了一種新意義。英美的工人，早已更進一步，作『六小時』『三十六小時』的運動了。勞工會議的規定，還只是先進國勞工依自己階級的努力已經獲得的收穫，或其以下。難怪意大利和別的工人代表灰心失望！這是我們第二個遺憾！

華盛頓勞工會議的成績，雖然不能滿足我們的希望；然而要他那四項一一適用到我們的勞工社會來，我們那些苦工人也許可以得享些幸福。誰知中國和日本印度等國，又被他們認作特殊國除爲例外了！那關於日本印度等國的我且不提，單把那關於中國的特殊規定，寫在下面：

甲、每星期休息一日。

乙、以一日十時間一星期六十時間爲原則。對於不滿十五萬的人，以一日八時間一星期四十八時間爲原則。

丙、對於使用百人以上的工場，適用工場法。

丁、在各國租界內，亦適用同一規定。

再讓一步，就是這種特殊規定，果然能夠實行，也未始不是這一班苦人的幸福。無奈他們的愚昧，眞是可憐，就是這個，他們也不知道起來設法使他實行。這是我們第三個遺憾！

我們在今年的『五一』紀念日，對於中國的勞工同胞，並不敢存若何的奢望，只要他們認今年紀念日作一個覺醒的日期。我們在今年的『五一』紀念日，對於世界的勞工同胞，希望很大。希望他們由『八小時』『四十八小時』的運動到『六小時』『三十六小時』的運動，給『五一』紀念日加一新意義，爲『五一』運動開一新紀元。

我們最後對於『五一』紀念日的自身，希望他早日完成那『八小時』運動的使命，更進而負起『六小時』運動的新使命來。起！起！！起！！！勤勞辛苦的工人，今天是你們覺醒的日子了！

我這篇紀述，是根據下列諸書作成的：

1. Morris Hillquit—History of Socialism in The United States P. 209—221
2.『解放』創刊號山川菊榮著『五月祭與八時間勞動的話』
3.『改造』大正八年九月號新妻伊都子著『致不眞面目的勞動論者』和山川菊榮著『答新妻氏』
4. Karl Liebknecht:——The Future belongs to The People. P. 126—128

工廠調查

法國Groupement工廠寫眞　李劫人

Groupement 工廠在法國 Creusot 地方,是法國各大工廠之一。其內容包括鐵工機械電氣三種工業,有工人一萬餘。現有華工三千餘人,工讀學生二十一人,亦在此廠工作。關於華工一方之調查,固爲國人極注意的事情,但着手頗不容易。姑且俟諸將來。關於工讀學生的情形,却有羅益增羅學瓚兩君的信,述之甚詳。并且羅學瓚君的信中,將法國工人的情形,也詳細述及,使我們得了解他國工人之眞象,這更是難得而可貴的了。不過兩君的觀察點各有不同,所以對於觀察對象的情緒也各有不同。原本世間的事情都是多方面的。看你感的是那一方面,當然就起那一方面的反應。所以我們對於兩位羅君的說話,不能拿一種概念去判斷,不能指定那位說的是,那位說的不是。我們只着眼在他們共同的那一點上就好了。下面就是兩君原函,僅字句之間,稍稍加以潤色,意思並沒絲毫更變。

羅益增君的信　(上略)我最近一禮拜的工作,比前稍勞苦。天天都在執釘錘鑿石洞,有時還要爬山,拖大如拇指的銅電線,弄得兩手皮破血流,逐處都是大泡。至於身上的汗,更不消說,彷彿終日都在日本澡堂的水池裏面一般。

此地的法國人,(無論工廠或商店裏)對於中國人的感情,近來很壞。對待華工,固不消說;就是對於我們學生,也是一樣。我們初來的時候,并不呼我們的姓名,都喊做 Chinois,簡直同日本鬼喊支那人一樣的不敬。我們已經是很不耐煩了,那知近更加壞,竟把我們叫做 Cochen Chinois(中國猪)或是 Chien

Comorade（狗朋友）。此外還有種種的口語，像Salon（此係俗語，據華工翻譯王君說是「骯髒東西」的意思）等，數之不盡。像這種無端受辱，不要說我是個向來不受侮辱的人——記得我在日本中央大學的時候，有個日本同學關口藏雄叫我一句支那人，我賞他一個嘴巴。我對於這些事情，是一點不能受的。——就是不講國家主義的羅學瓚先生，也被他們罵得個七竅生煙。我們正在打算提出抗議，如果無效，只好丟了這碗嘔氣飯罷。

今天我和範祥在街上走路，忽然一家樓上一個法國婦人，向我們大喊 Cochen Chinois。這樣的侮辱，就在日本也沒受過的。……（下略）二月九號

羅學瓚君的信　入工廠以來，總沒時候寫信，這因為不曾嚴立生活規則的原故。茲將我們工作情形，生活狀況及法國工人的工作情形生活狀況，略言如下：

我們來 Groupement 工廠勤工的共二十一人，分為三起工作，就是：學鐵工，電工，範砂工。學鐵工的，在學徒部同法國小孩一處，終日鑿鐵陶鐵。起初不作器物，只給以鐵塊，一任鑿圓鑿方，純粹為練習性質，於工廠并無絲毫益處。現在學這種工作的幾位，技能上已大有進境，不致動輒傷手，器具周轉，已覺自如，足當在學校學習一年以上。工廠已給有零星小鐵件陶鑄，不致完全無益於工廠，大約三四月之後，即可出學徒部而入工作廠了。現在每人日給工貲五方（方字即法郎之省語）但不久即可望增加。此在工廠尚算優待，因為法國小孩，還是由學校出來的，起初不過日給一方或二方三方而已，而且學限須要三年。

範砂工作，即磨砂，用水倒鐵水，製作模型諸事。若不明數學的，頗為困難。而且這件工作須體力強健，不怕灰塵的方行。現在此項工作的工貲，尚不能確定，聽說每日約有十方之譜，二十一人中任此項工作者，現僅兩人。

我與羅季則君，康清桂君，劉範祥君等共八人，做的是電工。起初亦惟有站在旁邊觀望，并不能動手。現在却能動手了，做的是配置電燈，裝設電線，熾窰電機，使用電機等事。不甚費力，不過沒有一定的地點，有時在屋上，有時在樓上，有時在野外，有時又在坑中，總之跟隨同伴，聽其指揮罷了。我等對於電學可惜毫無研究，并且語言不通，就問也不能十分明瞭，只能多存疑問，以為日後研究的資料。（按羅君等到這個工廠，僅二月餘，所以有此段

及下段的言論。）

此等工作，是否可以學得眞正的技能，尙屬疑問？何以言之？因爲同伴的法國工人，已作了好幾年的工，亦只能聽人指揮操作各項雜工，對於電學，幷無絲毫受益。但是事在人爲，我等終不敢自行放棄，將來或許可以受益。現在工資亦不能確定。（按此處所言工資係專指電工一項的。）據以前所發的計算，有說是每天十方的，有說是八方或十二方的，以我估計，多半只有八方。因爲這等工作，狠有點散工性質的原故。不過工作尙輕，我們都還能夠勝任。——以上是說我們工作的情形。

每天早間六點半鐘上工，所以我們五點二三十分的時候，就將預備起床，穿衣吃早點，約費三四十分。六點一刻動身往工廠。路上需十分。還有幾分，便用來脫換衣服。無論若何支配，到工總須按時。上午十一點鐘散工，即回寓預備中餐。初來時中晚兩餐，都到工人飯館去吃，每頓需一方七十五生丁（按一方值百生丁）每日約需費四方之譜，未免太貴，所以此刻都改爲自己炊爨，有二人一組的，有三人或四人一組的，各備有酒精燈，洋鐵甑，不過三四分鐘的時間，即能到口。並且現在工廠已備有廚室，設有瓦斯燈，更形便利了。

每日生活費用，多不過二方半，少至一方半便夠了。吃的也不甚壞，如牛奶麵包白菜紅蘿蔔魚肉之類，都可做出中西合璧的飮食來，自已炊爨，自已買辦，絲毫不需人助，亦可說是獨立經營的生活了。

午後一點鐘上工，四點半散工，到五點鐘，就可開始讀書，若是九點鐘睡，可以讀四小時。假如十點鐘睡，更可多讀一小時。再如飯食便利，早起還有半點鐘，可甚爲讀書的時間，大約此地同伴，讀書時間，多者四小時，少者二三小時。但此亦在各人的計算與恒心，不可一概而論，其間也有忙忙碌碌用功在瑣屑事情上，沒有讀書時間的。至禮拜休息，多半因爲洗澡，寫信，接洽華工，遊覽風景諸事，轉沒有工夫來讀書了。

現在何以還沒有人來教授法文呢？這却是因住所的關係。目下所住的房子，係由工廠備的，裏面設置，都還完備，如電燈書廚書桌火爐，皆不下於蒙達爾尼學校，每月僅取費五方，也還便宜。不過住的人太多，各有各的嗜好，不能夠同心做事。所以我們打算另租房屋，每人一月所費不過二三十方，而請人教法文，定閱會報，輪流炊爨，交互研究等事，却可以一一着手。故從大處計算，此錢倒不可省。——以上是說我們生活狀況。

我們入廠不久，不能深知法國工人的情狀，但是呈於我們眼前的，却也不少。現在就所見到的，略述一二。述法國的工人，卽所以述法國一部分的社會也。茲分兩段述之：

（一）工作情形　Groupement 工廠，現已實行每日八小時的新制。凡工人一入廠門，即從容脫換衣服，換衣之後，又從容淸檢器具。諸事既了，方才徐徐到工作地點，於是遂相與聚談，或調笑打罵，不然就躱到沒人地方去抽煙休息，若碰見 Chef（工頭）就做得手忙脚亂的樣子，一似他眞在盡心竭力。但 Chef 一轉背，他們便沒事了，仍舊談笑打罵，藉故遲延。當我們初入工廠時，曾見同伴的電工三四個人共安一電燈，安了一天，還沒有安置完好。我們非常奇怪，以爲在我們國內，不過一個人一早晨的工程就完了，他們外國工人何竟愚蠢至此。隨後凡在各處所見的法國工人，都是這樣。及問到華工，才曉得他們並不是蠢，乃是懶，他們懶怠的程度，在我們東方習於勤作的人看來，眞正可驚。同伴在學徒部的，也說法國學徒，除聚談打降笑罵嬉戲外，很少見他作工的時間。他們那裏是作工，簡直是賺錢混時日耳。

新近與一法國同伴相偕，他常教我們嬾怠的方法：走路要如何緩，做事要如何混，見 Chef 或 Contremaitre（管理員）要如何用心。有時我們請他指示工作，他便笑我們是 foir（感人，瘋子）有時還反轉譏誚中國人是不近人情的，就因爲他們不好工作，而中國却勤於工作的原故。

（二）工人性情習慣　法國人素著輕佻活潑之名，在工廠中，更可證明。他們自家交談，或同我們談的，無一而非狎褻的事情，不特口裏說，並還做出種種狎褻的樣子。不管你聽不聽，看不看，他總要盡情的做，盡情的說。如其見有 Madame，相識的，就停着工作去說笑，或相與抱持，做出種種不堪的樣子。不相識的，便口裏做出種種怪聲，或向之自吻其手。有時一個女工旁邊，常有無數男子，相持狎笑，這也是工人混日子的一個妙法。

他們又喜歡互相打罵，一語不合，就打將起來。但打輸了的，也不能怨恨，並且喊着 Merci, bon Comorade（謝謝，好朋友）又相與握手言笑。其於我們，也是這樣。但他們最欺軟怕硬，他打你，若你不回手，他便以爲可欺，就要百端侮辱了。如你回手交打他反轉有點怕你。不過沒有氣力的，却也要吃虧。我們當初原取無抵抗主義，繼以不勝其擾，也不能不同流合污了。

他們罵人，也無異於中國的工人，種種不好的名詞，如 foir (痴子瘋子) fot (愚人) Mulet (騾) Saloke (不潔) Cochon (猪) Chien (狗) araigne (痴性) Cocote (賤婦) 等，皆工廠裏常常聽見的。

法國工人最不好的所在，便是自己不作工，又妒忌別人作工，以及專說華工壞話之類，又好隨處小便，有與我們偕同做工的人，常在室中小便，遇 Chef 來問他，就答爲 Chinois。又凡工作不中程時，也往往諉口於中國人的懶惰。因此華工常與衝突。

我又聽見華工說，法工人最好偷東西，如肥皂靴子衣服之類，若不善爲收拾，即被竊去。有時當面也持强搶奪。華工大院（華工聚居地方）常發現竊案，此眞法蘭西社會最糟的一點。

他們又最嗜煙酒，紙煙一物，幾乎人人口中都有。酒則除飲於工廠外，還有帶進去當茶喝的。一到午後散工，更紛紛擁向咖啡館而去。我們有一個法國同伴，常邀我們去喝酒，拒之不可，受之難堪，費時費財，誠無益也。惟好潔之處，則過於中國工人。工作時一身衣服，散工後又一身衣服。午後凡街中衣冠齊楚的遊客，多半即廠中齷齪的工人。更有數事，皆强於中國工人；(一)朝夕相會，必握手呼 bonjour, bonsoir。(二)無一人不識字，且常有能識數國之字，操數國之語者。(三)散工時，必買報一份，且行且看，世界大勢，了了於胸中。(四)工作堅美，寧多改造費工夫，不做容易損壞的東西。

以上對於法國工人的現狀，所見的已盡於此。但還有關於女工的，也稍爲述一點。因 Groupement 工廠，亦多女工，他們的工作，多半輕於男工，他們工作的地方，多半不和男工同。問他們爲何作工？多謂爲家境逼迫。而且常說女子是守家的人，不是作工的人，意思很不願再作工。可見法國女人作工，非眞正覺悟的。

……(下略)二月八號

專論

農人與經濟 The Farmer aud Finance

賴鋶壎

(譯自美國大西洋雜誌)

現在我們中國的經濟狀况，再壞沒有了。全國之中，沒有幾個好好的金融機關。這個我們大家都知道的，用不着我細說了。商界裏面，還有錢莊可以通融，金融稍爲活動。至於農民方面，那是困苦極了。有錢的沒處放。無錢的沒處借。就是有地方去借。然而他的利息很重，吃虧太大。甚至有時農人肯出四五分的利錢，還沒有地方去借呢。你看苦不苦吓！大凡經濟在一個國度裏面，如同血液在一個人身上一樣。一個人若是沒有充分的血液，這個人就要患貧血病。或是一個人的血液，流行不活動，那末這個人的身體，斷不會十分發達的；或者還要生各種的毛病，亦未可知。一個國度，也是如此。若是他的經濟不充足，或是不流通，他也不會富强的。我們中國有農民百分之七十至八十的光景，他們的人數怎麼多，經濟怎麼苦，他們影響於全國的生計甚大。你看若是以後他們的經濟狀況，是這樣，中國會富强嗎？會發達嗎？這篇文章是美國駐法大使 Myron T. Herrick 所著的，（那時美國還沒有農業金融機關）裏面調查法德兩國農業銀行的組織，很詳細。我因爲看見我們中國農人經濟上，受很大的苦楚，所以特地將他翻譯出來，給大家看看。希望我們也來設立這樣的農業銀行，使一般農民，不要再吃他們放債人的苦啊。

譯者識

農業在經濟和社會方面，確實占一個很重要的地位。這個並不是一件新發見的事實。當一八五九年的時候，林肯已在威斯康與農會發表一個言論，他說：「此後人口一定要增多的非常利害，比較從前恐怕還要增加得更快。那末粮食問題，一定要發生的了。以後若有一個技術，能使人在一個最小的面積田地裏頭，得着最舒服的生活。這個技術，再貴重沒有了。從此以後，更沒一個團體，他的分子，個個都有這種技術，還要受人家逼迫的。非特不會受逼迫，或者他們將來的勢力，還要同專制君主，金錢大王，和一般大田主，並駕齊驅呢。」

但是不幸林肯所說的眞理，不能使美國一般人注意，變更我們全國（指美國下同）經濟界的趨向，使之蒸蒸日上。大凡一個國家，好像一個人一樣，每每對於一樁很平常很容易的事，多不注意。就以我國各種的情形而論，農業一項，算是最順利的事了。若是能夠稍加整頓，定然會發達到不可限量的。然而一般人士竟不留心。至於工商業已經發達，毋庸煩心的，倒反盡力去栽培。我的意思，並不是說工商業不要注意。注意工商業就於農業有什麼的大不利。不過工商業太注意了，他的結果會使一般人民分心。對於農業經濟上，就要忽略起來的。所以我國現在，農業，就讓他自己去發展，而一般人士，只顧目前，不顧將來。這是無怪乎人口繁殖，粮食不夠的地方，有此農業衰頽的現象啊。

我國人口，在一九〇〇至一九一〇年的時候，增加百分之一。那時農戶，不過增加百分之一〇、五。換一句話說，在這十年中間，我國農村人口，要增到全國人口之半數。然而全國穀類的產量，按人數算起來，當一八九九年的時候，每人可得五八、四英斗。(Bushels)一九零九年的時候，每人僅得四九、一英斗。十年之間，每人的產量減少至九英斗之多。豈不可怕麼？在一八九九年和一九零九年的中間，全國穀類的總產量，只增加百分之一、七。當時的市價，在一九零九年的時候，比較一八九九年的時候，漲多百分之七九、八。市價的增高，比產量的增加，多四十七倍。一九零九年的時候，一個農戶，只供給一三、二人的食用。在一九一〇年的時候，就要供給一四、五人的需用。平均計算起來，現在每個農戶，要比一九〇〇年的農戶，多供給一個多人的粮食。還有地皮一層，一九〇〇年的時候，全國每人要得五、五英畝(acre 合中國六畝)的，在一九一〇年之時，每人所得的，僅有五、二英畝了。

據上所列的數目，我們就可以知道，為什麼我國的粮食，和肉類的出口數，在一九〇〇年，有二萬二千八百三十萬金元，占全國輸出總額百分之一六、五九的，何以在一九一二年，竟減至九千九百九十萬金元，僅占全國輸出的總額百分之四、六。他的進口數，同時從六百八十七萬金元，增至一萬八千零一十二萬金元了。今年年歲雖是很好，農業收獲很豐足，能夠使出口數增加，進口數減少，然而我們要曉得像這個的豐年，能有幾個呢？這是不常有的啊。現在我們姑且不管旁的影響如何，就單單拿上面所列粮食的需求量，和他的供給量比較一比較，就可以說明一九一二年十月初一日，Breadstreet 的物價表所列的物價，何以陡然昂貴起來？

近幾年來，我國國民，很覺得粮食價貴的危險。這種不安靜的現象，是難免的。因爲我們旁的日用物件的價錢，都貴起來了。若是糧食不貴，那就我們美國一大部分的人民（農民）就要吃虧。他們的生活程度，就要低落。他們的兒女，就沒爲好好的機會，來受教育。將來就要變爲劣種的國民。這個豈不是不幸的看輕人格的事麼？因爲這個原故，所以一般人的意見，就要鼓吹政府各省立各機關，去做促進科學的農業（Scientific farming）。望我們的農產的輸出，一天多似一天。經濟發達，一天進步一天。土壤方面，還要保持他生產率，要成就種這事業，教育一項，是不可少的。但是農業一事，同工商差不多，是要資本的，單有智識的學問，不會發達的。所以如今怎樣能夠得着這個資本，是最緊要的一步了。

設立農業銀行，推廣農事教育，等等，以期增進農業出產品，並不是因爲一般農人缺乏技能，然後用這種政策。不過因爲農業是一件很要緊的事，不可忽略，所以要趕快整頓的。我國農民的智識與能力，比較世界各國的農民，實有過無不及。我深信他們將來一定能夠利用科學，去發展他們的農業。然而環顧現在我們農業的狀況，還是頹喳不堪，一天退步一天，又是什麼緣故呢？依我看來，並不是我國的農民，沒有能力去做他們的事，或是懶惰蔑視他們的事，其實却是因爲我們銀行的制度，不完善，不適當，的原故。

稍爲懂得我國農業情形的，大概都知道我國農民目下所最缺少的，就是經濟。我們從來沒有一種完善的金融機關，能夠輔助農人經濟上的缺乏。所以我國的農業，不如歐洲各國的好。就每畝所出的農產物，也不如歐洲各國所出的多。平均計算起來，我國每畝所出的穀類，比較歐洲每畝所出的，要少百分之五十。我國田畝所出的馬鈴薯，要比德國每畝所出的馬鈴薯，少百分之三十。歐洲各國的農業情形，和我國農業最不同的地方，就是歐洲各國農民的經濟，非常活動，隨時隨地，都可借得資本。而我國則艱難得多了。即使能夠借到，來的利息，又是非常的重。

我上面已經說過農業生涯，同其他的職業一樣，是要資本的。假使沒有充分的資本，那進步一定要遲，興旺一定很難。農民要資本有兩個理由：第一，要買地基，作永久改造的材料；第二，要增加農產品，謀現時經濟的滿足。這兩種理由，亦可算是農業借債的原則。用這個名目去借債的，第一個可叫做『土地債』（Land credit）；第二個可叫做『農事債』(Agricultural credit)。資本像這樣借出去的，是不會落空的因爲農人買地去做永久改造的事業的，當然有土地可以抵押。他們每年有出產，一定能夠分年償還他們的債。這是再穩妥沒有了。可是有一件事，我們應該曉得的，我們的錢，放在這種『土地債』投資事業上，不久就要變成不動資本(Fixed capital)。若要農民在一個短的時期裏面，把他們有限的進欵，來還我們的債，那是很難做到的了。我們農業上的債期，最久不過三年至五年。期滿之後，這個農人，若要繼續延長債期或者做得到，或者做不到。然而總是很難的。簡單說一句，我們美國農業有抵押的債務範圍，實在很小，一般農民縱有機會借到資本但是他們利息太高負擔太重，我們不能不替他們叫苦。我們替他們叫苦，我們怎樣設法去解放他們呢？

現在如若沒有一種完善的金融機關，像鐵路和工廠一般的，我國農民，仍舊還是不能脫離經濟上的窘迫，現在要解決各種問題，那是我們一定要採用外國銀行的制度，外國老早有一種長期有抵押的農業金融機關。他們的生意很發達，推行的很廣。農場是一個最穩當的抵押品，他同鐵路工廠一樣的穩妥。鐵路工廠能夠借着利息最輕的債，爲什麼一個農人不能借着去發展他的農業呢？

一個農人用私人的名義，去借短期的債，儘可不用土地去抵押。可是長期要抵押的大借欵，那是私人的名義不成的。我不知道何以我國一個農人，不像一個商人借債的容易。間或有少數的農家，得地方或省立或國立銀行的許可，債借的很多。但是多數的小中農人，要享這種的權利，還是沒有機會啊。

平常我國一個農人借債，他出的利息，比較一個商人所借的，要多百分之二至二•五或至三。照這樣看來，利息如此之重，今若將他積聚起來，移做改良他們農業用途，我不知他們的利益，要到怎樣呢。所以農業方面，一定要有一個金融輔助機關。否則不特全國農業受他的阻礙，沒有進步，就是農人個人方面，也很吃他的虧。爲農業金融便利起見，倣照外國辦法，設立全國農業銀行，是不可少的了。雖是開辦之初，銀行方面或者要受點損失，然而對於一般農人的利益着實不少呢。

設立農業銀行，專爲農人幸福起見，歐洲各國，早有最廣大最完善的組織。可以做我們的榜樣。我們用不着去仿造，我們只要將他們的拿來稍爲增改一下子，使他適合我國的情形就好了。所以現在最緊要的一步就是研究外國的狀況和他們農業銀行的組織。

德國是世界上一個農業最講求且最精密的國。他的農業金融機關，全是他們農人自己組織自己管理的。他們的宗旨，專爲借錢給農人，使他們經濟充足，物產增進。自從這個組織出現以來，德國的農業情形，着實大大的改革了一番。不特他們的農產增多，而且他們農人的經濟和社會的狀況，也是大大的改良了，當初他們第一種農業上的組合，不過是一個『借債會』(Credit society)，後來他們看見這個『借債會』對於農業方面，很有幫助，所以直到如今他們現在的農業銀行組織法，也就多半取材於這種『借債會』。

歐洲各國的農業金融機關，大半設置的很完備，不特德國一國是如此。他們有『有抵押的長期借欵』(Long time mortgage loans) 和『私人的短期借欵』(Short time personal loans) 兩種。其中成效卓著，併且最有研究的價值的就是德國的『盧老非新銀行』(Roiffeisen Banks)，和法國的『芳洗債務銀行』(Credit Foncier)。這兩種銀行的組織法不同。盧老非新是一個互助機關，芳洗是一個合組公司。盧老非新的借欵，多與私人來往。芳洗就沒有抵押不成。盧老非新的基本金，是一般農人所儲蓄的；芳洗的是由各級人民投資合股的。以上兩個銀行的組織，雖是不同，但是講到功效，兩個都很有適合我國農業經濟界之處。所以我要特地將他來研究研究，並介紹給我國民。

盧老非新銀行制度，係盧老非新先生(Frederick William Roiffeisen) 所創造的。他本來的宗旨，就想要救一般中小農家，不要再受這些放債人的剝奪。這位先生，并沒有經濟的學識，但是他深知道經濟是農人最緊要而最缺乏的。哀爾蘭農業革新家 Sir Horace Plankett 稱讚他說：「經濟學上最緊要的事，除用汽 Steam 的發見外，就要推盧老非新銀行的制度。」觀此我們就可以知道他的價值如何了。

盧老非新銀行的制度，全是根據於『借債者合力』的原理(Combining borrows)。集合大家的資本，還拿來借給大家。

這個不是一二個人力量所能做得到的。盧老非新銀行裏頭的設備，據 Herr Roiffeisen 說有三種的規定：(一)經理沒有報酬；(二)股東的負担沒有限制；(三)一個銀行只限於一個地方。他們銀行的股東多半都是農民。一九〇九年的時候，每個銀行裏面平均有九十二個股東。起初的時候，盧老非新銀行並沒一定的基本金。及至一八七八年的時候，政府有一條法律出來，叫銀行家都要準備一定的基金。所以盧老非新銀行也就發行一種股票。當初每股所得利息，不過十九馬克(marks)(德國幣名)。那時每股的利息，比較銀行借出的利息，還要低些，但至一九〇九年的時候，盧老非新銀行居然贏利至七百萬馬克之多。然而每股亦不過分得百分之十三的紅息。除此之外，餘下來的僅是債沒有動用過基金的利息罷了。盧老非新銀行的組織限於一地，他的範圍很小，所以裏面所有的股東，彼此都認得。他們知道他們借債的人，為什麼要借債，借去又怎麼用。盧老非新銀行，很能培植人節儉的性質，因為他能夠鼓勵人家去儲蓄。他的信用都好，全靠他們股東人人負責，所以道德也就非常的注意。德國自有這種銀行成立以來，他的農民從此得着很多益處。他們知道銀行的組織，還可學得商業的智識。總而言之，這樣小小的農村銀行，着實能夠加添他們多數股東經濟，道德，和辦事的本能。

盧老非新銀行範圍很小，所以管理方面，不但很簡單，併且很經濟。在一九〇九的那一年，他們每個銀行的用費，統算不過六百三十八馬克。他們一個銀行，每年借出的款項，預先按照他們股票賣出的多寡，餘利的多寡，存款的多寡，並中央銀行和各地分行及私人借來款項的多寡而定。據一九〇九年的調查，這些銀行，所存的款，屬農人的，有百分之八十八。平均算來，每份存款，約有三百七十元云。

盧老非新銀行借債的規定，分為『臨時』(current account)和『定時』(fixed periods)的兩種。臨時的借款，推行最廣，且最適合於農家。借短期債的人，若一二個股東的保證，就可借得；間或有抵押品存在銀行的，也可借得。並不為難。這個即可表明盧老非新銀行，實在專為一般小農人而設的。

德國現在有盧老非新銀行一萬五千家，統共股東二百萬人。每年有生意十五億元。他們的管理法，全國分為兩大『中央銀行』(central cooperative banks) 統屬三十五個『省區銀行』(provencial banks) 這三十五個『省區銀行』又分開來管理全國『地方銀行』(Local Roiffeisen banks)。這些『地方銀行』若是基金不夠的時候，就可問『省區銀行』去借。若是有餘的時候，又可轉借給『省區銀行』。『省區銀行』係多數『地方銀行』合組成功的。他的股本有限。他對於『地方銀行』的地位，如同『地方銀行』對於當地的股東一樣。他的基本金，就是『地方銀行』所有的股本，和存款，及其他借來的債。照上面看來，盧老非新銀行，有『地方』『省區』和『中央』的區別，組織得有頭有緒，所以全國的農業金融，覺得非常的活動。一個金融鬆的地方，有多的錢，就可移至一個金融緊的地方。川流不息。德國有這個靈通的農業金融機關，難怪他的農業要進步到這樣好呢。

法國在十八世紀中葉之時，差不多可說完全沒有農業金融機關的便利。因此農家覺得非常的吃苦。於是乎一八五二那一年，政府就通告一條法律出來，設立一種『土地抵押』(land mortgage) 銀行，叫做芳洗債務銀行 (Credit Foncier)。他的制度，多半是採取德國來的；但是他們最大的不同處，就是法國芳洗債務銀行係外界投資性質 (Incorporated company) 德國盧老非新銀行則係農家合組性質，(cooperative association) 法國芳洗債務銀行，是政府管理的，德國盧老非新銀行，則由股東管理的。芳洗債務銀行現在有基金二億萬法郎 Franks (法國幣名) 起初開辦的時候，政府津貼他一千萬法郎的補助金，以便借出款項。這個補助金於今還是照常供給。一切行動，雖說是政府有權管理，但非不得已時，政府並不十分去干涉他。不特不去干涉，還給他幾種的特權，如發行公債 Bonds 等等，雖不是合乎法律的『專利』legal monopoly，然而確也很有實用。

芳洗債務銀行進行的計畫如下：

(一)借債給田主，和州郡自治團體，並其他公衆機關。

(二)發賣有抵押的公債。其價值不得過於借出的總額。

(三)芳洗債務銀行為營業便利起見，得設分行於國中適當的地方。所有分行都可收儲存款，但他的數目不能夠過一億萬法郎。

芳洗債務銀行的匯兌股票，每張以五百法郎爲標準。這種股票，無論何人都可購買。至於銀行的股票現在每份要值七百五十法郎，每年可得利息六分。芳洗銀行的管理制度，大概如下：

銀行設總理一人，協理二人，係當地行政長官，他政府所委派的。他們有否決股東大會已表決事之權，但不常試。

銀行設『管理部』(Conucial cf adm nistration)。每禮拜聚一次，商議進行事宜。內有部員二十三人。其中有司庫三人，係政府簡任的；但其人未經簡任以前，須得財政總長的擔保和股東大會的通過，方生效力。

銀行股東，每一年聚大會一次。執行查帳，分紅，和選舉管理部職員的事。股東大會爲二百個大股東所組織，有完全代表全體股東之權。

芳洗債務銀行借款的辦法，大概分爲兩種(一)有『抵押借欵』(mortgage loans)(二)『公衆機關借欵』。每年計算統共借出欵項有四億萬法郎之多。就這兩種借債而論，其有抵押借欵，借給農人的，價利最厚，併且最有研究的趣味。聽說這種債劵通行在我國市面上的，也很廣呢。

芳洗債務銀行借欵給農家的章程，就是

(一)『短期借欵』(Short time loans)。自一年至九年，至期還清。

(二)『長期借欵』(Long time loans)。自十年至七十五年，本利分年償還。

芳洗債務銀行借出之欵，及其他產業，每年一概取利四分三厘。其利息不得過於公債賣出時的利息，百分之一的十分之六。他的借欵只借給與第一次的抵押品。其總額因抵押品而定，除酒之外，不得過於其價值之半。至於林塲借款，他的借額，則又不得過於其價值三分之一。若借欵是短期的，則借債人每年應把他當年的利息付清，所有本利於九年末了的時候償還。若是借欵是長期的，則借債人須將他當年應償的利息，和他所借的欵一小部分，按年還清。照例說起來，一個借債人，每年償多少利，還多少本，預先都要寫得明明白白的。因此借債期限有長短，利息時價有高低，所以一個長期的借債，每年應償還的數目，也就有不同。譬如一個平常的債，他的年利要四分三厘的，若是改爲七十五年長期的債，他的年利，就要四分八厘了。

芳洗債務銀行的公債，每三年發一次。他的數值大約自三億萬至三億五千萬法郎為止。這項公債，股數甚多，價值不大，倂且償還的時候還有獎品，以此多半落在一般平民中等人家的手裏。但是他們經濟有限，買得不多，所以他們的勢力散漫得很；公債的價值，也就沒有什麼的大漲跌。甚至有時比鐵路股票的價值還要低些。還有一層，此項公債并沒有一定的還期。他們用抽籤的制度。誰是抽得先還的籤的，那人的公債就是先還，而且歸還的時候，他的市價要比他的抵押品數值低，否則此項公債仍是不能償還的。雖是如此，但是一般人民還是踴躍去買。第一，因為這種公債得政府的許可，他的價值，不但不會十分的低落，有時還可增加。第二，因為這種公債償還的時候，除利息之外，還有獎品。平常一個放債的人，將本錢借出，每年不過獲則三分。他若是拿來改買這樣的公債，他就可獲利三分六厘。所以還是上算的。

芳洗銀行現在漸漸的離開他們原來的宗旨，借欵給一般近城的人了。然而這個不過一宗臨時發生，不常有的事，沒有大的妨礙。

從上面看來，芳洗債務銀行，及其他農業金融機關，不到幾年，就有這樣的發達。我不知道，為什麼『有獎公債』和『長期有抵押』的借欵，何以法國能行，我國到沒有呢？我國農家早先也有用田產抵押去借債的，但是他們的制度幼稚得很，太半多至期滿之後，即難繼續去借，馴至完全沒有這種機會的。如今若能保守這種的制度，加以改良，分年償還，延長償期至五十年之久，那麼，我國農業恐怕有點生氣，一定能夠興旺的。

盧老非新銀行，和芳洗債務銀行的制度，并沒有十分的奇異處。我國的儲蓄銀行，創立有年，很有成績，倂且我國的人民，大概都懂得一點公債的原理，和分期還債的規則。若是這種農業銀行，我國能夠設立一二個，我想一定要發達的。這個并非說抄襲人家的制度，不顧我們自己的習慣如何，社會的情形如何，就算了事成功的。大凡一個銀行他的成功，他的歷史，和他的一切詳細的辦法，都是根據他們國中人民的習慣，社會的情形，經濟的狀況，以及他們國裏的土性，氣候，而來的。他的成功，全仗着他的制度好歹，和環境的適合與不適合。所以我們要介紹外國銀行的制度，我們就要小心考察考察。不然，難免一敗塗地了。

現在我國一般國民，漸漸覺得農業銀行的需要了。美洲銀行公會和南商業公所及其他各機關目下正在那裏採集外國銀行的制度，預備創立農業銀行。這個是一個好現象啊！創立農業金融機關，不是一國的政治問題，乃是一國經濟問題中最要緊的一部分所以解決這樣的問題，一定要具愛國的熱忱，和建設的能力及精神，纔能成功的。我國民啊！你們爲什麼不趕快起來辦呢？

小工藝

資中內江富順簡陽資陽的「糖業生活」

官述康

我們四川產糖的地方，不下數十處，而產額最富的，要算這五縣，五縣裏頭，更要以「資」「內」爲最。此篇所述，祇就這五縣的區別點和扼要處來說至於共通的地方，一概從略。而對於「糖房」「漏棚」「工人」這三項，也祇就其利弊來說，至於糖蔗—熬糖—造成白吉糖的方法，那麼就非此篇所當論及的了，謹分三項：

（一）糖房　內江的糖房約七百餘家，資中六百餘家，富順百餘家，簡「陽」共五六百家。開糖房的人資本很是薄弱，除了自己本山的甘蔗算是固有資本外，其餘如「號青山」（另買甘蔗）—工資—繳用，都是仰給於漏棚，所謂是「抱着漏棚的膈殼搖」的生活。爲什麼呢？因爲開糖房的，盡是頭年預賣次年的糖清（即上漏熬出的糖）就是在冬臘月間甘蔗還未下土的時候，便能夠用到漏棚的錢。譬如預賣糖清一萬，除了本山所有的甘蔗外須添買若干，須用漏棚的錢若干。以時間來說，就有關期；以多寡來說，還是有定額的；而糖房依次收入這筆欵來，一面就可預號青山；一面就可預辦油米柴炭；到了放槁（熬畢了）結帳的時候，如繳糖不敷所用的錢，又將次年的糖清作抵。那麼這種預自買賣的風氣，要算「資」「內」纔有。何以故呢？因爲「資」「內」的小農（名叫做水莊稼的）很是不少，嚮來就把預賣的事，當成習慣去了。他每年所栽的甘蔗，至多不過十餘萬，他就很渴望這筆入欵來供給他別的費用，所以不得不預賣了。而糖房見青山一動（即開始預賣甘蔗）恐怕附近的蔗賣完，便不能在十餘里外，運此痴笨的東西，也就不得不將糖清預賣了，早用着漏棚的錢，來預號附近的高山竟有未曾預賣，又使挪借親朋都要來預買的。本來「資」「內」的漏棚，比較那三縣更多。見了糖清登市，也就不得不預買起來。若稍遲延，定為別家所先，遇着獲利的年辰，更有「爭先恐後」的樣子。究其根本原因，還是由於那些小農家計窘迫，有不能不預賣的勢子。所以近來有種「赤手空拳」的農家，憑空白地來佃人的田土，剛佃入手便能預賣甘蔗來給租錢，到了次年甘蔗不能繳足，又以次年的作抵，簡直年年混賴。而糖房被他虧欠了，也依次來虧欠漏棚，所以這種風氣在「資」「內」算是「牢不可拔」的了。

資中球溪場以上，簡陽以下那些地方，風俗比較更純樸，種蔗的農家，家計雖是不好，卻不能頭年預賣。並且因為莊稼太窄，資本太少；糖房的器具和繳用，備辦也頗不容易；祇好附屬別的糖房代熬，可是油米柴炭，必須自辦，牛工人工和一切雜費，須照搞盤攤派．市名叫搭搞（「資」「內」的地方間亦有搭搞的）而招搭搞的糖房，資本自然較厚一些，他也利用多招搭搞的來增多他的酬金，他們（指農家和糖房）所熬出的糖，大半「片糖」「溜簍」「桶子」（皆係水糖）居多，每年可達七八千萬，糖清纔千萬過點。

因為該地漏棚，簡直如鳳毛麟角，兩縣不過三四十家，並且是近十年來纔有的，所以熬水糖的多，而糖清當然更少，糖清係直籍現賣給漏棚，每十日或半月，又議價交錢一次。若遇霜雪天氣，糖清成分太劣；或者水糖價高，更較便利；他們與漏棚，由雙方不願意時，可立即脫離關係，改熬水糖。水糖還是現賣，所以一到冬間，各地商人都雲集在球溪場—南津驛—石橋等地方，有「座長莊」的，有所謂「包袱客」的，都來爭買，可是銷路總在四川，出夔門的甚屬寥寥。

富順這個地方，糖房比「簡」「陽」少，糖清比「簡」「陽」更少，水糖簡直居十之八九，（但盡是溜簍一種）年可達二千餘萬，糖清纔七八百萬。熬水糖的規矩，約照「簡」「陽」。上漏的規矩，約照「資」「內」，茲不多說了。

（二）漏棚　內江的漏棚二百餘家，資中百餘家，富順四十餘家，「簡」「陽」共三四十家。開漏棚的要素可分三項：第一要選糖房的家計稍活動的，纔莫虧欠；第二要擇糖房的地址向陽和土壤腴美的，所出的糖，成分才好，（約每百斤糖清可多出白糖三四斤，）第三要雄於資本，無論糖價低落和白糖初出的時候，都存留不賣，俟那些「提兜漏棚」（資本較少的）將糖賣空，價必驟漲然後賣出，以上三項，要以首一項爲最重要，若是背道而行，就遇着獲利的年辰，不惟不能獲利，反致傾家破產。所以近年來糖價增至千餘兩，漏棚也加增數十家，同一樣生活，起家至數萬的也有；負欠至不起的還多；都是因選擇失當的錯誤了。總之，開糖房的沒有資本，是無須說的了，假使他稍能活動，便自己做糖，其所以不自己做必賣給漏棚呢，那麼就不是負欠過深也祇是萬分之一了。他既已負欠過深，一領到漏棚的錢，登時被債主奪去，否則糜補別的濫痟。買蔗不過二十萬，繳糖祇足四五程，把漏棚虧欠多了，漏棚不致一誤再誤，祇好聽其欺騙別家。別家有不知的，或亦貿然來買。此時漏棚纔聲言有長項若干，他雖懊悔，可是錢已交了大半；不得已如數「招撿」（所欠前漏棚的長項，須得如數補楚，）所謂是「上流下接」，這個規矩，「資」「內」「富」的各廟都立有鐵碑，被欺騙的漏棚，也在所不敢辭了。以上種種弊端，要算「資」「內」「富」這三縣纔有。可是欲免此種弊病，須在「簡」「陽」間的地方，漏棚糖房買現賣現，放搞結帳，兩無找補。並且還有一層，「資」「內」的糖房，遇獲利的年辰，糖清萬難繳足，若是折本的時候，或者出產較豐一點，如買十萬一棚，那麼就有十二三萬，橫竪都該漏棚全收，所謂是「包棚熬盡」「包土研完」。「簡」「陽」不然，遇着好年，儘可多買，糖價不好，又可停做，所以做漏棚須在「簡」「陽」間的地方纔好。

此外還有一種，又是漏棚又是糖房，所謂「自熬自做」，在這五縣裏頭，要算內江最多，他的組織，就是兼有漏棚糖房兩種的性質，亦無什麼奇特可說的。

糖棚所出的糖有三種：（一）白糖，（二）吉糖（三）吉水。白吉糖的消納地方，厥爲內江，所以內江算是五縣賣糖的集中點，而又是各處糖客的住在地。糖客的幫口不一，有渝幫，萬縣幫，忠州幫，涪稜幫，長壽幫，瀘縣幫，共約數十家，皆係「座長莊」的，其他「包袱客」亦不少，都是由船載運回去販消各省的。白糖的消路，除本省外，尙及湖南湖北等地方。吉糖則比較更寬，「北京」「陝」「甘」「兩湖」等處，直視爲藥糖，其實貴可想而知，但完全不消本省。吉水大半用來供釀酒的用，本地貧苦人家亦多消此糖。

記者對於內江的漏棚，要特別提來說一下，因爲他們感受這種痛苦，算是再深沒有了。什麼，苦呢？就是受稅吏的苛索。本來稅清的程分，每百斤可出白糖三十五六斤，吉糖三十斤，吉水二十四五斤。前清丿時候，每萬糖清，抽釐　吊六，清末加至四十吊，民國五年，改抽生銀四十元。糖清程分的定額，每萬糖清，白糖占三千六，吉糖占三千，納釐時即按所占的程分照算（如賣白糖一萬，納稅洋四十三元，賣吉糖一萬，納稅洋七十五元。）糖賣畢時，尚不足四十元的數，又須在九月以前，再納統捐，補足尾數，設若白糖程分多過三千六，那麼不問你吉糖多少，勒令加上糖清一萬，如吉糖程分多過三千，也不問你白糖多少，仍要加上一萬。吉糖多而白糖少，算是程分太劣，漏棚已經吃虧不了，而或者多過定額，豈不是吃虧中又要吃虧嗎？既照程分定額，多過了的，就不該另上，既要另上，少了的應該退還。所以說程分劣了，漏棚固然要吃虧，即使程分再好，也終非漏棚的福。這種事情，簡直是阻礙生產的一大弊端，而這個出乎定額的苛索，就是稅吏格外的財喜了。還有一層，漏棚遇糖價低落，想多留一季纔賣，須到局預報，稍一疏虞，二季仍要另納，或者在前局長時，統捐已定，印花又已取得，換了局長，印花又說不行，仍要另納（近兩年纔有。）所以漏棚欲留老糖——免折本呢？又恐怕受重征的苦，買賣的權，簡直失了自由，這種已算是「啞子吃黃連說不出的苦」了喲！還有更甚的呢？就是「自熬自做」的，比較更難稽查，而稅吏對之也就加意防範，並有局丁「川流不息」的查驗，譬如工人將糖熬壞，例當以隨後的糖滲滙其中，局丁見糖較往日更多，則論以偷漏，勒令受罰。又每日掃糖，用草單畫下，登時就要上簿，若稍遲延一點，局丁來查，則論以有心偷漏；或者上簿時偶有塗改，則論以有偷漏的形迹；種種搜括，實難舉齊。大半這種事情，全是局丁舞弊，他們處於積威之下，無人敢出來張聲反抗，并且莫有團結力，也就聽其魚肉罷了！可是其餘這四縣地方，不見得有如此的黑幕。說到這裏，可以總括一句：就是內江的漏棚，「賺錢賺不足「折本折得完。」

（三）工人　工人分兩種：一種是關於糖房的，一種是關於漏棚的。

(1)糖房的工人，分雙搞和單搞。單搞共三四十人，雙搞共六七十人。分工的事項，分四種：

(1)斫甘蔗的工　單搞呢？每日搞蔗萬斤，須工人十幾個。雙搞呢？（晝夜兼搞）甘蔗和工人，俱要倍加。可是預計出糖若干，須要工人多少,早是蓻定了的。若遇工人病倒一二個,所斫的甘蔗,不能供給磑滲,必致停搞。並且此樣工人,性情極乖張,行動也很自由的。天氣稍冷,他不願取得一日的工貲,就不出去,或者探悉某家的伙食較差,也就「棄而之他」了,雖有主人,亦不能禁止。至於工頭（所謂刀把子）也就不消說了。所以停搞的事,很是常見。此外還有受主人待遇上的不平,就發生全體罷工（名叫放棚）的事,此事雖不常見,也不能說沒有。因為糖房的工人,惟有此項最苦,雖有點不就範圍的舉動,而主人當之,並不能施以壓抑手段,所以就生了意外的反動力,也是很微的。

(2) 竈上的工　此項工人,除「熬糖匠」二人係漏棚雇的不屬此項外,其餘如挑糖挑炭以及關於竈房的工人,共約十餘個。原來糖房的漏皮,應該「熬糖匠」看秤,間有為主人利誘,每掃皮（十個）少報十餘斤,所謂是「拿瓦片賣錢,」這種弊病很多,漏棚也不容易察覺的。

(3) 搞盤上的工　此項工人分兩種:一種名叫「過搞匠,」至多不過二人,雙搞倍加,活路很緊,工貲比較更厚。一種是雜工,工貲較薄。有時受主人的利誘,乘夜間在搞盤上暗滲吉水,而糖運回漏棚,扎泥不白,此種行為,須蒙蔽「熬糖匠」纔行。

(4) 放牛喂猪和一切雜工　此項工人,約十餘個。

(2) 漏棚的工人　統稱為「白糖匠,」漏棚做糖,至多不過六七棚,簡「陽」有二十餘棚的,每棚須「白糖匠」二人,二棚三人,三棚四人或五人,概係包工,有五月八月十月的,如每棚的糖,多過定額,又須添雇客工,少了的,即算他們的利益。每漏棚有工頭一人,名叫「看棚匠」（白糖匠手技較優的,）雇期概係全年。漏棚工程最多,在頭年九十冬臘這四月,次年六七月的時候,簡直沒有活路,工人亦淨耍,此項工人,不像糖房「斫蔗的工」一「樣做不馴」的。

以上所說的,不過略舉大概,遺誤和錯誤的地方,想是很多。不過因這個題目,從來沒有一種統系的綜合的說明,所以我也不揣冒昧,就我所能調查的,寫在上面,略供研究此題的人的一種參考罷了!

地方調查

年假遊濟南雜記(續第四期)

徐彥之

山東地方上有兩件有希望令人可喜的事。一件是『修治全省水陸道路的計劃』一件是『增修國外省外留學經費的辦法』。前一件關乎全省的交通，乃是一切庶政的基礎；後一件則所謂『百年樹人』之大計』。不料到在這風雲擾攘，杌隉不安的時勢之下，大家能不忘『經世遠謨』實在是可慶賀的。

他們關於道路的計劃是要就接近鐵路航路的商埠口岸，和商業物產豐盛水陸防務重要各區域，修治陸路，期於能行重載摩托車；濬疏河道，以能駛汽輪爲目的。

陸路的敷設，分七大幹路：

(一)龍濰幹路。龍口—黃山館—朱橋—掖縣—沙河—昌邑—濰縣

(二)煙濰幹路。煙臺—福山—棲霞—萊陽—平度—昌邑—濰縣

(三)濰嶧幹路。濰縣—安邱—諸城—莒縣—臨沂—嶧縣

(四)泰郯幹路。泰安—新泰—蒙陰—臨沂—郯邊

(五)曹濟幹路。河邊—河澤—定陶—城武—金鄉—大義集—濟寧

(六)平濟幹路。平原—恩縣—高唐—清平—博平—聊城—東趙家樓—(黃河用船渡)—濟寧

(七)昌平幹路。昌邑—壽光—廣饒—博興—高苑—青城—齊東—(黃河用船渡)—商河—臨邑—平原

幹再分支：

(一)(龍濰幹路內支路)黃山館—招遠；

(二)(煙濰幹路內支路)萊陽—海陽—威海衛—文登；

(三)(濰嶧幹路內支路)莒縣—沂水；(四)莒縣—日照—石臼所；

(五)(曹濟幹路內支路)城武—曹縣；(六)金鄉—魚臺；

(七)大義集—鄆城—濮縣；

(八)(平濟幹路內支路)聊城—臨清；(九)聊城—堂邑—冠縣；

(十)(昌平幹路內支路)商河—惠民—濱縣—利津。

計上列幹支各路綫總長約有四千餘里，再加上舊有濟南以東至膠州灣之膠濟鐵路，和由西北而正南之津浦鐵路，互相啣接，聯貫山東全省縣城一百有七，差不多都可以直接鐵路，或摩托車路。再有達不到的，則有海道和河道可以幫助。如此山東全省『氣行血注，』運輸往還無往不便了。

從前商人原有建築煙濰鐵路的意思，有了龍濰和煙濰兩條摩托車幹道，就用不着重修鐵道了。

歐戰以先，德國要借給我們款，建膠沂鐵路。他們用意是在借着擴充他們膠濟路的勢力範圍，以爲操縱西南各縣利權的張本，很爲可怕。幸而當日未成。現在我們劃臨沂一帶幹路；從臨沂到濰縣，從臨沂到泰安—即以膠東兩大幹路，—龍濰和煙濰—爲接綫，可以不必假借膠濟鐵道，已可東西直達，而無礙交通之權就不致爲外人所操縱了。我們眼巴巴盼望這摩托車道早一天實現呵!

濬疏河道，他們是要先從小清河入手。此河發源於長清歷城各泉源，東至壽光羊角溝入海；延長四百餘里，經過十有餘縣。抵制日本的時候，一般商人統由此河運貨；若是能把他掘得寬深一些，可以行駛汽輪，那眞關係不淺呢。不過嚴冬河身有一段要結冰，但不甚厚，帆船不能走，汽輪或者無礙。

目下自濟南而東到海，廣袤千里，佔山東全省面積三分之二，交通命脈全繫於膠濟鐵路。而膠濟鐵路恰恰落到外人手裏。那不是說我們的交通命脈全操在外人手裏嗎？照現在修治道路的計劃實行起來，二年可以有成。那麼臨泰路—從泰安到臨沂—接上了津浦道，臨濰路接上了臨泰路，龍濰煙濰兩條大幹路又接上了臨濰路；東北西南，貫串起來。再輔佐上小清河的水道—從濟南而東北，至壽光入海。我們的濟南以東的命脈，就不至操之於外人之手了。膠濟鐵道將來能收回來更好。不能收回來，亦可以借此少殺其勢，亦聊慰於昔日。我以十分的誠意，祈禱這摩托車道的計劃快快實現!

這種計劃，據說前山東實業司長，現在的財政次長潘馨杭君的計劃，由省長屈文六提交省議會通過。我離開濟南的時候，總說籌備處就要成立，馬上着手測量。屈文六給省議會的咨文說：

『本省長現將一意先注於全省交通計劃，以植庶政之基礎：

…』。文中又有說『雖官吏更易，不得中廢。』他要想在山東作點事業的樣子。

籌備處設評議員若干員，由省長選聘地方紳士充任。如果此項評議員能以得人，還有省議會的『護持，』着手幹起來，四千里的麼托車道，四百里的濬河工程，山東要在中國開了新紀元呢！希望！希望！

這批道路成功之後，全省的交通便利了，對於人民精神物質兩方面的發展進步，都有莫大的影響，自然不消說得。但是亦有一點，須得我們注意的。就是我們山東大部份的人民純係大陸性，又世以農爲業，他們生活慣了那種『老死不相往來』的日子，驟然交通了，不但精神上他們受一種痛苦，在這一定期間的過渡時代，經濟上亦要受些損失。我們自然不能因爲他們一時的損失而不使交通，但我們須注意，盡力之所能及，援救他們，少受點損失才好。請舉一例：

陵縣—在濟南的西北，靠近德州，津浦路東岸—產花生大豆，本地士人把他榨成油，運出去賣，獲利甚厚。這是交通不便以前的狀態。及到鐵道已通，進來了些資本家，立下莊，大批的收買花生大豆，運出去造油再賣。把油賣給他們，是不要的，因爲利輕。這麼一來，擠得本地士人的油房站不住脚，都關了門。

這原是意料中的事，無足奇怪，因爲士人不能經商，而且都是小規模的組織，沒大聯合，抵不住外來的資本。結果以很賤的價錢把生貨賣出去，以很貴的價又買進了許多熟貨。而且這當中還要經外來人剝一層皮。你想他們比交通不便之先，經濟上額外受多大的損失呢？我們中國自開海禁以來，不就是這般情形嗎？我們總要設法子救正救正。是應該注意的！

增修國外省外留學經費的辦法，是省議員王樂平君提議的，經二十多人的副議，財政教育兩股的審查，和大會通過了的。在九年度預算就要添入這項經費，爲開始實行之期。

山東原有國外留學，和省外留學學額是：

日本　六十名　三百五十元

歐美　十六名　一千一百元

北京大學　八十名　（八十元）

現在修增的是：

日本　二十名，專以學習實業爲限。

歐美：公費生三十二名，男生三十名，女生二名。

補助費生：法國三十名，英意瑞典等三十名，美國四十名；每名，每年三百元。

國立大學校津貼一百一十名每名每年八十元：

北京大學　八十名

北洋大學　二十名

山西大學　十名

高等師範學校津貼八十名，每名每年五十元：

北京高等師範四十名

南京高等師範二十名

武昌高等師範　十名

奉天高等師範　十名

專門學校預備津貼一百名，每名每年六十元：

凡國內專門學校，其所設科目爲本省所無者，認爲特別需要，選送學生時得酌給津貼。但於選送以前，前項學校已有本省學生肄業者，一律給與補助。

看了這個修增的辦法，我有幾句話要說。

朋友王樂平君親對我說：『山東的教育根本絕望，連幾個中學都辦不好，還盼望他專門教育嗎？現在辦教育的這般人是沒希望了的。無論生什麼法子，換湯不換藥，終歸是無效，而且費盡了氣力，落得一身灰氣，亦不値得。倒不如暫時忍痛，送些學生到外邊去；縱是百人中成就上一個，將來亦還有點希望呀！所以我極力主張擴充額數，多送些學生出洋。……』你們當事的人，反省反省，亦覺得冤屈不？

時常聽得人講：這幾年山東的專門、學校，簡直招不着學生。若是有拿中學卒業證書去報考的，他們和接上仙一般，不分皂白，就收進去了。每年招生廣告貼出去，一續二續三續，總招不足額。不得已就把自己的親戚朋友，故人的子弟，爲着情面不好意思拒絕他，一齊都拉來了。所以各專校學生，校長學監教務長是那一縣人，便那一縣人最多；不曾就成了他自己私塾的樣子！

（未完）

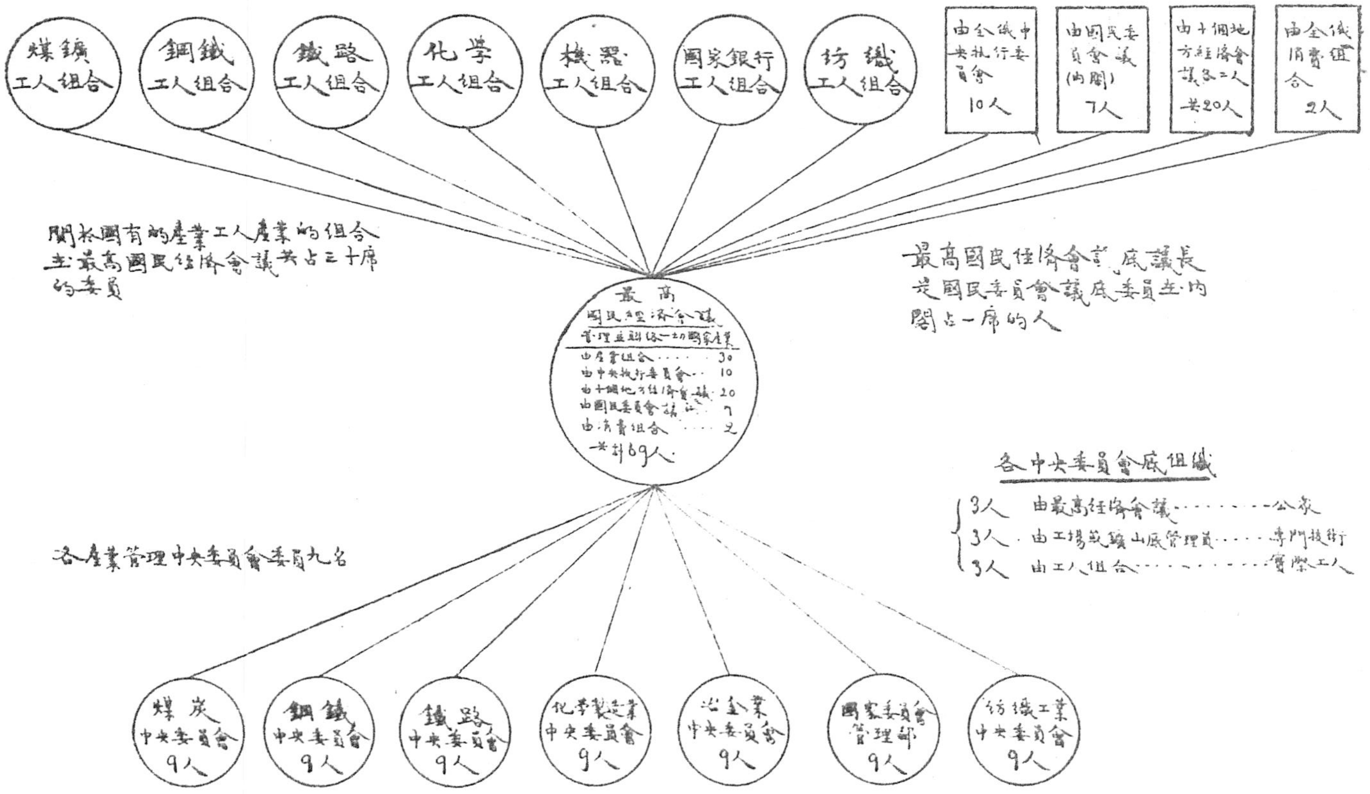

第一圖 俄羅斯蘇維埃最高國民經濟會議底圖表——這個最高國民經濟會議是蘇維埃共和國底經濟生活中心

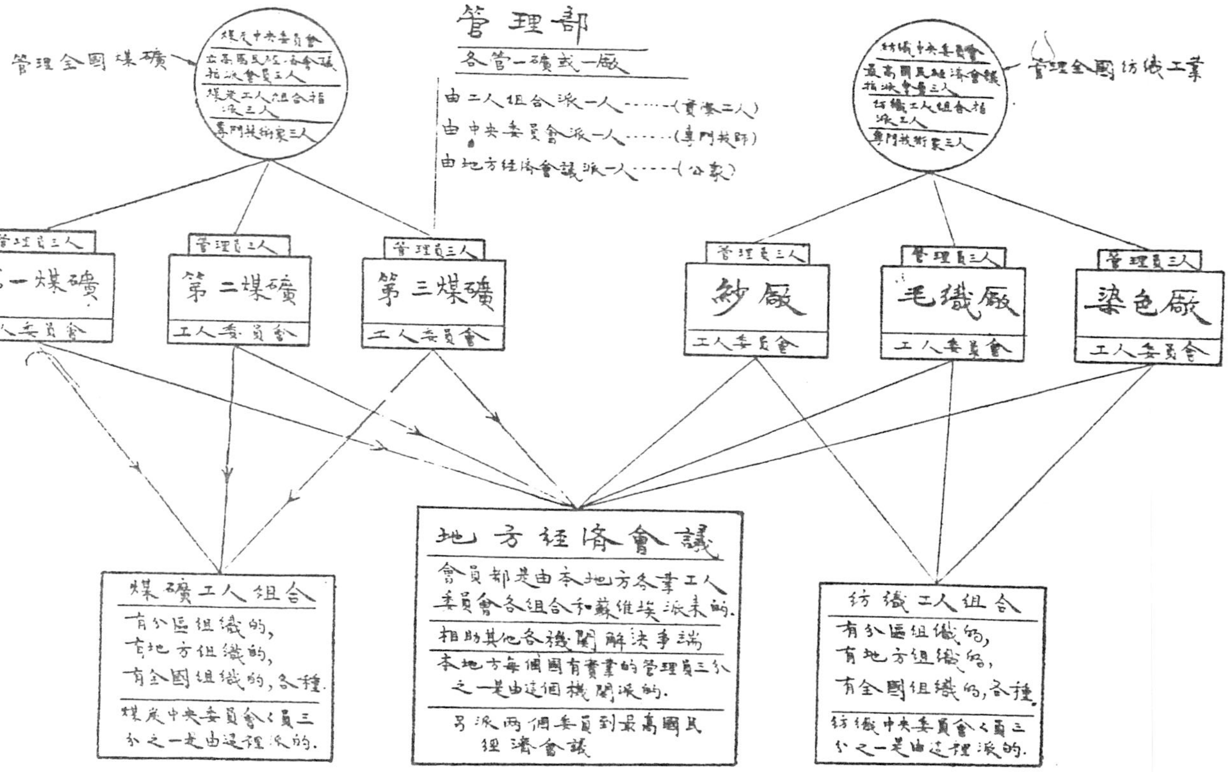

第二圖　管理實業各機關的組織圖表

少年世界

THE JOURNAL OF THE YOUNG CHINA ASSOCIATION

第一卷第六期

中華民國九年六月一日發行

少年中國學會出版

世界之世界

本月刊曾於第四期特闢『世界大勢』一欄，茲因字義含混，有未妥處，改為『世界之世界』。

記者。九，五，十三。

新俄羅斯建設的初步

趙叔愚

兩三年來自新俄羅斯傳出的消息總是迷離徜恍，想求點正確的新聞，已經不可多得至於那統觀全局的著作，簡直更是少有咧！前月美國『亞細亞』Asia雜誌出了一期『俄羅斯號』裏面有Wilfred R. Humbhries做的一篇"The Scaffolding of New Russia"他竟能用這簡短的文辭把世上那嶄新的共和國之政治的和經濟的組織及發展全都原原本本的寫出我覺得在我所讀過的記述新俄羅斯的文字要以這篇為最有系統了，所以就急急的把他譯出來公諸同好。　譯者誌九，五，十三

現在世界上有許多好思索的人看見俄國的蘇維埃政府時時是搖搖欲跌，卻終是個搬不倒，想起來總未免有些不解；並且還有些人却是已經漸漸明白原來那包爾失維克不是一揮手就可以趕跑的了。

直到今日那俄國的政府已經是很穩固了。在歐俄一帶，那些容易宣傳的地方，到處都扯起蘇維埃的大旗來。如果一個人從墨斯科走到彼得革勒一路那幾千里之內，無論是大小城鎮總有一個蘇維埃。

雖然當那革命初起之時，差不多鬧成了全國瓦解，但是現在已漸漸有統一的形勢了。這實在是兩年以前[illegible]夢想不到的事；試看當那個時候，無論是鐵路，工廠，或農村，全成了無政府的狀態；人人祇圖私利，將所有的生產事業全都把持到自己手裏沒有一個肯顧慮到人民全體的福利的。

回想在一九一七年秋克倫斯基的末葉和蘇維埃初起時，各工廠的勞動者，都是混亂的爭着將廠裏的權柄搶到手裏，却毫無組織的計畫，結果不過是破壞了許多值錢的機器。及至　悟那管理人和技術者仍是不可少的，那時已經遲了；工廠已經破壞不堪咧。至於那些未曾將工廠據為己有的勞動者，就向那廠主

要求增加過度的工資。那些廠主依允了要求，却增加在物價上，結果是那重負擔、還是轉到勞動者的身上來。生活費既然增長，勞動者祇得更要求較大的工資了；這樣的循環不已，直到後來工廠收歸公有，纔算作一結束，到那時工資纔平了下來。像那巴革他橡皮廠就是如此的，勞動者屢次實行罷工，或是以罷工要挾的結果，他們的工資就增長到每月二千二百個羅布為最低限度；這樣高的工資實在已溢出每人所能產生的物值了。到後來巴革他廠收歸公有，那高等經濟會議的橡皮中央委員會，費了好大的力量，纔將工資減到每月一千二百個羅布為最低限度。但是要知道這破壞生產機關的責任，不全是勞動者要負的，那些資本家祇圖私利毫無心肝的增加糧食的價值；他們的代表在克倫斯基的政府裏，百計的阻撓管理糧食政策的實行。他們總要叫糧食價值，高出勞動者的工資。克倫斯基的聯立政府是毫無能力的，簡直沒有一種取締的方法。

再看那時農鄉的情形，也是同樣的混亂。當一九一七年九月那彭薩丹波夫佛羅尼貟等處的地方政府都相繼被農民革命推倒了。各處田主死命的不肯放棄那田產的私有權，那班農民又堅持非承認那田產應歸勞作者公有的主張不肯干休。田主輕視農民的意志，那些驕縱的官吏就將農民地產委員會的職員逮捕起來，於是農民施行報復手段，就由他們那些新從戰地解散回家的子弟，幫同搶掠那地主的宅舍。他們把那些大地主所有的農具，牲畜，和他種的動產，一起搶來均分，並且破壞了許多極好的田園。

這就是兩造各不相下的直接衝突了！那囂囂不平的農民，和這深閉固拒的地主，都採取直接行動的手段，誰也不肯相讓，並且誰也不信任代表的議會。所以那包爾失維克未起之前，就鬧成這樣混亂的無政府狀態了。

那末現在大家可以明白了罷；要知道那蘇維埃的政府，不但沒有把俄國陷入那無政府狀態，而且因為他們拿到權柄的緣故，反把全國從混亂破壞之中救了出來哩！那些有能力有決心的勞動者；和那班青年的農民，團結的很堅固，並且有很明瞭的方案。克倫斯基試驗過聯立政府了——各黨的德謨克拉西的結合——但是結果却失敗了。因為那些大地主和資本家，拚命的把持，就破壞了他那社會大改革政策的實現。這就是他那妥協主義的結果呵！等到包爾失維克所領袖的蘇維埃起來，他們不信任那有產階級的人可以幫同打破資本制度，所以他們就公然主張在這過渡時代應當施行無產階級的『迪克推多』制。假使當時那些大地主和資本家，遇到了克倫斯基那個緩和的機會，他們稍肯退讓，不作那頑梗的貪戀，他們還可望保留一部分的權利；及至將來全部歸公時，仍舊可以得到些補償。但是不幸他們竟是些冥頑不靈的東西，他們對那社會裏潛伏的動力簡直毫無感覺！他們認定勞動者和農民的不平是可以用甘言欺騙的，是可以用機關槍制服的，於是那布爾失維克的革命就應時而起，結果就是無產階級掌了政權。如果我在當時離去俄國，我必要報告大家說，俄國是絕望了；因為就那個時候的景象看起來，總覺得那些饑饉，困苦，和騷亂的狀態，不曉得要多少年纔能過去呢，但是我當時並沒有離去俄國，我又住了十一個月，目覩現在那政治的，經濟的組織，怎樣的建立起來。我要依次的把大略敘述出來，但是先要請讀者注意現在的俄國因被迫而日事戰爭，以致武力主義不免偶爾表現，去年就有幾次軍事行動，竟超過憲法的約束了；這乃是意外的變態，不可不知道的呢。

政治的組織

在蘇維埃的俄羅斯國土內，每一城鎮必由蘇維埃統治；這就彷彿各國的市鄉議會，或是自治會。蘇維埃的文義本是議會，乃是一種代表制的機關；各代表是由各業各職工，和各種服務社會的團體——無論是用腦力的或是用體力的——推舉來的。不但是襪匠，鐵匠，和木匠等團體要推舉代表，就是醫生，教員，書記，以至『母社』Mother's Association 等都要推舉代表的。因為家事，和保育兒童，乃是大家公認為最重要的社會服務，所以每個城市的『母社』都要照着別種職業一樣的推舉代表。我在彼得格勒和薩馬拉會和些『母社』的代表譚過，他們都是很有學識，並且很沉靜的婦人，在他們的蘇維埃裏也都是很有勢力的。那些沒有子女的婦人所享的代表權，是和男子一樣的；就是，必須去做工，或是加入與自己適合的職業團體，纔能有代表權呢。

每一個職業團體，應當推出代表到城蘇維埃去；代表的額數，是要比照團員的額數而定的。代表權是永不間斷的，派出代表的團體，可以隨時訓令，或是撤換他的代表。

城蘇維埃的組織

試想每城各職業團體都要推舉代表組成這蘇維埃，那結果自然是很大一個代表議會了。我曾看見一個小鄉鎮的蘇維埃裏各業派出的代表竟多至五十餘人。像彼得革勒和墨斯哥那些大都會的蘇維埃裏的代表竟有一千至一千二百人哩。雖然在去年要應付戰時緊急事項，時常有委託專員代行的變通辦法，但是全體代表每月總要開會的。

蘇維埃全體會員可以指定分股委員會，大約每股可以派會員三人。委員會的種類，如住宅，公安，糧食，公共衛生，教育，社會娛樂，和法庭等，都可以特設專股；在去年還設過一個『鎮壓反革命特別委員會』哩。各股的委員長合起來，成一個蘇維埃執行部。城蘇維埃也可以指派本蘇維埃以外的人，到各種委員會。還有些大城的分區蘇維埃，是由宅區委員，或是工作委員組成的；但是這種蘇維埃祇有執行權，沒有立法權。他們的職務是執行城蘇維埃所決定的事項，並且有管理住宅，和糧食等事的權。

村蘇維埃

那些無數的村蘇維埃，都是農民組成的；他們直接派出代表到地方蘇維埃，或省區蘇維埃，間接也就是到全俄蘇維埃議會了。試將現在派到全俄蘇維埃議會裏的農民代表額數比照農民人數，和勞工代表額數比照勞工人數，對看起來；那些勞工代表是每二萬五千人裏推舉一個，至於農民代表却是每十二萬五千人裏推舉一個。這樣的比照，乍看起來似乎不甚平均，但是在議會裏，那勞工代表總額數和農民代表總額數，却差不多相等；這是因爲全國鄉居的人數，比全國城居的人數，多至五倍的緣故。據勞動者解釋這種代表額數的區別，說出兩個原因：(一)因爲此次革命是由勞動者發動的；(二)因爲勞動者已經決定，按照法律，農民對於與他們自身有密切關係的田產，有自決權了。至於那些勞動者既然都是馬克斯派的社會主義者，他們總不情願破壞那些大規模的產業，而且要保存他們不分裂，好預備獎勵大規模的農業，並應用科學的方法。所以他們認定他們對於把實業收歸社會公有一層，勞動者也應當有自決權。

全俄蘇維埃議會

各城和各省區蘇維埃的代表大會，是要按時聚集在一處的。照新定憲法，每年必須開大會兩次；在事實上，當這兩年零三個月多事之時，已經開過七次大會了。開第三和第四兩次全俄大會我都赶上了，每次各地方的蘇維埃派來的代表，總在一千至一千二百人，每次會期總是六天至十五天。

在最後一天將要閉會時，先要選舉一個中央執行委員會——大約二百人——接受本期全體議決事件的委托；到下次大會再集時，要向大會報告在這半年閉會期內所執行的事件，然後全體辭職。但是這一次的中央執行委員會的職員，下次還可以當選的；照這樣辦法更換政府的職員是很容易的，但是同時也可以看出政策仍有繼續進行的機會。

『比例代表制』齊全俄議會裏指任執行委員會時採用的方法。什麼叫「比例代表制」呢？就是在議會裏的各黨——共產黨，門失維克黨，社會革命黨等等——都比照他們的黨員多寡，指任代表。這樣組成的全俄中央執行委員會，在這六個月內差不多每天總要在這首都墨斯科聚會的；對於一切政務，除了關係很大的政策必須經全體大會議決的，那執行委員會有執行權，也有立法權。該會可以指任那十八個分股委員會——那些委員長的集議體就是『內閣』了。

『內閣』自舉議長，這個議長直到現在，總是李寧尼古萊擔任。全國並沒有總統，李寧不過是『內閣』的議長，並且內閣隨時可以撤換他，就和全俄中央執行委員會，隨時可以撤回『閣員』一樣。這『內閣』所分的部務，如外交委員會（齊吉林擔任，）陸軍委員會，（特羅斯基擔任，）教育委員會，（魯納查斯基和戈克奇擔任）最高國民經濟會議（米留汀擔任；）此外還有郵電委員會，道路委員會，財政委員會，和平民法院等。凡是各委員會議決的命令，必須經內閣，和全俄中央執行委員會認可纔能頒行。

蘇維埃和包爾失維克黨

許多人對於蘇維埃和包爾失維克黨的關係，往往鬧不清楚。要知道包爾失維克即便有一天被人推倒了，那蘇維埃還是可以不至動搖的。李寧所領袖的那包爾失維克，雖然在現在的蘇維埃裏佔多數，但他們不過是數黨之中的一黨，就彷彿現在美國的共和黨在國會佔多數是的。據許多中立派的觀察說，如果不是因爲一年半前協約國採取武力的干涉，那包爾失維克早已讓門失維克或社會革命黨，作蘇維埃的領袖了。但是因爲外力干涉的緣故國內的黨派都團結起來，一致抵拒外兵侵入哩！所以在這十八個月的工夫協約國的干涉實在延續了布黨的命運；他們那些過於極端的政策也漸漸和緩下來有許多主張差不多竟和門失維克相同了。責任心和經驗往往可以和緩人的意見，在今天的俄國更確是有這種情形哩。李寧和他的同志，從前都是些革命的宣傳者然而現在却不是空論家了；他們現在都已變成解決實際問題的實行家哩。但是蘇維埃的制度，現在雖是很穩固，可是這還不能算作那人心驅動的俄羅斯的永久政體呢。

還有一層要注意的，就是雖然現在的政府是在主張共產的布爾失維克黨手裏但他們現在所施行的還不[illegible]共產制度；因爲他們並未採行那共產主義最要的平均工資的條件，並且也沒有將所有的實業全都收歸國有。雖然他們那最後的目的是在共產，可是他們認定俄羅斯也必須經過一番和別國相同的，經濟發展的『洗禮』。並且他們還看透一層，就是雖然由無產階級執持政柄，可以促進這個過渡時代一切的蛻化，但是要達到共產的目的，那些步驟還都是必須經歷的。

以上所說的蘇維埃政治上的組織，那不過還是臨時的，就像建造房屋先要搭起來的木架一樣。現在俄國勞動者在建設新經濟組織，所遇着第一種困難，就是各職業都有一種祇圖自身發展的趨勢，大半總不肯顧慮到全羣的利益的。那各業具有錯綜的聯帶關係，乃是萬不可忽略的！他們要勝過所遇的困難，並且使各業能夠痛癢相關，所以就漸漸產出了這最高國民經濟會議了。當一九一八年一月這個機關成立時，我正在彼得革勒。那時各職工，各經理，和各技師的代表，就聚集在萘尼哇達河旁一所大房子裏。當時正是原料缺乏，技師罷工，交通停滯，和德兵侵入等各種困難，一齊發現；差不多要使最強毅的人，都灰心短氣了。但是這些代表，還能想到那北邊的森林，白海的漁業，高加索的油井，烏拉山的金銅鐵礦，和應當興築開浚的鐵路和運河，並且還要把那種混亂的經濟清理出個頭緒來。像這樣堅忍奮鬥的精神，眞不能不令人欽佩呵！

此後過了五個月，又召集了那些新成立的地方經濟會議，開那第一次全國大會。那最高國民經濟會議，就成了國家的法定機關，也就是全國新經濟生命的策源地。他的創設成功時，正是那專管政務的蘇維埃，爲擁護共和，和國內外的仇敵奮鬥極烈的時候。普來斯君說得最好，他說：『最高國民經濟會議，是創造新俄國的工具；蘇維埃不過是保護那運用新工具者的一種臨時武器。』

現在俄羅斯的實業可以分爲三種：（一）私有的，（二）組合的，（三）公有的。

若論數目，還是以私有的實業爲多，但是這都是些規模較小的事業，他們遵照一定的條件，可以由國家銀行裏借款。包爾失維克黨人覺得這三種實業並行是很有益的。假如有人覺着他自己特殊的才幹和能力，可以和那公有的或組合的實業競爭，他自然要去興辦實業；這樣正是獎勵社會化的實業呵！因爲要招致勞動者，他付給的工資和待遇的條件，必須和公有的，或組合的實業有同樣的優厚，纔有人肯就呢。這不是就是勵行社會主義嗎？

還有許多大實業的廠主，和他們的勞動者相處的很合適；這樣的實業是不必實行歸公有的。在名義上他們雖還算收歸公有，但實際上不是的。因爲那廠權固然曾經由廠主轉移到政府了，但是仍由政府租給他，——那租金是虛有其名，——他還可以有全權經管一切。這一種叫做『暫收而付還的』，這話就是表明和『沒收而歸公的』不同了。那些大廠裏曾經『暫收而不歸公的，』如保多斯基的大銅絲廠，墨斯科的電氣公司，墨斯科的電話電報製造公司，尼古斯基的紡織工廠，丹波夫的紡織工廠，等等都是的。大概的辦法，政府總要派一個委員在管理部，勞動者也派一個，但是廠權差不多還是在廠主手裏。

論到組合的實業，就是有許多中等的工廠和店鋪，由有關係的勞動者聯合主持。那些不必需用大資本的事業，尤其多有採用這個辦法的。許多飯店，由侍者和廚師組合，共同管理；理髮店由理髮師共同管理；或是裁縫們自己經營成衣店；皮匠們自己經營靴鞋廠。還有些戲院是由『優伶公會』自行管理。政府對這些勞動者自營的事業，並無甚干涉，不過須行些共同應守的條例就是了。因爲蘇維埃政府，想避免官僚的集權政治，所以這樣自營的小事業，是很受獎勵的。因此這類工人組合的事業，要向國立銀行借款，也是極容易的。

那些收歸公有的工廠大半是由最高國民經濟會議的各業中央委員會管理；但是其他的都由各地方經濟會議管理。還有些實業並不是收歸國有是收歸市有。譬如我到過的薩馬拉附近十五里的一個乳牛塲就是歸那『村蘇維埃』所管的。塲裏共有八百多匹牛，一看就曉得管理是很得法的。這個塲並不是由勞動者組合管理的；他們不過是僱工，對於塲務祇有少數的代表權。此外還有些電車公司也是這樣的歸市所有，他們的勞動者也祇有一部份代表權。這樣看起來，那收歸公有的政策是有一貫的宗旨的；就是凡是帶專利性質的事業，如電車，鐵路，和開發屬於全羣共有的天產品，都應當歸公；並且那發達成熟的大實業也在此內。

最高國民經濟會議的職務，是管理，並統籌全俄所有收歸公有的實業。他是由六十九個會員組成的，會長米留汀算是『內閣』的一員。看第一圖或者可以稍明白這個會組成的一斑哩；但是要知道這個會實在不是一個人所能平空想像的，也不是僅僅在紙上能表現的。在圖的上首表明那些各業工人的組合，共舉三十個會員，到這最高國民經濟會議（各組合可以隨意撤換自己的會員。）『內閣』指派七個會員（財政，郵電，農務，道路等委員長都在內。）那十個地方經濟會議共推舉兩個會員；還有那現在担負分配任務最重要的全俄消費組合也舉兩個。所以這個最高國民經濟會議，實在是把全國所有參加生產活動的分子都收羅在裏了。那些國有工廠的工資和工作鐘點都是由這會規定。

各業的管理者

每一業都歸一個九人組成的中央委員會管理。譬如那管全俄煤鑛的中央委員會，他那九個會員支配如下：全國煤鑛工人組合推舉三人（這是實際的工人）；最高國民經濟會議推舉三人（這是公衆）；其他三人是由煤鑛管理者推舉的專門技師。此外還有一個三人組成的管理部，可以管一個鑛或一簇鑛。這三個管理員的支配是由工人中舉出一個——直接推舉或由他們的委員會推舉；由墨斯科煤鑛中央委員會指派一個專門技師；還有一個是由地方經濟會議舉出——這個機關是代表該經濟區內所有各業的工人。

這些管理部有獨立的實權。他們可以不受那些頭腦不甚明晰的工人投票的影響他們有去留工人之權，如有不服的可以上告。倘有工人覺得他受的待遇不公，——暫停工作或是被辭退等事——他可以到工作委員會去申訴——三個管理員之一是由工作委員會推舉的；工作委員會就和管理部去開談判。那些申訴事件大半總可以就此了結；但是如果遇着管理部堅執他們的主張，那末工作委員會就要申訴到地方經濟會議——要知道這個機關也有一個人在管理部的。大概無論什麼樣申訴事件，在這次還不能解決，那是很少的了；但是如果一個地方還不能了結，那末就可以到煤礦中央委員會去申訴了這——個機關也有一個人在管理部裏。還有那全國煤礦工人組合，為這事也可以直接和煤礦中央委員會交涉。

至於那最後的申訴，就是最高國民經濟會議了。但是除了關係全國實業的大爭端，其他尋常事件關到這裏是很少的了。如果工人對於最高國民經濟會議的判決還是不服，他們若要罷工，那就是對於全國的勞動者罷工；那末他們當然得不着公衆的意志作後盾了。所以蘇維埃並不禁止罷工，却把罷工這樣隱隱的消滅了。這一步步應有的手續是必須遵守的。倘有工人不按照步驟做去，那就是破壞紀律！

公有實業的工值和職務

許多公有的工廠，並不按日或按星期付給工值，却祇是按成品論工值；他們這樣做所為是獎勵出品，並增進效率。

固然有些工作是不能按成品計算的，譬如管理，書記，教員，和這一類的職務都是不能按作品計件的。所以凡是這類的職業共分二十七組（各組還分門）自粗作勞動者至專門技術家，他們的工值各有等差；最少每月一千二百個羅布，最多不過四千個羅布（照現在的匯率是自六十元至二百元）。但雖照理論上必須依着這個定率，可是有時為必須聘用的專門技師，也可以付給毫無限制的工值；然而那些社會主義的忠信者，連李寧算在內，從沒有一個人支領四千羅布以上的工值！至於那私有的和組合的事業，他們酬報的多寡是由雙方訂立契約自定的，那就另是一說了。

還有件極可注意的事，就是學校教師是和那些專門技師一樣支領最高的工值。畫畫家，詩人，演說家，優伶，和許多這類的人，他們或是領受的無限制的報酬，或是由各業按時供給，絕沒有人想到把美術家也弄成一律的。要知道一個人的職業斷斷不是祇爲他自己的呵！

醫生，牙科，看護等，還可以照常營業，或者他也可以受各公共衞生局的雇用；因爲現在醫藥衞生等已經漸漸成爲社會公有的事業了。傳敎師是再得不着國家的補助了。但是他們可以由信徒供給。現在最苦的行業就是律師。有些從前的律師現在作了平民法庭的法官，但是律師裏懷抱革命思想，並且承認他們自己的職業是社會之害的人極多。李寧從前就當過律師的。律師所辦的事，現在都歸蘇維埃新設的平民法庭辦理了；他們所遵奉的原則是叫做『常識公理』Common Sence justice。

實業國有的結果

照着最高國民經濟會議的機關報『經濟的生命』所載的，告上說：自一九一八年一月起至一九一九年六月底止，因實業收歸公有所受的損失，是三千兆羅布；那補助預備歸公的私有實業，所用的三千五百兆羅布，和其他搬運機器和廠屋等項費用，尙不在內呢。

據公布的損失的原因，是（一）生產費溢出收入，（二）所用職員過多，以致行政費太大，（三）許多工廠因爲缺乏原料和燃料，而暫停工作，但是大批的失業者還須出資補助。因此彼得革勒的波堤洛夫鋼鐵廠在一九一八年所付出的工資，竟多至六十六兆羅布；但是出產的成品，祇值十五兆羅布。至於那紡織工廠，因爲漬麻和織麻，佔用的工人較多，賦閒的職工少些，所以他的損失也就較小了；這是因爲棉花的原料雖是缺乏，但藉着新發明的方法，織布的機器可以改用織麻，所以纔有這樣好結果哩。

前一個月又得着國家工程部主任魯滿諾索一封信，裏面有極可靠並且很有價值的消息。魯君不是包爾失維克黨，但是門失維克黨。他是一個通國知名的工程師，在克倫斯基的時代，曾被交通部長派到美國，六七個月前纔回國的。

他信上說：現在工廠的出品都增多了，依他的估計，大多數工廠出品的數量，和歐戰以前差不多了。（在包爾失維克初起的一個月，有些地方成品數量竟比平時減少百分之八十）說起他自己作工程部主任所作的事來，他說：『世界最大的發電廠』正在墨斯科附近建築哪。他希望在一兩年內，墨斯科大多數的工廠，都要使用電力的發動機。那廣漠的『泥炭』礦 Peat bed

都要用來作麻電的燃料。此外工程部還在建築着兩座城市呢。前幾個月他把那丹河和佛爾加河也都開浚深了，現在魚雷艇可以自波羅的海，順着這些河，直行駛到加斯便海去。另外還有幾千里的鐵路也正在建築中。

去年十月二十日，最高國民經濟會議的化學中央委員會，又在布連斯克開了那第一個製造安息香油的廠。那『經濟的生命』上還記載着一九一九年六月墨斯科區內紗廠的狀況；據說在五百五十個紗廠中，有四百七十七個紗廠，共用四一三八二二個工人，終日工作。他們的成器，並不是棉紗和棉線，却是蔴紗和蔴線。

實業國有的範圍

按照去年十一月最高國民經濟會議議長米留汀的報告，說全國收歸公有的大工廠，差不多有三千個；其中有九百個因為缺乏原料的緣故，停止工作哩。（鐵路專供軍用，那時戰場竟多至十三處，多諾茲的產煤區也還沒有奪回。）

那最重要的實業國有的命令，頒行的結果（一九一八年六月二十八日發的）共沒收某種資本在一百萬羅布以上的實業，

和某種資本在五十萬羅布以上的實業；照那命令上所開的，共有一千個。凡是礦產，無論資本大小，都要沒收的。股東並得不着賠償；但那有股本的管理者，還繼續有管理權。在一九一八年六月一日，那時實業國有的命令還沒有頒行，但是已經有五百多個小工廠被沒收了。這樣的舉動，並沒有什麼系統。作這事的目的，不過把那產業從工人手中收過來就是了。因為勞動者將工廠奪在手裏，既不受政府的節制，又沒有技師的指導，自己就想要產出成品；那些廠主，技師，和工程師，大半早已趕跑了。這種混亂無組織的實行共產，那結果自然是失敗，停工，破壞機器等怪狀一齊來，所以蘇維埃政府就不能不干涉了。及至近來，對於這些小實業却是實行放任主義。

國外貿易

將來國外貿易復通之後，所有進出口貨，都要歸政府專賣；那經理其事的機關，就是最高國民經濟會議。所以外人將貨物運銷俄國，那些銷賣費，廣告費，和賒欠等項，都免去了。在俄國方面也可以獲得那大批購貨的利益；還可以坐待英美德法各國的製造家來向他競爭着兜銷。現在他們的政府已經表示不願購入，

像東方各國低廉工值所出的物品。如果能作得到，他們還打算要別國買給他們的製造品必須有職工同盟會的標記，並且擔保沒有幼童參加這物品的製造呢。

蘇維埃的俄羅斯現在存儲着大宗的大麻，亞麻，皮革，木材，白金，和黃金等，預備作第一批購入貨物的代價。此外還有值二百兆元的金銀塊，隨時可以提用。

前些日子有人問起米留汀，蘇維埃的俄羅斯既奪回烏拉山的金礦，那末對於他們的經濟現狀，將有什麼樣的影響呢？米留汀回答的話很有趣味，他：

『金貨在國內經濟上已經沒用處了。我們還留着現金，不過是為對外貿易用哩。將來『封鎖』撤銷，我們打算立時要購入大批的製造品，就預備拿現金和原料，如棉，麻，木材，和毛革等物，作為代價。至於國內，我們既已把商業和礦廠都收歸公有，那金銀貨舊日的用途當然失去了。就以現在而論，我們那紡織組合，向燃料組合購煤，業經不用付現，不過把所值的數量載在簿記上就是了；所以那些銀行簡直變成社會的帳房了。因為兩個組合都是國有的，所以自國庫裏看起來，這個組合的存項，就是那個組合的餘剩，這樣那現金僅僅成了一種估價的工具。如果所有生產機關完全收歸國有，那現金必至毫無購買力哩，到那時金貨在蘇維埃的俄羅斯，祇怕除了鑲牙，就是用以對外貿易罷！』

監察院

為監督政府，並改良組織，就設了一個『監察院。』這個機關是直接對全俄蘇維埃議會負責的。他的職權可以行使到所有的各機關，就是中央執行委員，和『內閣』也要受他的監察。度支預算都歸他審計。他可以強制各機關整頓他們的職務，或是裁汰繁冗的機關。他對於不滿意的官吏，可以要求撤換；遇有官吏犯罪，和溺職，可以提起公訴。他的職權不止是監督政務，而且要加以指導；有時，派人到各地方蘇維埃指授行政知識呢。

經濟同盟

巴黎和會把歐洲分成許多小國，各有各的關稅政策，因此醞釀出將來的戰禍；但是現在俄人的意見正和這個相反。包爾失維克黨人深信這些小國應當聯成少數較大的經濟同盟，然而他們卻認定不到各國勞動者都得着政權，這樣的新發展一時不見得能實現哩。他們覺得歐洲各國的經濟都不是絕對的獨立的，但是互相依賴的。無論那一國，總有別一國所需要的東西：一國富於原料；又一國糧食充足；還有一國製造品很多。他們承認各國還是要自治，可是經濟同盟卻是必不可少的。所以雖然法國方面要利用波羅的海各國的同盟，來抵抗包爾失維克，其實蘇維埃外交界的人，對於這件事卻是很歡迎的了不得，拿他當作應該走的一條正路呢。

那蘇維埃俄羅斯最大的希望，就是全歐的勞動階級都掌握着政權，那時是永沒戰爭了，各國的鐵路都聯貫起來，又有統一的幣制，把全歐變成一個大聯邦國。沒有君主！沒有兵！也沒有關稅！還不全像是夢話嗎？是的！但是蘇維埃議會，確是覺得他們能這樣統治俄羅斯呵！雖然遇着許多國內外的仇敵，阻撓他們的計畫，可是他們已經成就了不少的事業哩！倘若不遇到這些仇敵，在前，這個時候，他們早可以有很好的成績了！後來復古的革命運動都被壓倒了，和平也漸漸恢復了，平空又來了外力的干涉。於是困苦，恐怖，一齊來！那協約國想要拔去的眼中釘，反倒站得格外穩固了。現在俄羅斯把他們那外來的仇敵也戰敗了。如果能立時和各國議和，那國內的和平秩序自然可以恢復，恐怖也過去了，罷工也告終了，穩健的建設也當然開始了。我仍舊是這句話：『經驗和責任心可以成就他們那忍耐的事！』

學術世界

美國心理學會第二十八次常年大會

(續第五期)　　查　謙

智慧度量法會議

卜林士敦大學道爾(E. A. Doll)試驗過百五十萬補充兵及別種人，關於成人的中央心齡的結果，引起很大興趣。通常的意思，在未經選擇的集合裏，中央心齡約十六歲。斯丹福賓賴的中央心齡，軍隊補充兵為十三歲，黑人及生於外國的補充兵為十歲，成年的男罪犯為十三歲，所用試驗法都是軍隊哀爾發(Army Alpha)。以哀爾發試驗的五百公立學校兒童，十三歲之後，中央數目全沒增加。從十六歲到三十歲的幼年罪犯，也是如此。因着上面種種結果，發生這個意思：本地成年白人的中央心齡，約十三歲。心齡發育在生命年齡上的限制，併未研求。因爲，有人說，情感的發育，技能，才藝等等，大概無限的發展。心弱者最高心齡限制，不與常人較低心齡限制恰合，心弱者心齡界限，在七歲與十三歲之間，那裏都可以的。用心齡或智慧的分數作心理瑕疵的標準，在十歲以上的兒童裏，格外有限制。馬克林醫院威爾士(F. L. Wells) 報告與上述各端相合的結果。在馬克林的一〇二心理毀壞的人，中央智慧的分數（斯丹福標尺）爲八八，但一〇〇之智慧分數也很多，一一九之智慧分數，併在無法自存的病人裏發現。心理毀壞，除去有機精神病，不牽涉智慧標尺所求的意象能力。具尋常智慧的人，縱然具超越智慧的人，時常不免有很利害的判斷與行爲之紛亂。智慧標尺測量待遇意象的能力，不測量待遇物與人的能力。精神毀壞就是對於環境之適應的失敗。威爾士著重智慧在心衡裏的次要職務（意象的能力），大家常認教育爲品格之訓練，不是知識之訓練。

芒赫約克大學海士(S. P. Hayes) 將賓賴度量法，微微改變一點，試驗盲人的智慧，頗著成效。略經改變的卜賴色集合度量法，與賓賴的數目及教授者估計的能力也有很深的關係。威斯干遜省公共教育部吳志 (E. L. Woods) 報告應用新發明的烏爾精尼亞度量法，愛爾發集合的試驗犯罪女子的智慧。加立基工業專門學校邁勒 (G. B. Miner) 展覽一種方法，利用三廣模型，表示在複雜能力裏，—如買賣，—個人的差別。西北大學威白 (L. W. Webb) 發現誦讀率（門羅默讀度量法）與軍隊愛爾發及色爾士頓度量法A與B間相互關係的巴爾生系數，爲從 +0.47 到 +0.59. 誦讀之理會發出的系數爲從 +0.48 到 +0.69. 誦讀之速率與理會聯合爲 +0.85. 威白說，這許多相互關係，表示筆與紙度量法，對於誦讀時理會之速度，倚賴過大。

加立基工業專門學校色爾士頓 (L. M. Thurstone) 發現：循環車式的智慧度量法，對於工業大學招收新生，成績委員會待遇不良的學生及職業指導，都大有裨益。白朗大學高雲（S. S. Colvin) 報告白朗智慧度量法的功用與最初兩年的位置有 +0.60 的相互關係。一九一九年始用的邵痕戴克度量法發見病徵的價值狠大，在同一個人身上，屢次試驗，也極連貫。

與美國醫科心理學會的聯席會議

白爾曼學校密倩爾（D. Mitchel）規定醫科心理學為一種職業的行為，與試驗室中心理學之科學，恰恰相對。醫科心理學又與應用心理學不同，因為後者可以和個人沒關係。醫科心理學是審斷心理狀況的行為，以便指定所需教育之種類及方法，發現有職業重要之能力及弱點，觀取情感的發展，好得着適當的社會的反動。白朗勒（A. F. Bronner）著重醫科心理學診斷個人之功用，舉例證明普通智慧度量法在發見心理設備之重要變更上的失敗，所以特殊能力的度量法，非常需要。幼薑研究界馬梯爾（Florence Mateer）發見：心齡或智慧的分數，固不是證明因梅毒而生的精神病，但正負數的詳細紀載，與個人反應之格外精確的測量，常能發見先天或後天梅毒的端倪。同樣的分析，無論心齡若何，可以區別精神病與非精神病。波士頓精神病醫院卻色爾（E. E. Southard）發表一個名詞表，預備擴張心理朕兆及歷程名詞用的。耶魯大學介賽爾（Arnold Gessel）討論幾件有關心理弱點的半身膨脹。卜國士（Morton Prince）發表一個得着心之分離的方法，使

許多相反趨勢中的一個，陸操管轄全權，因而看出各種抵觸的動機的異象。

哥倫比亞大學哈林屋斯（H. L. Hollingworth）用更新的反動詮釋官能的神經病。在尋常知覺或思想的歷程裏，激刺是原來狀況的一部，使反應全體復新。常人之復新的反動，與神經病者復新的反動不同之點，就是在前者裏，只有一個主要條目引起全部反動—不是任何偶然的條目。復新可以在外皮的平面上發生，引起通常的了解，思想或知覺，也可以在態度的平面上發生，顯出變化腦筋昏亂病的景象；也可以在自動的平面上發生，引起憂鬱神經病。若外皮的復新發生，態度的與自動的反應，都能用激刺的全形決定，他們不是復新的。外皮的不成熟與虛弱，大概是其餘兩個平面上有較大的復新趨向的意思。態度的平面與外皮的平面，比自動的平面與外皮的平面關係格外密切，所以智慧的低下，使人對於變化腦筋昏亂病的趨向，比對於憂鬱神經病的趨向更甚。依試驗精神病兵士的結果，不但他們智慧低下，併且變化類表顯的智慧，比憂鬱類表顯的知慧，尤為低下。

俄海俄大學秉德勒（Rudof Pintner）發表一個用心理能力估定學校成績之價值的方法，非常適用。僅僅一個心理試驗，決不足以精密的審斷兒童，必得將學校成績，根據年齡及班次，仔細測度。所以他製出二種度量法，一種心理的，一種教育的，應用於千五百個兒童。百分的價值，化成從零到百的指數。中央指數就是學校的度量。心齡高而教育指數低，表示教育有缺點；兩者相等，表示學校的功效很大。同校的各班，或同班的各人，都可這樣比較，使人可以將原有能力與在校造詣連貫起來，若需改正，也好立時設法。

教育心理學比較心理學會議

北加羅來那大學達雪耳（J. F. D.ahiell）說，以常度與近度的統計，解釋迷亂中之學習，很有謬誤。他的爭論大概根據下述情形：若一個黑巷口正在老鼠前面，八次中的五次，老鼠一定進去。若黑巷的口開在側面，老鼠出去，在前進方向的時候居多，在退後方向的時候很少，他們的比例約3.1與一。

綠士哈布金斯大學額尼支（J. R. Ulrich）用老鼠作了幾個迷亂中之學習的試驗，他著重反射機關的職務，和感覺與動作的連續，或感覺的印像，恰恰對抗老鼠四肢之反射的擴張與變化，在迷亂中之學習上，勢力頗大。

華盛頓城俠卜德（W. T. Shepherd）研究過一百四十八個兒童，教育與社會的各種經驗，以及平日尊敬之師友的勢力，在宗教理想之發展上，非常重要。

印第安那大學卜賴色（S. L. Pressey）將測量堅持，正直，專意，情感的制裁等等的方法，在中等學校裏應用，所得結果與普通智慧，健康，及智慧之估計的相互關係，都當衆發表。印第安那大學另一个卜賴色（L. C. Pressey）請大家在小學裏應用普通智慧的集合度量法，以便研究學校訓練對於將來之試驗的影響。併發表許多試驗兒童的結果，工作者的子女與農業者的子女比較，白人與黑人比等等。費支白爾省立師範學校奇爾克巴奇克（E. A. Kirkpatrick）相信師範學生在十五分鐘內，能夠學會用賓賴度量法替學生分類。集合度量法格外容易；若要能夠記數，列表，併解釋所得的結果，就須多費點時間。威士干遜大學史大支（Daniel Starch）在一千個一年級學生的試驗結果裏，發見這點：心理能力約略相等的人，言語能力，可以相差狠大。俄海俄大學白尼齋士 (K. W. Bridges) 發見大學學生對於學程的興趣與所得分數的相互關係，爲從 +0.25 到 +0.28。興趣與學程對於學生功課能力之估計的相互關係比較高點，從 +0.50 到 +0.59。

社會心理學應用心理學會議

哈佛大學亞爾波德 (F. H. Albert) 報告試驗的結果；別人在當面或他們的行爲對於我們動作的情感的與心理的進行，約有五種影響：(一)動作加速，(二)急於成就工作的質地，未免忽略，(三)注意的方向爲客觀的，(四)競爭的經驗，(五)在答復評判上帶着社會保守的趨向。

意大利政府選擇飛行家用的聽覺反動時間度量法。達克利 (F. C. Dockeray) 與伊沙克士 (S. Issacs) 拿去試驗美國種種成功或失敗的飛行家，結果滿意。試驗肌肉穩固的成績，與飛行能力很有關係。

羅卡斯德商會佛拉斯特 (E. P. Frost) 提出四個工業的問題，請諸心理家特別注意：(一)依據才智性質及對於某事的特別能力選擧工作者，以減少勞動的轉易，(二)設法用適當敎育，使一般外國人與不識字者都『美國化』；(三)研究工頭的問題，一面著重勞動者的管理，一面著重訓練學校的經營，(四)扶助在工作時間上課的延長學校，使他的效力加大。

哥倫比亞敎育院桑戴克 (E. L. Thorndike) 援引許多範圍極廣的考察的結果，說明把個人看作各種性質—如智慧，勤勞，技術等等—的化合，指出每個性質的大小非常困難；縱非極有經驗的評判人也辦不到。這些性質的相互關係太高太平，所以評判人往往有種概括的態度，覺得這人優或劣，一切判斷都受這個概括的態度的影響。桑戴克說觀察者應該報告證據，不僅一個分數，併須照每個性質所有的證據單獨的給分數。

史嘉德公司巴德生 (D. G. Paterson) 任耳 (B. Ruml) 說明一種方法，用分等標尺的時候可得較客觀的準則。在舊方法裏，用『發起』氣力，自賴，機智，忠心，互助等規定及判斷首領，在新方法裏，造就忠心的與有力的組織的能力，以施行公道，引起信賴，及獲取從者之互助爲斷。—一種「人與人」式的比較評判人估價太高或太低的趨勢，可用『首領標尺』的方法改正。

史嘉德公司高痕浩色 (A. W. Kornhauser) 報告實驗

度量法的最近發展。平常的貿易度量法，就是一套固定的問題，問着那些爲度量法全體而定的模範。最近趨向單個的問題，都有模範。(一)我們要這度量法怎樣簡單就可做到；(二)這度量法可隨時改變，免去事前預備的弊病；(三)提出的問題，既不須比已能答中者更易，也不必比未能答中者更難；(四)新問題可隨時加入，不適的隨時取消，無須把度量法全體的模範重新規定。將鼓栽的用處，從軍隊度量法以均數表示貿易能力的辦法，改成凡得着某數或答中某題者是生手學徒工匠或專家，我們可以(一)把每問題安置在他區別最効的地方，(二)依問題的區別的價值規定他們的重要，(三)依問題之能否答出，與以不同的重要。

(完)

兒童世界

兒童是社會進化裏的三個要素—兒童，婦女，男子，—之一。他們確是宇宙的驕子，都賦有改造世界的天職。但是我們怎樣去發展他們富於真和美的個性與本能？如何使他們的身體能得着適當的訓練？又如何使他們不爲家或國的習俗所拘束？等等都是些重要的問題！

我們特闢此欄，爲的是要討論兒童教育問題（如兒童公育或非兒童公育等）兒童待遇問題，或敘述各國兒童要求減少工作時間的活動，及兒童自動舉辦的社會服務的紀實等。如承投稿十分歡迎！

兒童年 Children's Year

楊賢江

記者九，五，十。

二十世紀的運動，有兩種是最顯著的：一種是關於統計，一種是關於兒童。故有人就稱這個世紀爲統計世紀 The Century of Statistics和兒童世紀 The Century of Children。

本篇所記述的，乃專就美國對於兒童運動的近狀而言。

自近代心理學發動以來，對於兒童方面的研究頗有注重擴大的趨勢。美國自一九〇九年由羅斯福 Theodoke Roosevelt發起兒童幸福會議 Child welfare Conference以後，各方面進行的速度和範圍，都增加得很快，到現在把關於兒童研究的事業，總計起來，已有八九十種之多。這不但各國兒童的幸福有加，也是全體人類的幸福啊！

現在美國對於兒童幸福之永久計畫，已有結果。用力於這種事業的，在全國一萬八千個地方，有一千一百萬的婦女，他們在一九一八年由美國勞動部的兒童局舉辦之兒童年運動 Children's Year Campaign 都是參與的。有三十八省的兒童年兒童幸福委員會 The C ildren's Year Child welfare Committees 已經計畫好，打算和兒童局 Children's Bureau 協同實行。有三十省已經設立了兒童衛生部 Child hygiene divisions。（其中有七省，在兒童年宣布以前已經設立。）有十六省兒童幸福委員團已經指定。

一九一八年兒童年的年底，開一個萬國兒童幸福會議在華盛頓。最小量的標準就在那裏起草，經過全國八個地方會議的討論，最後由專門為了那個目的而組織的顧問部 Advisory Committee 來決定。這種標準所包括的，有下列幾種根本的需要：（一）關於母道和嬰孩養育的；（二）關於學齡期前和學齡期兒童的；（三）關於需特別養育的兒童的；（四）關於作工的兒童的；（五）關於為這種標準所需之經濟的和社會的根抵的。

關於保護母道和幼穉期的標準，已成為雪泊峙唐拿 Sheppard-Towner 母道議案，現在國會中。據這個議案的計畫，將來下列幾種事項，都可以應用到做母親的人。（一）公共衛生看護婦；（二）病院的看護和醫藥上的注意；（三）評議部 Consultation Centers；（四）關於母道和幼穉期的衛生上的教授及實際的示範；（五）關於母親和兒童的幸福所必須的家政。

關於保護作工兒童的計畫，將由醫生和工業專家的永久委員會來報告。這個委員會就是為了考慮作工兒童的需要而組織的。

現在幾次會議，又討論對於由正式婚姻而生的兒童，要有更好的保護。他們所議決的，包括下列幾項：（一）生產註冊；（二）報告行政機關；（三）父道的整飭；（四）父親養育兒童的責任；（五）遺產，取名，由於母親的養育；（六）省政府的檢閱；（七）合法的承認。

第七次兒童局之常年報告把一九一八年四月六日起至一九一九年四月六日止中間所做的事業編成撮要，現在錄在下面：經搜求稱量試驗的結果，有二十四省的地方當那一年中已經雇用新式公共衛生看護婦。其中有十省，共有新式看護婦一百三十七人。有十五省已經設立一百三十四個兒童健康部；另外有八省也已有報告但沒有確數。

有十六省跟了休養運動 Recreation Drive。開辦新式的運動場而在鄉村間對於給予兒童健全的輔導的休養之必要，更是格外注重。

有四十五省對於「回到學校運動」Back-to-school drive 及「住在學校運動」stay-in-school campaign 都是盡力計畫，阻止未受有成效的職業訓練的兒童，去做工作。這種計畫，已是努力的實行。另外紐約城，哥倫比亞區，和華威依 Hawaii 也是一樣，所以那個報告上說：「有幾種方法和計畫可用以抵抗這種攪過的是兒童的求學津貼費，訪問家庭的教師，補習學校和半日學校，職業訓練科和職業指導部或介紹部。」

工廠調查

武漢工廠紀畧

王崇植

（武漢）據中國中部，交通上水有長江之利，陸有京漢粵漢汴隴等路，天產富煤鐵米麥等，天然是個中國物質文明的中心，現在雖還沒有許多大工廠，但是像漢冶萍公司等，將來都是很有希望的。我在今年四月初，廢了二十天，到湖北把幾個大的工廠像漢陽鋼鐵廠大冶鑛廠大冶鋼鐵廠揚子機器工程公司，財政部造紙廠，武昌電話局，武昌無線電台，湖北兵工廠，湖北水泥廠等處，都看了一下。可惜這次我沒有許多空，未能把各廠內部情形仔細調查一下，做個具體的批評看的眞是走馬看花，現在這篇所寫的，難免有不實不盡的地方，這是我非常抱歉的。

（一）大冶鑛廠　大冶現在從事開採的鑛有兩處都在湖北大冶縣，一在得道灣獅子山，一在鐵山，兩處都是鐵礦，成分淨鐵有百分之六十二。這種礦山是世界上稀有的，該公司買進時不過化了幾千千大錢，現在約算起來至少可值五百萬元。目下更電流機尚未完工，每年出數有八十萬噸之多，將來用了電力，大概可出一百餘萬噸，這眞是件中國最可喜的事情。關於採取方面，鐵山現用蒸氣機抽空氣到氣鑽裏來鑽石，這雖比用人力來採取便利得多，但是依然是件很不經濟的事情，因爲山中水很少，引擎不能用凝氣式，馬力所化的錢，自然多些，并且水中含有礦質狠多像矽鈣等化合物，到了爐子裏結成白色不傳熱的固體，煤的消費就要大些。第三層需要力不大，不值得另立爐子。所以現在不要說在山中，就是在城市中，各廠也不值得各建機力室，應該組織中央電力公司來供給大家的需要。大冶廠對於這一點已經看到，所以在大冶鋼鐵廠裏已經設立更電流機室，預備一部分應用在採礦部裏。獅子山已建設電力分站，內有二座更電流馬達來抽氣，應用在氣鑽上來開採鑛石，只要大冶鋼鐵廠裏機力室告成，就可用氣鑽來代手鑽。鑛山方面將來也有同樣的設備，冶鑛的前途很有無限的希望。

關於採取的手續很簡單，廠裏僱人先用鑽鑽洞，洞中放入炸藥，然後燃火藥爆石裂，再用鎚打得粉碎，搬入鐵箱內，由小軌道滑下，利用高度的自然能力，只用一個滑車就夠了，滾時像萬馬奔馳，剎是好看。山中聞雜了許多炸藥的聲音，很像那年上海打製造局的模樣。鑛石運到山下，由小火車裝載至廠旁碼頭，供漢陽大冶煉鐵煉鋼之用，火車軌大約有三十餘里。工人工資問題很不豐厚，每立方尺聽說不過二百七十個大錢，內中還要扣除工頭的佣金，這是個湖北工廠相同的地方。我想一般高談勞動問題的人，聽見了西方這般大的工資，中國這樣小，西方有罷工，波透其中國倒沒有，一定要高喊資本家高壓，大發揮他從西洋書本子上得到的斷篇殘簡了。其實依我看起來人類要平等自由互助，當然是件再應該沒有的，不過也應該逐步做上去。像湖北的工廠大都是不能賺錢，工資再加上去，工廠難免破產，那末數萬工人到那塊去喫飯呢？我聽見很可靠的報告，湖北在沒有工廠，人民都打漁樵樹種植生活，所入不夠所出，大半都是流離失所，現在卻不然了，一家老老小小在山中做活，可以賺到一串多錢，生活自然愉快得多了。我是個主張漸進的人，做事總要腳踏實地，高談主義的人請勿必大加批評。這是學工程的人的態度。

在大冶再有兩事：第一是鑛裏工人的生命危險，據云漢冶萍公司包括鑛工機匠等每天平均約有一人死於非命，去年一石跌下壓斃至九人之多，這種慘不可言的事情，該公司應該設法彌補，一旦偶有不幸，亦當重重撫卹，像現在只有幾十串大錢，似乎性命太不值錢了。第二我在獅子山上望見鄰近象鼻山也有工人在那塊採礦，這是屬於湖北官礦局的，這個公司沒有煉鋼爐煉鐵爐等，就拿採下的礦砂賣給日本漢冶萍公司和揚子機器公司等處，每噸大概可以賺到四五塊錢，這樣的公司當然可以大發其財，那裏知道被官氣薰得黑沉沉似的再也沒有多少生氣了，唉！

(二)大冶鋼鐵廠　這廠創議得長久了，到現在才算成立，再等一年半載就可開工了。這廠是漢冶萍公司的一部分，在光緒三十一年招股一千萬元，可憐中國的資本家只懂藏金於地，或者放到外國銀行去，再也不肯投資替國家和人民謀些幸福，所以大冶鋼鐵廠招了十年股，直到民國四年也不滿二百萬，所以只得借了六百萬實業借款來勉強做下去。廠長是黃錫賡先生，工程師是李昌祚先生吳玉麟先生等，他們都是很有學問和經驗，吳師是我四年前數理教員，他的學問，我也很佩服的，他前在美國麻省理工大學習電機科，現在是做電機部總工程師。廠中有機力室，內置汽輪更電流發電機二座，每座有一千五百個啓羅瓦特，電壓是五千二百五十佛爾脫，這就是中央電力處。電力的用處：(A)是用來動各處馬達，像煉鐵爐上應用的打風引擎，各處金工廠的車床等。(B)是用到礦裏去的，先經過變換電壓機，把電壓高到二萬二千佛爾脫，然後到礦中機力室，再經過變換電壓機，變到五千五百佛爾脫，流到更電流馬達裏，備氣鑽的用處。(C)是用來點電燈的，先經過變換電壓，低到五百五十，二百二十佛爾脫各種電壓，備橫列和直列燈用處。電機處的組織，都是最經濟的。汽輪是用臘拖式七期氣壓的，爐子是用水管橫行式的。機械部都自英國買來的，大概是卻而姆公司及倍而考克為而考克司公司的，電機部都自美國來的，大概是西力電器公司，奇異電器公司，間也有日本的。這種組織我敢說他在中國是個最經濟最新式的組織。國內的實業家對於這一點快下工夫，組織中央機力處，免得出品成本太大，不能同外貨競爭。

大冶鋼鐵廠有煉鐵爐二座，規模很偉大，將來要添到八座，現在為了經濟的關係，所以只得從小處着手。爐旁有熱氣爐四，除塵屑爐二，組織的大概及煉鐵的手續同漢陽鋼鐵廠和揚子機器公司的，都是大同小異，我現在把他簡單說一下。鐵鑛和石灰及炭酸鎂焦煤等混合到適合的地步，在爐頂放下；一方面在打風機裏拿空氣引到熱氣爐裏，燒到熱極的地步。再到煉鐵燒起來。這樣兩方連續不已做下去，每二十小時就可把爐旁小洞挖開，

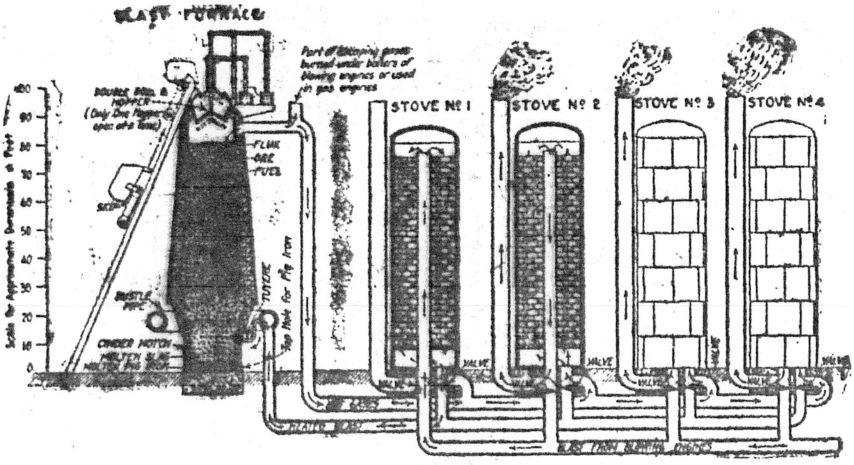

Diagram of a blast furnace.

化鐵鑪圖

流質鐵到模形裏，這就是市上所售的生鐵，又名猪鐵。（參看化鐵鑪圖）

廠裏運輸方面，都用機力來做的，現在正在建造運輸架，機力是用電力，他的動作，同電車差不多，不過輪是掛在軌道上的。還有一部分是利用高度自然能力，同鑛山裏情形相似。

抽水機也用馬達來轉動，他的組織很妙，在江邊築兩座鐵屋，可以上上下下，免得在冬令水落的時候，抽水困難。屋內有抽水機和五千佛爾脫的更流電馬達機的吸水量很大，可供廠內各處之需，像汽鍋，凝結器裏等。江水不甚清潔，含有很多鑛砿的混合物，對於汽鍋甚不適當，并且他們用的還是水管式，所以必須濾過，才可應用，廠內有水池水塔等，就是爲了這個。

該廠對於娛樂衛生方面都很注意，有極大極好的醫院，有上等的醫生，工人方面自然可以獲益很多。職員娛樂處爲彈子房，閱書室，浴室，餐室等，收拾得都有條不紊，煞是可愛。中國素來沒有人注意到正當娛樂方面，閒來只曉得打牌狂飲和嫖妓，什麼彈子房網球塲等的娛樂，聽也沒有聽得，眞個可憐。廠裏的辦事人，都另有房屋可以租住，收拾得也很好，讓人家有家庭之樂，也是件很好的事情。

（三）漢陽鐵廠　漢陽鐵廠已經創辦了三十多年，起首是由張之洞創議，後來盛杏孫接辦下去，弄得負債累累，現在由吳任之先生經手後，已稍有生色了。廠中組織很繁，新新舊舊都有，我也說不出來。機力部都用引擎正電流機，汽鍋有水管的有火管的或用煤或用氣，共有五十餘只，抽水處也有三四個，抽水機有橫有直有圓的，動力大半是引擎上來的，間也有用正電流馬達的。現在他們也曉得不經濟，另設更流電力處，目下已將告竣，但力量太小，沒有供給全廠的能力。我對於這件事有些批評，我想該廠的辦事人一定樂於聽聞的。近二十年來西方工廠都用汽輪更流電機，因有汽輪的効率比引擎大些，經濟上自然合算，並且更電流機又是個最經濟的東西。該廠現在東一個機力室，三百匹馬力，西一個機方室，四百匹馬力，效率自然低得不堪設想。這件事情我原不能怪他們，因為這種都是逐漸添辦的，不過一年一年做下去，也應該新陳代謝，工廠要拿經濟做前提，半世紀前東西是沒中用的。照現在看起來，一切機件効率太低的——經過一度嚴密的試驗——都該拋棄，最好仿大冶辦法另立個中央電氣處，供種種的需要。

廠的規模很大，工人有四千餘人，工資大概四五百大錢，在湖北省裏也勉强可以生活了。廠的全圖附在另頁，大家看了之後，一定要說這是中國鐵業的明星。圖中二十是電力起礦機，我們攝得照一張貼在這兒給大家看看。這機有二百三十尺長，三十尺高，都用鋼鐵來製造，有很大的空中軌道，電車就掛在軌上走。車下有一大鐵夾，可用滑車和繩子升降開放，到長江裏從大冶載來礦砂的船上抓去礦砂，再運至岸上火車內，送入化鐵爐去，供生鐵的要求。現在就講到化鐵爐了，前段已略為講過，今再略

說一下。化鐵爐高七十五英尺，圓徑約四十英呎。二十四點鐘可以出生鐵二百五十噸，三點鐘取鐵一次。每次鑛砂進去變做生鐵出來要十八點鐘。混合物的成分是鑛砂四千八百啓羅格蘭，石炭石一千四百五十啓羅格蘭，鑛苗一百四十啓羅，焦煤三千三百啓羅。鑛砂的成分是鐵百分之六十二，矽是百分之五到

七，炭是百分之三到四，燐是千分之二。生鐵中含百分之一·五到二的矽和百分之·五到一的燐及若干的錳。渣滓的成分是百分之三十三的矽，百分之四十七的養化鈣和養化錳，百分之一的養化鐵，百分之一的硫化鈣及別的雜物。生鐵的用處是翻沙及煉鋼，渣滓可用來做火磚，水門汀，及鋪路的用處。

此間化鐵鑪共四座，熱氣爐有十餘座，在化鐵鑪旁均用冷水來冲冷，免得鑪命短促。這水熱了之後，再到涼水池內，經過無數的蓮蓬頭細細的灑出來，刹是好看。我那天看的時候，適當旭日東升，照得池裏有無數五彩半圈。一般沒有科學知識的人，一定要呼他是虹，那裏知道這是水點把日光分開出來才成這個現像，我幼時聽過先生講「虹名蝃蝀，乃天地之淫氣，」眞眞笑話！

每次開爐的前頭，先用沙從爐口鋪成小溝，通到一塊大地方，中間鋪了一行一行的沙泥，那個情狀恰像三四月間吾鄉的農人種芋艿一個樣子，分得一行一行，再有一條車溝接着的神情。鐵的流出，也恰似水車抽起水來到芋艿田裏一個樣子。開的時候，工人把爐口搠開，讓鐵流出，同時上面浮的渣滓撇開，那時熱氣迫人，金光四射，令人不可一刻居。工人要飯吃，只得拚着命做人間的地獄，原來就在眼前。生活難已煽動了全世界，一般貴族子弟看了，我不曉要發生什麼感想。

下面再講製鋼鑪。製鋼鑪都用廠底式，二十四小時可出鋼二十噸。每次加料，要用十五噸廢鐵，三十五噸生鐵，八小時後就可取出。爐的內層是用鹹質造成，可以去掉生鐵裏的燐，這樣東西是很不好的。房頂上有兩道軌道，預備電力起重機走的。地上也有電車，車在爐前經過，司機者就用另機轉動機關，把加料筒放到爐裏，筒子一轉，料都落了爐裏。鋼成之後，由上面電機取出鋼爐，把鋼質流入胚內，就成鋼胚，形狀是長方形的，重約九百啓羅格蘭。胚成之後，外部已冷，由起重機再送到火窰裏熱得一樣。經過了這個之後，再取出送到軋鋼機上軋成鋼片，鋼條，角鋼，工鋼，車軋鋼，匚軋，或在火剪上軋斷，或在水力剪上剪斷。角鋼等還要把兩端刮平，才可出售。內部均用柱形滾物轉動，那鋼胚是再自然也沒有了。

廠裏的汽爐有五六十只，上邊沒有批評過，現在簡單說一說。大火管的價值省一點，煤可以下等點，水可以汚穢些，但是萍鄉的煤再好沒有，漢水的水我雖沒有分析過，據人家說礦物質不多，可供水管汽爐之用。我所以也望他把舊的拋棄了，好好的計畫一下。

還有一只化學室，內中一位化學工程師是譚海環先生，他是我四年前的化學教師，學問也很好，經驗也豐富，他在美國蜜歇根大學的時候，早已蜚聲四起。此次我可惜沒有同他細談，不能把內部的東西好好介紹出來。不過據我一己之見，覺得太簡陋。這樣大的工廠裏，一個化學試驗室，比上海南洋公學的大得有限。最可笑的還是用酒精燈來燃燒，時間的不經濟無需講得。滙水也用尋常的方法化驗一件東西，至少要四五小時，眞眞不合算，我不知他們以為怎樣。

廠裏還有造磚廠，供化鐵爐煉鋼爐，烟突等之用。蒸煤氣器也有十幾座，有的是英國式，有的是西門子式的，煤氣蒸來是供煉鋼之用。中國惟一的大工廠，我就這樣了草的介紹過去了。

上面工程部分已完，我還有些攏統的批評。 第一樣該廠也是受了日本的債，目下年年還要把許多鐵賤價賣他。我們不要恨日本人沒有天良，在歐戰期間生鐵要二百多兩銀子一噸，他只出六十兩，只恨自己只是空言救國，不肯把資本來投入。弄到現在，吃的虧已經幾千整萬了。 第二廠裏辦事的人，我也有幾句直言相告：我聽得人家說廠裏鋼的路銷不好，生鐵還好，不過主顧都是日本人。原因是那裏，大家說是不上算，連大冶廠裏要用的電桿，聽說也要到外國運來。鐵鋼價昂貴的理由，當然是內部管理的不好，否則泊來品遠歷重洋，難道倒可賤賣嗎？西方工價又高，鑛砂成本又大，像康白利亞，加內其兩大公司，年年多數百十萬，難道他們別有點金術嗎？ 第三營業部太沒中用，聽說在前清時候，人家要買鐵，找不到個買賣的地方，看見了還是像人家上門來求吃的樣子。現在好得多了，在漢口儼然有個漢冶萍公司經銷處，不過在我們眼光看起來，依然難滿意。什麼道理呢？因為他在廣告一方面，還不注意，在上海的人知道漢陽鐵廠的人有多少？我現在把廣告方面說兩件事做個證據。(一)日本的仁丹起初資本只有三百圓，他就拿大部分作廣告費，年年如是，目下已經有許多資本了。(二)美國奇異電氣公司起首也是小得很，他對於廣告，也是盡其全力。就在我校而言，送來的器具也不少了，像電流發電機，汽輪發電機等，他現在世界上的地位，已經要算第一了。看了這兩件事，我不曉漢陽鐵廠的董事有何感想；第四是關於衛生和娛樂方法的，這樣大的工廠，連醫院也沒有。四千的工人每天能保不有猝病嗎？況且煤氣之毒機器之險，化鐵爐之可怕，處處都有殺人的機會，沒有了醫院他的危險是怎樣？至於工人作了十二小時的苦工，沒有正當娛樂，還有什麼人生眞趣。一部分不上進的，就要鬥葉子，關妓院，他們的末日是何等可憐！至於辦事人方面，也應有個俱樂部來糾正一切喪失道德的游嬉。我望他在大別山下闢一公園，內設運動器具等，這是件很重大的事情。至於廠內的路，除了鐵軌以外，再也尋不出平坦的路來，這件事當然也在改良之列。上邊都是個人感見，希望漢陽鐵廠的人，若認爲有價值的，總要思量一下。

(四)揚子機器有限公司　揚子機器公司是在長江邊上，離漢口熱鬧的地方約有三十里，開辦已經十二年，開辦時基本金只得四十幾萬，現在已經有一百三十萬，將來的擴充自然可以不言而喻。這公司專造各種機器及小輪船等，大概情形同上海求新廠相彷彿。內部有翻砂廠，金工廠，打鐵廠各部分，該廠出的機器都很好，我人對之實有無限的希望。現在又添造一只化鐵爐，預備從蕪湖買礦砂來自煉生鐵。那座化鐵爐計劃得很好，同大冶鋼鐵廠裏是差不多的。他的大概情形，同化鐵爐圖裏是相彷的，旁有四個熱汽爐，加煤加礦都從斜面上用電力搬運，非常迅速，不像漢陽那方面是用升降機的。打風機是用引擎的，汽爐是用水管的，這種東西都是他們自己造的，不過計劃方面是借重於日本的。將來爐成之後，每天可出一百噸生鐵。工程師大半是中國人，南洋公學的畢業生也不少，這確是個可喜的現像。關於管理方面，確是井井有條，別的工廠也大可模仿一下。

廠裏工人不及漢陽多，大約不過一千人，工資方面同漢陽差不多，低的三四百大錢，高的三四塊錢，很難有確切的判斷。待遇工人方面也不比漢陽好，沒有正當的娛樂，這是件普通的弊病。我也望該公司在廠後隙地開闢個公園，使他們也領略些自然的美。關於辦事人方面，有個俱樂部，兩旁花木明媚，好鳥嚶啾，部裏設備有彈子房，網球場，音樂部種種，我看了之後，心中覺得很是滿意。

還有一件事我要告知該公司的，就是他們的營業部也是沒有勢力，這件事同廠的發達有密切的關係，大家千萬不要小視了他呀。

(五)財政廳造紙廠　該廠在楊子機器有限公司附近七里河旁，開辦已經九年，虧本已經盈千累萬。房子非常緻精，每月薪水要支出八千元，開工的日子不過四五個月，這是官辦的特點，奈何！奈何！廠裏的機器都很好，汽爐是水管的，汽機是考立司引擎，造紙機也是很新式的。造紙的手續是把大堆爛破布頭，先叫女工揀出白的和有顏色的，再加到磨布機裏弄得粉碎。一方面還拿稻艸截成片段，再磨成粉，然後兩物混合起來，用漂白粉弄得白如凝脂。這種白膩漿就冲到造紙機上。這機有無數的滾機，機上繞了一層白布，像帆布樣子，漿質流上去就成薄薄的一層紙衣。經了滾機的壓力和水的冲，紙衣裏纖微質漸漸牢固起來，再經過壓力和乾蒸，就成雪白的紙。該廠的出貨共有六種，現在只有一種極不好的紙，(像上海學生聯合會日刊的紙)這種紙每天可出四百令，每令五百張，重約四十磅，價約五百多銀子。工人約有三百人，最低工價是六元，最高的有六十元。辦事人倒不少，不過只有名字沒有人，只拿錢不做事，這是件何等景像！工人的苦者要算扯破布頭的女工了，每天作十小時工，賺三百個大錢，破布頭的臭味，我沒有本領描寫出來，總之滿房塵灰，臭氣充天，我們走了出去，不滿十分鐘，幾乎要死！這不是人世間的三十六層地獄嗎？並且廠裏漂白粉裏的綠氣，和破布裏穢氣及微生物處處足以促人性命，大家想想，好一個害怕的境界！

(六)武昌電話局　前邊說了個最齷齪的地方，害得大家要嘔了，現在快介紹兩個清淨工廠來調劑。這個局是在蛇山上，房子十分精雅。這局可通武昌漢口漢陽三處消息。這裏的電話局是採用「公共電池制度」佈置非常簡便靈敏，打電話的人不用搖鈴，只要把聽筒提起，旁的一盞小電燈即發光，就可和總局說話，接到自己的目的地。蓄電池共二十二只，現用的不過其半。現在用戶不過三千戶，將來可大大擴充。電綫是在總廠地下出去，分配各用戶，再過長江漢水到漢口漢陽。局裏只有五六個練習生，七八個辦事人，一二個僕役，再也沒有什麼工人了。

(七)武昌無線電台　這個台在武昌北隅，佈置同上海吳淞的差不多。力是從煤油汽機上來的。局裏有一只高週波的發電機。天線有一百六十英呎高，所用的感應圈凝電器及收發機，大半都從德國來的。信息可傳達三千餘英里，日本，菲律濱，檀香山等處，均可自由傳達消息。這個台完全是軍用的。目下西方已有用無線電到商務上的趨勢，這是件最可喜的事情。照我們憶想起來，十廿年後，飛機可載客，無線電傳達消息，高山大海，均失其險阻的能力。征服自然，科學的能力何等偉大！

（八）湖北兵工廠　在這高呼平等自由和平勞工聲中，這種廠早失掉他的位置。此次同行的謝爾屯先生還同我們說：『中國人，要算世界上最蠢的人類了。各國都裁兵，中國卻招兵，各國都把兵工廠改做別種機器廠，中國卻還在做夢。世界上最弱的國是中國，最多兵的國卻也是中國。你們要知道中國的不亡，是爲了均勢，什麼兵士都沒中用的。你們造槍砲來怎用？不是自殺嗎？難道你們沒有自殺的方法，一定要借手于軍閥嗎？喏大的兵工廠，有什麼用處？』這段話說得何等沉痛！不過兵工廠是含軍事性質的，例常人不准入內，外邊對他內容類多不知道。我們好不容易借了交通部的大力，上海和湖北的二引兵工廠，都已看過，照例也應該寫些出來，給社會上知道知道他的內容。

第一處是機力室，裏面有三個汽爐，供一座三百匹馬力的引擎。第三處是砲廠，有各種機器來做件頭，每月可造四五尊十幾生的的砲。內部的機器不過是車床，刨床等。第三處是炮架廠，另有一只三十匹馬力的引擎，專做鐵輪鐵架木欄等。第四處是金工廠，機器是車床刨床種種，做的件頭大概都是螺絲，齒輪等。第五處是翻沙廠，專翻炮身鎗身等，供炮廠鎗廠之用。第六處是彈子廠，先在機器上把鉛條截成彈子形狀，才放到電鍍處包上一層銅。子殼是銅製的，從銅片經過許多手續，就成我們常見的子殼。該處機器有一百七十多座，大半是相像的。第七處是打鐵廠，用的都是汽鎚。第八處是鎗廠，中間有座三百匹馬力的引擎。廠裏機器也不過車床等罷了。每天可以出鎗一百五十支，槍托是用胡桃樹做的。第九處是裝置所，裏面有許多極精緻的機器，一面把鉛丸放進，一面放子殼，一面有等重的火藥放到子殼裏，等到出來已經是個彈子，不過接口處還不緊，所以還在另一機器上壓緊。每天可以造成五六萬顆彈子。第十處是試鎗處，把裝好的鎗試過，有五十米突距離，打五粒子，都不能離靶子點二寸許，否則就退回修理。上邊就是兵工廠的大概，有許多機器十分精緻，巧奪天工，能夠揀選子彈等，比工人還好，其實他的原理也很淺近，不過是彈簧，凸輪，齒輪，螺絲種種罷了，不能要做得準確，倒是件極難的事。

廠裏工資同別個廠差不多，廠長是個瘸子，他雖不能跑，卻還着人抬了他到四邊巡察。廠裏管理得很好，極清潔極有秩序，雖則廠裏官氣重重，還像在前清一個樣，這個廠長實在也是不可多得的官員了。

湖北水泥廠　該廠在大冶鐵廠附近，裏面規模很大，所出產的水泥銷場亦好。機力室裏有兩只大引擎，汽爐水管火管都有，另有兩只發電機供廠裏電燈及電力運貨機之用。做水泥的手續，是先收集原料，該廠背後的山是個天然水泥山，眞是取之無盡，用之不竭。原料好後到舂磨裏打碎，烘乾起來，細細在球磨裏磨成粉狀，秤準分量，送進爐子裏燒。燒後把爐渣冷下，加進些石膏，然後再細細磨一下，儲了幾時就可裝桶出賣。該廠每天可出九百桶，每桶價約五元。他水泥的力量，比重，硬的時間，細微，結實，都可經過美國材料試驗會的標準。

廠裏的工人却是非常之苦，滿屋都是塵埃，呼吸了進去，很有機會生肺病，工人的生命難免不促短。我深望管理人爲着人道，替一般苦惱衆生想想法子，眞眞造福無量。

結論　武漢工廠已經略略說過了。我有一件事要請大家知道的，就是我此次的參觀是大部分注意在機器上，因爲我不研究社會問題，工人狀況只得從略。現在我想拿機器都介紹出來，中國文字裏實在難之又難，我又不曾照得好個相片，沒法供獻。並且詳細說起來非幾百頁不辦，我又沒這多時間，這不倫不類的工廠紀略，就是上說種種困難的結果。再有篇中許多資料，都從惲震君那邊得來，我是非常感謝。

一九二〇，五，六。

漢陽鐵廠全圖因不便排印略去。　編者識

森林調查

老山造林場

林剛

吾國人民從前對於森林的事業，全不注意，所以現在處處都發現沒有生氣枯槁的荒山。雖有這樣廣大的土地，這樣溫和的氣候，然而一切建築上所用的材料，反要從外國輸進來，每年漏巵不知其數，這豈不是一項最可惜的事情嗎？江蘇省教育界有幾個先覺的人因爲這個緣故，就聯絡各機關;在浦口老山的地方開闢造林。我這一次乘寒假的機會,到那裏實地調查一下。現在我要把他大概的情形寫出來給大家看看。

一創辦的緣起

這個造林場創設的時期,是在民國四年。至於他的動因,祇爲江蘇省立第一農校的林科主任教員陳嶸,要想在這學校隣近的地方,辦一實習林;爲他的林科學生去實習。有一天他出去找地走到浦口,遠遠看見一個很高大的山,蜿蜒起伏,形勢雄壯,於是就上去考察,果然適於造林。不過覺得面積太大,非私人的力量所能辦得到。他就把這項事情告訴他的校長過探先,然後同各教育機關商量,都說:『本省教育經費很支絀,如果各學校能夠從他的經費裏頭節省一點下來辦森林事業,到將來出利時候,這教育經費的基礎就可以鞏固不至有受窘的時候。并且農商部早有命令准各學校領地造林』。所以他們就議決從省立中等以上各學校的經費每年抽出百分之二三,以供造林經費。遂於第二年春著手進行,並定一個名稱叫做江蘇省教育團公有林第一造林場。

二林場的形勢及歷史

這造林場就在江浦縣老山的地方,位在浦口之西北,離開浦口船埠約有八里,與南京城隔江相望,大岡小阜,奇崖怪峯,迤邐起伏,連接不斷。全山長約五十里,寬二十里,高在二千尺以上。山上石灰岩最多,因受風化作用,就變爲腐蝕老朽的形狀。老山的名,就是因此而起的。這山的北面是湯泉鎮地方,有溫泉十幾處,村民時常在裏面洗澡。除此以外,還有火山岩流露在山頂,所以知道這山從前是噴過火的。

聽說這山在洪楊以前,是皖人住居開墾的地方。他們在這山上專栽培果木的一類東西,所以現在山上野生的菓樹同竹類的植物很多。此外還有無數的石堆,星羅棋佈,一個一個的排列着,就是有些地名也是很有趣的。如黃栗山梨子墳櫻桃山是用果樹上作地名;張家窪汪家棚李家墳是用姓氏作地名;這都可以證明這林場從前是人家繁盛的地方,並且他的出產一定是以果類著名的。

這個林場第一區事務所,地名叫做戈家堰,當前年開闢地基的時候,曾從地下挖得砲彈,馬蹄鐵,刀斧等古物。相傳昔時有一戈姓者，在這很秘密集社招兵買馬，但是後來事機洩漏，黨徒也遂四散了。像這樣沒有組織的烏合之衆，那兒配說革命，祇不過留些遺迹給後人憑弔罷了。

三造林經費及內容組織

這公有林是由江蘇省各教育機關共同組織的。他的每年經費定爲三萬圓，分做三百股，『由省款設立或補助之各教育機關分任之。』聽說現在這種經費，已經由財政廳直接支給。論到他的組織，就是：(1)設總理一人，管理一切事務；(2)設議董是由中等以上各學校的校長三十餘人充之，共負規畫贊助的責任，(3)設監理一人，負糾察稽核之責，(4)設事務及技務兩部，事務部置事務員，管理一切雜務，技務部立主任一人，及技務員數人，這技務主任會同各技務員辦理林場內一切事務，技務員商承主任，辦理各分區的事務，並監察各場夫作工，及一切的行爲。此外關於集會的事情，每月開職員常會一次，每年開議董大會一次，特別會由臨時召集之。

四造林進行的概況

（一）植樹之計劃　全山的面積總共有二十萬畝，其中只有十九萬畝可以栽樹的。預定十年爲造林完成的期限。然而以這樣大的地皮，如果不預先計劃，實在是茫無頭緒，無從着手。所以把他分成四大區，如果各區因管理不便，也可再設小分區。這公有林外因社會的需要，內察土壤的性質，就選擇松，洋槐，櫸，櫟，杉爲造林重要的樹木。論到他們的生長，是全靠相宜的土地，所以他們的佈置，是有一定的地點。譬如那些杉，櫸，是喜歡肥潤的土壤，但是怕受乾風炎日，所以就把他栽在山窪的地方。然而松的性質正與此相反，所以就把他栽在山背。至於洋槐是適於深肥的土壤，所以便把他栽在山底。

（二）困難之經過　這造林場最困難的事情，就是地界的糾葛，因爲他們初辦的時候，不免帶些官的臭味和團體的勢力，沒有把這地界先弄清楚，就起頭造林。所以現在時常同人家辦地皮交涉，居民和林場兩邊互相爭執，但是都沒有憑據，誰曲誰直，狠難判斷。不過公有林却因爲地皮很大，有時候也不十分同人家計較，就讓給了一塊地，也不過如「九牛拔去一毛」。但是積少成多，現在這林場被人佔去的地方，也就實在不少。這樁事，後來辦林業的人，是不可不注意的。

第二項困難的事情，就是頭一年開辦時候因爲自己沒有幼苗，所以櫸榆的幼苗都從揚州買來。這些幼苗本來是培養不得法，並且運在路上，他受風日，所以栽下去就枯死了一半。其餘如柳，杉，扁柏，白桐，等的幼苗又是由日本購來，枯死的數更多，就佔原栽株數百分之八十以上咧！所以要造林，非自己先培養幼苗是斷斷不行的。

（三）現有的成績及將來之計畫　這造林場現在已經栽下去的樹，總共有三百四十餘萬株，其中以洋槐最多，松次之，樺最少。他的成活之數，約有八成以上。這公有林現在於此第一造林場積極進行之外，還要想推廣範圍，再辦第二造林場，將來收入的利益，以二十分之十二，專充任股各機關的教育經費，其餘八分作爲貯蓄及這森林所在地方的教育補助金。

五分區辦事的情形

（一）地點及設備　這造林場分爲四區，我已經在上面說過了。但是各區都有一個辦事的機關，第一區在戈家偃，第二區在張家窪，靠近湯泉鎮，第三區在獨峯寺，第四區在獅子林，每區設務室一座，工人宿舍兩三座，儲藏農具室一座，又立苗圃一所，爲培養幼樹的地方，面積大小不等，大約自六十餘畝至一百三十畝，是看各區造林地之廣狹而定的。

此外各區設森林警察數人，單爲照料幼樹，及報告火災的事情。我纔到這林場的時候，看見這些警察，以爲是官廳派來的，因爲他們所穿的衣服，與街上的警察，並沒有分別；後來仔細一查，乃知道是由這林場的工人裝辦的。他們說：『如果不這樣狐假虎皮，那一班斫柴放牛的人是不駭怕的。』唉！官的勢力真是無微不入咧！不然，又何必有嚇鄉下人的假警察呢？

（二）工人之管理　每區有技務員一人，爲總司令。在這技務員之下，又設工頭一人，指揮一切工人。這個工頭好像很有威權，他所發的號令，那工人是要絕對服從的。每逢栽樹時期，管理工人的法子更爲周密，每分二十五人爲一組，再設組長一人，專爲指導各組工人栽樹的方法。關於各場夫服務的事情，定有賞罰的規則，大概他們是以勤惰爲勸懲的標準。

（三）火災之救護　每區有火警數人，終日站在山頂看守。如有火跡發生，就在山上高呼「打火打火」，也有時候鳴鑼爲記號。工人聽見這鑼聲的下數，就能夠辨出起火之方向，各人持竹枝一把，爭先恐後拚命跑到火燒的地方，就當那黑夜起火也是一樣。的講到這火災的事情，我的頭就要發痛了。因爲我在這林場幾天，每天看見他們打火好幾次，費本勞力，不知犧牲了多少，究竟是什麼緣故呢？因爲那一班平日被他們嚇怕了的村民，爲了這林場平時不讓他們隨便進去斫柴割草，就生了怨恨，所以乘這冬天氣候乾燥，發風最利害的時候，他們就放火，燎原之勢，一時狠難撲滅，往往損失不小。但是官廳對這些火犯，倒肯寬宥，不照森林法懲辦，其實也就是他們技窮的披露罷了。

（四）獸害之驅除　這林場所栽的洋槐，他的樹皮被麞子野兔咬傷了不少，他們用洋油和石灰塗抹於樹幹的下部，并且僱了許多打獵的人巡邏驅除。我一天到第四區的時候，正正碰見獵人打得幾條麞子從山上回來，這區長以爲我沒有嘗過這野獸的滋味，就喊工人剝其皮而烹其肉，欵待我了。

（五）作工分配及副業之經營　這造林場自二月起至四月爲春植之期，在這個時候，他們的事情最忙，用工人也最多，除長工以外，一定還要加添短工。春植既畢，就在苗圃播種子，從五月至十月，他們的事情稍閒了，在這幾個月內，不過到苗圃除草，及整理林場呢。自十月至十二月，是秋植之期，有幾種樹也可以在這時候栽植的。這是他們作工分配的法子。除造林之外，又要經營許多副業，如養羊，栽桑，以及果樹之類。

六　工人生活的狀況

這林場工人，可分爲長工與短工兩種；短工人數不一定，長工有兩百多人。每人每天作工的時間，是按四季氣候而定的，冬季作工的時間最少，每日九時半；其餘三季，總在十時以內，每工作兩小時，必休息十分鐘。一日三餐，都有一定的時候。工人頗能守規矩，早晨六點鐘以前聽見搖鈴，即立刻起來。一月之中，每人有三天例假，逾限則扣工資。薪水是按照各人作工時間能力而定，從五元以上至六元九角不等。我當時想如其這些工人聽見美國勞動者所唱的『三八』歌，不曉得起一種什麼感想！工人在這山僻的地方，費用狠省，大概從遠地來的工人，除了每月支給伙食之外，其餘都可以積蓄放利。因每月發薪水的時候，那些附近的村民，就一班一班的來向工人借錢，利息極重，每月每圓五分利。這工人因爲他們得來是血汗之資，能得這樣大的利息，以爲是他的機會到了，人人都表現一種奇貨可居的神氣。但是借錢者，爲逼於生計的緣故，又不得不忍痛借債。至於本地一班工人，每月不但沒於錢餘剩下來，並且還要虧空了許多。到底是什麼原因呢？這無非他們受了妻子的累，所以每月就拿他所得的薪俸養家，還有「青黃不接」的狀況，就時常對會計處借錢，答應以下個月的薪水扣除。照這樣循環做去，還有生活快樂的日子麼？工人的飯食，是由他們當中選出幾個人來專司其職，每月算帳一次，按人數攤派，大約每人一月只攤了二元半。他們因節儉起見，多吃蔬菜，每月只有兩天吃葷。每逢葷食的時候，單殺豬幾隻，以人數平分其肉。他們意思，以爲全吃蔬，作工也沒有氣力了。

我有一次到他們寢室裏面看看，一切床被及別樣東西，都很有次序，地下也打掃很乾淨的。每天下午六點鐘晚飯過後，是他們休息的時候，也是他們最快樂的時候：有吹簫的，也有拉琴的，也有手拿一本書唱着的，或到別人面前問字的，並沒有吵鬧的舉動。所以我在這林塲幾夜絃誦的聲音，却也不絕於耳呢！察這班工人的意思，很要想讀書認得幾个字記記賬，可惜沒有機會給他們受平民的敎育啊！

七結論

這造林塲創辦到現在只有四年，一切樹木雖然是很幼稚，不能惹人注意，但是他將來一定有發展的希望：(一)依他報告書的預算，過二十年之後，每百畝可得純利一萬三百二十三圓，如合總數計算，則每年出利是很有可觀咧！當那時候不但敎育經費沒有困難，就是別種實業也可以藉此興辦的。(二)這林塲北靠津浦鐵路，南有長江，交通非常便利，並且地多溫泉，聽說現在已經有人發起要造馬路，從湯泉一直到浦口，我想過一二十年成林之後，各處來遊玩風景的人，一定是絡繹不絕的。(三)這公有林辦事職員，於經營造林事情以外，還應該特別注意工人的通俗敎育。聽說前次他們開會，已經提議要用普通常識，敎授工人。果能實行，則影響實在不少。

學校調查

北京高等師範附屬中學校　趙世炎

(一)引言

國立北京高等師範的調查，邵君已經說得很詳細；他的附屬中學，的確是已經知道高等師範的所不可不知道的，並且是就不知道高等師範也應該知道的。在天津知道中學的，沒有不知道南開；（南開大學是去年才成立的）在北京知道中學的，沒有不知道附屬中學。虛名虛譽雖然沒有引蹤的價值，但是他在社會上的信仰既然深，就有調查的價值；所以我想把我所知的拿來供獻給少年世界。我約了邵君作高師的，他稿成寄給我，我看篇幅很多，因此我這篇不得不從簡。我同時覺得少年世界所調查的學校，將來有一番更新，就可以再披露一次。我現在狠希望：我調查附屬中學所略的地方，就是將來再行披露的地方。

我們對於某學校常常羨慕，進去以後，又覺得有許多缺憾。我們常常有這種感想。我們以某校的學生來批評本校，怕有持論太苛的毛病；可是我以為非經過不能知道真象，說錯許比不說好，因為終有點是非；批評的地位在第三者，話還是照着我自說。

（二）史略

民國元年以前的附屬中學，名叫五城中學，這一年過繼與高等師範，才換了名字。他從過繼以後，也着實受了很多的益處。現在才過去九年，還算是在幼稚時代；可是他的推進力還猛，很能夠隨着潮流前進。當初成立才兩三年，在北京有『最好的中學』的名譽；這話本來可以不提，只是他這種有名譽的原因，是一件很可研究的事情，是他本身的一個警告，也是中學教育者的一個好教訓。這件事先不說。我承認他的歷史，在現在是幼稚時代，也就是過渡時代，很可注意的。他的過去的事，我覺得如要知道他的現在和希望他的將來，記年記月的說出來也無用，所以我以為很可從略。

（三）校址及學級編制

校址在北京琉璃廠甸，就是清朝時候的琉璃窰地方；高等師範附屬小學在他的西邊；高等師範，又在附屬小學的西邊，中間隔着一條因風水未開城門直抵城牆的大馬路；三個學校，算是都緊靠着。他的校址的面積連年都有擴充，因為經濟受高等師範的支配，不能事事都如意。

附屬中學的學生，總在三百人以上；每年畢業學生在六十人以上，入學的在一百以上。學級的編制：共有四年級，每級有兩班，共八班，這是固定的；還有一班補習班，一年畢業，升入一年級；有時不招補習班，則四年級中有一級有兩班；總之每年都有九班人。

考試制度雖沒有消除，可是很注重平時成績；暑假前學年考試，學生畢業或升級；暑假後開學就招新生。

（四）課程

附屬中學的課程，不必我說，因為他是按照部令的，大家去察北京的教育部的部令就知道。因為他是教育部直轄的唯一中學，因為高等師範是教育部直轄的；教育部的部令，附屬中學算是個實驗的地方，所以課程沒有什麼可說。可是北京學務局所轄各中學的課程，沒有附屬中學完備，這句話是可說的。所有的科目是修身，國文，英文，數學，（包括算術，代數，幾何，三角。）理化，（物理及化學。）歷史，（本國史及外國史。）地理，（本國地理及外國地理。）博物，（包括植物，動物，礦物，及生理衛生學。）法制，經制，簿記，圖畫，手工，體操，樂歌等。（由一年起，按次增添。）

（五）訓育

附屬中學的訓育，有很好的歷史。民國六年主任韓振華先生，取消記過的制度，得教育部的許可，算是一種進步。此後方法屢有變遷；在現在，有一個訓育會。訓育的情形如左：

(1)學級主任　每年級設學級主任，對本級各班關於訓育，體育，課程都負責。

(2)分課　校內有教務課，庶務課，會計課，都輔助訓育。

(3)學生自治　由各級主任提倡組織各級或各班自治會。

(4)家庭通信　學校常與學生家庭通信，學校若遇有某事發生，即一律發信通知學生家庭；若關於某生之個人事件，亦發信通知其家庭。學生每學期填寫家長及保證人之通信處一次，每學期學校以學生之學業及操行兩種成績通知家庭。

(5)缺席及遲到　缺席須有家長或保証人之書信証明，才准請假。教務課每週宣布學生缺席一次，以便學生自己看見，若有錯誤，可以聲明。家長或保證人的請假證明書一週內不交的，缺席的鐘點，就算曠課。不請假而無故缺席的，也算曠課。曠課在一次以上，操行成績不得列甲等；三次以上，不得列乙等；七次以上，不得列丙等。請假每四十小時，於學業成績總平均扣除一分；二十小時以上扣半分；不及二十小時就免扣。遲到在五分鐘以上者，算作曠課半小時；在十五分鐘以上者，算曠課一小時。

(6)值週生　這是取消班長制度後設的。附屬中學取消班長制度，算是一件先鋒事；也是他在學校制度之下，一種良好趨向的表現。原來每班有班長二人，每日有值日生一人；今年新代理主任程伯廬先生到校後，召集班長談話會，討論廢除班長制度的辦法；結果是：『各班設值週生兩人，執行原定的班長及值日生職務；遇重要事得另舉代表』。這是由學生方面提出的結果，按照試辦一學期，這件事已實行很久；在學校方面，常召集值週生談話會，由主任講演訓育上種種問題。

(六)體育

附屬中學的體育，在民國六七兩年，在北京大出風頭；現在也積極注重，大概可述的有幾件事：

(1)體育會　是由職教員所組織的體育研究部所附設的。全校學生，都是會員。各班選舉體育代表二人，為幹事部職員。運動種類有七種：一，田徑賽組；二，足球組；三，籃球組；四，網球組；五，拳術組；六，體操組；七，徒步組。

(2)二十分間體操　每天上午第二時下課後，全體集合，舉行二十分鐘的徒手體操。

(3)各班組織　各班同學，自由組織關於各項的運動或游戲，常互相比賽，以增興趣。

(七)組織

(甲)職教員的組織

職教員的組織，最近有一個很新的計畫；除開教務會，庶務會，訓育會不算，最近有個很大的規模的組織。這個組織就是一個中等教育研究會，我可以摘要鈔出二條簡章如左：

第二條　本會以研究關於中等教育事項，並謀施行於實際為宗旨。

第五條　本會研究事項，分各部如下：學校研究部；公民科研究部；體育研究部；國文研究部；英文研究部；數學研究部；理化研究部；博物研究部；歷史地理研究部；手工圖畫研究部；音樂研究部。

各部還有各部的簡章；國文，英文，數學，理化，博物，歷史，地理，等部各附設國文學會，英文學會，……等。現在都積極進行。這一種組織，能夠混合職教員與學生在一個組織內，比較舊式的校友會，有較高的趨向，也有實際的精神。

(乙)學生的組織

學生的組織，附屬中學的學生，很能表現幾分能力。除開各班的的治會不算，其他混合的組織，很有幾個：

(1)學生會　這是全校學生的總組織，由五四以後的學生幹事會變出來的；分評議，幹事，糾察三部，還分設五團：一，德育團；二，學藝團；三，體育團；四，社會服務團；五，出版團。會員每年納會費銀一元。各部每月開常會二次。學生會所包括的事很多，這裏面可以分出許多小組織；譬如平民學校等事，不能詳說。

(2)協進學會　這是附屬中學裏狠老的學會，也是狠舊的學會。他的宗旨是：交換知識，協進學術道德。裏面分德育，研究，講演，雜誌，庶務，會計六部，每學期出了一本雜誌，名叫心聲。

(3)音樂會　這也是在附屬中學有歷史的一個會。他的會務是：一，練習中西樂器；二，練習中西唱歌；三，研究音樂知識；四，編譯音樂稿件。會裏分軍笛，步號，軍樂，雅樂，琴樂，歌詠，六隊。辦事分總務，器樂，聲樂，編譯四部。聚會分常會，特別會，職員會三種。這個會在最近兩三年，都有狠好的成績，在校中對於美感的實現，只有這個團體，入會的人也狠多。

(4)勵學旬刊社　這是附屬中學新有的團體。出了一個十日刊，名叫勵學旬刊。『很難得！』我們可以這樣說。只是他的方針還不明瞭；也有新潮，也有國故。

(5)國貨製造社　宗旨是：本互助精神，以杜絕漏巵，振興國貨，促進實業，實行工讀，為共同目的。成立沒有好久。社內製造用品分日用，學用，藥用，化裝，游藝五組。

(6)國貨售品所　是一個集股營業，提倡國貨的團體。學校裏一個消費公社。凡同學及職教員皆可入股。

附屬中學的團體本來很多，因為組織的變遷，有許多無形消滅的：譬如英文勵進會，品行砥礪會，游藝會，足球會，等，還有些同樂會，更沒有什麼可說的。附屬中學有中等教育研究會，裏面各部所附設的各學會，是第一個大組織；學生會是第二個大組織。兩個都包含許多小組織，因此消滅了許多自由的部份小組織。這個理由是很可以看出的。

在敘述附屬中學學生的組織以後，不能不再說一個團體；這個團體就是少年學會。因為少年學會不必是附屬中學的少年學會，所以我不能把他敘在附屬中學學生團體裏面；可是少年學會產生在二十世紀，是附屬中學幾個學生發起的，所以我也可以說說少年學會。原來只在附屬中學學生團體內，後來為他本身着想，覺得斷不能只在附屬中學求少年，因此擴大了，甚至於沒有範圍了。他的宗旨是『發展個性知能，研究眞實學術，以進取精神，養成健全少年』他的會員現在還不到二十人。會裏出了一種半月刊，名叫少年。

（八）入學及用費

附屬中學生長了八九年，我對於他並沒有什麼苛責的地方；我所不滿意於他的，只覺得他有幾分貴族氣概。我深知這個原因，是前幾年辦事的所種的毒。他們每每愛把別人作模範，愛把北京的清華和天津的南開作模範，我想許是從此生出錯誤。我現在要說附屬中學的入學和用費，我不免把我這個意思提提。我贊成人入附屬中學，我贊成在北京入中學的入附屬中學。我現在說入學和用費兩件事；或者應該特別鄭重。

入附屬中學在暑假，年假後都可以；但暑假時招新班，也招插班，年假時只招插班。暑假考新班，資格是高等小學畢業和有同等學力的，考上的入一年級，程度稍差的入補習班。插班要考驗同等年級的修業文憑，按照該年級科目程度受考。入學後要塡寫願書，並找一個在北京有職業的做保證人，塡寫保證書。其餘繳像片塡履歷等事，他的招考廣告都會載明。

用費這件事項難說，我聽說有人每年用四五百的，我眞難猜度這個人是誰。附屬中學的學生不寄宿，多在家裏住或自租房住，因此很難有個預算案。只有學校規定的幾件可以說得出：(1學費，每年二十元；(2)制服費，夏季全套三元，冬季全套（連外套）約二十元；每套可用兩年，不定；(3)紙張費，每年約五元；(4)膳費在校早餐及午餐的，每月三元，只在校午餐的，每月二元五角；(5)體育費及各種會費約數元。大概可以指得出的是這幾種，此外無從核算。實在說：在家裏住的，生活費就可以減少；若按着不在家住，自己租房獨住，或與朋友營共同生活，北京這樣的生活程度，一個中學生，每年大洋兩百元，無論如何應該夠。

（九）結論

我做附屬中學調查的稿子，早就有這個念頭，擱「許久沒有做；因爲卻君做的高師的調查脫了稿，替少年世界收稿的朋友，又催着要發稿寄往南京，我趕着一個晚上幾點鐘工夫來做，覺得有許多『吞吞吐吐』的地方。我這個稿子，少年世界要不要還是個問題，可是我能說的不過如此。我來做這個調查的結論，可以不必只有自已的意見。我是附屬中學的一個畢業生；幾天以前，去會了一次他的新代理主任程伯盧先生，談了很久的話，我覺得很滿意，我承認附屬中學前途有無限的光明。當時的談話過後，我沒有記錄，但是他與我所談的大意與他初到校在教職員會受歡迎的答詞相同。這篇答詞曾載在北京高等師範的週刊上，我願意把他鈔在後面：

「（前略）中學教育關係國家社會中堅人物的養成，至為切要。我們所負的責任，也至重大，自應適合時代思潮的趨向與青年心理的現象，施行那種適當的教育。兄弟對於此種教育，媿無具體的主張；不過略陳意見，供大家討論。

中學校的學生，正值青年時期。身體精神，均增急劇的變化；尤以一種自然的性欲，發動最盛，身心雙方，均感受不安定的狀態；這是人類第三的危期。他的精神方面，發出一種純愛他的新感情，真意義的道德心與宗教心等。Hall 博士，叫這時期為 Adolescence 又名為人類第二的生日 Secondary Birth. 這可見青年時代，是個最有希望的，然而最危險的。我們大家指導青年的人，應如何施行這種適當的青年教育。兄弟以為最須注重

的，約有四事：

第一：是獎勵體育。這個獎勵的必要，是不用說的。不但使青年的心身，調和發展，保持健康，增進國民的實力；并可施行一種鍛鍊，以為訓育的基礎。例如：鞏固道德的信念，養成堅忍力行的意志等，都是從體育方面得來的；這是實踐倫理上一種動力。所以青年教育，體力是最注重的。

第二：是注重科學。青年心身，發育太驟，每每不能調和；身體方面則筋肉與骨骼成長，既欠平衡；精神方面則欲望與意思，現實與理想，時相衝突。所以青年心理，易生搖動，常有人生懷疑，及宗教煩悶的事。應注重科學知識，與以正確判斷，高尚思想，使知親近自然，信仰真理，以養成正大的人生觀。此外如注重理科實驗，以養成創作發明的精神；授與職業知能，增進青年生產的能率；研究文學美術，高尚人生，趣味與價值；這都是青年教育，所最注重的。

第三：是提倡自動。青年心理，往往要依着自已的意思，去支配自已的行為。這是人類最高尚的意志作用。我們教導青年，正好利用他的長處。如對於教授方面，獎勵他們自學；對於訓練方面，提

倡他們自治，以發揮其天賦的責任心，與那獨立自尊的好習慣。并須尊重個性，使他們對於學科，有相當選擇的自由。

第四：是完成公民生活。剛纔說中學教育，係養成國家社會的中堅人物，公民教育自然是最重要的。如愛國心的涵養，國民的態度確立，提倡社會服務，尊重共同作業，養成經濟思想，增進政治知識；這都是完成公民生活中最關切要的。

以上四事，不過是對於普通中學教育一種簡單的意見。至於我們本校，既是個高等師範附屬中學校，自然就是個中學教育的實驗場。我們應該要適合本校的特性，去實驗那種種中學教育的問題。例如文實分科，增加職業科目，學校系統上，編制上，設備上，以及各項實際問題上，均須有具體的研究，以為師範生及辦學者種種之參考。這樣看來，我們的責任，更加重大了。希望同人，此後對於教授學科，具有研究的精神，與興味。對於訓練學生，與以人格上的信仰，及至誠懇的感化。對於各項職務，具有犧牲的熱心，與愉快的盡職。總而言之，就是希望本校自教職員學生，以至園丁校僕，因為都是個共同生活團體的分工者——對於校務一切，要大家發揮互助的精神，各盡同等的責任，時時刻刻向那發展前途去努力猛進！這是我們在座同人的一種勞工神聖！

程先生還說有幾件要辦的事情：(一)興辦圖書館；(二)建築大禮堂；(三)改建校門，使學校能與社會接近。我覺得這都是一種特別的眼光，並且深信都能實行。我們可以對附屬中學有許多希望。

去年我在武昌中華大學，會着中學部主任惲代英先生和學監余家菊先生，談了狠久的話；我記得余先生曾說：『我們的理想，要一個 Democratic school』。我希望北京高等師範附屬中學能成一個 Democratic school。

一九二十年三月十二夜。

專論

天然石的種類與功用

沈怡

地質學上講的有道世界的年紀，是拿幾個時代來計算的。什麼石器時代啊，銅器時代啊，鐵器時代呀，……照此看來，石器時代不是早已過去了嗎？我們是另一時代的人啊，為什麼又去照顧他，拿他來論述呢？不是如此講的。由石器時代遞進而入他一時代，這固然多是世界的進化。但是並非入了銅器時代石器便不適用淘汰了；入了鐵器時代石銅便也不適用淘汰了。試看現在的世界上，不還是個個依舊狠需要的嗎？並且土木工程上，——建築事業上，——最重要的建築材料，還脫不去這個「石」！

我現在講他的種類與功用上面已說過因爲同土木工程有密切的關係，爲什麼呢？可以舉個例來說着：譬如我們造一條橋，用的材料是石。那對於這是什麼石的問題，一定要知道。因爲如使不知道他是那一種石，便就對於這石的性質，堅性，受壓能力，也茫然了。我們既不曉得他的性質，堅性，受壓能力，那就很懷疑的不敢用他。還有譬如我們所造的橋是在石上，或是土上。未造的先期照例是先行一種地質試驗用挖掘鑽取的方法，來考證他。要使我們對於所驗得的石質土質又是茫然。受壓的能力茫然。那不用說橋就無法施工了。取這一個淺近的例，可以知道地質的研究是習工程的人最要注意的啊！

(一)石的重要成分的礦物。

除開了許多的礦物以外，就是我們所寄足的地球上所有的分子，同在工程上有需用的石類。那後者比較起來實在不能算多。

我現在把建築用石的礦物成分，寫在下面。讀者於此可曉各礦物的性質和堅度約略的也可推求所含該種成分的石的性質。

(A)水晶 (Quartz) 水晶也有叫作石英的，是一種極純淨的矽化物 (SiO_2)。有第七位的堅度。(依據麻司博士 Mohs 所訂的十項堅度衡以滑石最軟列第一位，金剛石最堅列第十位。該度衡在物理學礦物學中都可找得。) 有比重數二•五至二•八。形狀爲不整齊的結晶。外表極粗糙，帶着玻璃脂肪似的色彩。(在折斷面極易發見後述的光彩) 顏色種類，多有白灰白灰黃藍各種。

(B)長石 (felspar, Feldspat) 長石分二類曰 mono-klin，曰 triklin，前者是一種矽酸物含有鉀與礬土 (alumina) 的化合也有叫作正長石的 (orthoclase, $K_2Al_2Si_6O_{16}$)。有第六位的堅度，有比重數二•五四第二•五八有矽養二成分六四•七%有礬土一八•三五%形狀爲結晶體或結晶小粒色有紅，黃灰，灰綠數種。

後者那一種—— triklin ——長石更分了許多枝類：

曰Mikrolin ($K_2Al_2Si_6O_{16}$)。花崗石(Granit)辟英石(Syenit)片麻石(Gneis)中有含此者。

曰Al it ($Na_2Al_2Si_6O_{16}$)。有矽養二成分六八%。花崗石辟英石閃綠石(Diorit)葉石(Phyllit)中，有含這一類礦物的。但是所含都不多，所以不能作重要成分看。顏色有透明，白紅，綠，黃，棕數種。

曰Ano thit ($CaAl_2Si_2O_8$)。有矽養二成分四三至四五%

(C)長石類的其他礦物　玆述其數種如下：

曰Nephelin ($(NaK)_2Al_2Si_2O_8$) 堅度爲五・五，有白，灰，透明，諸色。

曰Leucit $K_2Al_2Si_4O_{12}$ 堅度列五・五至六位，有灰白，黃白，紅白。諸色。

曰Houyn 堅度列五至五・五位。色有灰，綠，藍，黑，各種。鑛石(Phono'it)黑石(Basalt)中有含此者。

曰Mellith 堅度列五至五・五位。色有黃，白，密黃，棕黃，各種。

(D)角閃石(Ho:nblende)與輝石(.y:o en)類 堅度列五至六位。有比重數二・九至三・五。大概角閃石比較輝石爲輕。從化學方面的觀察，這二種礦石是屬於中立性矽酸類。若鈣鎂鐵鈉鉀多是他的混合物。色有綠，墨綠，墨藍，各種。角閃石在火成礦石中，含有他的分量頗多。若角閃花崗石辟英石閃綠石雲斑石(Porphyr)是。輝石的含量最著者，爲輝綠石(Diabas)黑石，黑雲斑石(Melaphyr)。形[illegible]爲結晶，或晶粒。輝石二枝類有[illegible]種：曰Omphacit 呈草綠色，曰Hypersthen呈黑或灰綠色，曰Diallag 呈棕灰或綠色。

(E)雲母石類　雲母石是一種由鉀鈉或礬土所混成的矽酸物。也有帶些鎂養(MgO)，同養化鐵(FeO)的。有堅性二・七至三。比重數在二・七至三・二以內。雲母石有二主種：曰Biotit 呈黑暗色，含養化鎂頗富。曰Muskovit 呈顯亮色，或無色，含鉀多。

(F)橄欖石(Olivin)的化學成分是Mg_2SiO_4同$FeSiO_4$的一種混合。呈綠色，黃色與棕色極少。堅度列六・五至七位有比重數三•二至三•五黑石與黑雲斑石有含此者。

(G)綠化石(Chlorit)與滑石(Talcum)這二種的堅性比較中列爲最弱綠化石堅度列二至三位比重爲二•六五至二•九七滑石的堅度我們在前面早已說過了列在第一位有比重二•七至二•八二種多是極容易折裂下來成爲很薄的石片帶着綠的（綠化石）或是白的顏色（滑石）

(H)灰質石(Kalkspat, calcite)與鎂灰石(Dolomit)。這二種礦石外表頗似屬於一類的因爲二者極相形似但是一考察他所含的化學分子那就大不相同了灰質石的主體是炭酸鈣($CaCO_3$)在鎂灰石可還有炭酸鎂加入。他的化學公式是$CaCO_3+MgCO_3$

灰質石堅度爲第三位有比重數二•七二鎂灰石爲三•五至四•五位有比重數二•八至二•九五灰質石大多是無色，也有因爲受了有機物的感應成爲灰，黃，藍各色。鎂灰石色極顯明白色或混沌色極少有紅色，黃色者。

(I)黃鐵石（硫化鐵二 FeS_2, Pyrit）是一種鐵與硫的化合物堅度列第六位有比重數四•九至五•二帶黃白色，也有因氣候的侵蝕變爲藍色。

(二)石的分類

上一節所講是石的重要成分的礦物——鑛石——因爲我們往下去要講到石的種類那對於各本身的成分，不可不先明瞭，不然就不免越弄越不清楚了。茲述其四大主類如下:

(甲)大塊的凝結巖石

(乙)結晶體的版石

(丙)結晶的但非碎屑的(clastic)水成石(Sedimentgestein, sedimentary rocks)

(丁)碎屑巖石

(甲)大塊凝結石在工程上極關緊要的有如下:

(1)花崗石　花崗石係由長石石英雲母石數種搆合而成。是一種極堅硬的石質堅度列第六至第八位有比重數二•五至三•〇五色有白與白黃，白紅數種。花崗石的堅度因爲成分上所採的地點上有不同所以沒有一定的標準現在姑且以最大數，中數，最小數，三種分列法定之。

	中數	最小數	最大數
受壓堅性	1600kg/qcm	450kg/qcm	2400至3000kg/qcm
受扯堅性	30,,	20,,	45,,
受彎堅性	140,,	75,,	219,,
受剪堅性	80,,	25,,	130,,

平均起來，受扯堅性，爲受壓的五十三分之一；受剪堅性，爲受壓的二十分之一；受彎堅性，爲受壓的十二分之一。

(2)辟英石　同花崗石狠類似，但是講起他的效用來，遠不

及花崗石那麼大。成分爲阿爾卡里長石（屬鹼類）和角閃石。他同花崗石最大的不同點，就是他的成分中，沒有石英。色有深綠，灰紅，二種。他比花崗石軟，可是他又比花崗石韌，狠能經受氣候的侵蝕，這是他的優點。堅度列第七位至第八位。有比重數二·五至三·〇六。平均受壓堅性爲1300—1400kg/qcm　最好的辟英石，也有到2500kg/qcm的。（"kg/qcm）這個記號是歐洲大陸所通用的一種標記，他的用意是在一平方公寸能經受如許公斤的重量。

(3)雲斑石　色紅，帶黑色與棕色紋。性甚強韌，能經久。受壓堅性在1800kg/qcm左右。有比重數二·四至二·八。

(4)閃綠石　堅度列第五至第六位。比重數爲二·八至三·〇。平均受壓堅性爲2000kg/qcm。受扯堅性爲50kg/qcm。受剪堅性爲90kg/qcm。

(5)斑石(Porphyrit)　係由角閃石輝石及棕黑色雲母石相混而成。色有棕，棕紅，深灰，棕藍多種。

(6)輝綠石　跟閃綠石極相似。他的重要成分是輝石同斜長石(Plagioklas)。有比重數三·〇。堅度列第五至第

六位。平均受壓堅性爲 1900 kg/qcm。最大有 2800 kg/qcm受扯與受剪堅性均爲 60 kg/qcm。

(7)斑璃石 (Gabbro) 係由長石與綠閃石(Smaragdit)相混而成。呈深灰色有比重數二・七至三・○。堅度列第六至第八位。受壓堅性爲 2000 kg/qcm。可作鋪道路材料用。

(8)黑雲斑石 呈深灰，綠黑諸色。有比重數二・七。受壓堅性爲 1200 kg/qcm。可作路底鋪石用。

(9)火長石與中性長石 (Trachyt, Andesit) 堅度不一，列第六位。有比重數二・二至二・七。受壓堅性爲700 kg/qcm受推堅性 20—30 kg/qcm受彎堅性約爲 100 kg/qcm。

(10)鐘石 與黑石極相似。有比重數二・五至二・七。堅性與前項約略同。

(11)黑石 呈灰黑略藍色。有比重數二・八至三・三。堅度列第六至第八位。受壓堅性爲2000 kg/qcm。這一類的石極適用於房屋建築作礎石柱等用。也可以作橋礎水閘用。做鋪道路材料也很合宜，因爲他的平面本來是極不平薄的，經了長久的輾壓就漸漸變爲極平坦，倒是一種最好不過的材料。

(21)溶石 (Lava) 這一類的石質，有是已經滅熄的火山所產，有是還未熄滅的火山所產。所以他的形狀，有整塊，有砂質灰質，種種的不同。因爲他的性質比較還鬆，所以用來鑿成模型倒很不難。有比重量○・七至二・六。受壓堅性有600 kg/qcm。

(乙)第二主類則結晶的版石，完全非化石類的；因爲他成就在最下層，所以也有叫他爲年代最久之石。他這一類的石如下：

(1)片麻石 他的成分簡直同花崗石一樣，堅度同花崗石也一樣。有比重數二・四至二・九。受壓堅性平均爲 1700 kg/qcm。最大 2600 kg/qcm。

(2)米粒石 (Granulit) 是片麻石的一族類。係由石英長石雲母石等合成。呈白色，也有灰，白，黃，紅，諸色。比重數爲二・六。堅度同花崗石。

(3)雲母片石 係由石英雲母石長石三種重要分子合成。呈白，灰，藍，綠，諸色。比重數爲二・七。受壓堅性平均爲850 kg／qcm。

(4)葉石　呈灰綠色，闊或黑色。堅度列第一至第二位。有比重數二・七至三・五。這一類的石，沒有多大用處，大半做牆版瓦版等用。

(5)綠化片石與滑片石　呈綠色。含石英與長石頗多。比重數爲二・七。堅度列第一至第二位。滑片石呈白色。堅度列位與綠化石同。比重數爲二・八至三・〇。

(6)蛇紋石(Serpentin)　係橄欖石與輝石的換相。是一種含水分的鎂化養矽酸物。呈綠色。有極明顯的紋形。堅度列第三至第四位。有比重數二・五至二・九。受壓堅性平均爲800 kg／qcm。這類石可鑿成極精細的玩物，充鑑飾用。

(丙)第三主類，是由水中結合而成的一類石；也有可以列入第一二主類，也有可以算作碎屑石一類的。此類中團結的分子，表現一種暫時的結晶式；大半是在水中成就的，或是從液體中留下的餘積。工程上有用的石，屬於此類者有如下：

(1)灰質石　這一類石的形狀，極不一致，有些堅實，有成粒，有成灰質的。他的重要成分是炭酸鈣，有堅性第三至第八位。比重數爲一・五至三・〇。受壓堅性平均爲800kg／qcm。大理石亦灰質石的一種。形狀極美，性質頗堅。列第三位。比重數爲二・六至二・八。受壓堅性爲350—2000 kg／qcm。

(2)鎂灰石　堅度列第三・五至四・五位。比重數爲二・八五至二・九・五。受壓堅性爲400—1300kg／qcm。

(3)石膏(Gips)　石膏色白。堅度爲第一・五至二・〇。比重數爲二・二至二・九六。受壓堅性爲50—70kg／qcm。

(4)矽石(quarzit)　主要成分爲石英。堅度列第七位。比重數爲二・五至二・八。

(5)鐵質石　有磁鐵石(Fe_3O_4)紅鐵石(Fe_2O_3)褐鐵石($2Fe_2O_3+3H_2O$)菱鐵石($FeCO_3$)各種。

(丁)第四主類是碎屑岩石類，是從岩石上分潰下來的分子結合而成。這碎屑石的特性，就是有這一種膠合的本能，能把這些碎塊摻成大塊，成一種石類。

(1)結合石(Konglomerate)　結合石最著稱的一種，曰釘形卵石(Nagelfluh)。係由大塊的灰質石，砂石，也有石英花崗石斑石等分子結合而成。比重數爲二•二。受壓堅性爲 400 kg/qcm。

(2)凝灰石(Tuffe) 是一種火山上爆發下來的石質。後來又凝結而成。他的凝結法不一，所以有狠堅實的，有狠鬆軟的。顏色有紅，黃，灰，各種。總之他的凝結時候愈久，便愈堅硬。受壓堅性約 800kg/qcm。

(3)粘版石(Tonschiefer) 係由長石屑粘土雲母屑及石英結合而成。比重數爲二•七至三•五。受壓堅性爲 600—900kg/qcm。

(4)砂石 含石英細粒。比重數爲一•九至二•七。因爲凝合法的各異，分類極多。受壓堅性爲 600 kg/qcm。

(5)陶土粘土黃土 陶土與粘土類相同。粘土與石英砂長石合成。陶土堅度列第一位。比重數爲二•二。經火不溶，燒後成一種白色物質，即所謂瓷器也。

粘土色白，灰，黃，紅，棕。比重數爲二•二。

黃土在我國北部極多。色黃，與水合成極濃質，不能目爲好土。受壓堅性爲 2—2,5kg/qcm。

(9)園土與堤土 園土與堤土是地面土最上的一層，爲植物的寄足地。含有機與無機物質甚多。比重數爲一•八。

(三)石的性質

各種石的比重數，堅度，受壓堅性，已於以上各節中述及，茲將其他各特性所未及者述如下。

(甲)石的空隙量 空隙量關係石的傳聲，導熱，吸水，諸性極大。間接關係石的堅度亦大。有狠多種類，若灰質石砂石等，他的石塊中，如使含有水量，施鑿就會比較無水量的容易。致此的原因，大半是空隙中含的水分，與炭酸鈣相和的緣故。在乾燥時候，那炭酸鈣餘積在空隙中，就不能發生什麼作用。從這樣的緣故中，可以推測含水的石，一定比不含水的石，堅度爲減；並且經許多試驗，含水的約摸失去三分之二的堅性。

(乙)石的導熱性 導熱性係與空隙量相互有關係的。一塊具空隙量狠大的石，我們不是已經證明了嗎？是一種不好的材料。因爲他容易含水分。現在他的第二劣性，就是一個極好的傳熱者。要使一家住宅用黑石 (Basalt) 砌的牆，他的徵現很可明確的表示出來。經他那種極能的導熱本領，住宅中到了夏季很熱，到了冬季會很冷，愼護住宅用的石類，倒是極要顧到的一樁事。

（丙）石的顏色　石的顏色，大半是根據所含的礦物造成的，或是經化合而生的。若鐵錳鉻都是造成各色的主料。（由鐵造成的，若黃，紅，棕，紫，黑五色。由錳造成的，若紫紅二色。由鉻若綠，黃，紅，三色。）以上三種以外，也有鎳銅鈷墨鉛諸項，使石起顏色上的感應。

（丁）石的磨鑿性　石經磨礪以後，可得較强之顏色，且空隙既去，氣候的侵損反可以受保護。用作磨礪之石，最好是所含的礦物成分類相同，並且有同樣堅度。普通視爲易磨之石，若石英長石石灰石。較難者，若輝石角閃石。最難者，爲雲母石類。在工程有需用之石可磨礪者，若大理石花崗石薛茁石閃綠石輝綠石雲斑石等。不能磨礪者，若砂石黏石溶石凝灰石等。

（戊）石的經久性與侵蝕性　我們平常總說的是：要使這塊石越重，越純粹均勻，空隙越少。那末對於抵抗氣候的侵蝕，一定最强，最能持久。但是實在講起來，這種規定還並不是緊要的。緊要是石的化合成分！譬如石英阿爾加里長石輝石角閃石對於化學關係的侵害，抵抗力極强，所以石中如含有這種分子，一定是一種堅强能經久的石質。

氣候的侵蝕關係石的本身最大。能使他變色，變量，失化失掉固有的功能。其外因爲炭養二與水的侵蝕，也頗可觀。這一層對於石灰類的石，特別有影響。砂灰的持久性，也要看他的結合物而定。總之所有各石的持久性，都不外是氣候的地位的，含合分子的關係。我們準此以求，就不難摸着他大概的性質。

此篇取材福爾斯泰材料建築學（Foerster, Bau—materialienkunde），暨齊爾格岩石論（Zirkel, petrographie）各書參考而作。

各石譯名因我國尚無專譯名詞，故俱依據德英華文科學字典；下仍注西名，俾可對証。

地方調查

年假遊濟南雜記（續第五期）

徐彥之

這是因爲中學卒業生，稍有幾個不想看升學的，看看本省沒有可入的，都到外邊去了，到外邊考不取的，才回去進本省的專校哩。以這樣學生，乘這樣學校，所得之和，你想是個什麼數呢？照新修正的省外留學辦法，（國外留學是爲大學或專門卒過業的，此處可以不論）可以容許三百多名山東全省中學才十一二處，每處可以平攤三十名。試想一想中學的卒業生，要從頭上除去三十名，剩下的還堪問嗎？本省的專校自己還不快快整頓，非到不能存在，消滅的地步不止，不要做夢！

北京大學敎授胡適之陶孟和兩先生都很反對留學政策。但他們所以反對留學，不是因爲自己留過學嗎？不然，怎麼知道不好呢？山東現在還講不到這一層，而且『留學』本身是沒罪的。日本明治維新時代，派出留學生，所收效果若何？而且不能希望過奢，一百個裏頭有幾個好的，就對了。

民國八年山東的歐美公費生出了八個額，而祇補送了六名：美國三名，德國二名，英國三個缺，祇補了一個，據敎育廳裏人講：每次出缺，由留學監督報給敎育部，敎育部限着期才知會本省補人。留學生的回國和新生的補送，其間相差一年有半的工夫，山東省的費每年照撥，但不知此欵落到什麼地方？

一月十一日同幾位朋友去參觀省立女子師範學校，在南關毛家坟。女子敎育發展到什麼地步？在敎育界佔個什麼位置？大家對於他持一種什麼觀念？可以拿一件事情表出來：

前一任的校長彭玉華君一天在街上遇着一位很熟的朋友，馬上要招呼他說話。但那位朋友詫然的樣子問『你是誰？』他亦詫然的樣子，『不認得我了嗎？玉華。』那位朋友問『你沒有鬍子？』他答道已經辭掉女子師範校長啦。

現在的校長周幹庭君，（好長鬍子哩）我們去時，他沒在校，敎務長張筱藩君出來招待。進了大門，進二門，便是校長和學監的辦公室，全校人員等一出一入，非經他特許不可，和監獄的禁卒一樣勞苦。我們在那裏稍憩了片刻，由張君引導到內院參觀。剛到內院門，一位女子正要出來，轉身就跑回房屋去了。原來是一位敎師，住在這院的第一連房，稽查學生的出入。本想到外院去，或者和校長有話講，看見有沒見過面的男子進去，依着『禮法』迴避了。這可作一種的比較，

相隔兩天，我們到東關青龍街參觀蒙養園。他們上午敎課，我們下午去的，祇有兩位女敎師在講音樂，領着我們各處去看，隨時

給說明。臨出來，每人送給一份章程，還說『明天上午十點鐘再來，可以看見小孩們上課。』蒙養園是美國教會辨的，所以不守我們的禮節，和不認識的男子談講。

周幹庭校長素昔信奉耶教，每禮拜亦讓學生在大禮堂上『坐禮拜，』念聖約。當抵制日貨最烈時，一位學生寫信給他，說：『同學的圍巾統是日貨，可否由先生勸他們不帶，或換上別的東西？』他回答這位學生：『你排日貨，我很不贊成。日本國富強，中國貧弱，都是上帝的意思。你們排貨，就中用了嗎？』但不教女子和男子見面，——男女有別——對這一層，他却『用夏變夷，』而不『以夷變夏！』以為這是人禽之大防，可以不管上帝的意思的。

進去內院往裏走，一排排的北房統是教室。冬天的正晌午，許多的學生在外出廈底下取暖，見着我們走近，亦都衣着禮法快快得迴避了。我們隨走隨和張教務長談話，問他：隔壁隣家是誰？他說：『那樓是教養局裏的。因為在樓上望得見女校，要他們劃歸這邊來用，他們不肯，又交涉數次，迫把樓窗樓門用土閉塞了，不然，可以望見女校的天井，不是體統。』法律就應該規定：上女校四鄰不得建築樓房；要蓋樓房，上層不得留門，或開窗！

那一天教職員正在停止職務，既未上課，空教室甚無可參觀。又是半陰的天氣，格外覺得悶氣，光線亦極壞，座位上和書桌上已經積很厚的土。遂到書報室裏去看——

有一百本上下的書，在裏間一座書架上堆着。裏外間隔一個門，常鎖着；要看書，伺值日生——學生輪流擔任——開門去取。外間掛着書籍分類表的牌子，我一台頭看見了一部『長生不老法』其餘的書亦都是商務印書館和文明書局出版的。書以外有報兩份：一是北京日報，一日山東日報（？）。張教務長說：『學校訂這兩份報，先送到校長室看過，晚半天送到此地，學生分班輪看。』此外月刊雜誌，八年以後出版的連一份亦沒有。有幾本雜誌，是商務印書館出版，二年以前的東方雜誌和小說月報。聽說從前日報祇許看副張上的文苑小說，正張校長看過，就藏留著啦。『五四』學潮之後，經學生屢次的要求，才允許給正張看。

山西大學一位同學，寫信說：『出來娘子關向東一望，自已覺得好像剛從古物陳列所裏出來似的！』不曉得女校這般學校，得着上帝的同意能以請假出來看看四週的環境，亦發生一種『

我豈不是現在的古人了嗎？』的感想！

『貴校學生組織了一個「女子……促進會」』張君答說『前天大民主報上登載這會的宣言，有五十幾個發起人。幹庭看見好生氣，把他們教訓：不打我知道就辦團體以後再不許這樣。他們亦就散了……』同鄉某女士寄給我一份那會的章程，一直到現在沒收到，想是被校長扣留住了。

『東旁是女生宿舍，學生都沒回家。不……』我們就走回出來，又到校長室休息，題了參觀簿。自入民國就是那一本，不過百十個參觀的題名。幸而我們去那一天停課。若在上課，不知道教室還可以進去嗎？

翻閱他們的校友會彙刊，學生文萃先生的批語；『佳』『甚佳』『最佳』『最好』『清楚』『甚優美』很合乎英語形容詞的等第 "Good, Better, Best".

周幹庭校長因為省議會有人彈核提出查辦，要辭職。各報登載他的辭職書，省長公署和教育廳却未接到。全體學生和教職員挽留的呈文已經送去了。

法政專門學校校長孫水平君，去年受國防軍第三師（？）長濟南鎮守使警備總司令馬子貞的委託，到山西去考察吏治。回來之後，學步閻錫山在學校裏立『自省堂』『洗心社』，禮拜講經會等等。馬子貞贈他一口寶劍，二名護兵；他又仿照馬子貞的樣式做了一身『半吊子』長衫，前後左右都不開氣。每逢盛會，便穿着這件衣服，拿出那口寶劍，『子貞送我的』；出去坐上包車，『子貞送我的』二名護兵，後旁推着。常去的地方：『子貞那裏』或夏樸齋先生家，學校咧，教育咧，在他還算得什麼一回事！

據聞學生有次打麻雀，被學監抓去。第二天學生找校長理論，硬把牌要去，『我們是一種練習，畢業出去混事，非打牌不能拉攏人；不會打，絀一些個亦不行哾。不能不預備着！』孫水平便把牌交還學生，又打起了。

濟南的精神界稍有點生機，可以希望的，就是少數覺悟的幾個人，有了集合，思想界有了中心。他們的樞扭機關是齊魯通信社。都是誰是呢？議會方面：王樂平、聶湘溪、李子善……；教員方面——省立第一師範——劉次簫、完顏祥卿、潘介泉、王世棟、陳君璧諸位，不滿十個人的樣子。他們的作法，可以分為兩部分：一是盡力的介紹推廣有價值的新文化運動出版物，一是拚命大膽的揭破社會上的黑幕。議會可以爲力的，在議會裏提議案。在這不到一年的工夫裏頭，很辦出一些成績。破壞的，像督軍浮報軍費案，中國二十二行省的省議會彈核案中還算是頂出色呢！建設的，像擴增西洋留學經費等案，統是他們運動的。叫教員可以爲力的，他們就鼓吹，講演。劉次簫的『一倫先生，』王世棟的『暴徒』綽號，都從這樣得來的。他們揭破黑幕的作法是如此。新近又想組織個調查團，到處游歷考察，有黑幕就揭，管他是誰，亦不客氣。他們的好處是大公無私，所以別人雖是恨他，無如之何。

介紹文化，亦很有些成效。自從民國八年，文化運動的空氣充滿了全國。北京上海新的出版物總有數百種之多，而所銷冊數要在十萬份以上；然而濟南呢，新青年新潮一本都找不到。說來亦奇怪！北京的出版物銷到上海，上海的出版物銷到北京，來往都要經過濟南，難道一點兒餘味都留不住嗎？直到八年的下半季九月間齊魯通信社成立過後，專以推銷新思想的，改造社會的等書報爲目的。不滿兩個月的工夫，已經有了駭人的效果了。新青年新潮少年中國新教育諸報，銷數都在百份左右。其他，如解放與改造建設星期評論等期刊銷數亦都不少。日報，如北京晨報向不能入山東一步，現在竟然亦有五十家長訂的了。約計此等新出版物，每月銷售總數當在千份以上。這實在因爲他們販賣書報，不是來營利賺錢，而在宣傳文化，所以才推銷得快。有位朋友說：將來要做山東文化史，齊魯通信社的功勞是不可磨滅的了！亦是實話。試想一個社會裏，驟然增加上一千份子新思潮的書報，思想界要發生怎樣的劇烈變化？

關於鼓吹和輸入，他們還作了一件驚人的事；就是這回請杜威博士到山東去講演，亦是他們幾位辦的呀！

他們不但是輸入，一方面亦想傳佈點山東的消息，貢獻給外邊。除了在京滬各報常期通信之外，現在已經出版的有山東外交月刊，專記載中日間關係的事實和批評。又預備一種小週報，爲偏重思想學術一方面的出版品，可是現在還沒出版。

聯想到山東的印刷事業，可就糟極了！印刷和文化互相因果；印刷如此，正是文化不發達的證據，亦是不能發達的原因。你說能夠糟到什麼地步？在在出人意料之外！

外交月刊本是預備的旬刊，因爲印刷局不負責任，說旬刊無論如何，不能如期出版。才改成月刊。你說怎麼樣？從八年的十月半，一直印到九年的一月半才出了版。好不容易還是分到兩處印呢！大民主報社和齊魯大學印刷部兩下裏在濟南比較的還算是完備些的。然而新式的標點和符號都沒有！

他們要辦週報的時候，正是杜威在濟南講演，頭一期就預備出個杜威號。那時我亦在濟南，幫他們作一篇『杜威與孔子，』後來那報小產了，我的文章亦沒做完。因為什麼小產？暴力干涉？不是。經濟壓迫？不是。單單為的是找不到印刷所！我們要五號字；要新符號；照星期評論或成本的新社會一個樣子；每星期一要如期出版。這幾個條件，祗有新符號一層可以變通，那兩條是無可通融的。可惜濟南的印刷局就沒一家敢承印的！第一個大原因，沒五號字。不看濟南的日報嗎？本埠的零碎小新聞，一律用四號大字排起來、算還一圈到底圈起來算怎麼一回事？因為要出報，現辦印刷局，不就麻煩了嗎？！唉！

這篇稿子是從濟南回到北京追想補記的。此外還有許多東西要寫許多話要說；但因數日來異常煩悶，情緒失常，都寫不下去，說不出來了。卻道不出是『為什麼。』不祗我個人如此，同輩青年中十九皆然。今日的社會，造成今日的我！

九，一，二八。

(完)

蕪湖文化運動記(續第四期)

鈞 叟

五 省立學校公立學校和文化運動。

蕪湖的省立學校是：

(A) 第二女子師範學校

(B) 第二甲種農業學校

(C) 第五中學校

(D) 第一甲種農業學校

公立學校是：

(E) 蕪關中學校

(F) 職業學校

待我把他們的內容和對於新文化的態度一一說來。

(A) 第二女子師範學校 校長是阮仲勉先生，桐城 他老先生為人很好，又極講禮法，極講道學。對於我們這些後生也很獎勵，我們所做的事業也肯贊助。但是若談到他老先生辦的這個女學，我真不敢恭維。我愛前輩，我尤愛安徽，更愛真理。今天既做這篇文字，就不能客氣了。這是我要對他老先生告罪的。

不過大家要曉得他老先生是個好人，又極重感情；他的一個朋友在裏面當學監，他於是就做了責任內閣制的校長，一切處分都聽這位學監先生指揮了。

一，教育的目的　我們辦教育的，辦一個學校，總要先問問自己：『我們這個學校，預備把學生製造成功一種什麼樣的人？』這就是教育的目的。目的既定，我們才好尋達到這個目的的方法。這個學校的教育的目的，並沒有什麼具體的表示。但以我的觀察，不外養成『內言不出於閫，外言不入於閫』『三從四德』『主中饋』『無違夫子』的婦女；如天之福，把個個女學生都造成中國人所說的『良妻賢母』。

二，教育的方法　分管理，教授兩事，批評如下：

（A）管理方面

(1) 對於學生交際，取絕對干涉主義，封閉主義，而對於男女學生的交際，尤其干涉得利害。

(2) 學校內沒有正當愉樂的機關，學生的生活乾燥無味，所以管理雖嚴，他們還是依然在內，在外打撲克，叉麻雀。去年聽說校內發現了幾桌撲克牌，我有個朋友的妹子一個朋友的女兒，據說他們都有輸贏。

(3) 訓練的方法，不過取講堂訓話，或耶穌堂講道的形式。由阮老先生去給他們講講大學，發揮孔門『修身，齊家，治國，平天下』的古董道理；或是由這位管理先生說說口頭的『仁，義，道，德。』我的朋友有一個妹子在裏面，我問問他懂不懂，他的天資還不算鈍，也說是不懂。但是我對於這個問題『因為什麼不懂？』研究了一下，得了下邊一個答案：幾千年前舊社會的道德，舊生活的方法，自然是不合現在人類社會生活的環境的；學生聽了，自然是沒有興趣的；沒有興趣，怎樣能使得他懂呢？

(4) 不注意改良學生的習慣：學生好吃零嘴，每天早晚都看見校役成群價的點向裏捧，這是一個證據；學生起床太遲，他這個學校早上九時才上第一堂課。上第一堂的時候，學生還大半才起身！這是第二個證據。

(B) 教授方面：

(1) 教材太舊國文自然是師法桐城派的了；就是英文的課本也是多少年以前的東西。去年有一位英文教習還在那教嚴復的英文漢詁，弄得學生不但英文是一字不啍，就是上邊的國文，也都莫名其妙。別的課本我還沒細細的研究，不好批評。

(2) 教授法完全是注入式的；還有幾位老先生，連注入式的教法都當不起。

(3) 男教員上堂的時候，面孔要朝着黑板，脊樑朝着學生。有時校長和學監還要在旁監督！

(4) 家政沒有實驗的機會。

(5) 教學生烹飪，專用魚肉爲教材；教學生裁縫，多以綢緞爲教材；教學生手工，多不注意必需品，增長學生奢侈的習慣。

三，對於新文化的態度：

(1) 反對學生做白話。

(2) 干涉學生加入學生聯合會。去年幾次學生運動，女生雖想加入，都被取締。

(3) 禁錮學生思想：學生有看新書新報的，必被申斥。他學校裏也沒有什麽報紙，算來算去只有一份申報，一份皖江日報。而到了國事緊急如『五四運動』『六三運動』『福州交涉』一類事發生的時候，連他們看申報的權利也要被剝奪了。至於什麽叫做『新青年』『新潮』『少年中國』他們從那裏曉得！

列位！那個不曉得女子教育是現在中國社會一個最重要的問題？那個不曉得女子師範是改造現在或將來中國社會一個重要中的重要問題？我們安徽女子師範學校只有兩個：一在安慶，一就是這個學校了。他的內容如此，我不能不爲我安徽未來的無數青年叫冤！

但是青年的女學生總多少有些活潑進取的天性，他們因爲親友的介紹，也有少數人偷偷的買些新青年，新生活和少年中國婦女號看看。所以現在這個學校裏面時常發現一種不安的狀態。

(B)第二甲種農業學校　這個學校就是從前的安徽公學改的。現在，他的校長是吳光祖「桐城人」。人很想好，不過腦筋太舊又太簡單，且好剛愎自用。

從前有一位朋友在那邊當學監，兼任修身教員，學生很受些精神教育。但是『一齊眾楚』，到了前年，他也精疲力盡，不得不把學監辭掉。去年秋季有一位先生不自量力跑到裏面，幹了兩個月，學生和校長起了風潮，他看見沒有希望，也就趕緊離開了。

一，管理方面：

(a) 被動的放任。怎麼叫做被動的放任呢？就是他們平常對於學生，毫無真心；全用一點手段，對付他們。若對付不，便被學生征服，於是就唯唯聽命了。看見學生的過處，不敢加以糾正，他們以為你們不守規則，是害你們自己，與我何干？所以得推便推，聽說裏面吃紙烟的學生，至少有三分之二。

(b) 不提倡學生正當娛樂的組織，對於學生的訓練，又不能有絲毫效力。

(c) 鎮日價守着事務室做機械的生活——書記的生活。

(d) 對於學生要負在飯堂上申斥廚役的責任，一方面還要哀求學生；而對於廚役的進退之權，絲毫沒有。

(e) 庶務員不上飯堂，不負飯食衞生上的責任，使學監疲於奔命。

二，教授方面：

(a) 主科的課程完全由各科主任支配，蠶科教的好些，成績還不差；農科不大佳，因為他們在教室教的，和在農場實習的不一致，學生對於農場實習，沒有興趣。

(b) 國文教授也是古董式的教法。他們天天把油印在講台上對學生念一遍；好的也只像從前私塾先生講二論引端似的『子是夫子，曰是說話，』解釋一番，只消十幾分鐘便完事，說不到什麼『注入式，』『啓發式。』

三，教職員對於新文化的態度　他們平常不很注意新出版的書報，所以沒有接觸新思潮的機會，對於新文化的態度，自然是漠視的。去年那學校的學生鬧風潮，『解放，』『改造，』的聲浪鼓動了他們，他們於是也就買些新教育，新潮看看。這真是很可喜的事！

四，學生方面：　他們很有些有志趣，很活潑的。他們於那位學監進去之後，發生了許多組織，如學生圖書館，學生新聞社，學生自治會，校役夜班。學生圖書館，新聞社，校役夜班，皆是仿照第五中學辦的。並且實行朝會，練習他們的身體，增進他們相互的情感；又舉行『升旗式』每早對國旗行三鞠躬禮，以激發他們擁護國旗的精神。現在位那先生早已離開了他們，但我很希望他們發揮自治能力，奮勉的做下去。

（C）　第五中學校　這個學校，建築在赭山頂上，安徽全省學校的景物，要算他頂好了。

從前他那裏常常鬧風潮，自從潘光祖先生當了校長，直到如今，都沒有出過大亂子，居然辦了兩班學生畢業。到了民國六年以後，也居然有幾個人到那裏傳布新思想，施行平民主義的教育。我做蕪湖文化運動記，不能不在這兒稍微詳細說一說。

一、管理方面：

(a) 實行放任主義。這種主義也不是驟然一步做到的。他們因為社會教育，家庭教育，小學教育，太壞，學生到了中學，習染已經很深，第一步取的是干涉主義。然而他們只認『干涉』是一種萬不得已的方法，所以不久便採取指導的放任主義。到了去年春季完全的放任了。然而這種放任是管理方面自動的放任，不是被動的放任。

(b) 尊重學生的人格，養成他們獨立自尊的性習。

(c) 精神上承認學生為學校的中心。

(d) 廢除命令的，形式的，和拿『開除，』『記過，』威嚇式的，拿『畢業，』『獎賞，』利誘式的種種訓練。全拿自己的真心和學生的真心相感應，使他們自己從根本上覺悟。

(e) 提倡輔助學生組織各種自治機關，養成他們對己，對人，對社會的責任心。

(b)；(c) 兩條就是實行放任主義的根本理由；(d) 條是消極的；(e) 條是積極的。

(f) 管理員以身體力行做學生的前導，不徒恃言語為形式的訓練。

二、教授方面：

教授方面各教員的趨向不能一致，但有幾個教員已經採用新教授法了。待我把他們施行的條件列在下面：

(a) 廢除私塾背誦的教授，注入式的教授。

(b) 認定學校教育是教授青年求學做人的方法的，不是滿足他們學問技能的慾望的。

c) 教者應極力提倡學生問難，不得有拒絕或惡嫌學生質疑的態度。

(d) 用啓發式和動的教授法，引起學生研究的興趣。

(e) 提倡學生懷疑批評的精神。

(f) 教員和學生應多謀接近的機會，不得把教室看做市場，『交易而退』。

(g) 教員對於學生的學術，品行，應和管理員同負精神上，道德上的責任。

現在我再把他們教授國文，英文的方法略述於左：

一、國文　預定計畫，分教材，教法兩部。教材選用的程序分四期：

第一期　左傳，史記。

第二期　近代作家，如蔡元培，梁任公，黃遠庸，章士釗諸人的文言文。

第三期　白話文和文言文參半。

第四期　完全白話文。

他們教授的方法也分四步：

第一步　注入式啓發式並用。

第二步　注重啓發式。

第三步　啓發式和動的教授法並用。

第四步　純用動的教授法，教者只在旁邊輔導，做學生研究的顧問而已。

民國六年至七年春間，因爲甲乙兩班要畢業了，教授的方法和教材都不得不取漸進主義，至於對於丙丁兩班，便完全用第四期的教材，第四步的教法了。

二、英文：

(a) 教授方法，大致和前邊差不多。

(b) 教材是取材於最新的合乎現代思潮的課本；從前他們太老師老師教的納氏文法，國學文編，和莎士比亞樂府本事一齊丟掉了。

其他各科的教法和教材也有革新的趨勢。於是學生的思想精神都起了一個大革命，而赭山頂上，竟作了蕪湖新文化運動的中心了！

三、學生方面：

第五中學的學生，現在已經組織成功的團體如下：

(a) 學生自治會　在學生自治範圍內，實行自決的主義。

(b) 游藝會　分球部，樂部，棋部。球部又分足球，網球，籃球，棒球，台球各組；樂部又分中樂，西樂兩組；棋部又分軍棋，團棋，象棋三組。

(c) 圖書館　購備有益青年學術思想的書報。書目不暇備舉，就是報紙一項，日刊，週刊，月刊，已不下二十種；如新青年，新潮，新教育，新生活，星期評論，星期日，少年中國，少年世界，北京大學月刊，解放與改造，時事新報，晨報，建設月刊，民鐸雜誌，現代思潮等，無不齊全。

(d) 新聞社　這個組織是去年五月發生的；因為『五四運動』的時候，學生分頭辦事，報紙來了，他們沒有工夫一張一張的慢慢去看。於是他們就舉出幾個人來，專司閱報。報紙一到，他們先看一遍，遇着緊要的新聞，就隨時用紅筆錄出，黏貼新聞揭示處，使大家可得看報的益處，又節省多少時間。他們後來就決定將這種組織永遠存在，定名叫學生新聞社。

(e) 儲蓄會　分三組，組織略照儲蓄銀行的辦法，借此養成他們自己的儉德。

(f) 學生用品採辦服務生　大家輪班到街市採辦學生用品，借悉商情。

此外還有兩個團體：(1)童子軍　這童子軍是一位體操教員提倡組織的，初辦的時候，精神很好；自從這個童子軍成立後，蕪湖各校的童子軍也不久都出世了。(2)閱報社　是拿學校的款子辦的，但也歸學生經理。這裏面大半都是日報也有十來種。

（未完）

會務消息

南京分會會員與杜威教授之談話

恰當江南春正好的時候，杜威教授到了！頓使春光加倍的鮮明！叫我們深感人生的愉快飽受這濃春的供養。

我們大家商量了好幾次，要想和杜威先生談話，但是總沒有找着機會，恰好他一日在閒談中向查嘯仙先生問起少年中國學會；查先生本是我們學會的一個好朋友，對於我們學會的宗旨及計畫都很了解，於是他便約略的將少年中國學會介紹於杜威先生，並將我們南京分會的會務大概也說了些給他聽，他當時便向查先生說：「我想得個機會與少年中國學會南京分會的會員談談因為我極願意詳細知道他們學會的宗旨計畫，及事業。」

這是一個什麼好消息！大家都樂得手舞足蹈，於是我們便召集會議討論怎樣的招待方法，和預備談話的材料，結果是：指定方

東美謝循初黃仲蘇三人代表大家發言——有什麼問題可以交給這三位向杜威先生提出。後來又推定方東美致歡迎詞，王克仁為臨時記事員，趙叔愚為臨時庶務，籌備開會地點茶點及邀請陪客等事。

最難籌備的是地點，高師的梅庵不肯借。我們便決意借復成橋邊的倉園。倉園本是地方共有的公產，無奈為一二紳士所霸佔，據作私有，因為一定要借這個園——除此以外沒有適當的地點了——阮法賢整整奔走了一天工夫方才達到目的。

邀請茶會的信發出了，時期是四月十八下午四時，地點是倉園，陪客有劉伯明陶知行鄭曉滄及查嘯仙四先生——劉陶均因事未到。

我們在那一天午後一點鐘就到了倉園，各事俱預備妥貼，我們都一個個靜坐着領略鍾山的山光，清溪的水紋，專等杜威先生來到便行開會。正是他未來之先的那一兩個時間內我們心裏癢癢的快活得說不出話來。

不到三點三刻，杜威博士就偕着查嘯仙先生，滿臉笑容的來了。於是我們就請他進了初台，一一介紹完畢，圍桌坐下。方東美起

立致歡迎辭，他以優美的文辭，流麗的英語，達我們歡迎的誠意，並陳述學會的宗旨計畫及事業，茲以他的英文漢譯之歡迎辭附錄如下：

少年中國學會南京分會同人今日得着機會與杜威教授譚話，非常榮幸，非常愉快。我們大都讀過他的書，或聽過他的演講，所以相知很深。實在說，他的理想和思想的活動力，已喚醒我們於生命大夢之中，使深知有改造的必要，所以我們正隨着他的榮光向高明之域猛進。杜威教授留居中國一年，給東方人類之進步一個加速度，可算是已收極大的成效。他與我們再造社會及個人新生命的工作，這樣關切，所以此處我們特地要讓他們了解少年中國學會。

本學會的宗旨是：本科學的精神，爲社會的活動，以創造少年中國。我們學會正高出東方地平線上，如日之方升，倘若她的上進，可以比之天體之運行。她的生日，我們都記着是一九一九年七月一日。在她未出世以前，我們已有一年的預備及計劃。總會初設在北京，當時會員僅四十二人，分散各地。三個月以內，國內成都，上海，南京，及國外巴黎，東京，諸分會先後成立。現在會員共有六十八人，雖散居於國內及法美德日諸國，但均協力同心，以求實現我們惟一的理想。我們會員大概是學生，或尚未脫離學生生活的人，最少也是青年。本學會純粹由青年組成的，是很幼穉的，而且在她的幼穉裏面，含有發達及生長的極大希望。起初十個月裏，她在她的將來極長的歷史上，只寫着幾行事業。這却因爲我們繼續的精力，全貫注在目今最緊急的歷久的改造事業上，一時不能速成。

本學會已發行兩種定期月刊，以傳佈我們的理想及思想，且以徵求同情協作，及互助。第一種叫做「少年中國」，由北京總會編輯，注重文化運動，闡發學理，純粹科學；第二種叫做「少年世界」，由南京分會編輯，注重敘述事實，應用科學，及作社會實際調查，以謀世界的根本改造。此外成都分會本同一宗旨，更發行星期日週刊。國外會員所辦巴黎通訊社，成效卓著。美洲通訊社亦期於今年成立。通訊社的宗旨，在使國際間消意靈通，並使中國青年男女與外人有相互的同情的了解，以便在世界根本改造的歷程中，彼此可以攜手同行。我們的眼光直射在全世界上，不過處我們的地位，盡我們的本分，改造中國，確是改造世界的下手處，因為中國是世界的狠重要的一部分。

我們現在於新聞事業很活動的理由有二：

第一，我們大概都狠好學，對於智識的活動，極有興趣。柏銳教授 Professor Perry 說得好：「聰慧的行為定要先有明晰的見解。」我們不把環境的真性弄清楚，決計不能進行。這種關於世界文化進行之聰穎的瞭解及特殊形勢或問題之智識的洞察的急需，呼出我們研究的態度與興趣；所以我們急急研究科學哲學及支配近世大同的德謨克拉西的社會之基本組織，範形，及精神的各種主義。這種研究的結果，使得我們明白西方人類進化的步驟何等迅速，東方人類逃出迷途的步驟何等迂緩，所以我們特向國人大聲急呼是「急起力追」以便與世界上一切進步都成了整齊的步武；然後由同力合作的途術去謀必需的改造。本學會所發行幾種雜誌，及其他印刷品，就用來宣佈我們本科學精神研究基本及特殊問題所得的結果，終久庶可以引出國人協同的精力及活動，來與這目前的形勢行相見禮。

第二，我們生活的各方面，向來拘泥於慣例的形式。這種慣例的生活是因襲的盲動，不是創造的活動；是非社會的，一切行動的領域，只落在狹陋的，不曾經社會化的家庭裏面；是無科學精神的，一切信仰都是固陋，一切思想全不合理。男女生活毫不根據平等的原則；生活程度仍然低得了不得；道德生活只是習俗的，不是反省的；神聖人權，及思想自由，都因萬惡的武力仍舊瀰漫於全國，為社會改進極笨重之障礙，而未得着保障。我們對於這些生活慘狀，深深疾惡，所以向那安全及光明的境界的運動，受着知識勇氣及動力之驅使，速度格外加快。我們理想中少年中國，必須建在生命之創造的，社會的，及科學的美德上。我們創造的衝動和創造的智慧，須得發展且應用於生命之進程中。我們活潑的行動，絲毫不落狹陋的家庭圈套，乃集中於所有社會的關係之完成。總之，我們要過着一個理性的，科學之真確的生活。須知我們對於慣例的遺傳的私見及信仰，不復是受動的不批評的奴隸。這些統統是本學會雜誌所傳播的意見。

現在我們會員只有六十八人，而且這六十八人不能實行「為人代勞」，不能採事事包辦之謬說，倘若我們創造少年中國的理想真正能夠實現，所以我們必得要發動智識的及社會的革命，以變革舊時中國式的人心，因以改換思想及行事的方術。這種創造少年中國浩大的事業，決不能由六十八個少數人包辦。我們現在不過是促國人養成反省思想及自願行動的習慣，並引起他們對於創造少年中國的理想生一些極熱烈的同情。如果這種預定的目的，一旦切實達到，這是由少年中國國民全體自擇自動及自覺的能力做到好。換言之，此種浩大工作，是中國國民全體的創作，個性，及自由意志之表現。決不僅屬於少年中國學會。目前本學會也不過竭力使這種運動前進，並剷除一切障礙和墮力。但是我們前進，並非盲動，所以急需最可屬望的先知給我們忠告和指導。這個先知有許多可以教訓我們，——輔助我們得着自由的反省的思想，自願的行動，以及與同志協力合作，庶對於近世德謨克拉西的無國界的社會有極大的貢獻。現在杜威教授正秉着他的榮光，引我們向高明的境界裏面急走。我們思想，行為，品格的發展及養成，都受着他的智慧和同情之傳染的影響。我們對於這位生命的良師，與德謨克拉西的先知，不必多說，只有奉獻我們的敬，愛，和誠心的悅服。

杜威教授的答辭是：

方才這位先生的一段言論使我對於少年中國學會的宗旨，計劃，及事業，更加明瞭，我感謝得狠。我對於這種學會除了極端的欣賞之外，差不多沒有什麼可說的，就請你們懷着你們偉大的思想，本乎你們正確的宗旨，努力的同向光明走去。遊歷中國與遊歐洲各國絕不相同，言語的隔閡使我如墜霧中，然而祇有同情的了解。可以消除種種障礙。希望我們大家在增進人類同情的了解的工作上要着力！

我自來中國以後感受許多愉快，今天這個聚會也是我的樂事之一，其尤能使我欣喜不倦者，就是我昨已得着哥倫比亞大學的來電，還讓我在中國多住一年，此後我又能得着這些時間為東方服務。在這個消息未曾傳布之先，我特在此地向諸位報告。

說完了，他就坐下吃茶，大家也就隨意用些茶點。

杜威先生又笑着說，『你們祇有六十八個會員，就辦了這些事，我起初以為你們有一千多個會員呢！藉此一端，可以看得出你們精神的團結了。』

我們聽見這些話祇好自言自語低低的說聲，『慚愧！』

他又問，『你們在月刊上討論些什麼問題？』

謝循初答道，『我們除了討論學術以外，曾在第一種月刊上幽過一冊「婦女號」女士們投稿的極多,』

杜威先生連說有興趣……

接着又問『她們討論些什麼?共同的點是什麼?』

循初說,『有說家庭問題的,婚姻問題的,大學開女禁的問題等等,她們相同之點甚多,大概是以改良家庭的組織,爲解散婦女之初步,至於根本的救濟方法,大家都是同樣歸到教育上去』

杜威點頭笑着說,『這是個好現象!』於是循初並告訴他「婦女號」裏女士們做的文章,已經日本幾種報紙譯成日文大加鼓吹,以引起他們國內的婦女運動。

杜威說,『啊!有趣!有趣!』

循初又接着問『中國現在男女同學,社交公開等等問題,討論的很熱鬧,但在實際方面,男女間確有一種心理的隔閡,男子心中有關於女子的舊觀念,女子心中也有關於男子的舊觀念,換句話說,男女互相皆有思想的習慣,新觀念雖在紙上談的很烈,但還沒有養成習慣,男女相遇,舊習慣自自然然便隱現出來,在這樣情形之下,我們當怎麼做?』

杜威先生答,『這可以使男女做公共的工作,如在課室內讀同樣的書,在試驗室裏做同樣的試驗,漸漸兩性相化,不知不覺的舊觀念無形淘汰。』

他又問『但這裏還有一點,便是心理學家說的在養成習慣的時期內,其中定有許多無用的錯誤的動作,那麼男女借公共的工作養成新習慣時,其中錯誤的動作假使大,社會上定要發生阻礙,或者新習慣不能養成,也未可知,我們當怎樣使我們的動作,不至於錯誤的很大?』

杜威先生答,『這一點是很要緊的,第一男女皆要有遠大的見解,新習慣的影響與價值通通要看得淸楚;第二男女都當受有智慧的指導,因爲其中必有錯誤的動作,所以顧問是不可少的。』

黃仲蘇問:現在中國的婦女運動正在起頭的時候,有多少人——保守的與激烈的——還不曉得婦女主義的眞正命意之所在,婦女所需要的究竟是什麼。在這裏我們每每想到美國婦女的社會狀況同家庭生活,我們很想曉得婦女主義之在美國是什麼意義?美國婦女在這種婦女運動中是怎樣的活動?美國家庭是如何的贊助這種運動?

杜威先生答說：『美國的家庭美國的婦女，與歐洲英法德各國絕不相同，所以她們在這種運動中比較的要佔優勢。現在老輩的人也因受了婦女主義的影響，極看重他們的兒女，認教養女和兒是一樣的重要——爲他們的天職，極端的予他們以創立家庭的機會，婚姻的自由權，並培植他們經濟獨立的能力。從前美國的婦女運動，大概是可分爲三種時期(1)經濟獨立，直接向社會謀生活。(2)要求受教育的平等待遇；(3要求女子參政權。這其間共經過八九十年的慘淡經營，方才有今日的美國婦女。』

郜爽秋接着發問：『現在我們中國有許多人，提倡打破家族制度。但是同時又有許多舊腦筋的人，在那兒反對。先生對於這一點，有何意見發表？』

杜威先生答，『我於中國情形不過熟習，在美國，子娶後就行分居，不必同父母居住一氣，但如兩下都願意，也可以合居，這是感情問題。至於家庭組織，完全打消，我也不十分贊成，因家庭之中，實有社會的功用的原故。』

郜又問；『家庭有社會的功用，這話是不錯，但是我們中國的家庭，似乎沒有什麼好的社會作用。大概講起來，十家就有九家口角，我就親看見有許多人家裏；不是姑媳淘氣，就是父子吵鬧，你看這種現象，還有什麼好的社會作用？依個人的意思，遇到必要的時候，儘可把家庭制度打破，不知先生的意見怎樣？』

杜威先生答，『中國最重要的，是女子高等教育，把教育辦好了。這家庭口角問題就可解決了。』

陪客鄭曉滄查嘯仙兩先生都是很健談的，在我們發問或作答的時候，他們也解釋了些我們的疑問，並且杜威先生有些直接問到我們學會的談話，是我們不便於直接答復的，也經他們代爲說明，這都是很可感謝的。

不知不覺兩個鐘頭就過去了。於是就走進初台上，背着鍾山，攝了一個影，便走到園中去看看景緻，走到花園裏柳門邊的時候，循初東美和仲蘇幾個人，就緊緊的跟在杜威先生後面，以便再得着機會發問。

杜威先生笑着問東美，『你在那個學校裏讀書？』答，『金陵大學，』他又問循初與仲蘇『你們和方君都同在一個學校裏麼？』答，『是。』

循初乘勢又問『中國學術幼稚的很各門智識急待發展現在，的學生一時見這門學術緊要便改變方針，一時見那門學術緊要，又來轉移，不能專注一項專門學問以致門門知道一點，沒有專長，這是不是經濟要不要什麼方法補救？』

杜威先生答，『這是自然的現像爲各國智識發達必經的階級，胡適之先生告訴我他其初讀了一年農科，才進文科的，其中自然有不經濟的地方，但是一兩次還沒有什麼大的影響，却不能連續的更改最好在中等學校內設幾門有限制的選科，使學生的興趣稍有趨向。』

杜威先生的話才說完了。東美搶上一步問道：『近來中國青年對於研究哲學的興趣，一天比一天大但欲於哲學一門造詣極深，基本科學非常重要這兒有兩條路，一個是自然科學，一個是社會科學，要想入哲學的堂奧，究竟由那條路較爲方便？』

杜威先生答『你這問題的答案涉及近世哲學之派別，比方新唯實主義New Realism就完全走自然科學那條路，羅素 Russel 嘗說，不懂得數學的人不能學哲學，』此時他便帶着笑容說道，『我就不懂得數學，（這雖是詼諧的話，但也可推知他的實驗哲學是有社會科學做根基）至於你問走那條路較爲方便，我也不敢武斷，因爲那兩條路都是正道，這只看個人材性能了。你如果對於自然科學或社會科學性情極相近，便可專門那一樣，終久造詣一定是很深的。』

東美接着發問：『你對於新唯實主義的批評是什麼？』杜威先生答，『新唯實主義是過於分析的，Too analytic』說着忽然停頓多時，好像過於分析的這個批評還不好，末後仍說唯實哲學是太分析的。』

東美說，『據我看來，新惟實主義似乎太消極了，Too negative 她攻擊和推翻理想主義 Idealism 的論證狠强，至於自家建設的哲學，似乎還未大發展，譬如她推翻物依心存那一說，理由非常充足但她對於事物之本性或獨立的世界究無什麼實說，充知識之所至也不過以關係Relation爲止境。』

杜威先生說，『你這話我完全同意，新唯實主義不過是赤條的科學，並未進而成爲哲學，分析原是科學的方法，他們用來做哲學方法，所以唯實主義就成了如科學一般冷靜的科學，並非哲學，她對於人生的態度不熱，所以與人生問題的解決，也不確切，哲學解決人生問題，端賴含有人的質素，才能應人的需要，哲學功用原在解決人生問題，唯實主義如能成為有用的哲學，還要向人的方面發展。」

夕陽狠好，鐘山的暮色更加幾分奇美了！但是時候已經不早，於是散會，杜威先生向我們說了些誠懇的感謝話，訂了再會的約而散，便仍舊偕查嘯仙先生回去了。

後來杜威先生和別人談起說，『少年中國學會確是個有希望的學會，我對他們有兩種感想：他們的會員是狠富有進取的 Enterprisine 精神，且極誠懇，Earnest 那篇歡迎辭却又給我一個很好的印象。』

我們這一次招待杜威先生，狠感受許多精神訓練，然而會員中還有人怕我們受了人家的獎勵，便容易引我們到虛名上去而來書警告的這個……我們不願再多講了。

少年世界（一）

數位重製・印刷　秀威資訊科技股份有限公司
https://www.showwe.com.tw
114 台北市內湖區瑞光路 76 巷 65 號 1 樓
電話：+886-2-2796-3638
傳真：+886-2-2796-1377
劃　撥　帳　號　19563868　戶名：秀威資訊科技股份有限公司
讀者服務信箱：service@showwe.com.tw
網　路　訂　購　秀威網路書店：http://store.showwe.tw
國家網路書店：http://www.govbooks.com.tw

2020 年 1 月
全套精裝印製工本費：新台幣 6,000 元（全套兩冊不分售）

Printed in Taiwan　ISBN: 978-986-326-758-4　CIP: 056

本期刊僅收精裝印製工本費，僅供學術研究參考使用

ISBN 978-986-326-758-4
9 789863 267584 06000

讀者回函卡

感謝您購買本書，為提升服務品質，請填妥以下資料，將讀者回函卡直接寄回或傳真本公司，收到您的寶貴意見後，我們會收藏記錄及檢討，謝謝！

如您需要了解本公司最新出版書目、購書優惠或企劃活動，歡迎您上網查詢或下載相關資料：http:// www.showwe.com.tw

您購買的書名：______________________________

出生日期：________年________月________日

學歷：□高中（含）以下　□大專　□研究所（含）以上

職業：□製造業　□金融業　□資訊業　□軍警　□傳播業　□自由業

□服務業　□公務員　□教職　□學生　□家管　□其它______

購書地點：□網路書店　□實體書店　□書展　□郵購　□贈閱　□其他

您從何得知本書的消息？

□網路書店　□實體書店　□網路搜尋　□電子報　□書訊　□雜誌

□傳播媒體　□親友推薦　□網站推薦　□部落格　□其他__________

您對本書的評價：（請填代號　1.非常滿意　2.滿意　3.尚可　4.再改進）

封面設計____　版面編排____　內容____　文／譯筆____　價格____

讀完書後您覺得：

□很有收穫　□有收穫　□收穫不多　□沒收穫

對我們的建議：______________________________

____

____

____

請貼
郵票

11466
台北市內湖區瑞光路 76 巷 65 號 1 樓
秀威資訊科技股份有限公司 收
BOD 數位出版事業部

（請沿線對折寄回，謝謝！）

姓　　名：＿＿＿＿＿＿＿＿　年齡：＿＿＿＿　性別：□女　□男

郵遞區號：□□□□□

地　　址：＿＿＿＿＿＿＿＿＿＿＿＿＿＿＿＿

聯絡電話：(日)＿＿＿＿＿＿＿＿　(夜)＿＿＿＿＿＿＿＿

E-mail：＿＿＿＿＿＿＿＿＿＿＿＿＿＿＿＿